60歳からの
マラソンランナー
楽しく走ろうかい

林 邦夫
Hayashi Kunio

風詠社

60歳からのマラソンランナー　楽しく走ろうかい◆目次

第五章　マラソンランナーへ《ステップⅤ》
2016年（H28年）64歳のマラソン　68

第六章　マラソンランナー《ステップⅥ》２０１７年（平成29年）65歳のマラソン

第九章　マラソンランナー《ステップⅨ》
フルマラソンランナーへ新たなる幕開け……262

第十章　マラソンランナー《ステップⅩ》
人生初、ランニングクラブ入会（2019年6月）……300

第十二章　マラソンランナー《ステップⅫ》２０２１年（令和３年）69歳のマラソン　……457

第十三章　マラソンランナー《ステップⅩⅢ》

2022年（令和4年）60歳台最後2ヶ月のマラソン……538

装幀　2DAY

60歳からのマラソンランナー
楽しく走ろうかい

【凡例】以下のように記載いたします。

（ナ）＝「ならスポ」＝「ならスポランニングクラブ」の略

（イ）＝ランニングイベントに参加（場所記載）

（友）＝ランニング友達との走り（場所記載）

無記名＝単独でのランニング（場所記載）

序奏

何を思ったのか、60歳（還暦）まであと4ヶ月となったある日、ランニングシューズを買った。

確かな記憶では……仕事を終えて家に帰ってきたとき、作業着のまま走りだしたのが、我がランナー人生の第一歩でした。

多分、ジョギング程度の軽い気持ちだったと思います。

500メートルは走ったか？　めちゃしんどい！　この記憶だけは今も、鮮明に残っているのです。

走ることに一つの気懸りもありました。心電図の示す完全右脚ブロック。心臓は、大丈夫だろうか。

それでも、多分、作業服と作業靴のまま、帰ってきてから、家の周りをゆっくりと走りだしたのです。そして、少しずつ、家の周辺を走り広げ、走れる距離が2kmぐらいにはなっていたのでしょう。そんなある日、ランニングシューズを買ったのです。

ランナーのヒヨコ、還暦を迎える

ランニングシューズを買ったその月、仕事から帰って、家の周りを週１回のペースで20分ほど走り、２ヶ月目は０回、３ヶ月日は、週１回のペースで30分ほど走りました。

そして、２０１２年２月28日、還暦を迎えたのです。

第一章　マラソンランナーへ《ステップⅠ》
人生60歳（還暦）からのマラソン

人生60年、ついに私も60歳となった。人生にとって『60歳』とは大きな節目のはず、『記念すべき1年』となればいいなあ……、と感慨もひとしおです。

奈良県磯城郡三宅町に引っ越して来てから13年、仕事関連の場所と家との往復、地元のことは何も知りませんでした。

家の周りを走り出したことで、「へぇー、こんなところがあるんだ。この道、初めてだ」と、行く道、左右の家々の街並み、田畑、鄙びた公園、お宮さん、お寺等々、走り出しての新発見。ささやかだが、少しずつ視界が広がりはじめました。

「走ること」は、ちょっと嬉しく楽しいです。

一、仕事が忙しいと走れない

走り始めたけれど、特段の思いも目標もないものだから、4、5ヶ月目は、週1回のペースで走れたけれど、仕事が忙しくなり、ランは、月2回、月1回のペースに。そして夏場は、

「暑くて走れない」と地球温暖化の所為にして0回でした。

ホントのところ、何故走り出したのだろう？　「心身にいいことを何かしよう」と漠然と考えていたのも理由の一つでした。

それまで、走ることに特段の強い思いもなかったのですが、9月から、また、月2回か3回のペースで走り始めました。

ただ、仕事が忙しくなると走れないことも実感しました。現役で働きつつ、走っている方々には、本当に頭が下がります、敬畏申し上げます。ぜひとも「仕事」と「走り」の両立を頑張ってください。

二、かつての「マラソン」イメージ

サラリーマン時代、職場にフルマラソンランナーも数人いました。その時の私の思いは「それだけ走れるエネルギーがあるのなら、仕事のほうにも、もっと力を入れるべき」と、悪く言えば、何故にエネルギーを『無駄』に使うのかと思っていました。

それにもう一つ、フルマラソンは『寿命を縮める』とも思っていたのです。こちらのほうがより深刻なマラソンに対しての負のイメージで、命を大切にしたい私にとって、マラソンは、してはいけないことだったのです。

三、自分にご褒美をあげよう

60歳から、何故か「自分にご褒美をあげよう」って、思うようになっていました。

自分の人生を振り返って、仕事や遊び、人付き合い等、色々と経験してきた結果、凄く身勝手な自己評価ですが、及第点を自らに付け、「頑張った自分にご褒美」をあげたくなっていたのです。（実際の自分はどうだったか……とは関係なく、還暦まで今を生き暮らせていることだけでも及第点はあげていいと思ったのです）。


たまたま新聞の広告欄に「世界遺産の熊野古道を歩こう」、毎月1回、日帰りバスツアー計10回という広告を見たとき、〝ぱあッ〟と閃いたのが、「そうだ、これからは、仕事ばかりでなく好きな旅行にも行こう」でした。

今までは、仕事で日々の自由がきかない不定休状態だったのです。

60歳になって「休むと決めた日」は必ず休めるという業態に出来たのも幸いしました。これがチャンスを掴むキッカケとなりました。

それでこのツアー記事にも目が留まったのでしょう、「行きたい、行ける」と思い即刻、申し込みました。

四、世界遺産「熊野古道」を歩こう

「熊野古道を歩こう」ツアー第1回目は、2012年10月10日（水曜）でした。なぁんと参加費は2980円。バスで奈良から和歌山の世界遺産・熊野古道中辺路の一区間に行きました。

道中、バスの中で、ほんと見栄えのしない（おぉ～失礼）弁当とお茶が配られ、やや早い昼食。なるほど、ツアー代金を反映しているなぁ～と、トイレを済ませて、いざ出発。

7㎞ほどは歩いたか。現地案内ガイドに先導され、参加者45名は、山あいの細い路を所どころある記念碑らしきものの説明を聞きながらボチボチ、トボトボと歩く。『これが世界遺産、熊野古道なのだ』との思いを込めて古道を踏みしめ一歩一歩木立の中、歩を進めます。

バスツアーは久しぶりです。私は1人参加なので、見知らぬ方と相席です。知らず知らずのうちに色々なお話をしていました。これもツアーの醍醐味です。

ところが、このバスで『相席』となった人が、私のランナー人生の生みの親とも言える方との出会いとなるのだから不思議です。

この方（Hさん）、まあ、私よりは年配で60歳台後半くらいだろうと思って、お歳を伺ったところ、なんと78歳。

うっ、嘘でしょう。思わず、

「えぇ～60歳台後半の方とばかり思っていました。何かしておられるのですか？　凄くお若いです」と驚き感嘆したのです。

Hさんは奈良市内在住、電気工事の会社を60歳の時に息子さんに譲り、今は会長とのこと。Hさんは「60歳から時間が出来たので、『なら市民の会（私の記憶違いで実際は全国健称マラソン会）』というランニングチーム（50名程）に入って、みんなで走っているよ。それに、毎年1回は、海外のフルコースも皆で走るんよ。ホノルル、万里の長城、ジャワ、台湾、ベトナム等々あちこち走ってきたなぁ」だって、へぇ〜凄いなあ……世の中、凄い人もいるもんだと感心しきりの私でした。

（皆さん、何か身体に良いこととしていますか？）なぁんか、凄いことしてると若返るみたいですよ！

五、「マラソン」イメージの大転換

マラソンって寿命縮めるものじゃないね。驚きです、若返ってんじゃないですか。私の既成概念めちゃ崩壊です。

この日をきっかけとして、私も〝マラソンしたい〟〝若返りたい〟との思いが、わが心にインプットされたのでした。

Hさんがさらに「じゃ、私達と一緒に走りましょうよ。ラン後のお酒最高ですよ」

あじゃぁ〜。「私、お酒ダメなんです……」

お酒飲める人は、それだけでも幸せだなぁ〜人生のより良き伴侶のようにも思えるお酒、酌み交わす人達の関係性がより深くなる魔法の潤滑油、あぁ〜羨ましい。

六、Hさんから教えられたこと

Hさんから、マラソンについて、次のことを教えられました。
①無理せず、自分のペースで走ること。
②早朝ランしていたメンバー2人が車にはねられたので車には注意すること。
それに、私がマラソンを目指したいと思った最大の要因は「マラソンは寿命を縮めない、かえって若返っている」ということでした。

Hさん、本当にありがとうございました。

別れ間際、Hさん「次回は、家内も一緒に来ますよ。また、お会いできればいいですね」と言ってくださったが……。


私は、この後2回、このバスツアーに参加したけれど、私より年配者の方が多く、道中もゆっくり歩きで楽しくなく、3回目、格式と威厳と尊厳に満ち満ちた素晴らしい熊野本宮大社に詣でたことを機に参加をとり止めました。

七、走り始めてから1年経過

60歳前、年齢を意識しだした私、漠然とはいえ、『何かしないといけない』ような、そんな、気持ちがあったのです。

走り始めた〝わけ〟は、何かしないといけない、その何かの一つが、〝走ること〟のキッカケだったような気がします。

老化は足腰から始まるのであれば「走ること」は老化防止のために有効だと思いました。ただ一つ、気懸りなのは心臓のこと。

けれど、59歳の11月に週1回（20分程）走りだしてから、60歳となる2012年は、1月が5回（各30分程）、2、3月は各4回、（各40分程）、4月は2回、5月は1回（各25分程）、5、6、7、8月は0回、9月と10月は各3回（各20分程）、11月は1回（9㎞）、12月は3回（各8㎞程）となんとなくも、60歳の1年間で、計26回、距離にして100㎞は走ったのでした。

八、マラソンランナー始めての感想

「走ること」に特段の思い入れもなく、暑さ以外のブレーキ要因もなく、ただ『健康』のために走ろうとした結果、

①「10㎞」は走れるようになった。

10㎞の距離感が身近になったことや、「走ること」から「走れている」ことで「60歳」から「老い」に向かう身体へ、励ましと健康体維持への手がかりとなりそうな……嬉しさや喜ば

しさに包まれ始めています。

②自分のペースで走れば、それほどは「しんどくない、疲れない」と感じているので、続けていけそうです。

③マラソンは、「寿命を縮めない、かえって若返る」か、どうか自分自身で確かめることが出来そうと思うと「走り続ける」ことも楽しくイメージできそうです。

以上、60歳（還暦）の1年間に１００km走った私は、マラソンランナーとして『走ること』は、自分の余生（残された人生）において、何らかの意義を見出せそうな『良さ』を感じ始めていました。

九、ランニングの『良さ』に気付く

他のスポーツと比較して、ランニングは、

①1人で自由に走れる

走ろうと思ったら今からでも明日でも明後日でも、時間や曜日に関係なく走れる。しかも、全て自分1人の思いだけで出来る、凄く自由なスポーツです。それに走るコースとか距離等までも自由自在なのです。

誰でも家の周り等、走れないところってないでしょう。どこでもいつでも、1人で自由気ままに走れるって素晴らしいではありませんか……と自画自賛です。

不定休で仕事していると、①は欠かせない要因でした。

②費用が安い

私が、走るために買ったのは６９８０円のシューズのみです。ウエアは学生時代の体操服やジャージ、帽子は野球帽。寒い日には軍手の手袋。風よけには作業服でもＯＫ。

汗拭きは普段のタオルで十分です。他のスポーツのように定番の衣装もなければ、場所代も不要です。

何しろ、身一つで出来るスポーツは、「走る」ことだけではないでしょうか。結果、お金はあまりかからないのです。これって最高にいいじゃないですか。

③誰でも走れる（上手下手は関係ない）

皆さん、かけっこぐらいは経験あるでしょう。小学校時代は必ず運動会で走ったはず。走り方って誰かに教えてもらった？

私自身、60歳の今に至るまで、走ることのノウハウは何一つありません。あえて言えば勝手気ままの自己流です。

多くのスポーツは、１人では出来ません。相手が必要です。

となると、上手下手や能力の差を、否応なく知ることになります。やれ上手くなりたい、もっと練習しないと……レッスンにも通わなければ中々上手くならないし、大変です。アマチェアでもある程度の運動レベルがないと相手にしてもらえません。残念ながら、楽しいはずのスポーツも簡単にはできないのです。

ちなみにテニス好きの友に「たまにはテニス教えて」と頼み、2、3回は教えてもらえたのですが、その後は「まずテニススクールに通え」と言われ断念……。

その点「走る」ことは、自己流ＯＫ、下手でもＯＫ、場所も自由です。だから誰でもＯＫなのです。

これって最高の庶民派スポーツではないでしょうか。

④「走ること」は健康にいい
無理せず、自分のペースで楽しくランランすることは、他のスポーツの殆どが、左右の身体のバランスを欠きがちですが、水泳や走ることは、身体バランスが良く体幹を鍛え、老化防止に大いに役立ちます。ひいては、余生の生活基盤である「健康」を自認出来、生活にも張り合いが出来、何を食べても美味しく戴ける等々、「走る」メリットはいっぱいです。

それに、どこに居ても『走れば』10㎞ぐらいなら、すぐそこという我ながら思いもよらない感覚を持てているのです。疲れ知らず、電車に乗り遅れそうでも『走れる』という余裕……旅行していてもあちこち見て歩けるという自信……何をしても楽しいのです。

⑤「走ること」で新たな視界が開かれる！

「走る」というスポーツのみのもつ自由な舞台、日本中、いや世界中の「人の通れる所」ならどこでも「走れる」のです。

人生の糧の一つ、心に広がり描く豊かな景色を育むだろうし、走ったコースに展開する空間時間は、貴重な財産となるでしょう。

以上、『走ること』は良いこと尽くめのような気がしています。

十、何気なく「走ってみよう」が出発点

走り出して1年。『走ること』への思いは前述の通りですが、ただ、「走ろう」と思ったとき、着替えて、すぅ〜と走り出せたのは不思議議です。走りたくないなぁということが1度もなかったのです。

公務員と工務店自営を各20年、仕事中心に明け暮れたこの私も60歳となり、何気なく「走ろう」から「走り出せた」のは、驚きです。

しかも、走るための準備も計画もなく、衣服などは、手持ちのジャージや体操服です。唯一、

ランニングシューズのみ新調したのでした。

皆さん、今からでもすぐにでも「走ってみよう」と思う気持ちさえあれば「走れる」スタートラインに立っているわけです。

「私は無理」という先入観さえ払拭できれば、間違いなく、**誰でも走れる**のです。

皆さん、走り出しましょう。その小さな一歩が、豊かな人生を演出するかも知れないのです。

十一、「人生」学びの原点

走り出したことで、人生の歩み、学びの原点のようなことにも思いを馳せることができました。

孔子（論語）は、「吾十有五にして学に志す。三十にして立つ、四十にして惑わず、五十にして天命を知る、六十にして耳順《したが》う（聞くところを理解し、他人の言葉を自然と受け入れられる）と語りました。

2570年も昔の教えながら、寿命の延びた現代人にもさほど変わらず当てはまりそうです。

人生の教訓1：耳順《みみしたが》う
60歳の私、人生とは……何か。
誰しもが歩んでいる「人生」、学び、立ち、惑わず、天命を知ったか。

経験や学んだこと教えられたこと、全てが貴重でも何と、ちっぽけなものでしょう。良くここまで歩んで来れたものです。

これは私の素直な感想です。だからこそ、60歳にして**耳順う**のかなぁとも思わされます。人生の視点をちょっと変え行動する、ちっぽけな行為（耳順う）かも知れませんが人生をより豊かにすることも多々あると肝に銘じたのでした。

「耳順う」とは、豊かで楽しく有意義な人生のための智慧でしょう。男女年齢問わず、人格的に優れた魅力ある方々と出会い、友達となってほしいとつくづく思う私（60歳）がいます。

第二章　マラソンランナーへ《ステップⅡ》
２０１３年（H25年）61歳のマラソン

一、２０１３年（平成25年）のマラソン幕開け

正月２日の朝、大和川まで、53分間走って来ました。２０１３年の幕開け、今年のラン始めです。

８日、距離メーター付き自転車で曽我川土手ランコースを走り、距離を計測しました。ここで１km、ここが２km。３、４、５km地点を確認しました。これからは、走った距離が分かります。また一つ楽しみが増えそうです。

１月10日（木曜）は66分。13日（日曜）が10km。20日（日曜）にも60分。順調に走っています。

二、10kmランナーに膝痛発症

２月10日（日曜）に９km走る。

24日（日曜）に７km走った辺りで……あじゃ～大変です、左足膝が痛みだしました。やむな

く歩くことに。ゆっくりと走り始めてから1年半、10㎞ランナーとなった私に試練がやってきました。左足膝に痛み発症です。

2月28日（木曜）は61歳の誕生日。〈還暦をすぎると誕生日は嬉しくも、年を取りたくないなぁ〉との思いも加わります。というのも、年を重ねることはどうしても人生の終焉を意識せざるを得ない。『残された人生』という切実なる思いも加わった誕生日となりました。

三、ひざ痛は治るのか

ひざ痛、治るのでしょうか。

かかりつけの整骨院や整形外科でひざ痛の診察を受ける。

先生方は、「治る」とは、言ってくれません。何ともすっきりしません。加齢か、使い過ぎの痛みか……うぅぅ～もう走れないかも？

膝の痛みを抱える日本人は１８００万人、中高年の63％が「ひざ痛持ち」、えぇ～どうすればいいんだろう？

四、人生初マラソンイベント

もうすぐ、人生初めての、ランニングイベント「宇陀シティマラソン10㎞」に参加する予定です。ひざ痛、大丈夫でしょうか？

でも、慌てることはないのだ。

「フィジカル（肉体）はメンタル（気持ち）に従属」。20代の時、草野球でピッチャーだった私、7回を投げ終え、試合後の肩慣らしをしようとして驚いた。まったく、右肩があがらないのだ、「肩を壊した」ようです。

試合中は、腕・肩に違和感も痛みもなかったので、腕が振れないとは？　人間の身体の不思議を体験したのです。

人生の教訓2：気力があれば、身体は限界を超えても働くことを知ったのです（このことは、大切な教訓となっています）。

「肉体は気持ちに従う」、「自分のキャパシティを知って心身共に自分を追い込まない。無理をしない、させない」ことを学びました。

五、初マラソンイベント当日

２０１３年3月10日（日曜）、61歳の私、宇陀市シティマラソン10㎞のマラソンイベントに人生初の参加です。少しの不安と、未知なる体験へのワクワク感の中……9時半スタートだけど、初めてのマラソン大会なので、余裕を持って市営駐車場に入り、シャトルバスで宇陀市役所前会場に到着です。

スピーカーからはひっきりなしにマラソン大会を盛り上げるスピーチが流れています。会場には溢れるほどの多くのランナー達、スタッフ、会場設営テントなど。いよいよ人生初めてのマラソンがはじまります。あぁ～高揚感でいっぱいです。

おぉおぉ、ランナー達の動きもソワソワ、小走り気味、お祭りのように盛り上がっています。

体育館で着替え、初めてのゼッケンを胸に、ランニングシューズに計測チップを付け、いざ出陣です。

六、いよいよ初マラソン、スタートラインに

ランナースタイルの人達が、胸と背中にゼッケンをつけ、スタート地点周辺にひしめき合っていました。

スピーカーから、「ランナーの皆さん、ご自分の走るスピードに見合うプラカードを持ったスタッフのあとに並んでください」

おぉ、いよいよだ。スタートゲート地点には、【30分以内】と書かれたプラカードを持つスタッフ。いかにも速そうなランナー達が居並ぶ。

つぎのプラカードは【40分以内】か、このあたりも速そうなランナー達だ。次のプラカードは、えぇ～と【50分以内】だ。もっと後ろのほうだ。

あれれぇ。プラカードを持ったスタッフが見当たらないぞ。ドキドキ、えぇ～ということは

【50分以内】に走れる人でないと参加出来ないのでは？……不安だなぁ、だって私の10㎞タイムは1時間以上なのです。

ウロウロと列の後ろへ、大勢のランナー達は自由な位置取り。さて、私の並ぶ場所は？……するとおばさんランナーの小さな声「わたし1時間以上かかるよぉ」。いやぁ助かった。このあたりに並んでいればいいのだ。

七、初マラソン大会「宇陀路」を走る

スピーカーから、

「スタート5分前です……1分前」いよいよ初マラソン始まりです。「10、9、8……3、2、1」。バァ～ン（ピストルの号砲）。

「みなさん、行ってらっしゃい、がんばってぇ……」

たくさんのスタッフ、沿道の人々の拍手、応援の掛け声など賑やかな見送りを受け、曇り空の下、８００名ほどのランナーが一斉に駆け出した。

私も、スタートゲートで敷かれた計測マットを踏み、いよいよ初マラソンだぁ～。

早春の宇陀路は、先行くランナーの熱気に包まれている。私も宇陀の香風を、両頬に爽やかに受けつつ走った。私の後ろにも結構なランナーが続いて走ってくる。

いやぁ～嬉しいなぁ、自分なりには一生懸命走っているんだけれど、しんどいと言うより、

嬉しいのです。

初めての道、初めての風景、田畑いっぱい自然がいっぱい。ランナー達1人1人が宇陀路の主役だ。走ることの喜びを、五感全身で味わいながら、移り行く風景を堪能していきます。

えぇ～私をいとも軽やかに追い抜いて、どんどん先に行く1人のランナー。なんとまぁ、忍者スタイルで〝のぼり〟まで持って走っている、凄いひとだなぁ。

途中1ヶ所にトイレとエイドがあった。後半1ヶ所には長い上り坂もあり、なんとか、皆に続いて走りました。左足膝、違和感はあるが痛みはない。

なんか順調……嬉しい……走れている。ゴールももう少しだ。沿道には応援の人達も多くなって、ラストスパート気合いのランナー達に精一杯の声援で応援励ましてくれている。ありがたいなぁ～。いよいよゴールゲート間近、スピーカーもひっきりなしにランナーを迎えている。

「お帰りなさい。おめでとう」

ありがたくも順調に初マラソンを完走、感謝感激、地元の皆さんや大会スタッフの温かい労いと祝福をいただきつつ、握りこぶしで全身喜びのガッツ、ゴールゲートをくぐった。

ただただ、ありがとう、やったーぁ～です。初マラソン10㎞を完走しました。これって「**達**

第6回宇陀シティマラソン
完走証
ナンバー　1931
林　邦夫　様
10km50才以上男子
第　150　位
10km男子総合
第　465　位
記　録　1時間02分42秒
あなたの脚力と健闘を心から讃えると共に
上記の記録にて、完走されたことを証します。
平成25年3月10日
宇陀シティマラソン実行委員会
実行委員長　稗田　雄三
宇陀シティマラソン実行委員長印

成感」なんだろうねぇ。嬉しい、良く頑張った、大満足です。

すぐに、完走したランナー達が、居並んで何かもらっています。私も並びました。私のゼッケンナンバーを確認してスタッフがパソコンのキーをたたいている。即、印刷物が出てきて一言、

「おめでとうございます、完走証です、お疲れ様でした」

いやぁ、最高。賞状もらえるなんて、何年ぶりだろう。大切に大事に手に持って、続いてペットボトルも1本もらった。

我が人生初の完走証です【私の勲章、宝物です】

八、マラソン完走後〔会場〕

会場は、ランナー達をもてなすために設営されたテントがいっぱい。飲食や地元産品の売店、地元案内等パンフレット展示ブース等々。

あれれぇ～あそこ並んでいるなぁ。

「豚汁どうぞ」だって。

もちろん並んだ。美味しい豚汁を戴いて、ほんと大満足です。

マラソンの余韻にいっぱい包まれながら体育館へ。

みんな、自分の荷物の置いてあるところで、各人着替えています。結構、ごったがえしていて着替える場所は狭い。そぉっと、隣の人の完走証を見る……、

「速いですねぇ、こんな大会に色々と参加されているんですか」と、躊躇なく話しかけると、

「そうですよ、フルマラソンも3回走ったよ」だって、凄いなぁフルマラソンだって……。

着替えて体育館を出た。シャトルバスはどこだ？と、ウロウロしていると、完走証をくしゃくしゃに持った人、いやぁ、あの忍者さんだ。思わず、

「完走証。そんなにくしゃくしゃにしちゃっていいの？」

忍者さんが一言、

「こんなのいっぱいあるからいいんだ」だって、ほんとに凄いね。

このようにして、感激のうち無事、初マラソンを終えたのでした。

宇陀市の皆さん、沢山の『おもてなし』ありがとうございました。お蔭様で楽しい初マラソン体験となりました。感謝!!です。

九、走る楽しさ、喜びの神髄を知る

走り始めて、どうにか10㎞走れるようになり、ネット検索で近くのランイベントに参加、胸にゼッケンをつけて、初めて（宇陀市）マラソンコースを走った。色とりどりなランナー達と同じハイテンションを共有しつつ、尚且つ主催関係者や地元の方々の励ましと応援をも一身に受ける喜び、また、知らない土地の地勢に抱かれて、変わりゆく風景を全身で味わい堪能した、気持ちも最高だ！と喜ぶ反面、ゴールまで走れるか……足や体調等と微妙なやり取りをしながら走っている。走りながら、体調不安も心によぎる。走るとは〝心身〟との、無意識な闘いかも知れない。

体力も衰え始めるであろう61歳のこの時、長～い距離（10㎞）をほぼ1時間かかって走り切った。「完走」ゴールテープを切ったのです。

バルセロナ、アトランタ五輪の女子マラソンでメダリストとなった有森裕子さんの有名な言葉、

「初めて、自分で自分をほめたいと思います」

本当に私も、この言葉の通り、大きな勲章を手にした瞬間でした。

ほとんど脚光を浴びることのない我が人生に、考えも至らなかった舞台がセットされ、スタートからゴールまでの舞台を、最初から最後まで完全にやり遂げる……なんて素晴らしいことだろう。達成感もひとしおだ、嬉しい。走ることでの「達成感」をも知った2013年（61歳）4半期早春でした。

十、初マラソン大会、その後

3月17日（日曜）に4～5km離れたところに、畑を借りていたので、雑草取りに走って行くも、左足膝痛も依然としてあり、宇陀シティマラソン10km参加で、一応の満足も得たこともあってか、次第にマラソンへの関心は薄れていきました。

結局4月以降は、仕事も忙しくなり、走ることなく、61歳のこの2013年も暮れていくのでした。そして、2014年を迎えたのです。

第三章　マラソンランナーへ《ステップⅢ》
２０１４年（H26年）62歳のマラソン

ブランク期間

２０１４（平成26）年、62歳のこの年は、ランニングとは全く縁のない日々を過ごしていました。では、何をしていたのでしょうか。

仕事が例年にも増して実に忙しく、仕事中心の日々となっていました。それでも、60歳から始めた月1回の「日帰りバスツアー」には欠かさず参加しています。というのも、日帰りバスツアーは、月1回申し込んでいたので、その日を待つのが楽しみとなり、私にとっては、本当に楽しい定期イベントとなっていたのでした。

ツアーを待つ日々が長く感じられ、ツアー毎に、良き出会いや、観光地の名所旧跡、神社仏閣、食事、温泉等……良き思い出も尽きなく、ランニングの方は、すっかりと意識からも消えていました。

そして、２０１５年（平成27年）元旦を迎えたのです。

第三章　《ステップⅢ》　2014年（H26年）62歳のマラソン
第四章　《ステップⅣ》　2015年（H27年）63歳のマラソン

第四章　マラソンランナーへ《ステップⅣ》　2015年（H27年）63歳のマラソン

一、2015年（63歳となる年）の目標に思いを巡らす

2015（平成27）年元旦、63歳となるこの年、今年は何をしようかと思いを巡らしていると……目標？『1年の計は元旦にあり』との思いに至りました。

二、マラソンランナーへの不思議な導き

真っ先に、頭に浮かんだのは、昨年11月12日、日帰りバスツアーで小豆島に行ったときのこと。

バスで知り合った娘さんとご夫妻の3人、もちろん、私の横は、ご主人（wさん）、wさんとの会話……、

wさん「去年、富士山に登りましたよ」
私「凄いですね、富士山ですか、山登りがご趣味ですか」
wさん「いえいえ、全く山登りは素人です」

私　「素人？　富士山って空気も薄いでしょうし、素人では簡単には登れないでしょう」
Ｗさん「素人でも登れるよう旅行会社がしてくれているんです。富士登山に向け、毎月1度、低い山から順次、少しずつ高い山に登ることで、最後に富士山を目指すというツアーに参加したんです」
私　「へぇぇ～そんなのあるんだ」
この小豆島ツアー、大阪梅田に戻って来て、Ｗさん達とお別れの際に奥様から「主人のお相手を1日して下さって本当にありがとうございました」って言われ、思わず私も「こちらこそお世話になりました」と返答するも、なんだか、この奥様の一言が、後々まで妙に残りました。
実にマラソン本題から離れ、長々と前置きしましたが、『1年の計は元旦にあり』として、最初に立てた目標が、このＷさんとの会話が頭をよぎったから生まれ出たもので、ひょっとして昨年のこの小豆島バスツアーに参加しなかったら思いもつかなかった目標かも知れないと思うと……人生は不思議なものです。
思えば、日本男子として日本に生まれた私の深層部には、「一生に1度は富士山に登りたい」という願いがありました。そして今、その時が来たのだ、登れる手立てが見えたのだ。何が何でも、今年は「富士山に登ろう」と大いなるスイッチが入った瞬間です。

三、2015年（63歳）今年の目標

①**富士山に登る**
②より良き人と、出会い耳順おう
③仕事もそれなりに頑張る
④月1回の旅行は、最優先事項とする
⑤食事の充実（高校2年の息子と私の弁当づくり）
⑥外国語、読書、将棋等、知的な学び、海釣りもしたい
⑦心身の強化（走る、泳ぐ、登山等）

『富士山』という実に大きな目標に出会えた、63歳のこの年、私の最大の関心は富士登山となりました。

富士山の思い出(1)

あたまを雲の上に出し
四方の山を見おろして
かみなりさまを下に聞く
富士は日本一の山

いつ頃だったでしょうか、初めて歌ったあの日から、心の片隅のどこかに、抱き続ける日本

の誇り、日本の象徴『富士山』が俄かに現れ始めたのです。

富士山の思い出(2)

長年勤めた職場、退職間際の夏の暑い日、御殿場駅からバスに揺られ終点、御殿場口五合目バス停、がら空きのバスから降車しました。

1人、快晴の大空の下、そびえる霊峰富士山と対峙したのです。

私の人生の大きな大いなる節目……高く、高く聳える「富士山」を仰ぐ……。

「いつかきっと、また来る」と、私の〝これから〟を祈念した。25年前38歳の夏でした。

そして今……。携帯で〝富士山登山〟を検索すると、確かにwさんが言っておられた「富士山登り隊」がヒット、詳細を見て、すぐ「参加」申込みをしました。この富士山登山こそが、私のマラソン人生の決定打となり、マラソンへと私を導くこととなるのですから人生とは本当に不思議なものです。

四、マラソン再開

・2015年1月

2015年の元旦は、最高気温4℃、最低1℃、雪が舞う寒〜い1日となりました。新年を祝うお屠蘇とお雑煮を戴きつつ見るテレビは、第59回全日本実業団対抗駅伝競走大会を映しています。７区間１００㎞を７人で襷を繋ぐマラソンリレー大会です。開催地の上州路（群馬県）はもっと寒いはず。「寒さ」が苦手な私。Ｔシャツにアームウォーマー、半パン姿のランナー達、寒くないのかなぁ……私の心配などものともせず戦いの場と化した上州路を勇壮と駆け抜けていきます。「社」の威信を背負い、元旦という特別な日に戦いの火蓋が切られたのだ。優勝候補チームは、何が何でも勝たねばならないプレッシャーも背に……競技ともなると大変だ。自己ベストを狙い、また勝たねばならない使命感にも背を押され、果敢な走りを展開しています。見る者も応援する者にも力が入る。上州路に走るランナー達は、沿道に集う人々、テレビ視聴者の声援応援に応えるべく感動の渦となって新年を祝い走っているのです。

私の「走り」とは、似て非なるもの……スポーツとは、遊戯・競争・肉体的鍛錬の要素を含む身体運動の総称と「広辞苑」にあります。

「スポーツは、自発的な運動の楽しみを基調とする人類共通の文化であり、心身の健全な発達、健康及び体力の保持増進、自律心その他の精神の涵《かん》養等のために個人又は集団で行われる運動競技その他の身体活動である」とは、平成23年に制定されたスポーツ基本法の前文抜粋です。

スポーツは本来楽しいはずです。だが、競技となれば別物となる。勝たねばという舞台となるのです。競技者は大変だ、応援するものの期待を背負うのだから……。

そう言えば、人生がすべて競争だったような気もする。そして、私も還暦を迎え、競争する現代社会の一員を一応卒業したのだと、今つくづくと思うのです。

だからこそ、私の「走り」は楽しいのだ。趣味の競争のない「走り」はスポーツ概念の良さのみを与えてくれるでしょう。

10kmランナーとなった私、マラソンイベントには、特に興味がわくのです。

正月2日、テレビは、箱根駅伝往路放映。レースは途中だが、箱根ランナー達に刺激された私は、外は寒いけれど曽我川土手南走10kmを走った。新年初ラン、気持ちも充実、さあ、今年も頑張ろうと気合いも入ります。マラソン再開だと新年を祝いつつ……。

14日（水曜）、10km走る。25日（日曜）、11km走る。

〔1月ラン3回計31km〕

五、毎月の走行状況の掲載（2015年から）

・2015年2月
6日（金曜）、1時間20分（13km）走るも左足膝に違和感あり。

15日（日曜）、テニスをしている友のコート周辺を走る（10km）友のテニス終了の頃を思い計りながら私もランを終え、喫茶店でパンと珈琲で語り合う。28日（土曜）、**63歳の誕生日**は、曽我川土手10km走る。

〔2月ラン3回計33㎞〕

・2015年3月

15日（日曜）、小雨の中、6㎞走る。

〔3月ラン1回6㎞〕

・2015年4月

18日（日曜）は、今年の第一目標、富士登山の前哨戦。いよいよ【富士山に登り隊・第二回綿向山】に参加です。標高1110m、富士山登頂をめざす山登りスタートです。
京都市内、近鉄竹田駅に8時10分集合。観光バスに揺られること80分、西明寺口到着下車。ここから添乗員・現地ガイドに導かれ綿貫山山頂を目指します。表参道登山口、あざみ小屋、素晴らしい展望とブナ林を抜け、いよいよ綿向山山頂です。うむぅ〜、下界を臨む感動って、こんなものなのか？
下山後、観光バス乗車。すごく遠回り（もっと近くに温泉ないの？）して湯の山温泉「アクアイグニス」に入浴。

〔4月ラン0回〕

・2015年5月

9日（土曜）60分走り、スーパー銭湯「虹の湯」入浴。24日（日曜）90分走る。

〔5月ラン2回計20㎞〕

・２０１５年６月

7日（日曜）、12㎞走る。17日（水曜）愛犬と散歩60分。

24日（水曜）は【富士山に登り隊・第四回伊吹山】に参加です。標高１３７７ｍ、新緑の伊吹山との期待とは裏腹に、登山道の南斜面は、日差し遮る樹々もなく、結構ハードな登りだった。２名が足を攣ったようだけどガイドの手当てで無事全員登頂。年配者が多いのだ。今回も山頂からの眺めは素晴らしいが……。

山頂から２００ｍほど下ったところに我等のバスが待っていたのが一番嬉しかった……もう歩きたくない気持ちの私って……。

ふもとの道の駅「伊吹の里旬彩の森」の若いぶき薬草風呂に入浴。

第１回の六甲山（標高９３１ｍ）と第３回の武奈ヶ岳（標高１２１４・４ｍ）には、参加しなかった。

30日（火曜）は川西町「鳥の山古墳」方面を55分走る。走ったコースを初めて記録した。

〔6月ラン2回計19㎞〕

・２０１５年７月

5日（日曜）、畑まで40分走る。９日（木曜）、３㎞走り１㎞泳ぐ。12日（日曜）は、途中何度か歩くも１２０分走る。19日（日曜）は４㎞走り１㎞泳ぐ。

22～23日（水、木曜）は【富士山に登り隊・第五回木曽駒ヶ岳】に参加です。駒ヶ岳は標高

２９５６ｍ。近鉄竹田駅から26名の参加者とともにマイクロバスで向かいました。

バスは異常におしり（バスの後方）をフリフリ、怖いドライブなうえ雨模様です。

標高８５０ｍの「菅の台バスセンター」に到着。電気バスに乗り換え、山麓側「しらび平駅」へ、ロープウエーで８分、高低差９５０ｍの山上側の「千畳敷駅」に一気に昇った。

素人登山者の私としては、全く歩くことなく大いに得した気分だ。ところが、標高２６１１ｍに達した私達に待っていたのは大雨……。

一番危惧していた雨です。千畳敷駅舎内で、完全雨対応の装いをして千畳敷カールに降る。一面のお花畑らしいが、大雨では、足元に注意集中しつつ、登り始める。ごつごつした石に足を捕らわれないよう滑らないように一歩一歩登った。３～４００ｍ登ったろうか。すぐに山小屋に着いたので、ホッと一息、嬉しい、助かったぁ～。

あったかい飲み物が欲しいぞぉ～との私の思いも余裕のない添乗員には伝えられない。

あてがわれた部屋は４帖半ほど。男女６人。事前に何度も聞いていた山小屋の話。覚悟はしていたものの、着替えするのも大変だ。いびきは、眠れるかなぁ、心配してもしょうがない。

次はご飯だ。

食堂らしきところに、味を期待してはいけないような食事が用意されている。しかし、命をつなぐ疲れた身体には十分でありがたい。感謝しつつ食事を戴く、美味しい。

あれれれ、あの人、真っ青な顔。えぇ～どうしたんだろう、山小屋内の４人が高山病らしい。

かわいそうだけど、どうしようもないらしい。

富士山登山の前哨戦として、３０００m級の山に登ることは、登る体力の確認と山小屋の体験。それにもう一つ、高山病にかかるかどうかも重要かつ貴重な経験となる。ツアー企画の本旨、「富士山のぼり隊」参加者全員の富士山登頂なのが、よく分かった。

〔7月ラン4回計21㎞〕

・２０１５年８月

16日（日曜）は標高１１２５ｍの金剛山に。登山は素人の私が、富士山に登るということを知った登山が趣味だというお客様からのお誘いを戴き、急遽、近場の金剛山へ向かうこととなった。初心者の私を先に、もくもくと登った。何故に山に登るのでしょうか。永遠のテーマだ。

「そこに山があるからだ」とは、ジョージ・マロリー氏の言葉らしいが、私の場合は、重いリュックを背負って斜面を登り降り、単調で厳しく辛い工程をも凌駕する喜びや感動が「山登り」にあればいいのだが……この程度の貧弱な登山印象しか持てない私です。

金剛山で印象深かったことは、小さなワンちゃんを連れた登山者を山頂で5組も見かけたことと、帰り降路で、あれれという間に姿が見えなくなった1人の女性……「何て速いんだ」とつぶやく私に同伴者さんの一言「私達もあれぐらい（速い）ですよ」でした。

富士山登山の前哨戦として、私のために時間を割き、金剛山に連れてくださったYさん、本当にありがとうございました。

六、２０１５年（63歳）の最大目標、富士登山

８月19～21日（水、木、金曜）【富士山に登り隊・第六回富士山】に参加です。

いよいよ、今年の最大目標の富士登山の日を迎えました。

ツアー会社からの「登山ツアーお願いと注意事項」「山小屋の案内と過ごし方について」「登山装備・携行品チェックリスト」を何度も読み、用意万端、リュックを背負い６時45分に家を出ました。

小雨だが気持ちは晴れやか、いざ出陣。

新大阪で参加者と合流し、８時12分発の新幹線に乗り込む。隣座席は、西宮市からのｎさん。

車中、旅の楽しみ「名古屋コーチンとりめし駅弁」を食べながら会話は弾む。

私　「山登りのほかに何かやっておられますか?」

ｎさん「自治会長しているので結構忙しいですよ。その他はマラソンかなぁ」

私　「えぇ～マラソンされているのですか。フルマラソンも走られるのですか。凄いなぁ、私も走っているのですが10㎞程で膝に痛みや違和感出てそれ以上は走れないのです。だから、フルマラソンは諦めています」

ｎさん「諦めるって何を言っているの、フルマラソンランナーは誰でも足痛めてるよ。私も、

なんども痛めているけど走ってるよ。今も痛いですよ。それでやめたら、あかんでしょ」

ええ～なんと衝撃的なお言葉。足「痛いって」悲鳴あげているのに走るの？　それって良いの？　私自身の思いに楔《くさび》が撃ち込まれた瞬間でした。

そうこうしている間に新幹線は新富士駅に滑り込んだ。11時30分下車。曇り空、富士山はどこだ。バスに揺られながらも富士山はどこだって目を凝らすも見えません。

バスガイドさんいわく「地元に住んでいても、富士山はいつも見られないですよ。3日に1回ぐらいでしょうか」

「富士登山は、ここ北口本宮富士浅間神社（標高850m）で禊《みそぎ》をしてから登るのが古くからの習わしです。皆さんは、バスで五合目の吉田口（標高1450m）までまいります」

うぁ～助かるなぁ、富士山の五合目までバスで登るのだ。少しでも楽したいなぁと思う私です。

曇り空で富士山が見えないまま吉田口に到着しました。ええ～、またまた、驚きの光景に不安がよぎります。駐車場は、バスであふれています。思わず数えた私、31台か、何度も聞きおよんだ富士登山の先入観が現実味を帯びてきました。

富士登山に関する私の知り得た事前情報は、

①登山者の多さ
②登山道のゴミの多さ
③山小屋は多数の登山者で汲々詰め
④トイレは汚い

等々、マイナス要因のオンパレードです。

いよいよ、これからです。63歳での人生初体験、日本の象徴、最高峰富士山登頂に挑みます。富士と全身で触れ合います。

富士登山の事前情報も否応なく意識されるなか、それでも強く気を引き締めていました。

バス下車後、現地ガイドとの合流時間には、40分程あるとのことで、リュック等をお店の2階に預けて、自由時間となるも……。

お土産店を覗き歩いて弄ぶ時間は、ただただ、中国語しか聞こえなくて、こんなにも多くの登山者がいれば、富士登山の良くない事前情報も致し方ないかと思わざるを得ません。

そして、集合です。まず、富士山を背景に記念撮影です（全く見えない富士山が写真には実に鮮やかに写っていました）。

14時30分、私達グループの富士登山スタートです。吉田口の喧騒から離れるにつけ、前も後ろも登山者はまばらです。

あれれぇ～あの中国人達はどうしたのでしょう？　ほぼ１００％、吉田口までの観光ツアーだったようです。少し安堵しました。事前情報①登山者の多さ、は訂正しなければなりません。

それに、まぁどうでしょう、登山道にはゴミ一つ見当たりません。事前情報②登山道のゴミの多さ、も訂正です。


17時、七合目の花山小屋（標高2700ｍ）に到着です。

あてがわれた部屋はロフトのような造りです。しかも布団もしっかりと敷かれています。これだと良く眠れそうです。

ということで、事前情報③山小屋は多数の登山者で汲々詰めも訂正です。そして今しがた利用してきたばかりのトイレも綺麗に使われていました。事前情報④トイレは汚い、も訂正です。

富士登山の事前情報（マイナスイメージ）の全てがフェイクとは……嬉しい誤算となりました。

いやぁ～もう、富士山登山の事前に得た悪しき情報は、全てフェイクだったなんて、なぁ～んとも嬉しいではありませんか。

しかしだ、喜んでいる場合じゃないぞ。

夕食はというと、稲荷寿司3個におかずが少々。

「えぇ～これだけなの」とは私だけの思いか……周りからは不満の小声も聞こえず。みんな偉いなぁ「我慢や忍耐強さ」が登山者には必須なのかも知れないなぁと自らに言い聞かせ、なるほどと納得するしかなかった私でした。

さて次は、十分に寝ることが出来るかどうかだ。ツアーガイドのmさんから、山小屋では「眠れなくても目を閉じているだけでも疲れはとれますから」と教えられているので、眠れなくとも目を閉じ、じっとしているが……一体全体どうしてだろうか、なかなか眠れそうにないのです。眠れないのには本当に困った。これって堪えるよなぁ。

「眠れなくても目を閉じているだけでも疲れはとれます」は、この日以降、私の**人生訓(3)**となったのだが。

ひたすら、目を閉じるも眠れず4時間、それでもウトウトはしたはずだ。夜中何度も外に出た。すると、欧米の若者達2~3人数組が軽装で日本国旗を杖につけ、ベンチに休み、そのまま夜通しの登山をするらしい。凄いねーただただ感心。

5時起床。朝食を済ませ、5時半出発。ぽつぽつと小雨降る中、牛歩の群れ一筋に続く、11時に山頂の山小屋に全員無事到着。

ツアー添乗員の喜びの声「このツアー今回3回目なんですが、初めて28名全員、富士山頂に来れました」だって……。

おぉ~凄い、良かったなぁ。高山病も克服できたのだ。

喜びも束の間、富士山頂は雨、しかも本降りになって来た。視界は20~30m程だ。さてさて、赤飯と豚汁で、記念すべき喜びの昼食をしていると、ガイドから説明がありました。

「これから、天候がよければ、山頂火口周辺の『お鉢巡り』に行くのですが、この天候では無理だと思います。でもせっかく山頂にいますので、ここから15分ほどの富士山頂郵便局までは行こうと思います。ただし、山の天候は、変わりやすいので回復しないともかぎりません。そこで、郵便局へ行こうと思う人は、1時間半から2時間はかかるお鉢を巡るつもりで行きましょう。また、体力的にも、この天候では、下山したほうがいいと思う人は、今から下山しましょう」ということで、ここでほぼ半々にわかれ、私は、当然のごとく、郵便局に向かったのでした。


向かったのはいいけれど、さらに風は強くなるわ、視界も良くないので、一体どうなるやら……それでも無事、富士山頂郵便局に到着。記念にと、ここから郵便はがきを送る人達で、ちいさな郵便局は、一時大繁盛です。

そうこうしている間に、な、なんとまぁ！　本当に不思議なことです奇跡です、視界が一気に開けてきたのです。

山の天気は変わりやすいって言われても、この変わりようはどうでしょう。私達は、一体何者でしょうか。お鉢も鉢底も、遠く富士五湖のいくつかも見えるではありませんか。奇跡、ただただ感動です、感謝です嬉しい限りです。

ところが喜びも行く手を見るまでだった。左手前方、日本最高峰の頂き、仰ぎ見る頂き、期待していた「神聖でかつ厳かな」頂きのはずが……。

滑りやすそうな地肌が最高地点まで続いているではありませんか。測候所らしい建物も、工事現場のような佇《たたず》まいです。霊峰富士の頂には全く似つかわしくないのだ。私の期待し憧れし富士山頂は、人々の訪れを拒み神聖でかつ峻厳な誇り高き領域のはずだった。

最高点に近づくほどに、暗くなり冷たい雨粒と冷気に包まれた。先ほどまでの解放感や失望から一転、閉ざされた場、時間空間が無の状態、畏敬のみ、３７７６ｍ……日本の人空に一番高く突き刺す指先に、私は立った。標高３７７６ｍの富士山に登頂した。

人生に一度はこの足で踏みしめてみたいと願った日本最高峰に立つ願いは63歳で叶った。標高石碑を両手に抱え記念撮影。人生63歳、大きな目標は成就した。森羅万象！　全てに感謝します。

少しは人としてのスケール感も伸ばせたでしょうか。

また穏やかな天候となり、右回りのお鉢巡りも神がかり的な天候の祝福をいっぱい受け、喜びのうちに13時50分に山頂の山小屋に再び帰着した。

お土産を買い、14時15分下山開始……16時30分八合目の山小屋「太子館」に嬉しい帰還となりました。

あぁあ〜また山小屋です。疲れているはずなのに中々眠れないのはさすがに苦痛です。また、何度も外に出たり、座り寝したり、もう、あったかい布団に慣れ親しんだ現代人代表として、「登山はまたしたいけれど、山小屋は、もうこりごりです」

それでも、2時半ごろまでは熟睡したようで、4時に起床し、4時45分出発、何故にこんなに早くと思われるでしょう。

皆が佇めそうなところに陣を敷き、期待ワクワク5時20分、東空に静々と真っ赤なご来光が浮かび上がって来ました。神々しい輝き、澄み渡った清浄なる空気のみが介在する聖なる空間……心が洗われるひと時を皆で共有しています。初めて参加者全員が一体感を味わったようです。

そして下山です。砂地の斜面を滑るように一気に降り続けるのでおばちゃん達大丈夫かと心配しながらも私自身も精一杯です。スキーさながらストックと登山靴をコントロールしなければなりません。あとで、先頭のおばさん達に聞くと、「ガイドがどんどん行くもんだから……私達は限界でした」って。

富士登山の最終工程は富士山の良き余韻どころでない、ハードな下山となったのでした。

8時前には5合目の吉田口に戻り9時まで休憩してバスに乗車、10時30分山中湖温泉に到着。入浴後すぐ昼食となり、山麓から富士登山していた同じツアー会社の別組と合流したのでした。その中に青年男子と父親がおられたのが、凄く新鮮で爽やかな気分にさせていただきました。父子で参加って「いいなぁ」と羨ましくまた微笑ましくも感じた一時でした。

それからバスは、朝霧高原道の駅に停車、富士山との別れを惜しみつつ、新富士駅に16時15分到着。親しくなった4人組と富士登山の思いやお互いのことを話し合って、17時11分発の「こだま669号」で帰路につきました。

人生初、63歳で富士山登頂という大目標を達成、大満足です。ツアー会社、企画、導いてくれたガイドさん、参加者の皆さん本当にありがとうございました。

七、再びのランナー、走るモチベーション維持の工夫

・8月　〔8月ラン 1回9㎞〕

25日（火曜）60分走る。

・９月

【モチベ１】ラン後の語らい

12日（土曜）、再びテニスをしている友達のコート周辺を走る（10km）友のテニス終了のころを思い図りながら、私もランを終え、喫茶店にてパンと珈琲で語り合うのも楽しい。

こういったことが、走るモチベーション維持に繋がるのです（以後モチベと略す）。

16日（水曜）、自転車で４km先の奈良県営の「まほろば健康パーク・スイムピア奈良」に行く。周回３km走り、１km泳ぐ。

おぉ～これって『トライアスロン』じゃないですか。凄くショートだけど、人生63歳で初の体験かと思うと、何だか嬉しい。

私のための建ててくれたと勝手に思い喜んでいる良き施設「スイムピア」に感謝です。

このように、私の利用できる公共施設は、私のために建ててくれたものと思って（税金の無駄遣いにならないよう）使わさせていただいております。

【モチベ２】ラン後の温泉

21日（月曜）、敬老の日。お彼岸でもあり実家の貝塚にあるお墓に参る。お世話になった高校の先輩の喫茶店で昼食。

スーパー銭湯「虹の湯」の駐車場に車を停め、30分ほど二色の浜公園を走り、その後入浴。

スーパー銭湯に駐車して周辺を走る。ラン後の温泉は、疲れた身体に最高の御馳走です。

〔9月ラン3回計17㎞〕

・10月

2日（金曜）、真美ケ丘を70分走る。

〔10月ラン1回10㎞〕

【モチベ3】初めてコース

初めてのコース、どこを走っても自由なのもランナーの醍醐味の一つ。初めての場所は、目には爽やか、思いは新鮮。好奇心は走る楽しみを倍増し、細やかな喜びです。

・11月

6日（金曜）、曽我川7㎞、何故か体調おかしい、3㎞歩いて帰る。

24日（火曜）、曽我川9㎞、1㎞は歩く。30日（月曜）、スイムピア1・5㎞走って1・2㎞泳ぐ。

〔11月ラン3回計17・5㎞〕

・12月

6日（日曜）、再度テニスしている友達のコート周辺を30分走る。

〔12月ラン1回4㎞〕

八、2015年（63歳）のマラソン集計

２０１５年（63歳）は、１月３回31㎞、２月３回33㎞、３月１回６㎞、４月０回、５月２回20㎞、６月２回19㎞、７月４回21㎞、８月１回９㎞、９月３回17㎞、10月１回10㎞、11月３回17・５㎞、12月１回４㎞走った。１年間で24回１８７・５㎞程走りました。

相変わらず走った日時、曜日、場所、距離等には、何の計画性もなく全て適当なのです。走ろうと思ったら走る……ただそれだけだ、それでも結果として24回、計１８７・５㎞を走りました。

九、ランナー走行回顧録

走り始めた２０１２年は、60歳。26回のランで１００㎞、２０１３年61歳の年は、１〜３月、７回68㎞で膝痛。足の痛みさえなければ、７×４＝28回。68㎞×４＝２７２㎞程は走れたかとも思うが、膝痛発症で以降走れなくなりました。

それでも、宇陀シティマラソン大会10㎞に初めて参加、マラソンの新たな楽しさ、達成感を知った収穫は大きかった。

【モチベ４】 ランイベント参加

２０１４年、62歳の年は、走ることに関心なく、仕事人間に戻ったため、０回０㎞。

そして２０１５年、63歳の年は、24回１８７・５㎞走りました。

この年、正月の100㎞駅伝と箱根駅伝のランナーに刺激されて、走った結果が187・5㎞。2年前に痛めた左足膝は、そのまま放置状態であったので、いつ再発するかという不安をかかえたままだから、1回10㎞前後までの走りでした。

十、60歳から走り始めて4年間（ランナー雑感）

60歳から1人、ランニングのノウハウもなく、何一つ考えも知識もなく、服装も以前からあるもので、走る仲間もいない。ホント、全く気ままにその時の気分次第で、走ろうと思うときに、無理せずに自分のペースで走っていました。

『走りたい』『走らないと』『走るの好き』という感じではなく「健康的」だとか、ラン後の「爽快感」とかも「走る」理由とは言えず、未知なる所を肌で感じ走れるのも楽しいが、それだけでもないのです。

本当に走ることの良さ、楽しさは、辛さしんどさの中にもある、だから走り続けられたのだと思います。

ランニングについて何の知識も実績もない私だけれど、走ることの「しんどさ辛さ」の比でないほどの楽しさや喜びがあることも知った。そして、この歳でも『走れる』という自分自身を褒めてあげているのです。

皆さんも走りませんか。1度きりの人生、新たな視界が開けそうですよ。

第五章　マラソンランナーへ《ステップV》

2016年（H28年）64歳のマラソン

２０１６年（64歳の年）、元旦。昨年は、でっかい目標（富士山登頂）達成で充実した1年だった。さてさて今年は……何を目標にしようか？

この瞬間、さっと頭をよぎったのが、あの富士登山に向かう新幹線内でのｎさんの言葉でした。

「フルマラソンランナーは誰でも足痛めてますよ。私も、なんども痛めているけど、それでやめたら、あかんでしょ」。

そうか、痛くても走るのか！　ましてや私の歳（64歳）を思うとラストチャンスかも知れない！　よぉ～し、今年は何が何でもフルマラソン走るんだ！っと『フルマラソンを走りたい』というスイッチが入ったのでした。

一、2016年（64歳）の目標

２０１６年（平成28年）さて、今年の目標は、

①**フルマラソンを走る**
②人格者、魅力ある人を友に持ちたい
③仕事も頑張る
④月1回の旅行
⑤息子の進学応援
⑥外国語、読書、将棋等、知的な学びのほか、社会貢献

64歳のこの年、私の最大の関心事は、「フルマラソン」への挑戦となりました。それは実にワクワクする目標でした。

二、フルマラソン完走へ、計画立案

２０１６年元日（金曜）、実業団駅伝を見終え、私のフルマラソン挑戦がスタートしました。曽我川土手を10km程走る、特別な思いを持って特別な日に走っている……なぁ～んて素晴らしいことだろう。

2日（土曜）、箱根駅伝のランナーに感情移入しながらTVを見ていた。最高難関な年明けを飾る晴れの舞台「箱根」に賭ける監督と選手達、並大抵でない練習を重ね、練りに練った作戦……チームの優勝と自身のベスト更新を懸け、各区間を任されたランナー達の懸命に走る姿。そこには鮮烈なドラマが展開していました。

見るもの応援する人達の心に、勇気をまき散らしながらの快走、惜しみない拍手が沿道を包んでいる。フルマラソンを目指す私にも相当のおこぼれの勇気が届きました。

この日から、フルマラソンを完走するため、どうすれば走れるのか、具体に考え初め、走ることを計画し始めました。

年末開催のフルマラソン大会出場に向け、これからの「走り方」を考えると、こんな感じかなぁ。

①週に2回各10km以上走ろう
②少しずつ走る距離を伸ばしていこう
③7月頃20km、9月頃30km、11月頃フル42・195kmを走る

まず、居間の壁に年間予定表（2016年カレンダー）掲げ、走った日に、時間とおおよその走った距離を記すこととした。

三、1月走行まとめ

元日は曽我川土手（以降場所記載なき場合に適用）を13時48分から14時55分まで9・4km走り、年間予定表には一目で分かるよう距離に緑色（マーカー）を被せた。この調子で、5日（火曜）11km、10日（日曜）12・6km、14日（木曜）14km、17日（日曜）15・3km、22日（金曜）17km、26日（火曜）18・5km、30日（日曜）13kmとなった。

おおぉ～1月だけで8回、110・8㎞も走ったのだ。緑色に染まった日が確実に増えていく……なぁんだか嬉しい。

四、1月ランナー雑感

元旦から、何のためらいもなく、それ以上にフルを目指す確実な第一歩、新しい年の幕開けに相応しい新鮮な走りが続いています。

いつもの曽我川土手なのに、私を包む大気は優しい。膝の違和感も走行中に2度ほどあったが、走る妨げにはなりませんでした。

14日の14㎞は少し頑張って走ったので、ラン後の歩行がぎこちなくなった。走るペースも大事です。

22日は寒く顔も手も凍えた。往路は追い風でまだマシな方だったが、復路は向かい風を真面に受け、頬を刺す冷たさだった。それでも17㎞走れたのだ……ハーフマラソンも見えてきたぞォ～。

目標のフルマラソンに向け少しずつ走る距離を伸ばそうとの意気込みとほとばしる力の発散、26日には18・5㎞まで走ったが、17㎞辺りから足はパンパンだった。残り1・5㎞は松山千春の『大空と大地の中で』という歌を口ずさんでいました。

7月で20㎞走ろうとの予定が1月で18・5㎞も走るなんて、いくら何でも走り過ぎでしょう。いきなり計画無視な走りになってしまった。当分は10㎞の走りでいいかと……それにしても気持ちって物事の判断を大きく左右するねぇ！

自分の気持ちまでが高ぶるほどの目標を持つ、目標を持てるって幸せだなぁって、つくづく思うのでした。

五、2月のランニング

3日、6日、8日は各10㎞。11日16㎞。15日、18日、21日は各10㎞。トータル7回、76㎞を走った（2ヶ月、計15回で186・8㎞）。

3日は、仕事で右肩に強烈な痛みがあったが走った。6日は平城方面。11日はいつもの曽我川を南下し右回りに高田、広陵の自転車道を北上して第二浄化センターと初コースを走る。帰宅して走ったコースを地図に記入もした。お〜ぉランの軌跡が目に見えるのも良いものですぞォ〜。

15日はスイムピアから天理方面へ、小雨もありコンビニで何回もトイレを借りる、冷えるとトイレは必須です。

18日の10㎞は、我が人生初、1時間を切る59分で走った。些細な事かもしれないけれど嬉しい。

21日は雑誌に掲載された奈良県宇陀市室生三本松（三重県境）の古民家レストランに愛車（リーフ）を停め、周辺高低差２００m程の山中ランを決行。舗装道を上がり切って右回りに選んだ復路、走れそうだが行き止まりにならないだろうか、怖い生き物に遭遇しないかとひやひやドキドキ、戻れるかとの不安も抱えながら無事に戻れた。

レストランオーナーとの会話、田舎料理に舌鼓と、初めて見る全ての景色にほんわか浮き浮き気分……知らない場所を訪ね走ることで、知らなかった新たな景色を発見し、心に蓄えていくって、ほのぼのとした余韻と良かったなぁという何とも言えない喜びを感じています。

一時の思い付きで叶えられた喜びも「走ること」から味わえる恵みなのですね。

【モチベ５】エポックな人を尋ねる
こんなことも出来るって本当に嬉しくなります。

初めて走る場所（地図に残す）、新たなる人との出会い、新鮮な楽しさ面白さ、ちょっとした冒険、何だか「走る」ことから派生する知らない世界をいっぱい体験できそうです。

28日に、64歳を迎えました。

ちなみに2月の参考データは、１日平均の歩数は８４１９歩、走った７日間の平均歩数は、１７３３５歩、残り22日の平均歩数は５５８２歩だった。

六、3月のランニング

◆お気に入り「あきのの湯」周辺ラン

2日は10㎞、5日、8日は各12㎞、11日は19㎞、18日は8㎞、21日は10㎞、27日は7㎞、トータル7回で78㎞（3ヶ月計22回264・8㎞）

2日は真美ケ丘、花粉を感じてのラン。冬の寒さから徐々に春めいてきたが「春眠暁を覚えず」でなく目覚め、ここまで走って来たが相当に眠たかった。1時間10㎞、身体は何ともない。2時間ぐらいならコンスタントに走れそうに思います。

8日は、大宇陀温泉あきのの湯（1回目）に駐車して、心の森総合福祉公園を周回してから外に出、左周りに重要伝統的建造物群保存地区「宇陀松山」に至る。江戸時代にタイムスリップしたような面持ちで、緩やかな下りを走っている……月曜の午後、地元住民も観光客も見ないで、時間空間が止まったような左右の佇まいのなか、私1人が、御邪魔虫となり飛び跳ねている。

街道を抜け、西に向かえば普段の光景。さらに南方面に左折すると結構な登り坂が続いていて人家も少なくなる。ここが頑張りどころと歩かずに峠まで来た。下り出すとすぐ前方左手遠くに出発した公園の体育館らしき大屋根が見え、ゴールも間近く感じられる。まだ少し距離を伸ばしたいので、真っすぐ下りきっての交差点、左の公園側を避け、再び上りはじめる小さな河川沿い遊歩道的な道に入る。河川護岸の繕いも人を招こうとしているようなデザインが感じられ、左側のなだらかな斜面も、自然景観を美しくみせようとする柵や石垣、木立と相まって心地よい。何の予備知識もなく思いつくままに当地に来て、足の向くまま気の向くままの旅がらすのように走ってきて出会ったひときわ大きな桜、「又兵衛桜」と御対面です。

大坂夏の陣で活躍した後藤又兵衛の屋敷跡にあった垂れ桜らしい。５００年の時空を又兵衛はこの桜によって生き続け我らに何を語ろうとしているのか……。

お手洗いが対岸にあり、一気に現在に引き戻されつつも、満開の又兵衛桜を脳裏に描き走りを再開。

のどかな山あいの爽やかな空気をいっぱい吸いながら、大宇陀温泉あきのの湯に戻ってきた。ここまでほぼ10㎞。

ラン後の楽しみの一つ、温泉に入浴する。程よく疲れた身体に程よい湯の香だ。ジェットバス、薬草の湯は「あぁ～気持ちいい」もう気分最高……。

11日は、通常の曽我川土手を南に走るも、今日は、もう少し南へ近鉄大阪線をくぐって橿原市曽我川緑地公園に至る。

昨今のゲリラ豪雨によって全国各地にもたらされた河川氾濫に対応すべく、曽我川も氾濫危険水位が上昇した場合の危険を回避すべくこの公園に雨水を貯めようと、サッカー場、幼児遊具場、低水位人工池、テニスコートに1階をピロティ（柱だけの空間）とした体育館が整備されている。

曽我川は、所謂天井川だ。川底は周辺地とそれ程変わりない高さである。曽我川のすぐそばに住んでいる私にとって、この緑地公園は今日からは頼もしいメンタルサポート公園になったのである。ここまでは、7㎞だった。

17日夜、7月予定の20㎞ランイベントとして、7月10日の第3回明日香村トレイルラン20㎞へ申し込む。トレイルって何だろうとの思いも疑問も湧かず、20㎞走れる、しかも近場での大会なので申し分なしと躊躇せず申し込んだ。

18日は、10㎞走るつもりだったのに、右足の太腿中ほどに痛みが出たので8㎞で止めた。27日も7㎞走ったところで身体に違和感覚え2㎞程は歩いて帰った（3月の1日の平均の歩数は8220歩、走った8日間の平均歩数は、17757歩、残り23日の平均歩数は4898歩だった）。

七、4月のランニング

8日は7・5㎞、15日は1・5㎞で至急の仕事で折り返す計3㎞、16日は10㎞、22日は8㎞、

24日は16㎞、27日は5㎞、29日は7㎞、トータル7回、56・5㎞（4ヶ月で計29回321・3㎞）。

22日は、いつもの曽我川を北方向に走る。曽我川も大和川本流に注いで、対岸の大和川に注ぐ富雄川土手をさらに北走して、名庭園をもつ慈光院を見て引き返す。残り2㎞程はまた歩いた。

八、4月ランナー雑感

今年元旦のフルマラソン完走という大きな目標に向かって、1月は111㎞、2月と3月は75㎞程、4月は56・5㎞と年頭の意気込みも少々しぼんでいるようだが、年末のフルマラソン走行に向け、順調に楽しくランランしているって感じです。

足に多少の痛みや違和感を覚えながらも、体調はいたって良い。

何よりも、奈良の三宅町って、ランナーにとっては、本当に素晴らしいところだと、つくづく思う今日この頃なのです。

気持ちよく楽しく走れるコースが結構あるのです。

九、5月のランニング

◆お亀の湯・名張の湯・姫石の湯・かもきみの湯・月ヶ瀬温泉

2日は8㎞、4日は5㎞、5日は7㎞、8日は8㎞、15日は10㎞、22日は8㎞、29日は5㎞、トータルで7回51㎞（5ヶ月で計36回372・3㎞）。

2日、河内長野市にある私が設計施工したディケアー介護施設で午前の仕事を終え、昼食後、20℃快晴、高台の見晴らしのいい施設駐車場から東脇の狭い急斜面を降って走り出した。目の前の畑で路はなくなりそうだったが何とか巾3m程の川まで来た。橋を渡りそのまま東方向に駆け上がる。住宅地に入って右折、新たな川沿いを南下、あぁ～ここは30年程前に仕事で来た小田山地区だ。確かこの先行き止まりではなかったか……あれれぇ～車が2台来た。バス停もある。これは続いていそうだ。若い男性を抜き去る。下りだした道、あれれぇ～ここは私がリフォームさせていただいたお客様2軒のある緑ヶ丘の住宅地だ。昔、仕事で来ていた場所に久しぶりに来てしまった。覚えのある懐かしい場所、お客様はご高齢だがお元気だろうか、いきなりの訪問にどう思われるのかと迷いながら、玄関先を通り過ぎた。戻ろう、右回りに北向く、農道に出てからのロケーションがいい。出発地点はあのあたりだ。橋を渡り暫く走っているとランナーとすれ違った。「暑いですね」とお互いに分かち合う、頑張ろうと……。

施設のある国道385号に出た。車内で着替えて帰路につく。

4日は三重県の「名張の湯」に停め、15時20分スタート。とりあえず駅に向かう。近鉄名張駅、大阪の新たなベッドタウンとして脚光を集めたのも4～50年前。大阪に向かうサラリーマンの玄関口に初めて期待して来たが残念、駅舎も駅前も特段のデザインや機能性を感じなかった。そのまま足の向くまま走るもスッキリしない。急な登り坂、図書館があり公園が続く。散策する数人の人達を見ながら公園内を走るも元に戻りたくない、柵が一ヶ所壊れている。ここから出られそうで、眼下に「名張の湯」が見える。急降下して出た所は、区画整理したようで何区画にも整地された造成地だ。駅近なのに更地のまま……北側の幹線道には沿線サービスの全国チェーン店が軒を連ねるも人影は多くない。35分程走った。何故かスッキリしない。招かれていないのかも。

温泉はどうかなぁ。ワクワク入場。

５日は子供の日、今日は、以前から行きたかった「お亀の湯」に停め、奈良県では、少しは有名な曽爾高原を走った。

お亀の湯の駐車場から曽爾高原に向け走りだすも、坂がきつくて走れない。急な車道からはすぐ逸れ東海自然歩道に入るも、急な上りは変わらない。これじゃ山登りだ。人影もなく薄暗い樹々の枝葉を敷きためた山道は不安だ。でも足はすこぶる快調だ。青年の家のパーキングを見て、いよいよ初めての曽爾高原に入った。何とまぁ自然なのに人工的に管理された風景……高原の東側は屏風のような山が連なり、尾根に向かう高原の両サイドには山を楽しむ人々の連なりもみえる。私も北側の登山道を登り、右回りに尾根に至る。相当な風だ。吹き飛ばされぬよう注意しながら、足元の岩場では３６０度はるか遠くの山並みや盆地の眺めを楽しむ。目の前には６人連れのハイカースタイルのおばさん達、良くもここまで登ってこられたものだと感心しながらも、先を急ぐ。下山後、お亀の湯まで……車道を快調快速、一気に駆け下りた。

いよいよ、天然温泉「お亀の湯」に入湯。名湯の名に相応しい（一般のスーパー銭湯では味わえない）湯質だ。ナトリウム炭酸水素塩泉が肌にしっとりとすべすべ、お風呂好きには堪んない。写真で見た露天風呂は、思ったよりは狭かった。風呂上がり、芋のソフトクリームを戴く……さあ帰ろう。「曽爾高原・お亀の湯」の余韻に包まれて……。

でも、曽爾高原は、ゆっくりと草原に吹く風を感じながら散策するのが似合う場所かなぁ……走る場所ではなさそうでした。

８日は御杖村の「姫石の湯」に来ました。何だか、「スーパー銭湯はしごラン」の様相となってきました。山あい自然豊かそう……全く未知なる空間に舞い降りたって感じです。10時50分、簡易な地図とペットボトル、タオルを片手に国道３６８号を三重方向、東に向かう……ずう～ッと下り坂。早く右折したいがバリケードで通行止め、下りきったところまで来てしまった。河川敷に看板あり、向こう側は三重県と分かったものの、現在地も周りの道関係も全く把握できずの看板だった。右手にしっかりとした舗装道が河川沿いを南に向かって登って行くので、１人で不安だが踏み出す……ひたすら上り続けた。杉林も明るくなってきて右に大きくカーブすると右手に石等の資材置き場があり、やっと人の気配を感じだした矢先、ドキィ～……もうびっくり。１mは超える蛇、道路の左手３分の1を塞いでいる。見るのも嫌だ。気持ち悪い怖いで道路の右側は結構空いているが、そこを通る勇気も自信もない。何とか道端に動いてくれたので、今行くしかないか……あぁぁ嫌だ気持ち悪いがおろおろやり過ごせた。久しぶりに怖かったぁ。

峠か一番高いところに民家があり、ホッとする。右手には公園らしきもある。農家の作業場で２人して何かを作っておられる。あれぇ～正面は……スタートした道の駅だ。走り出してから40分経過、もう少し走ろう……左手を南に向かう。

鋭角に折り返し北に向かって国道３６９号を横断、また新たな山間の田畑の一本道を走る。それにしても田畑にはイノシシ除けか柵が全周に張られている。農家も大変だなぁ……やっと国道３６８号に出て東に走り、道の駅に戻ってきた。さあ、温泉そして昼食だ。

新たな楽しみがまた一つ加わりました。ランニングと温泉です。程よい疲れ、眠くなる帰りの運転、ゆっくりまったりな走行で、身体は何とも言えない満足感に満たされるのでした。コンビニの珈琲もリッチ感増幅です。

十、「伊勢本街道観光マラソンinみつえ」マラソン大会

15日（日曜）は「伊勢本街道観光マラソンinみつえ」、10㎞のランイベントに参加。宇陀シティマラソン以来2度目のランイベント参加です。宇陀は初めての大会参加で相当に高揚した現地入りだったけれど、2度目となると……でもやっぱり凄く高揚して誘導された駐車場に車を停めたのでした。

３００名が集合し、村長さんや役場の大会関係者の挨拶があった。御杖村の村おこしイベントなのですね。嬉しい催しに感謝です。スタート地点に移動しています。

いよいよですが何か今一つ盛り上がらないです。田舎ゆえランナーの気持ちに沿う盛り上げ工夫が少したりないのでしょう。

号砲でランナーが一斉に、田畑の中の一本道に靴音をなびかせて走り出しました。

のどかな山里の穏やかな五月晴れ、まずは丸山公園で折り返し、伊勢本街道に入って左折、上がり坂となり山あい樹々の中へ、右に曲がると急な下りとなった。閉ざされた所だなあとも思いながら、家並みが見えはじめると左折、川沿いコースとなる、前方には、川と両岸の道と田畑、家並みなど、ずうっと先まで広がりつつある。

御杖村って、姫石の湯までの幹線道の左右が村そのもののように思っていたけれど、その一つ横合いに、田舎造りのお家や、高齢者施設と思わせる建物なども自然の恵みに生かされているような町並みがあったとは……その風情に生活の質の豊かさを感じます。

沿道には地元の方々……年配者の一群、施設のお年寄りと思われるお婆ちゃん達が、椅子に腰掛け手作りの旗を振って応援してくれている。

コース沿いの空き地にテントが張られ、こんにゃくが配られていた。集落も先細りに見えだした所を右折して橋を渡り対岸を折り返す。

神木らしき聖なる古木の聳《そび》える御杖神社。境内で地元産の野菜の提供を受け急いでコースに戻る。ゴール手前の伊勢本街道最後のエイドでは饅頭を戴いた。

10㎞だとゴールは近い。私のマラソンもハーフの域に達しているのだろう……特段の感激もないランでした。

完走証もなく、「姫石の湯」駐車場でのダンスアトラクション等を見てから一番の楽しみ温泉です。先週に続き2度目……うむぅ～、こちらも特段の感激のない温泉でした。いやぁ失礼……あくまで個人的な感想です。

「御杖村の皆さん、またチョクチョクお邪魔しますから宜しくねぇ」と、帰路につきました。

22日は御所市五百家にあるスーパー銭湯「かもきみの湯」がランの舞台です。以前に何回か来たことのある銭湯です。

周辺に快適な走るコースがあるでしょうか。国道24号は歩道がありません。山を見ながら上るか、川に向かって下るかです。

5月というのに気温は28℃。少し暑いです。曇り空で日射はなく、山並み等の風景は定かでありません。それに、平坦走行はできそうにありません。上がり下りのキツイ走りとなりそうです。

まずは、場内板張りの遊歩道を走り、舗装路と交互して上にと向かいます。幼い子連れのファミリーが何組も斜面滑りを楽しんでいます。駆け下り農道へ、すぐに本道に出て結局西にジグザグに駆け上がりました。どこに行くのか、名所旧跡らしきところもなさそうで、期待感がどんどんしぼんでいます。楽しくないなぁ……途中に〔1・4㎞高天彦神社〕のサインあり、ここに行こうとして山麓線に出て北に向いたのが間違いのようで極楽寺に着いてしまった。参詣して折り返す。何だかよく分からないけれど戻っています。おやぁ、やたらと立派な歴史案内掲示板発見。下りの小道にあったのが場違いのような……気にはなったけれど内容は私の関心を惹かなかったようで全く覚えていない。

あぁ〜、気持ちよく走れそうなところはなさそうだ……。

「かもきみの湯」はナトリウム炭酸水素塩・塩化物温泉、お肌すべすべ気持ちいいです。2階の食堂で茶そばとソフトクリームを戴き帰路につきました。

29日の昼食後、携帯で「道の駅温泉」を検索した。今度も温泉ランです。月ヶ瀬温泉（入浴時にこの携帯画面を見せると100円引き）、梅で有名な行楽地です。距離は45㎞、西名阪道小倉インターで降り広域農道を愛車は走っています。一度来たことがあるが温泉の入口専用道まで来てやっと記憶が戻ってきたという感じです。

駐車してすぐに走り出す。梅林西入口８００ｍとのサインに従って走るもポトリと雨滴。１時間持たないかなぁ……梅林に入るも緑一色。屋台もお店もクローズ……45分ランを終え、温泉に戻って来た。やはり１００円引きで入浴できたので、その分はラン途中、お寺の賽銭に使わせていただきました。

これおかしいでしょ、展望露天風呂が目隠し塀で囲われているって……何も見えないじゃないですか、一体どういうこと。眺望なんとか改善してほしいと思いながらもスタッフの応対は気持ちがよかったなぁ……ざるそばを食べ、石鹸と干しシイタケを買って帰路につきました。すごぉ～く眠いドライブです。

月ヶ瀬も梅期以外だとお風呂しかないような、ちょっと残念な思いです。急に思い立ったように、温泉ランとなった５月もこうして過ぎていきました。

十一、６月のランニング

◆豆山の郷・虹の湯（２回）・延羽の湯・ぽかぽか温泉

３日は２㎞、５日は10㎞、８日は21㎞、12日と15日は各10㎞、18日は16㎞、21日は11㎞、24日と27日は各16㎞、30日は10㎞、トータルで10回、１２２㎞（６ヶ月計46回４９４・３㎞）。

3日は三宅町の健康ジムにあるランニングマシンで2km、5日は隣町の豆山の郷から馬見丘陵公園を走る。8日は慈光院方面、12日と24日は上牧町にある「虹の湯」周辺、15日は大阪府羽曳野市にある「延羽の湯」から富田林方面、18日は外気温30℃のなか曽我川レギュラーコース、21日は橿原市にある「ぽかぽか温泉」から江戸期に栄えた環濠集落「今井の庄」まで、27日は家から里山会の畑まで往復。

十二、奈良マラソンエントリー失敗

6月8日（水曜）、20時。奈良マラソンのエントリー受付開始です。いやぁ〜ついに今年の最大目標、フルマラソンが目の前に現実味を帯びてきました。

午後8時、パソコンの前で、ドキドキしながらキーボードをたたいています。画面はエントリー待ちの人数と秒を刻む表示ばかりです。沢山のランナーが我先にとパソコンに群がっているようです。そしてついに画面が変わりました。エントリー画面です。必要項目に個人特定情報を入力していいます、すごく焦っています……その時です、スパーッと画面が止まっちゃいました。うぁあ〜『定員に達しました』って……がっくりです。

十三、2016年上半期のマラソン状況

それでも気を取り直して、目標を「フルマラソン」に掲げていた2016年の半年が過ぎた今を振り返ってみますと、何となくではあるが、フルマラソンも現実味を増しつつ、走るモチベーション維持の工夫の一つとして、5月と6月はラン後の温泉入浴を楽しむ「走り」となっています。

我がランニングは楽しく嬉しくボチボチなのです。

本格的に走り出した今、奈良県の自転車道の充実と、我が三宅町を取り巻く色々なランニングコースが私の「走る」モチベーションを本当に高めてくれていると感じています。

「走っている」ことをただ嬉しく思わされている今日この頃なのです。そこで、走ったコースを次にまとめてみました。

十四、ランニングコース①〜④

①曽我川土手南走

広陵町パークゴルフ場まで4㎞、トイレも自販機もあり、桜並木も多少はあるが、何といっても一番の魅力は、右手に聳える、ふたこぶの二上山から葛城山、金剛山の雄姿です（古の奈良の都人達も日々何らかの思いを抱きながら眺めたであろう、大和朝廷ひいては日本国家創成時とも唯一変わらない眺め）。

大阪（ナニワ）との境、でかい屏風のごときです。天候や季節により表情を変え、走る毎に尊厳な佇まいで私を見守っている。人智のちっぽけさも豊かに包み込んで我々をいつも見続けている雄大さ、これからも毅然として聳え続けるのだろう……往復10㎞のレギュラーコース。

②曽我川土手さらに南走

橿原市曽我川緑地公園（洪水対策公園）まで、往復15㎞。

③曽我川土手さらにさらに南走

橿原市運動公園（市民プール）まで、片道10㎞往復20㎞。

④曽我川土手北走

このコースは、自転車道を走るのだが慈光院まで10㎞、驚きは、慈光院の交差点標識に京都渡月橋まで60㎞とあり、いつか渡月橋まで走れる日が来るのでしょうか。

十五、温泉ランにハマる⑤

⑤車で1時間程にある温泉地に停め、周辺を10㎞程走るコース（ラン後の温泉は走る我が身への最高のプレゼント）。

（1）宇陀市心の森総合福祉公園内「あきのの湯」単純温泉

（2）名張市「名張の湯」含硫黄、ナトリウム・カルシウム塩化物温泉

（3）曽爾村「お亀の湯」ナトリウムI炭酸水素塩温泉

（4）御杖村道の駅「姫石の湯」単純温泉

（5）御所市「かもきみの湯」ナトリウムⅠ炭酸水素塩温泉
（6）奈良市内「月ヶ瀬温泉」弱アルカリ性単純泉
（7）河合町総合福祉会館「豆山の郷」
（8）上牧町「虹の湯」ナトリウム塩化物温泉
（9）羽曳野市内「延羽の湯」単純温泉
（10）橿原市「ぽかぽか温泉」ナトリウム・カルシウム塩化物温泉

現在まで10ヶ所のスーパー銭湯に車を停め周辺を走った。

ランナーとして一番重要なことは、気持ちよく走れるのかどうかです。それぞれに、足の向くまま気の向くままに走っているので、導かれる方向が良いのかどうかは分からないのですが、走ることで五感はフル回転、精一杯身体を働かせているのだろうと思います。肌に感じる空気感や移り行く風景、環境が、私の五感を刺激して、「どうだ、気持ちよく走れるか」と問いかけてきます。


6月5日（日曜）は（7）の河合町総合福祉会館「豆山の郷」に停め、14時15分ランスタート、遊歩道にでる。右折だけれど何故か3方向あるまん中に入りたいので、手前道を左に走り、中央小路に入れる場所を探す。結局近鉄田原本線池辺駅からの遊歩道入口まで来てしまった。

3方向一番東側の道は、河合町のスポーツ施設（運動グラウンドやプール、ゲートボール、テニス場等）へのアプローチ道だった。隣町に住んでいるが、こんなところに町民健康スポーツ施設があろうとは……この日初めて知った。町民の方なら誰もが知っているのだろうか。幹線道からは見えないし、奥にこれだけの空間が広がっているとは思いもせず、走ったからこそ出会えたかと思うと、「走ること」から景色がどんどんと広がることを実感しています。

中の道を南走する、良くデザインされた気持ちいい遊歩道だ。木の橋や歴史的サイン、並走する自転車道とともに馬見丘陵公園へのアプローチ道として本当に良く整備されている。

馬見丘陵公園は県立だ。バラが咲き誇り結構な人達が夫々に楽しんでいる。のどかな公園道をゆっくりとではあるが走っている私は、この場には相応しくなさそう……申し訳なくも思いながら池に架かる木製デッキまで来て下を覗くと、ゆったりのんびりと泳ぐ亀と鯉達のお出迎えです。鯉のデカさには驚きです。多分、今まで見た鯉の中では一番大きいでしょう。相当数泳いでいるけど皆デカいのだ。

さらに隣接する広陵町竹取公園を散策ランしてから、里山会の畑に向かった。Yさんがおられたので20分程談笑の後、「豆山の郷」に戻ってきた。15時50分着。

初めてのお風呂……岩風呂と木の梁を架けた自然感いっぱいのデザインだ。やはりラン後のお風呂は気持ちいい……ありがとう。帰路ほんわか疲れの運転は、いつもとは違っていた。家にすぐ着いてしまったのだ。余韻をゆっくり味わえないって感じも知ったのです。

6月12日（日曜）は（8）の「虹の湯」に停め、里山会の畑に向かう。はじめて綺麗に田植えされたあぜ道に入るも、よくもまあ～農機も入らなさそうなこんなところまで、田植えされたんだと思うと、畔に休んでおられる高齢な農婦さんの凄さに感心しきりだ……この先どう行けば見知った路に出れるのかなぁ。

左に行こうとした矢先、おばあさんの声「そっちは行かれへんで、右にいかな」、いやぁ、ありがたいなぁ。「ありがとう」とお礼を言って蹴上がって土手に上がる。見慣れた池だ。これで大丈夫、畑には誰がいるだろうか。Ｉさんがおられたので少しお話してから、竹取公園のほうに向かい、そして馬見丘陵公園に走り入る。公園内にはまだまだ知らない小道がいっぱいある。一つ一つ開拓しようとの思いで適当に入るも、なんとまあアジサイの花盛りの一角に踏み込んだ。紫、碧、花びらの形もホント美しい。季節気候自然満喫ラン、「走ること」で景色は広がり、未知の世界をどんどんと見せてくれます。凄く嬉しいです。

ご高齢のお2人を抜き去る時、「走ってる人もいるんやから、私らも頑張らなあ」って聞こえました。お2人さん頑張って……。

虹の湯に戻る、10㎞は走った。すぐに温泉……ジェットバスの勢いがハンパなく強いのがいい。打たせ湯も心地いい。檜風呂で手足を伸ばし竹の間に寝そべって、ああ～最高にご機嫌です……癒されるぅ～締めは水風呂、もう堪らんです。

6月15日（水曜）は富田林の「うぐいすの湯」に行ったが、5月29日に閉鎖されたようで、バリケードの出迎えには暫し呆然。寂しさと以前来た思い出も封鎖されてしまった感じがした。人気のスーパー銭湯といえども世の営みの難しさか、廃業……複雑な思いのまま、(9)の「延羽の湯」に向かった。14時半に到着。

どこをどう走ろうか、石川の自転車道はどうだろうか。なぜか冴えないなぁ、川を離れて西に行こう……近鉄富田林線と外環状線を渡らないといけない。最寄りの横断できそうな踏切はどこだろう、車の通れないローカルな踏切発見……こんなところって地元の人しか通らないでしょう、走るもののみ知りえる場だって特別な感慨も外環状線交差点まで……いやぁ～車、多すぎ、閉口しながら一刻も早く渡りたい気持ちの信号待ち……急ぎ渡って西へ西へ向かうのでした。

缶コーヒーを飲んだのが良くなかったか、トイレを探さなければの状態だ。この先の万代スーパーまで頑張ろう。それから白鳥の道の駅に行けないかと梅の里の住宅地の外周を巡るも行けそうにない。結局、来た道を戻ることにしました。

線路を渡る頃になると雨がぽつりと降ってきた。河川敷に降り、いくつかある登りの階段の一つを駆け上がった。「延羽の湯」に、15時45分着、いつもより少し疲れた感じ。

延羽の湯はどこよりも高級感がある。スタッフの応対もいい。アンケート用紙を渡すはずだ。温泉は……うう～ん、温泉かどうかよく分からなかったけれど雰囲気はいい。

6月21日（火曜）は（10）「ぽかぽか温泉」に駐車して、梅雨空の午後1時15分スタートした。今井の庄かプール方面か兎も角南下だ。いきなり大和高田バイパスから京奈和道の北側一帯の高架道工事中と交通量の多さで、「さあ走るぞぉ power 全開」と走り出した心身が萎えてきそう。なんとか横断して東に向かう。右手に金橋小学校を見て（保護者参観日か）バイパス沿いを走る。右手向こうにプールの高架スライダーが見えてきた。

何年前になるだろう、あのスライダーを滑りたくてワクワクしながら階段を登ったのは……でも恥ずかしかったなぁ。だって、小学校生ばかりで中高生も大人も皆無。子供達は、私を監視スタッフとでも思うのか、平気で抜かして滑っていくのには参った。けれどここまで来たら滑りたい。私も滑るんだと勇気を絞り、子達の前に座った。あじゃ～ここまではしっかりと覚えているのに、滑っていることも水面に降り立ったことも、ましてや周りの景色も全く記憶にないのだ。

そんなことも思い出しながら、引き寄せられるようにプールに着いた。おおぉ～さらに東は相当に広い公園になっているではないか。駐車場もテニスコートもある。3組の男女が広いコートを独占してテニスをしている、暑そうだなあ。公園内を走ろう。南に向かう。野球場もある、ずーっと先に2両編成の近鉄電車、公園南端はこの近鉄大阪線に近接するバラ園だ。色々なバラが咲き誇っていなくて、手入れ半ばって感じ、そのまま公園東端を北走した。樹木の陰と公園の静けさの中にひっそりとたたずむ「あずまや」に年老いた2人が休まれている。

次に向かうは、歴史的風土と建造物の今井町だ。手入れされた民家や通りのなかに傷みのある家屋も散在している。


2年前の7月、一泊のミステリーツアーに参加していた。あじゃ〜ここが最終観光地かと……我が家にあまりにも近い。

今井町まちなみ交流センター「華甍」の狭い駐車場にバスが停車したのだ。伝統的建造物群保存地区、江戸期の商業繁栄で重厚な家々が軒を連ねる。現地ガイドの後をぞろぞろと皆がついていく。

うぅ〜む、私が月一でバスツアーに参加しだしてから、観光コースに組み込まれた趣ある街並みを散策してきたのを思い出していた。各地には町おこしとしてか我々観光客を招こうとする雰囲気があった。ここ今井の庄はどうか、素晴らしい歴史遺産だが……。

観光地には、街並みのパンフがあり、観光のおすすめスポットがあり、当地の産物の紹介、お土産品の充実に、地産の食材、スイーツ、飲料のほか、寛ぎ憩え舌鼓うつ飲食、地元の方々のおもてなし等々があるイメージだが……。

そういった観光地的なのが、ここ「今井の庄」には全く感じられない。もっと我々を招いてほしいけれど、地元の方々の多くは、見知らぬ人々が大挙して来ることには迷惑なのかと思わざるを得ない。

今も走りながら、あの時抱いた思いに共感している。不思議だね。いつも同じことを思うなんて、ある意味、ここ「今井の庄」に来るとき私の思いが変わるようにと期待しているのかも知れない。

近場の知人のところに寄り30分程休憩、会話して、「ぽかぽか温泉」に戻った。11kmランだった。そして温泉です。やっぱり疲れし我が身体に温泉染み入るよう……最高です。

6月24日（金曜）は上牧町のペガサスホールの駐車場に入った。

こんなところにゲートボール場が……おまけに屋根付だ。滝川台方面出口から桜ケ丘の住宅地内を北走、中山田池公園にジグザク降り、池を周回する。なんとまぁ鴨3羽、悠然と泳いでいる。釣り人も3人。

ここからは、東に向かう。河合町の第一小中学校に至り、右折して南に向かう。ここで（7）豆山の郷で走ったコースと合流して馬見丘陵公園に入った。今日は幼い子達の遊具エリアに入って管理棟のあるエリアから外に出た。公園入口にある簡易郵便局で少しの会話と休憩して虹の湯に戻る、走行距離は16km。そして頑張った心身に、ご褒美の入浴。平日のお昼前、温泉にどっぷり浸かった我が身、何と贅沢なことでしょう。

十六、福知山マラソンにエントリー

6月27日（月曜）今日は、福知山マラソンのエントリー受付開始日。0時過ぎと2時頃は準備中、4時過ぎに目覚めたら、エントリーとなっていた。8日に奈良マラソンの申し込み作業のようにパソコンからのメッセージ表現が分からない。またパスワードが違っていますって、慎重にパスワードが入らない場合のチェックにクリックして確認番号を入力、なんだ？　なんだ？　意味わからないぞぉ～別操作するもまた同じ画面……あぁ～これはメールに届くランネットからの番号だ。意味が分かりメールを開く、おぉきたきた……2通も来ているが後の方に入力、違うのか？　あぁ半角ね、ＯＫつながった。カード支払いも完了、いよいよ最終の送信、クリック。いやぁ～エントリー出来たぁ～めちゃ嬉しい。

人生初フルマラソンに申し込めた記念すべき瞬間でした。これでフルマラソンに参加出来走れるぅ～歓喜、喜びに包まれた瞬間、こんなの最近なかったから凄～く嬉しい（申し込み出来ただけなのにこんなにも嬉しいのです）。

午後1時半、私は馬見丘陵公園に向け、感激と喜びのスタートをきった。公園内をグルグルまわって、親しき佐味田簡易郵便局のご夫妻に「福知山マラソンにエントリー出来たよ」と報告、さらに里山会の畑まで走って帰路に。超スローペースで2時間程の喜びのランを終えた。走行距離は16㎞、足はパンパンだった。

十七、ランニングコースの開拓⑥⑦

⑥我が家からのランコース（慈光院Ⅱ）

6月8日、曽我川土手を北上する慈光院まで10㎞のコース。ハーフ挑戦気分で気温28℃の昼過ぎに家を出た。前回は復路の半分程から歩いて帰ったコース。前回とは少しでも違った場所を走りたい、まずは廣瀬神社の境内に入る。

ええ～こんなところに……鬱蒼と茂る大樹の聖なる空間にスポットが当たるように純白の清楚なドレスに包まれた奥ゆかしい女性……華香を漂わせながらの帰る姿に、ひと時、時空を超えたオーラに引き寄せられたのだ、直視していた……気高く美しく斯くあるべし女性、わが心に抱きし額田王のようなシルエットだった。ああ～現実に戻ろう、でも今日は何かいいことでもありそうだ。境内を出る、大和川を渡ってすぐの案内板に慈光院まで5㎞とある、富雄川土手北走するなかで、前方に大きな亀がのっそりと横断している。

暑い……ゆっくりと走り慈光院で折り返す。復路では、蛇とイタチを見た、もう蛇は大嫌いだ。でも、まだまだ自然があると喜ぶべきか……走っていると色々なもの、ことに出会うもまた楽しい。距離を稼ぐために、第二浄化センターの周回道を走りほぼ20㎞完走。内風呂で汗を流した。

⑦我が家からのランコース（曽我川から葛城川）

6月18日、曽我川土手を南下して右折、近鉄松塚駅を経由し右折、葛城川沿いの自転車道を北上する16㎞のコース。

午後1時30分、気温30℃快晴、暑いなあ。4㎞、広陵町パークゴルフ場で小休憩。キロ7分ペースで来た。自販機でスポーツドリンクを……あれぇ～500円コイン投入するも返却口に戻る、隣の自販機に再度投入する、また戻ってきた。事務所に入って両替を頼む。事務員らしき女性が「最近かかりが悪くて」って出て来られた。

「走ってるんですか、暑いでしょう。頑張ってね、暑いから気を付けてね」って、挨拶言葉にも嬉しい思いです。熱気を帯びた身体も気持ちも爽やかになります、ありがとう。右回りに走り、松塚駅から葛城川で北を向く。

道標には平城宮から飛鳥までの自転車道となっている。古の都、万葉の里、飛鳥藤原京から平城京に遷都した元明天皇、藤原不比等、1300年の時空が駆けていると思う……我が身も駆けているではないか。なぁ～んか嬉しく不思議な感じ、15時35分16㎞でゴール。暑かったぁ～すぐシャワーを浴びる、気持いい～

十八、7月のランニング

◆明日香村「太子の湯」

3日は16㎞、6日は3㎞、7日は8㎞、10日は21㎞、14日は10㎞、17日は9㎞、21日は10㎞、

23日は12㎞、28日は８㎞、トータル９回で97㎞（７ヶ月計55回５９１・３㎞）。

７月３日（日曜）は、またまたお風呂のコース。初めて明日香村健康福祉センターに駐車し、古の都、明日香路を足の向くままのジョグラン……おぉ～２人乗りの電気自動車が駐車している……案内板に天武・持統天皇陵とある。早速、古き我が日本創成期の空気感が漂ってきました。

壬申の乱に思いも馳せ、天智・天武、持統天皇の相克に我が思いも古に漂う。

緑多き道の先に引き寄せられる如くに、飛鳥歴史公園内へと誘われる……最高気温32℃の大気は身体には堪えるが、高松塚、天武天皇陵との初対面に気は豊かだ。好奇心ふつふつしながら、園内をジグザグゆったりと走る。中尾山古墳もある。

公園区画を出て、左回りに高台の見晴らしのいい農道……歴史を深く味わい感じながら走り過ぎ一般道からスタート地に戻ってきた、55分で戻ってしまった。

暑いけれどもう一走りしよう……橘寺を見て石舞台に向かう。それから岡寺まで行って戻る。2時間で16㎞。これで１週間後の７月10日の明日香トレイルラン大会に向け弾みがついた。さあセンター内の「太子の湯」にお疲れ感謝入浴して帰ろう。明日香は古の空気感が漂う特別な地、ゆったりとした余韻にも浸りながら……。

７月６日は最高気温35℃だ。暑すぎるので３㎞で止めました。

十九、明日香トレイルラン

7月10日（日曜）の第3回明日香トレイルランのランイベントに参加、石舞台西あすか風舞台に300名のランナーが集まっている。主催者（旅ＲＵＮ）案内があり体操等して、手首に装着したタイムリングを機械にかざし10時にスタートしました。

ランイベントは今回で3度目です。距離は20㎞と前2回の倍だが、少しは走る実績を積んできたので不安はない。ところがだ……スタートして車道を走ること500ｍ程で北に向かったのには……あれれぇ～？　どこを走るのかなぁ。

ランナーは神社境内に沿う舗装路からすぐ細い山道へと入る。ヒィヒィハアハア息せき切って登っていくではないか……えぇ～これって〔山登りじゃん〕、どこまで登るの？

もう何を思おうが皆についていくしかない……ひたすら急いで登っている、もう頑張るしかしようがない、私の走ることのモットー「楽しく嬉しくボチボチと」って言ってる場合じゃないよ、こんなところに置いてきぼりにされたら大変だ。何処まで登り続けるんだろう。

おぉ～登りきったか。少し狭いが第1エイドらしい見晴らしの良いところで小休止だ。けっこう爽やか、これって中々いいかも……。

ここからは、上がり下がりの少ない木立の中の狭い一本道が暫く続いた。皆な一目散に駆けている。

ははぁ～ん、分かったぞぉ～、夏日での20㎞走は舗装道や日陰のない道は暑くて走れないのだ、成る程、樹々いっぱいの山間部なら日陰で涼しく走れるというわけか。

山道……足元をもしっかりと見て走らないと危険だ。クネクネ曲がったり、登りや下りの連続で、視界はどんどんと移り、進む毎に次から次にと新たな情景が目に飛び込んでくる。前方足元に集中して走る身体は、きついけれど結構喜んでいるかも（森林浴）、これってどこをどう走っているのか全く分からない。それでも無事に第2エイドに着いた。

塩をつまみ、プチトマト2個、口に入れすぐにゴォ～。

刻々と山中に展開する樹々草木、ゆっくりと森林浴を楽しむ術はないけれど、間違いなく清浄な空気をいっぱい吸って、小鳥のさえずりや頬に流れゆく涼風、締め固めていない地をしっかりと踏みしめていく、この一瞬一瞬の豊饒な空間を全身で味わうランナー達……。

清浄で豊か、我を抱き守り導き励ましてくれるダイナミックな空間が展開している（後で分かったことだが、これが**トレラン**なのだ）。

登りだと走れなくて時間がかかる分、他のランナーとも少し話せる。でも登りはきつい。コースを間違えば大変、だから、前か後ろかにランナーが見えるか足音が聞こえる範囲の距離感を維持することが大事だ、休憩するランナーを追い越し、ちょっと休憩すると追い越されもする。そんなこんなで山中一人旅はどこまで続くのだろう……。

おぉ～人の声、いやぁ～嬉しい、エイドに着いたようだ。ほぉっとひと安心。水分と梅干しを戴き、応援励ましも受け、ひと時、緊張感を解放する、嬉しい。でも誰1人ランナーは少しもゆっくりとしない。また、山道に入っていく。私も行かなければ、「あと何キロぐらいあるの」と聞くとスタッフは「半分は来ていますよ」。あと10㎞か、結構下りが多くなってきたかなぁ。下りは速いのだ、楽って思うけれど、太ももあたりは随分と堪えている……。

凄～い急傾斜だ。樹々にロープを巻き付けてある。ロープがなければ降りれないなぁ。一挙に100mは下ったか。昨日の雨でぬかるんだ所もある。足に泥跳ね付け潔く駆け抜ける。汗の出も凄い。

おぉ～ついに農道に出た。視界が開けた分、日差しもまともに浴びてしまう、あとどれほど走るのかなぁ。またまた嬉しいエイド。胡瓜とスイカ貰った。

だんだんと足、厳しくなってきている。民家の庭先に地元の方が、水の提供とじょうろでランナーの頭に水をかけてくれている。ありがたい、私も帽子を取りお辞儀、ヒャー頭気持ちい……「ありがとう」、「頑張って」と見送られたさきは……。

うわぁ～国道らしき歩道なき車道に出た。アスファルトの照り返しも半端なくかなり暑いのだ。ゆるやかな下りで前後に僅かのランナー達の頑張る姿が見える。国道からまた農道らしき道に誘導され、やっとゴールが近くに感じられる所まで来たようだ、行く手には見上げるほどの上り坂が続いている。ランナーもところどころに見える。もう足は限界、それでも一歩一歩上がらないと……やっと登り切った。

日傘をさした地元のおばさん「こっちですよ」と誘導、ホント暑い中、ずうっと立って案内してくれているんだ。脱帽です、ランナーのために……ありがとう申し訳ない、あとは、下りだけとのことで、最後の力をふり絞って歩く。それでも、まだ走れている強者もいて「もう少しよ、頑張って」と抜き去った女性ランナーに「ありがとう」って嬉しい気持ちにはなるけれど、足、限界。日陰の川沿いの下りを引き摺るよう歩き歩きやっとゴールの公園裏口に入った。嬉しいけれど足が半端じゃないパンパンの完走。13時30分にゴール。先にゴールして風の舞台で休んでいたランナー達数人が私のゴールに拍手で迎えてくれている。恥ずかしいけれど嬉しい。

参加賞とかき氷、おにぎりにお茶戴き……足は歩くのも大変、でも気持ちは何か良い。達成感ではないが良く頑張ったという充実感に満たされていました。

【閑話】

この時は〔トレラン〕のことは何も知らなかった。ずっと後で、これがトレランだったと分かったが、フルマラソンを目指して〈7月に20㎞のランイベントに参加〉と計画したとき、トレランが何なのか知っていたら明日香トレランには申し込まなかったと思う。けれど、夏に20㎞走れるランイベントは、近場では暑くて開催されていないようなので、結果的には、明日香トレラン参加で良かったと思っている。

二十、ランニングコースの開拓⑧

⑧我が家からのランコース（唐古・鍵遺跡史跡公園巡り）

7月17日（日曜）、14時30分。東に近鉄石見駅から唐古・鍵遺跡史跡公園を目指す。曇っていたのに晴れてきた。帽子を忘れ熱中症も心配だ。

唐古・鍵遺跡公園は県内唯一の弥生時代環濠集落史跡公園。屋根飾り等に特徴ある池に浮かぶ復元楼閣のみが長年、歴史を忍ばせていたが、最近になって考古学ミュージアムが出来、古代の建物列柱復元等、公園として整備されつつあるが、殺風景さは否めない。日陰もない。走っていて楽しくも面白くもない。

公園を抜け東に向かう、あれれぇ〜あんなところに展望台がある……展望の意図が分からないなぁ。地上でも見晴らしはいいのだ。一応登ってみたが……。

大和川沿いの公園で折り返す、なにしろ暑い。帰りは二筋程南側の道を選んだものの歩道がなく風景も単調だった。９㎞ラン。

二十一、海外で初めて走る〖タイ・バンコク〗

7月28日（木曜）は、特別な思い出が残る記念ランとなりました。

何故って、走ったところが日本ではなくタイのバンコク、なんと、7年ぶりの海外旅行でした。26日の昼前に関空を飛び立ち、バンコク空港に15時35分着、ホテルに直行。

27日は朝から市内観光、ワット・プラケオ（エメラルド寺院）見学、黄金の輝きと漆喰・モザイクタイルのレリーフ等、荘厳かつ優雅な美しさ。タイ国の気品溢れた芸術作品に感嘆しきりの私。その後、街中を散策。道路は日本車で溢れ左側通行で信号が少ない。乗り合いバスにはドアがない。観光バスに戻りチャオプラヤー川（メコン川）の船着き場に着き、水量たっぷり水勢に揺れる渡船、ワット・アルン（暁の寺）を観光。次の観光地はバンコクから西に1時間程のサンプランリバーサイド。

昼食はバイキング。食後、100バーツ（1バーツ＝3・2円）で乗象と古典舞踊の観劇、象のアトラクションを楽しむ。夕食はタイ風中華で北京ダックを食す。小雨になるもタイのマッサージを受けホテルに戻る。

28日、6時起床。いよいよ人生初、海外旅行先でのランニングを始める。6時45分、26℃。早朝、目覚め始めた街に飛び出した。

地図は持っているが、右も左も全く分からない異国の朝、明るくなりつつも歩行者はチラホラ。幹線道には車多く、屋台は開店準備中。托鉢の僧侶にお布施するおばさん、特段の人目を引くような建物もインフラはなさそう……淡々とバンコクの街並み景観を楽しみながら、異国情緒的な空気感を全身で味わい走っている。

やはり、日頃見慣れない場は特別な感覚だ。初めて異国での早朝ランは、それだけで好奇心満開、加えてその地の空間時間を1人占めしているような……知らないが故に本当に密なかかわり方が視界いっぱい独占して出来る、なんと贅沢なことか、ランナーのみが知り得る特権を味わった。

「走ること」から、このようなかけがえのない時間を過ごせた喜びは、旅の大きな醍醐味となりました。「走れること」は、これからの人生をさらに豊かな域にと導いてくれそうです。人生の楽しみがまた一つ増えました。走れるって何と素晴らしいことだろうと自画自賛しきりの経験となりました。

7時50分にホテルに戻りシャワーと朝食を済ませた。

二十二、8月のランニング

2日は7・5㎞、6日は5㎞、10日は5㎞、17日は4・5㎞、21日は15・7㎞、24日は5㎞、27日は各5・3㎞、30日は10㎞、31日は7㎞、トータルで9回65㎞（8ヶ月、計64回656・3㎞）。

2日（火曜）は、9時40分レギュラーな曽我川を南下。

あぁ〜8月だ……最高気温33〜34℃平年並みだって、嘘だろう。私の記憶する8月は30℃を超えてはいたけれどどこんなには暑くなかった。ここ10年程で2℃ぐらいは高くなっているように感じている。まさに温暖化だ。

体温に近いと走るには厳しい。10㎞予定で走り出したが、7・5㎞からは、2・5㎞程歩いて帰ってきました。

6日（土曜）は三宅町保健福祉施設「あざさ苑」ジムのランニングマシーン、キロ6分ペースにして5㎞相当走りました。初めて「あざさ苑」でのマシーンラン。外は暑くて走れないと思い、それでも年末のフルマラソン完走のためには走らないといけないと思いマシーンでラン……風景が変わらない、風を感じないいって走っている気分が違い過ぎる。何か物足りない、単調なのです。

10日（水曜）はスイムピアのジム。室内ランニングマシーンは、雨天や夏場30℃超え等の場合、フルマラソンに向けた練習の代役としての利用価値は高いと思う。ランナーのラン練習継続のためにはやむを得ない選択かとも思わされる（ともかく暑い日でも走れる術があるってことに感謝です）。

21日（日曜）は昨年8月、金剛山に誘ってくださったベテラン山好きYさんが今回は二上山から葛城山までの「山歩き」へ誘ってくださいました。

二上山麓に駐車して8時に登り始め、二上山の山頂辺りでの大阪平野の眺望に感激し、もくもくと木立の中、歩を進めます。外界は相当に暑いはず、山中は日陰と涼やかな風もあり、蝉の声も暑苦しくはありません。こんなに素晴らしい山道が、大都大阪と我が奈良盆地の境にあるってことを誰が知るでしょうか。山歩き好きな人達のみの知るところでしょうか、府民県民の誰もが知って一度は歩いて欲しいと思いながら……。

葛城山では、大和平野を一望できる斜面に突き出したテーブルと椅子を配した木のデッキでおにぎりお茶の休憩。ひと時とはいえ唯一のリラックスタイムでした。

それからの下山。家並みが目立って来るも近鉄御所駅まで3㎞ほどは車道歩きです。もうこの時点で疲れ果ててました。足は疲労困憊。なんとまぁ良く歩いていることでしょう。駅に着き電車に座れたのは16時、もう歩きたくありません……御所駅から二上神社口駅まで天の恵みタイムいただきました。二上神社口駅から駐車場までまた歩かざるを得ません。そう思うと電車に乗っけてもらっているこの時間は本当に助かるぅです。8時間も歩けた体力にYさんからのお褒めの言葉も走っている効果でしょうが素直に喜んでいない私、疲れました。

二十三、福知山マラソン会場への直行バス予約と下見

29日（月曜）、11月23日「福知山マラソン」会場への往復について検索すると近畿日本ツーリストが奈良から往復バスを臨時運行することを知った。直ぐ近鉄大和八木駅発「あすか号」を予約しました（集合時間が早朝過ぎて大和八木駅までは、田原本線の始発でも間に合わない、

でも何とかなるだろうと）。

福知山フルマラソン会場へのバス予約をしたことで、フルマラソンがいよいよ身近に感じられるようになってきました。


初フルマラソン会場の福知山市を事前に見ておこうと急に思い立ち、31日（水曜）の7時前に家を出て福知山に向かいました。

京都駅経由で福知山駅には10時前に着いた。駅観光案内所で地図をもらい、ランスタイルに着替え、コインロッカーに荷物を預け、フルマラソン会場の三段池公園を目指して走ります。

市内観光をも兼ねているので途中、展示されたＳＬ機関車を発見し乗車、次に明智光秀築城の福知山城を見上げながら由良川を渡る。自然に恵まれた福知山なのに、なんとまぁ三段池公園のでかいこと、池には松風亭（茶室）を配し、動物園に植物園もある。体育館、武道館、児童科学館も立派だ。広場も円形、トリム、遊戯、青空、芝生と充実している。北面には、テニスコート、グラウンドと駐車場が整備されている。しかしだ、8月末の暑い陽ざしの平日、ゆったりと走って出会った人は数人。これほどの公園が必要なのかなぁ……贅沢だとも思いながら市民にとっては誇れる素晴らしい財産のはず、福知山市の豊かさを味わっていました。

この辺りから11月23日のフルマラソンがスタートするんだと思うと……ワクワクするなぁ。

駅に戻る、何だ7㎞程走っただけかと物足りなさ感じながら、地図を頼りに重いリュックを背負って国道9号を歩き大好きな温泉（ニコニコ温泉）に着いた。温泉……なんと贅沢なことでしょう。

二十四、8月ランナー雑感

今年の目標をフルマラソンと決め、冬、春、夏をほぼフルマラソン完走のための準備期間として「走ること」が当たり前の8ヶ月を過ごしました。

1月から4月までは家から曽我川土手を中心に走った。5月になって急に温泉巡りとなり、初めての場所を走って、温泉も楽しんだ。7月は山道を走るトレランを体験、海外ツアーでの異国早朝ランも楽しんだ。8月は最高気温が体温近くになって、路上ランは熱中症等身体に危険だと、ジムのランニングマシーンも利用した。それに長距離長時間の山歩きも出来るようになりました。そして極めつけにフルマラソン開催地の下見までしました。

以上のことから、無理せず、週2回走ろうと決め実行してきたことは、何となくではあるが、走るモチベーション維持のため、それなりの工夫もしながら、フルマラソンへの準備怠りなく順調とまずまず結構な楽観状態……これでいいのでしょう。

ただ、私が走れていることから、誰でも走ろうと思えば走れるということを伝えたく私のランナー経験を綴ってきたけれど、こうして、フルマラソンに向けての準備状態を見ると、走った曜日も時間も場所も内容も相変わらず自由奔放。こんなにも気ままな「走り」が許されるのは、時間的な縛り（仕事等）から一応解放されている者の特権かと思う。すると現役で働かれ尚且つ「走る」ということは、時間的には相当に厳しいかもしれない。

それと、マイペースの「走り」はシンドイより楽しいという感覚は誰にでも当てはまるのか？　森羅万象すべては人其々の受け止め方次第です。他者の介在する所ではないと思いますが、人として命を与えられたこの身体は心の思うところを成そうとします。

私が走れていることから、『やれば出来る』という素質は誰の身体にも全て備わっているのではないかと思うようになりました。ただ、したいかしたくないかの強弱の違いで人生・人格が定まっていくのかなぁとも思うようになってきました。

８月までで走った距離は６５６・３kmです。月平均82km、フルマラソンを完走出来るとの思い……何の不安もなく９月となりました。

二十五、９月のランニング

４日は12km、８日は14km、９日は15km、12日は14km、18日は14km、22日は17km、25日は23km、28日は23km、トータルで８回１３２km（９ヶ月計72回７８８・３km）。

４日（日曜）、８日（木曜）ともレギュラーの曽我川土手を走る。９日（金曜）は山好きＹさんと大阪府千早赤阪村、奈良県御所市を結ぶ国道３０９号の水越峠に駐車、８時30分より葛城山の山頂を目指します。
葛城山頂から尾根伝いに金剛山頂に向かうのですが、残念なことに、また水越峠まで降りてこないと金剛山に行けないのだ。連山登山の宿命、登り下りの繰り返しだが、普段から走っている今の私には苦痛でなく平気だ。金剛山頂でお昼弁当休憩後、15時10分峠に戻る。

【閑話】

あれは何年前だろうか、初めてYさんに誘われた山登り……。
《もう足限界と思いながら結構な登山者達が屯《たむろ》している高原らしき広々したところまで登って来た時、見上げると一山向こうに見える高い山を指さすYさん、「あそこに見えるのが薊《あざみ》岳（標高１４０６ｍ）です、あそこまで行きます」。ウひょう～「あそこまで登るのですか、足もう限界です。帰りのルートは？」。Yさん「ここに戻って来ますよ」のお言葉に「うわぁ、それじゃここで待っています」と即答の私……その後寝そべって待っていたことと、その場所は明神平（標高１３２０ｍ）でその一角に天王寺高校の名を記した山小屋があったのも良く覚えている。Yさん達が戻るまで明神平で休んでいた》
当時のことを思うと、60歳も過ぎた今、淡々と登れるのです。身体と上手く付き合えば（管理）できれば無理なく動いてくれるんだと本当に思わされます。我が身体に感謝です、嬉しいことです。

それに今日9月9日は父の命日、52年前のことだ。小学6年だった私は、喘息で床に臥す闘病の父を鮮明に覚えている。42歳で亡くなった父に比し、すでに22年も長く生かされている。しかも登山、マラソンを楽しむ私の健康な身体(22歳の時に大病はしたが)……「私(父)の分まで人生を楽しみなさい」との父の守りに感謝する特別な1日でもあった。

12日(月曜)、宇陀市心の森総合福祉公園「あきのの湯」に2回目の訪問です。10時45分ランスタート、広場を2周して周辺道を左回りに前回と同じコースを走ります。前回は3月8日(月曜)午後でした。今回は同じ月曜日の午前、半年振りです。一般道を走れる気候となって、レギュラー曽我川土手以外に走りたいと思った最初の場所がここ「あきのの湯」でした。

周辺道に出て東に向かってすぐ、目の前に大嫌いな蛇、嫌だなぁ、何とか走り過ぎ、幹線道に出て左折、北に向かい重要伝統的建造物群保存地区「宇陀松山」に入ります。左手に案内板が見えたので、見ようと左に寄った瞬間!! うわぉォ〜自転車が私に擦れ追い越していった。もう本当にびっくりです、えぇ〜何、一体何なの……物音なく注意喚起なしにすぅ〜と近づき追い抜くとは……。

車だけでなく自転車にも注意しないといけないとつくづく思ったのでした。車での車線変更は本当に注意しなければなりません。ランナーも左右に動くときは後方確認しないといけないと学びました。自転車といえども、あのスピードで当てられれば、ケガでは済まないでしょう、恐るべき自転車と認識を新たにしました。皆さん、自転車にも注意しましょう。

気を取り直しラン再開、歴史的な木の格子窓や軒先を道に面した平入り屋根の趣を左右に見ながら、やわらかな舗装道をゆっくり走り下る。

右手、春日神社の参道に入る。さらに右に行けば松山城か、余裕のある時の楽しみにお城は後回し、神社から左に上り左回りに走ると前回と同じコースに戻った。又兵衛桜もみて1時間30分ラン、「あきのの湯」に帰還。蛇と自転車は驚きだったが、ランコースとしては中々いい、お気に入りコースになりそうです。


18日はレギュラー曽我川土手南下、22日は曽我川北に慈光院まで、25日はレギュラー曽我川（以後土手は省略）南下から近鉄松塚駅、上牧里山会農園で山好きのYさんとお話を楽しんで戻る、23㎞。


28日（水曜）は14時45分スタート、慈光院を目指す。今にも雨が降ってきそうです。途中、川向こうの法隆寺国際高校から運動会のクラス順位と得点の放送が聞こえてきます。3年、8位1組156点、7位8組、6位7組、5位6組、4位2組、3位4組、2位5組、1位3組……と聞き入ってしまった。

さぁ慈光院からどう走ろうか……慈光院の北側から住宅街をウロウロランラン、古い土塀の高林庵（慈光院と同じ片桐石州の旧片桐城跡）を見て、法起寺から法隆寺に。

いつもとは違い裏側から法隆寺に入った。うわぁ〜何とまぁ広い、さすが世界遺産だ。いやぁ夢殿がある。私の固定観念の法隆寺は、山門から回廊、金堂、五重塔、講堂の伽藍配置のみだった。

学生の頃から何度か訪れた法隆寺だが、世界遺産となった今でもJR法隆寺駅から法隆寺までのルートがいただけない。

木造建築では世界最古1400年の歴史を持つ古の風情が法隆寺境内でしか味わえないのが残念……国道25号で分断された界隈では致し方無いのか。法隆寺駅を降り立った観光客達の法隆寺に向かう足取りに、世界最古の歴史遺産を彷彿と思わせる仕掛け、もう少しで世界最古の伽藍と対面するんだというワクワク感をも引き立たせるような工夫……古の歴史へ誘う、法隆寺へ近づく程に高まる期待感、高揚感助長のヒエラルキー的な遊歩道、心地よいファサード意匠の街並み等、法隆寺に相応しい舞台設定を、ぜひとも関係諸機関の創意工夫で成し遂げてほしい。そうでないと聖徳太子も法隆寺も悲しんでいるようなそんな気がする。

この日は、課外学習か学生達が先生に連れられ、ガイドの説明に聞き入っていたのを懐かしく見ながら法隆寺とお別れです。

雨が降ってきたので、帰るとするか、ランナーは自由気ままです。気の向くまま足の向くままに走れば何かが見えてくるのもまた楽しいです。

二十六、10月のランニング

1日は24㎞、9日は17㎞、16日は26㎞、19日は18㎞、20日は9㎞、23日は30㎞、26日は15㎞、30日は20・5㎞、トータル8回で159・5㎞（10ヶ月計80回947・8㎞）。

二十七、「淀川30k」マラソン大会

10月1日は11月23日「福知山フルマラソン」に向けての最後のイベントラン「淀川30k」の日です（ランイベント参加4度目）。

初マラソンを目指す私にとって特別な日です。

朝から小雨、それでも7時過ぎ、勇んで駅に向かいました。64歳、こんなにも熱く気持ちが昂るなんて……人生を謳歌、喜びの賛歌、エネルギーみなぎる歩みに嬉しさもいっぱいです。人生初の30㎞ランに不安はないわけがないのですが……。

地下鉄御堂筋線、西中島南方駅に8時10分降り立った。リュックを背負ったランナー達と気が焦る信号待ちも、小雨残る路上も今日を祝福しているようだ。

淀川河川敷、テントがいっぱい、ランナーもいっぱい。テントブースでは、おにぎりやペットボトル、カステラも貰ってお祭りみたいです。

着替えのテント内はランナー達でぎゅうぎゅう詰め。なんとか着替えて荷物預け場に、棚はリュックであふれています。私の赤いリュックをなんとか押し込んで、いよいよスタート地点

に向かいます。

ランナーゼッケンには、各人のフルマラソン参加予定大会名も記載されています。おおぉ～大阪マラソンかぁ、神戸マラソンね、奈良マラソンもいるぞ、おぉホノルルマラソン……凄いなぁ。数少ないが私と同じ福知山マラソンもいるなぁ。なぁんか親近感もわくなぁ。

スピーカーから「昨日の雨でコースの一部が冠水しています。それでコース変更して今日は24㎞とします。スタートも30分遅らせて、9時30分スタートとします」……えぇ～30㎞走れないのォ～予定狂うなぁ……助走（10㎞）、ホップ（20㎞）、ステップ（30㎞）せずに上手くジャンプ出来るだろうか。まぁしようがないか、8時45分、変更案内にもランナー達の反応なし。皆なすべて受け入れるんだね、凄いねぇ。

おにぎり、バナナ、カステラ、ドリンクと色々提供されている。私もカステラ貰って、スタートに備えた。

9時30分第一陣スタート（私は1㎞7分で走る最終グループ）。

9時44分、雨上がりの曇天の中、2637番のゼッケンをつけた私も最終ペースメーカーのあとスタートしました。1㎞を7分で走り続けるとフルマラソン42・195㎞は、ほぼ5時間で完走か。

走り出しても前後左右ランナーがいっぱいで窮屈な走り、ペースは遅く感じたので、思い切って前に出た。1㎞6分30秒の集団の後ろの疎らなランナー達とこの位置をキープして走っていこうと思いながら、きっと後ろの集団に抜かされるだろうとも思いながら走っている。

給水エイド以外は歩かず12時45分ゴール、24㎞に2時間45分かかりました。24㎞なのに足はパンパンです。こんなんでフルマラソンは大丈夫でしょうか……スポーツ飲料とおにぎりとバナナを戴き、ベンチで食すも足のほうは、相当に参っていそうです。

帰路に思ったのは、行きはよいよい帰りは……大変でした。


9日（日曜）は奈良市押熊町のスーパー銭湯「ゆららの湯」に駐車。14時にランをスタート、住宅街を西にぐるっと左回りに2時間走る。またまた、初めての温泉を楽しみました。


16日（日曜）はレギュラー曽我川南下。19日（水曜）は曽我川北、慈光院まで、20日（木曜）はトラックを車検工場に預けて帰りをラン。23日（日曜）は13時40分からレギュラー曽我川を最南下して15㎞辺りで引き返し、17時15分に戻る、ほぼ30㎞を走った。26日（水曜）は「あきのの湯」（3回目）、30日（日曜）はレギュラー曽我川南下するも疲れて、10㎞ほどはタイ焼き食べながら歩いて帰った。

こうして10月も終え、ついに初フルマラソン挑戦の11月を迎えたのでした。

二十八、11月のランニング

３日は21km、６日は36km、９日は８km、13日は25km、16日は17km、20日は10km、23日は福知山フルマラソン42・１９５km、トータルで7回１５９・２km（11ヶ月計87回１１０７km）月平均１００・６km。

二十九、ランニングコース開拓⑨

⑨我が家からのランコース（馬見丘陵公園）

３日（木曜祝日・文化の日）、14時30分スタート、馬見丘陵公園から里山会畑でYさんと談笑し、17時30分帰宅。この時Yさんに「福知山マラソンの当日、近鉄奈良駅前からマラソン会場に直行バスが出るんだけど、私の所からだと始発の電車でも間に合わないので、申し訳ないですが、当日早朝に私を奈良駅まで送っていただけないでしょうか」とお願いすると、Yさん、快く引き受けてくださりました。これで初マラソンへの懸案は私自身の体調維持だけとなりました。※８月末に予約した大和八木駅前発マラソン号は人数集まらず運行中止となりました。

体調維持で書き忘れていたことがあります。私の体調維持の一つに良く走ったなぁと思う日は、必ずといっていいほどに、マッサージ（1時間もみほぐし）をしてもらっているのです。今日ももちろん19時半から腰足を中心にもみほぐしてもらいました。マッサージは私にとって、日頃より頑張ってくれている我が身のケアーと癒しのタイムなのです。もちろん、私自身も凄く気持ちよく、結構痛いこともありますが、翌日の体調が優れて楽なのもマッサージのおかげだとつくづく思う今日この頃なのです。

6日（日曜）は、いよいよ42・195㎞を走る日が近づいてきました。今までに走った最高距離は30㎞なので、残り12㎞は気力で走れるだろうかと思うと、さすがに自信はありません。それで今日は、35、6㎞は何としても走ろうと、レギュラー曽我川を南下し18㎞地点までは行って折り返そうと決め11時15分スタートしました。

以前は橿原県営住宅までででしたが、さらに曽我川を南下します、おぉ、曽我川土手も走れない所まで来ました。それでも、曽我川から離れないように南下します。橿原市から高取町に入ったようです。おぉ～こんなところに佐藤薬品の工場が……その先は山々って感じです、三叉路です、ちょうどいい具合にコンビニがあり、トイレを借りエイドよろしくシュークリームを買ってエネルギー補給します。

ここで15㎞、18㎞までは来ていないが、これ以上進むより左折して東に向かうことを選択。真っすぐに続く道も先は小高い丘のようだ。おぉおぉ～明日香村の標識。あの古代に栄えし明日香まで走って来たのだ、丘を越え下ると近鉄南大阪吉野線の踏切、左に駅が見える。

左折すると北に向き18㎞も超え、ついに戻る方向となった。飛鳥駅を左に見て北上するも国道169号を避け、わき道を選びながら、岡寺駅を見て白樫住宅地から橿原運動公園方向に走っている。この間は道狭い車道だったので走りづらかったが何とか曽我川まで戻ってきた。

曽我川を北進して帰るも曽我川緑地公園手前で近鉄大阪線真菅駅方向に走り、コンビニで2度目のトイレを借りる。ついでにシュークリームを買いエネ補給。
再び曽我川に戻り北上、初トライの35㎞を走り終えた。15時52分着。途中2回コンビニでトイレ休憩はしたけれど、4時間37分でゴールした。
フルマラソンの42・195㎞まであと7㎞。まあここまで走れたら、当日は気力だけでも十分完走できるだろう……初フルマラソン。順調な仕上がりかなぁと満足な結果に喜んでいました。

9日（木曜）、虹の湯に停め周辺ラン。

13日（日曜）は1週間前に走った同じコースを走るも25㎞辺りで右足に痛み発症。残り10㎞ほどはもくもくと歩いて帰ってきた。歩けば時間かかるなぁ……この時ばかりは「走る」良さを実感、不思議なことに、「足の痛み」をそんなにも気にしていなかったのが驚きです。

16日（水曜）は昼から1時間半かけ3回目の御杖村「姫石の湯」です。スタートして45分程走ったところで急にトイレに行きたくなったので、近くの御杖神社に入った。凄く太く真っすぐに聳え立つ杉の樹4本に囲まれた鳥居をくぐり真っ先にトイレへ直行。遅ればせながらも拝殿で二礼二拍手一礼して福知山マラソン完走を祈願しました。
17㎞ほど走ったけれど足は大丈夫だ。

20日（日曜）は、23日の初マラソンまであと3日。最後の調整として、レギュラー曽我川南下10㎞を走り終え、我が初マラソンのための準備調整練習ランの全てを無事に終えたのでした。正月からの練習ラン、この日で全て完了です。

思えば今年2016年1月1日元旦の朝、64歳になる私の今年の目標をフルマラソンと決めたことから始まった新たな挑戦。

モチベーション維持の工夫も色々としながら、日時曜日拘りなく走ろうと思う好きな時間に走れたことは、自営業という条件の良さにも感謝しなければなりません。

元旦より走り続け今日の日までトータル走行距離は1065㎞にも達していました。フルマラソンの準備としての走行距離が月平均100㎞弱、短いのかどうかも分からない私です。それでも、35㎞は走れました。あとは23日の「目標」に向かって走るだけです。

三十、64歳フルマラソン初挑戦

2016年11月23日（水曜・祝日、勤労感謝の日）。

早朝4時30分、いよいよフルマラソンの舞台、福知山に向かいます（ランイベント参加5度目）。

朝早く、Yさんが迎えに来てくださいました。夜が明けない暗闇の中、「おはようございます、こんなにも早くに無理をお願いして申し訳ございません。宜しくお願いいたします」と感謝の気持ちで補助席に乗り込みました。着替えを詰めたリュックを抱えいざ出陣です。

Yさん「向こうの天候はどうでしょうかね。奈良市内にはバス出発時間（6時15分）より少し早く着くので、コンビニでモーニングでもしましょうか」

時間も思いも色々と配慮くださるYさんです。バスの停車位置である商工会議所前を一度確認してから近くのコンビニに入り、ささやかではあるが、大好きな菓子パンと珈琲にて初マラソン参加の祝膳を食したのでした。良き緊張感のなか、Yさんの「頑張って」に見送られ、近畿日本ツーリスト福知山マラソン奈良号のバスに乗り込みました。

乗車全員がマラソンランナーです。皆それぞれ「マラソン」に特別な思いを持ってこの日を迎え、早朝のバスに身を預けています。女性添乗者の挨拶からバスは定刻通り一路、福知山に向け出発。

日帰りバスツアーに月一で参加している私にとって、バスシートは馴染みの空間です。マラソンのためにも車中は寝ようと思います。

相席は京都大学陸上部の男性。いやぁまたまた色々な話をしてしまっていました。お互いに初マラソン。共通項もありましたが何分歳の開きがありすぎます。良く寝ることにしましょうとお休みタイム……皆良く寝ています。バスは第二阪奈道、近畿道を経て中国道辺りでしょうか。私達もいつしか寝入ったようで気付けば、舞鶴若狭道です。徐々に丹波路の風景となり、バスは福知山インターから一般道に入りました。

曇天です。ランナー達の自家用車も多く集まってきています。少し渋滞気味、バス内もランナー達、下車準備でそわそわしだしました。ようやく見知った（8月末の下見で）三段池公園の駐車場に到着です。9時15分です。

当日の受付最終時間9時はとっくに過ぎていますが、そこはバス（到着予定時間8時50分は確約できないとのことで）出発早々、車内で特別に出走受付を済ませナンバーカードは受理済みなのです。

下車後は、スタート時間の10時30分に間に合うよう、体育館で着替えて荷物を預けスタートラインに集合するだけですが、周りはランナーでいっぱい。こういう状況下でも、1度下見に来たことが、気持ちに落ち着きを与えてくれています。迷うことなく体育館に着き、自分の着替えの場所を何とか確保して、慌ただしくウェアにゼッケン、靴にチップ（時間測定用）を付け、ゼッケン番号に見合う受付に荷物を預け、雨対応ビニール袋（頭と手の部分が開けられたすっぽりとかぶるもの）を貰ってスタート位置に向かいました。

着替えて一番に気になったのは、寒さとトイレ。気温は10℃くらいだろうか。トイレには長蛇の列。スタート前には済ませておかないと思い一番列の短いところに並んだ。今にも雨は降りそうだ……それよりもこの人数は凄い。ランナーの熱気で寒さ我慢も忘れるほどです。

私のスタートブロックはJ、えぇ〜とAから始まって……指を折るABC……Jは10番目か。参加ランナー1万人。1ブロックは1000人ということか、何しろ初マラソン、最後部からスタートするんだね。

ひっきりなしにスピーカーは何か言っている。

ランナー達の表情は？　淡々として尚且つ秘めたる闘志……。

慌てて着替えて、余裕なくも何とかJブロックに納まった。10時30分スタート時間まで残り10分を切っている。うぅ〜いよいよ初マラソンスタートだ。靴にはタイムを測るチップ、受付でもらったビニール袋はウインドブレーカーとしてすでに着用。私の帽子、Tシャツ、ロングとショートパンツ、靴のいずれも普及品。それでも私の格好はまぁまぁ、他のランナー並みだ。

いよいよカウントダウンが始まる10、9、8……3、2、1、バーン……。

号砲は、今にも降り出しそうな福知山三段池公園を駆けた。そして、数分後、最後発の私も駆けだしたのだ。ランナーが多くて思うように進めない。余裕のペースでずーと下る、由良川音無瀬橋を市内に向け渡った。沿道には市民達が拍手や声援でランナー達を心地よく励まし応援してくれている。私も凄〜く嬉しい……ありがとう……。

福知山城を左に見て右折、しばらくジグザクと市内を走っていると……えぇ〜左手の公園奥のトイレにランナー達が並んでいる。走ってはいるけれど寒気でまだまだ身体が温まらなくて私もトイレに向かったのだ。並んでいない身障者用に入った。ずるして申し訳ないと思いつつ……用を済ませた。

走るのが遅い私達が、トイレで並んでいてはタイムアウトするんじゃないかと思いながら、ランナーコースに合流してまた走り出す。

おぉ～正面には懐かしの福知山駅ではないですか。３ヶ月前ここに来たのが一気に蘇ってきた。また来られたという、ひと時の喜び……。

すでにコースは駅を離れ北にランナーを向かわせていた。

ランナー達も上空から見れば相当に長い線のような列となって走っているんだろう。その後方に私もいる。市の中心から離れていくような感じで街の華やかさも薄らいできた。

雨は降っていない。寒さ対応で被っていたビニール袋もランナー達はすでに脱いで沿道のマラソンボランティアに渡している。私もビニール袋は脱いでいるが、この後も降らないとも分からないので手に持ったまま走っていた。

おぉ～ぉ、行く手にかっこいい橋、デザインされた新しいアーチ状の橋を気持ち良く渡りはじめた。遠くまで広がった視界、左手遥か前方にまでずぅ～と続くランナーの帯。頑張るぞ～と気合いを入れ、橋を渡り左折、国道55号の幹線道をひたすら北に走る。右手は丘陵地、左には由良川が沿う。緩やかなカーブを何度も重ね、10㎞のサインと給水エイドまで走って来た。

水は飲まないといけないと思いながらも、飲めばまたトイレいきたくなるのだろうかと不安もよぎる。ちょこっと飲んだ。

何か聞こえる、「後×分で関門時間ですよ」って言っているようだ。はっきりと聞き取れないけれど、過ぎさった後方から聞こえている。良く分からないまま、制限時間内に関門を通過しないといけないという気持ちにはなったので、次の関門場所では残り時間を確認しようと思いながら走っていた。

（私が分かっているのは42・195kmを6時間以内で走らないといけないことぐらいで、そのための練習ランをしてきたのだが……）。

それに、2~3km毎に設置された簡易トイレには最低でもランナー5人以上は並んでいるのだ。トイレ1回に5分はロスするだろうと思うと、給水もしないほうが良いのかも。そんなことも頭によぎりながらも、ひたすら自然雄大な丹波路を前後ランナー達と一丸となって走る。

国道なのに車、1台も走っていない。交通規制してくれているのだ。これほどの幹線道をランナーのみが独占している。気持ちいいはずだ。

対向車線には、折り返して戻ってくる強者のランナー達がどんどん増えてきた。ゼッケンナンバーA、B、Cとやはり早いランナー達だ。京大生もきっともうすぐ来るだろうと、それらしきランナーにも注意を向け、前を行くランナーの背中について走った。

おお~さすがに速い！　京大生。声をかける前に過ぎ去っていった。ホントに一瞬です。

20kmの標識。ほぼ半分走った。またまたのエイド、ちょこっとスポーツドリンク戴いた。足はどうなのか、良く分からないけれど、何とか走れているって感じ、35㎞は走れるはずだと実績に支えられている走りが続く……。

おお～いよいよ来ました折り返し点、なぁんだか嬉しいターンです。直ぐに25㎞の標識。歩き出す人もでてきました。あれれぇ～私の足もパンパンです、走れない？　えぇ～まだ、30㎞にも達していないのに……回りのランナーも結構歩き出しました。仲間がいるって安心。500mほど歩いてまた走り出すと、走れるぅ～嬉しい……。

500m程は走れたけれど、またまた足パンパンで歩きです。この状況が続きました。回りのランナー達も同じようです。皆もくもくと前に歩を進めています。

大好きなYUIさんの『fight』という歌を周りにも少しは聞こえるほどに気持ちよく歌いながら走っていました。

30㎞も過ぎた辺りから、ぽつりぽつりと水滴。おお～良くもここまでビニール袋を持ったまできたものだ。直ぐにも雨降ってきそうです。

エイド以外のところでも地元の方々が、飴やチョコ等の入った箱を持って差し入れしてくれます。そんな中でスプレー缶を持ってランナーの足にスプレーしてくれたりも、私も3回ほどスプレー缶を借り、パンパンな部分にスプレーさせていただきました。「ホントにありがとう」。効果のほどは良く分かりませんが、きっと効果あると信じて……。

35㎞も過ぎ、ついに最後の関門37・5㎞です。電光掲示板は15時20分。記念撮影するランナーも、なんとかゴール出来そうな雰囲気です。スタッフの声援にも「頑張ったなぁ、もう少しですよ、最後の踏ん張り、頑張って」と……嬉しいですけれど、走れてもすぐ歩いてしまいます。雨も結構降っています。そしてついに、最後の上り坂、雨の中、声援も大変でしょうが、まだまだ多くの声援に励まされて、坂を上ります。もう、走れません。それでも「頑張れ、頑張れ、もう少し、頑張れ～」と、声援のほうが大きく力が入っています。走れない私にも声をかけてくれるのです。走れない恥ずかしさと共に嬉しさを感じつつ声援に力づけられました。

ホントにもう少しという初マラソン初ゴール。ゴールは未だ見えないけれど一瞬一瞬近づいてきているという思いがひしひしと感じられるのでした。

長～い上り坂を上りきって直ぐ右折、おぉ～助かったぁ、ゴールゲートありました。スピーカーから「おめでとう」の声……あれぇ？　いま一つ？　何なんでしょう、感激？　達成感？も完走した喜びも……あまり感じない。思いは一つ、早く着替えてバスに行かないと……靴のチップも屈めないのでスタッフに外していただき、完走賞をいただくと、そくさくと体育館に向かいました。

16時30分は過ぎています。確か、バスガイドは17時には出発しますと何度も言っていたので、着替えに10分、バスまで歩いて10分、何とか間に合いそうです。着替えるのに手がかじかんでいて、ボタン一つかけられないのです。焦ります。全てがぎこちなく、歯がゆく、思うように出来ません。何とか、荷物を背負って、外に出ました。

外は雨、傘差し、結構なテント内、催し物を覗きたくても余裕なくて、通り過ぎながら、京大生は雨にも濡れずテントの催し物もしっかりと楽しめたんだろうなぁとも思いながら、あれれぇ～階段降りるのも大変なんです。足が、思うように動かなくて、恐る恐る降ります。

バスまでは、くだりの道、結構長く感じられましたが……。

はぁ～やっと着きました。帰りのバスに間に合いました。安堵、嬉しい凱旋です。あれれぇ、17時なのにバスは出発しません。

ガイド「まだ、数名戻って来ていません。もう少しお待ちください」。えぇ～あんなに急いできたのに待ってくれるの？

朝のバス下車時に「17時には出発しますので、遅れた方は、自前で帰ってください」と何度もアナウンスしていたのに……。

そうだよね、ほおっておくわけないか。あぁぁ～テントしっかり覗いてくれば良かったと思う私でした。

17時20分バス出発、一路奈良に向かいます。

乗客は皆、疲れているはず。お休みタイムです。京大生は、「残り10㎞辺りで失速した」と。

皆、マラソン完走の余韻を持って静かに寝入りました。

三十一、64歳、人生初マラソン完走、の感想

64歳と10ヶ月で人生初のフルマラソン参加。今まで1度も走ったことのない長い距離42・195km。舞台は京都府福知山市。

過去4回、ランニングイベントに参加している私、大会の雰囲気は経験済み。規模のデカさを除けばそれほど変わるものでない。高揚感も同じだ。驚きは何の不安も感じなかったこと（前回、淀川30km大会では最後まで走れるかどうか、心配不安があった）。

当然のようにゴールできる、最後までいける。と思っていたのが、今思えば不思議といえば不思議。走り出してからは、トイレのみ気になったが、走っている自分が嬉しくて、意識は周りのランナーと群雄割拠状態。唯一の折り返し地点だった25kmを過ぎた辺りから、歩き出すランナーが一気に増えだしたのには、えぇ～ここから歩き出すの？　私自身30kmは走り続けられるだろうと思っていたのだが、はたして私の足もパンパン、当初の思いもどこへやら、何の心配もせず歩き出していた。驚きは、数百m歩けばまた走れたこと、30km過ぎてからの雨にも気持ちは左右されず、ひたすらゴールへと気持ちと身体は向かっていたように思う。

そして雨の中、感激するはずのゴールは感激しなかったのだ。やっと着いたって感じだった。帽子と提供されたビニール袋でびしょびしょ感はないけれど、一刻も早く着替えたい。バスに乗り遅れたら大変だとの思いが先行。

初マラソン完走なのに喜んでいないのだ。私にとっては完走したとは思えなかった。何しろ25km辺りから、歩きと走りを繰り返して、ラストの2kmは、上り坂とはいえラストスパートもできず、歩いて、やっとのゴール。正確には完走歩なのだ。

歩いてのゴールだから感激しなかったのだろう。それでも内心は喜んでいたはずだ。

夜遅く帰宅して、21時半からでも酷使した身体を揉みほぐししていただけた。いつものマッサージ施術師さんに、マラソンの話をして、「人生で今が最高だよ」なんて、言ってたからねぇ。

人生初マラソンにゴール出来たことは、やはり、この上ない喜びとなっていたのだ。

後日、パソコンで私の「完走証」を写真も取り入れて打ち出せました。５㎞毎のラップは35分、32分、33分、37分、39分、42分、43分、41分と40㎞で5時間2分、残り2・195㎞を21分強かかって、結局初マラソンは5時間23分10秒でした。総合順位７０１３人中６４８５位となっています。

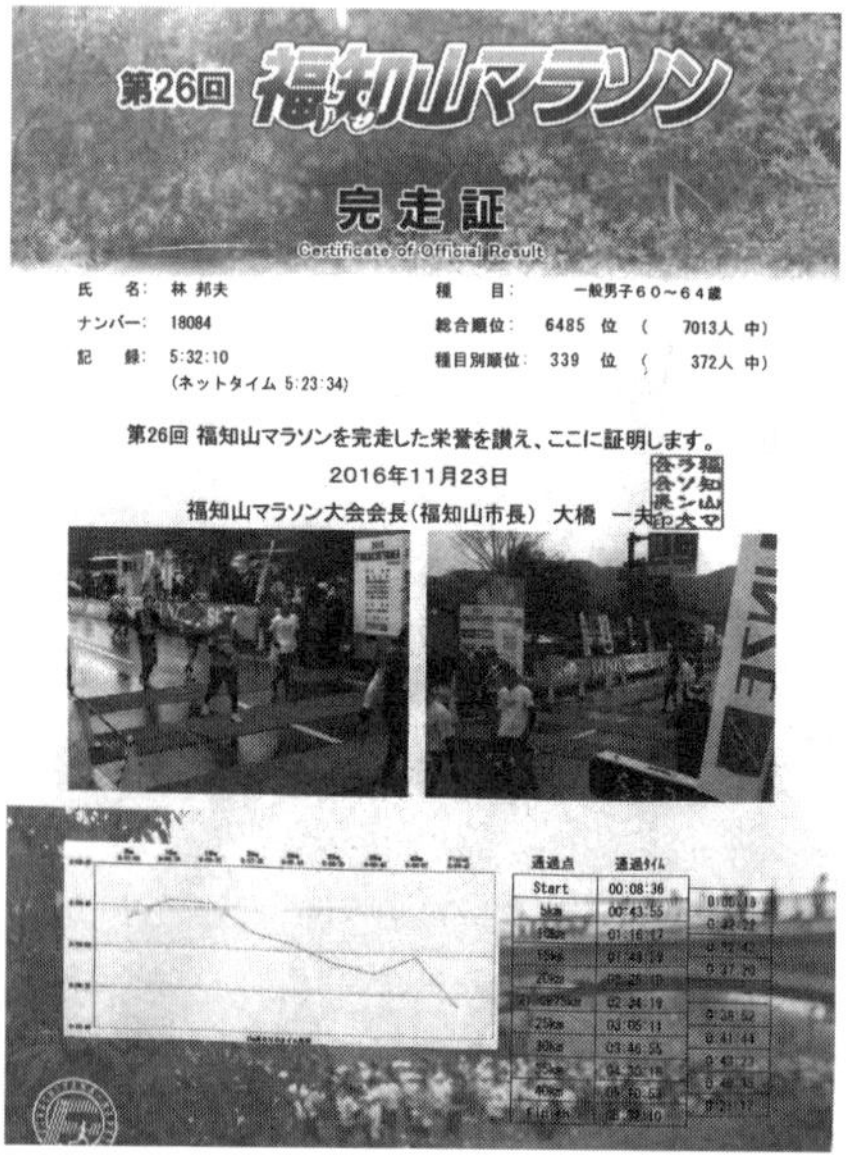

私のマラソンへの思いは、楽しく嬉しくボチボチと走ろうなんです。完走歩でもゴール出来たことで、まぁ良くやったと。
２０１６年の最大目標フルマラソン、達成です。自分の確かな勲章がまた一つ追加されました。昨年に続き大満足な２０１６

年、64歳での金字塔です。

皆さん、60歳から始めたランニング、途中1年程のブランクがあったにしろ、ボチボチにしろ、全くの1人で積み重ねた「走り」でも、少しずつ走る距離を伸ばしてきた結果、ついに64歳でフルマラソン完走です。振り返ってみて、マラソンの予備知識等なにもないまま、勝手気ままに、四季折々の季節感や歴史、風景を心身全体で味わいながら、走った後の温泉やマッサージ等、一応の身体ケアーもしながら、何一つマイナスイメージなく、走ったことによる心身の健康には、『素晴らしい効果だ』と感動さえ覚える今日を迎えました。

三十二、2016年11月今年を振り返って

今年元旦にフルマラソン完走の目標をたて、一応の走行計画も初めて考え、淡々と走ってきた結果、1月は111km、2月は76km、3月は78km、4月は56・5km、5月は51km、6月は122km、7月は97km、8月は65km、9月は132km、10月は159・5km、11月20日まで117km、合計1065km（月平均97km）の走行実績で、64歳初フルマラソン完走となりました。

どうでしょうか皆さん。誰でも走りたいと思えれば走れるようになると思いませんでしょうか。（時間は掛かりましたが）気長に一歩一歩楽しみながら一緒に走りましょうよ。

三十三、12月のランニング

4日は10㎞、11日は10㎞、17日は10㎞、20日は12㎞、24日は14㎞、26日は15㎞、30日は12㎞、トータルで7回83㎞（12ヶ月、計94回１１９０㎞）２０１６年の月平均７・８回99㎞。

フルマラソン初参加の記念すべき２０１６年も、年末師走を迎えました。福知山マラソンの翌日から仕事、12月は４日と11日の日曜と17日の土曜は、いつもの曽我川ラン。

20日（火曜）の昼から「あきのの湯」（４回目）周辺ラン。数あるスーパー銭湯周辺ランのなかで一番私が気に入っている所。お気に入り、リピーターとしての毎回の走っている光景、来やすさ、駐車場、温泉等々、全て良い。こういう所が「ある」という地理的幸い。ただただ、嬉しくありがたいなぁと感謝、喜んで今日も走っています。今年もあと10日。年末の特別な空間時間をここ大宇陀・阿騎野で楽しんでいます。

三十四、２０１６年納めランを終えた私の心境

30日（金曜）、14時30分、家から田原本方面に、足の向くまま、今年の走り納めランです。まだまだ、家の周りも距離が延びるほど、知らないところがいっぱいです。

来る新しい２０１７年、走る舞台は、もろ手を挙げて私を招いてくれるでしょうか。

２０１６年も本当に色々と有難う。走ることによって、人生に新たなる視界が開け、新たな

る私（個）65歳となる人生をも豊かに導き、人としての命の歩みの広がり、個の成長と成果、知らないことを知りえる可能性。歳には関わりなく、いやこの歳であるからこそ成しえる喜びと感激、何と幸せなことだろう。

走ったからこそ、知り得たことは、かけがえのないものとなった。生命の喜びなのでしょうか。

以上のように、走ることによって、人生の豊かさを味わっています。自分の好きなことに出会えるって幸せです。人に迷惑を掛けなければなんでもいい。「好きなこと」を実践されている方々は幸せだと思います。たまたま「好きなこと」に出会えたのか、頑張って出会えたのか、人との出会いで自分の「好きなこと」に出会えたのか、人其々ですが、誰でもご自身に合った好きなことはあるものだと思っています。

誰でも幸せでありたいですよね。何もしなくてもただ生きているだけで幸せと思えれば最高（多分に「般若心経」の世界感）だけれど。

9月19日（日曜）の日記を読んで、生意気なことですが、2016年を走り終えた私の心境が今も変わっていない、私の思いがより良き方向に向かうよう願い掲載いたします。

・2016年9月19日（の日記）

「今年の暑い夏もやっと終わろうとしている。2回しか泳いでいない。走る魅力に泳ぐ気分が勝てなかった。こんなにも暑い夏なのに走るなんて考えられないよね……若かりし頃、確か7月の暑い日に走って異常に辛かった思いがある。今年の充実は本物だ。

何もしないでソファに寝そべりテレビを見ていると、身体がしんどくなる。身体が喜んでいないのだ、退屈なのだ。充実と反することに耐え難いのかもしれない。私は貪欲だ。ために誰かをしんどくさせていないか。私の充実は、他の人には、励みや私も頑張ろうというキッカケにはならなくて、逆に、私には無理、才能がないというメンタルな部分にも翳りを与えてしまわないだろうか。との疑問がいつもある。

私は、色々な人々から刺激や感銘を受け、賞賛と拍手を送ってきた。そして私なりの次を思い目標をたて次のステップに向かった。

自分自身の身の処遇……上手くいくかいかないか。待ちの人、進めない人、進まない人、進む人。人それぞれだ。本心はしたいのか、出来ないのか、したくないのか。うぅ〜ん、なんでもいいけれど、自分のスタイルを「良し」としよう。確固たる自身でいればいい。

人に望まず、そのままのお互いを認め合おう。ここに思い遣りや労り、安らぎ、愛があるのかも知れない。

第六章　マラソンランナー《ステップⅥ》
2017年（平成29年）65歳のマラソン

さぁて、年が改まって２０１７年（平成29年）１月１日（元旦）、今年の目標は……昨年のフルマラソン完走。一昨年の富士登山。と、大きな目標は、結果として人生を豊かにし、充実した日々を過ごせる試金石だった。今年も良い目標を与えてくださいと願う私に、マラソンの他にもプラスして何か出来るか……富士登山は一過性で良かったがマラソンは継続するものだ……そうか、じゃマラソンを通して次のステップを目標としよう。

一、２０１７年（平成29年）の目標

①走り続ける。今年もフルマラソン完走。
②人格者、魅力ある人を友に持ちたい。
③仕事も月１の旅行も息子の応援も読書等の自己研鑽も社会貢献も私の人格形成の糧としたい。
　昨年に倣う目標、これでいいのか……。

ただ、昨年から婚活のイベントにも参加しだしたのだ。息子も４月から大学生となり下宿生

活をするだろう。65歳のこの年、いよいよ1人ぼっちの生活が始まる……4年前に飼い始めたワンちゃんがいるけれど……。

今年最大の目標は、走り続け2度目のフルマラソン完走だ。そして、最大の関心事は、婚活となるもここでは割愛します。２０１７年も走り続けるぞぉ〜。

二、2017年1月のランニング

1日は10㎞、3日（35・6㎞は自転車走行なので3分の1を評価し）12㎞、5日は12㎞、10日は10㎞、15日は2・5㎞（スイム1㎞）、20日は9㎞、24日は12㎞、29日は16㎞、トータル8回で83・5㎞。

元日（日曜）、2度目のフルマラソンを目標に走りだす。曽我川を10㎞程走る。特別な思いを持って特別な日に走る、清々しい。

3日（火曜）は昨年の11月に走った、曽我川南下から高取町、明日香村経由のランコースを自転車で走った。35・6㎞でした。

自転車の前傾姿勢は相変わらず嫌だったが、太腿の方は走っている効果か全く気にはならずに乗り終えました。

10日（火曜）はまたまた「あきのの湯」（5回目）周辺ラン。

15日（日曜）はスイムピアの周辺ランとスイミング。
20日（金曜）は馬見丘陵公園。
24日（火曜）は大阪狭山市の「虹の湯」周辺ラン。
29日（日曜）は曽我川南下。
以上のように今年も年末フルマラソンに向け順調に走りだしました。

三、2月のランニング

2日は20㎞、5日は2㎞（スイム1㎞）、8日は16㎞、12日は14・5㎞、19日は10㎞、26日は9・5㎞、トータルで6回72㎞（2ヶ月計14回155・5㎞）。

2日（木曜）、8日（水曜）、12日（日曜）は曽我川南下。19日（日曜）は「あきのの湯」（6回目）周辺ランです。

四、石川県羽咋郡志賀町早朝ラン

26日（日曜）は、「週末は能登にいます2日間」のツアーで能登ロイヤルホテルにて5時半に目覚めました。外は真っ暗です。それでもランニングスタイルに着替え、6時にフロントへ鍵を預け、まだ夜が明けぬ志賀町の見知らぬ道に我が身を託し走り出しました。一路、海を目指します。えぇ～こんなところに「志賀原子力発電所」。道も整備されているはずだ。おぉお～下から1人走ってくるぞぉ。丘陵地を抜けると視界が広がった、当たり前だぁ日本海なのだ。早朝の安部屋漁港まで来た。誰もいない護岸に波打つ音、漁港とはいえ防波堤を2ヶ所日本海に突き出し漁船も数隻、場末感たる寂寥……戻ろう、幹線を右折して町の方に走る、志賀町の街並みを楽しく散策ラン、ホテルの建つ方向に於古川を渡った。もうホテルまでは一本道だろう、上り続けると、辺りはリゾート地となった。木立の中にゆったりと佇むペンション風な家々が見え隠れする。

7時15分、ホテル着。直ぐに朝風呂に入って朝食。何と贅沢な時間空間を1人占めして過ごして来たのだろう。

というのも、後日この旅行を振り返ってみたとき、千里浜の海岸波打ち際バス走行とレストハウスでの昼食、イカ団子、和倉温泉のスィーツ美術館、早朝ランした日に観光した輪島朝市、塩田、能登大仏等々の観光地より……旅の思い出としてしっかり残っていたのは早朝ランの風景面影なのです。

一体どうして早朝ランが、これ程豊かな思い出として残るのでしょうか。1人で見知らぬ土地を早朝に走ることは、小さな冒険、大いなる好奇心のなせる業なのでしょう。

好奇心は、大脳皮質の発達、老化の予防、成長の根幹、明日への糧になると学んだ。この「好奇心」が集中して最大に発揮されるのが、非日常な場所（特に旅行先）において1人で走る時なのでしょう。私の五感は、出会える何か全てに興味津々なのです。走ることによる空間時間の変化は、視界、音、手足や頬に触れるもの、匂い、味覚全てがフル稼働。こんなにワクワクすることって日常には中々ないものだ。
初体験の期待に、五感はフル活動。ホント、小さな1コマも何と新鮮で有意義な発見と驚きとなって、走っている「しんどさ」みたいなものはあまりなく、身も心も喜び満たされるひと時なのです。

皆さん、初めての土地を走ってみませんか。嬉しくも楽しく、先に展開する風景や、未知への遭遇にきっとワクワクするでしょう。走っていることすら忘れて、走るしんどさや辛さも忘れて、ひたすら気持ち思いがあちこちの移り行く風景に捕われ、気付けば爽やかに走っているご自身を知るでありましょうよ。

五、3月のランニング

3日は10㎞、6日は14㎞、10日は10㎞、14日は17㎞、18日は12㎞、22日は10㎞、26日は17・5㎞、トータル7回で90・5㎞（3ヶ月計21回246㎞）。
3、6、10、17日は曽我川南下。18日（土曜）は「あきのの湯」（7回目）周辺ランです。

六、ダイヤモンドトレイル（どんづる峯～水越峠）

26日（日曜）は第10回ダイヤモンドトレイル（どんづる峯～水越峠）に参加です（ランイベント参加6度目）。

8時に家を出ました。快晴です。集合場所の「どんづる峯」は、最寄りの近鉄南大阪線二上山駅からでも2㎞程離れています。

どんづる峯は、富田林や河内長野方面への仕事で、良く行き来するので勝手知ったる所なのに今回は、初めての電車で行くことになりました。

初めて二上山駅に降り立ち、見知っている国道165号（狭くて交通量多く歩道無し）をリュックを背負い車に注意しながら……、

『今回でランイベント参加は6度目。過去5回は、1人で参加、多くの参加ランナーとスタートからゴールまでの道のりを共有しながら同様な体験をもしながら走っているが、我関せず……結果、1人自己満足の帰宅……は、なぁ～んか物足りない』と思っていたので……。

そうだ、今回から一期一会の場としよう。等々思いながら、足取りも軽く、「どんづる峯」の小さな駐車場に着きました。

30人ぐらい、トイレ完備の駐車場で着替えている。私もお邪魔して受付でもらったゼッケンを付けながら、隣の方に「どちらから来られたのですか」って躊躇なく聞くと「羽曳野からです」とkさん47歳。若いなぁ、もう1人はmさん54歳。うぅ～結構みんな私よりうんと若そう

だ。もう少し、年齢近いほうがいいなぁ。

スタッフから、「皆さん準備OKですか、スタート前に記念撮影したいので、どんづる峯の景勝地点まで移動お願いいたします」

いやぁ～記念撮影ってイベントでは初めてだ。ゾロゾロと階段上って奥のほうへ、何とこんなところに凝灰岩の白くボコボコと大きな岩の塊がいっぱい、全く知らなかった。足元に注意して、全員ハイポーズ。思わぬ企画に写真貰えるのかなぁとも思いながらも……。

いよいよ、本道に戻りスタートです。峠まで上りきって奈良県と大阪府県境を跨いで大阪側に下りだすと直ぐ、1人しか通れないほどの小道に入っていきます。こんなところを走るんだ。嬉しいような、良く通る車道の脇に二上山への登山道があるとは……。

おぉ～みんな一目散に駆け上がります。明日香トレランで経験済みの私も遅れないように皆について走ります。後ろに近づくランナーには道をゆずりながら、なぁんか楽しい。kさん、mさんはどのあたりでしょうか。全く分かりません。

道に迷わないよう、前後にランナーを確認しながら、マイペースで走っています。上がったり下ったり、ほぼ水平なところは走ります。

下りきったところは竹ノ内街道。車も行き交います。注意して渡ったところにエイド。ホットするパワー充電のひと時です。

トレランの醍醐味は明日香トレランと変わりません。街の雑踏を離れ、自然いっぱいの山道を走る……誰が考えたのでしょう。今回の主催は「関西トレイルアカデミー」です。全くもって1人で走ろうなんて思いも付きません。皆と一緒に走ることで、安全安心に参加できます。しかも、森林浴でしょうか。新鮮な酸素濃度の高い大気に包まれ、心身は凄～く喜んでいます。これもトレイルランニングを企画し、現地のコース確認から、赤いテープを目印として、ところどころ木に巻き、集合場所からゼッケンやリストバンド、諸注意事項等、当日のエイドやゴールでのメンバー確認、給水、プチ補給食等々、スタッフの温かい大会サポートがあってのこと。本当に有難いことです感謝なことです。

気合を入れて再び上り下り走ります。おぉ～山間の交差点のような平石峠。ダイヤモンドトレイルの案内板を見ながら、

「良くもまぁ、こんな山の中に人が通れるよう道をつくり、きつい傾斜地には、階段や手すり（ロープ等）を付け安全確保等管理されている、こんな場所に丸太や楔杭、持ってくるのも大変だ」そういう所を走らさせていただいている。よくぞ造ってくれました。

葛城山頂辺りでやっと見知った光景、後は下るだけ。あれれぇ～前を走っていた女性、足に痛み発症か。屈んで痛そう。「大丈夫？」……唸っている。おお～それでも走るんだ、走れるんだ。ゴールまで一緒に走ろうと様子を伺いながら並走。以後6回くらい止まり唸ってた女性と一緒に喜びのゴール。なんて人だ。私なら歩くなぁ～。

完走証（4時間13分50秒）とスナック菓子を戴き、バス乗り場へ。完走証はホントに嬉しい。

走った証。しかも完走時間が書かれている。また一つ私の勲章が増えた、嬉しい。

今は15時20分。帰りのバスは、14時55分と16時25分のみ。

1時間は待たねばならない。水越峠で何をしていたんだろう。バスは近鉄富田林駅が終点。奈良と大阪の県境にいたのに、帰りは、大阪をグルーッと回る何たる遠回り……凄く近場と感じたトレランイベントなのに。

足はパンパンでこの歩きづらさも何でしょうね。でも嬉しいのです。心地良い疲れ、駆け歩いた山肌の余韻に包まれ、電車のシートに身をゆだねています。ラン後のお風呂とマッサージも嬉しいご褒美です。

翌日の月曜から木曜まで足、身入（筋肉痛）ってました。これも65歳で経験できるとは……生きているっていう証、なんだか誇らしいのだ。

こうして、3月も無事過ぎ、春爛漫4月となりました。

七、4月のランニング

4日は10㎞、(7日スイム1・25㎞)、15日は8㎞、19日は10㎞、23日は15・7㎞、トータル4回で43・7㎞（4ヶ月計25回289・7㎞）。

4月はちょっと走りが少ないですが、1日と28日に各3時間ほど友がテニスを教えてくれたので、一応は納得です。

15日は曽爾高原「お亀の湯」2回目のランです。イメージ通り、走りづらいコース。もう「お亀の湯」のすべすべ温泉湯質も、私を惹きつけません。やはり、走ることがメインなんでしょう。今回が曽爾高原ラストランになるかと思いました。

八、ダイヤモンドトレイル（水越峠〜紀見峠）

23日は先月26日に続くダイヤモンドトレイル第2弾、「水越峠〜紀見峠」です。（ランイベント参加7度目）前回の電車帰路を真逆に水越峠に向かいました。

8時10分に赤いリュックを背負い家を出ました。ランイベントは、いつもワクワクします。今日のコースはどうでしょう、ある程度のイメージはできますが、さてさて、どのようなドラマが展開するのでしょうか。

近鉄富田林駅に着きました。降りて直ぐ、うぁ〜驚きです。前回ラスト一緒に走った女性が、私を見つけて近づいてくるではありませんか。「おはよう」いやぁ～嬉しいねえ、再会です。「タクシーで行こうね。あと2人声かけるから」と直ぐにリュックを背負った女性と男性つかまえて、タクシーに乗り込みました。

何と要領のいい、また決断と行動の早い人だなぁと感心しきりの私。リュックで狭くなった車内も、バスよりは快適に水越峠まで運んでくれました。割り勘で支払って、タクシー降りたところで、男性は、他のランナーに紛れたのかどこにいるのか分からなくなりました。結局3人、他愛のない会話を交わしながら、ゼッケン、リストバンドを付け集合写真撮影に納まると……11時20分に水越峠から紀見峠までのダイヤモンドトレイル第2弾がスタートしました。

3人の体力、走力も違うはず、お互いにお先にどうぞといいながらもラスト3㎞辺りまで一緒に走ってくれていたんでしょうね。そこからお先にと2人、私を置き去りにして、どんどんと先に行き、見えなくなりました。1人でも心細くありません。マイペースでひたすらゴールに向かうだけです。山中の一本道、足元に集中です。安全な部分を瞬時に判断して先を急ぎます。エイドや休憩以外の全行程は、それの繰り返しです。そして、やっとこさ嬉しいゴールです。

おお～2人待っていてくれました。完走証（3時間39分53秒）と軽食を戴き、着替えて、南海高野線紀見峠駅まで3人一緒に向かいます。完走の嬉しさから会話も弾みます。

第１１回 ダイヤモンドトレール全縦走シリーズ
DT－MKK
（水越峠～金剛山～紀見峠）
DT-DNM　DT-MKK　DT-KIM
完走証
ダイヤモンドトレール全縦シリーズ 第11回 DT-MKK(15.7km)
52: 林 邦夫 殿
TIME:3時間39分53秒
総合順位45位/58人中
平成29年4月23日
あなたは本大会に参加され表記の記録で完走されたことをここに証します。
平成２９年４月２３日
関西トレイルアカデミー
KANSAI TRAIL ACADEMY

がら空きの電車がホームに入ってきました。ロングシートに3人並びほっと一息、車内でライン交換。人生初、ラン友の誕生です。しかも、一回りも二回りも年下の2人。なぁ～んと嬉しいことでしょう。65歳になってラン友が出来るなんて（この段階で、ラン友といえるかどうか。ライン交換をして携帯で繋がっただけなので、今後のことは全く分からないけれど）。

でも、この人達のお蔭で、これから走ることに全く違った次元の楽しみが加わり、また新たな走ることの醍醐味を知ることとなるのだから、人生って、出会いが大切ですね。出会いで人生の新たな視界が広がっていく。素晴らしい未来が大手を広げて待っている出会いに期待しましょう。

九、5月のランニング

1日は14㎞、6日は10㎞、9日は10㎞、13日は10㎞、17日は12㎞、21日は11・7㎞、（25日はスイム1・2㎞）、30日は10㎞、トータル7回で77・7㎞（5ヶ月計32回367・4㎞）。

6日は芦屋浜。9日は城崎温泉。1日、13日、30日はレギュラー曽我川。17日は馬見丘陵公園。

十、ダイヤモンドトレイル（紀見峠～槇尾山）

21日は、先々月の26日と先月23日に続くダイヤモンドトレイル第3弾（紀見峠～槇尾山）です。ランイベント参加は8度目。

前回の電車帰路を真逆に紀見峠に向かいました。南海高野線紀見峠駅9時44分着。紀見峠駅に降り立ったのは2度目です。走ることで私の行動範囲が凄～く広がってきました。

車窓にも興味津々です、田舎の素朴な風景にも何故か惹かれます。

前後には、リュックを背負ったランナー達、集合場所までのルートさえ嬉しさがつのります。あじゃ～友2人がいません。気を取り直し、また新たな出会いに期待しましょう。

紀見峠～根古峰～岩湧山～滝畑～ポテ峠～槇尾山まで11・7㎞、前回より4㎞程短いです。トレラン参加4度目となりました。

今回もカラー刷りのコースマップやエイド周辺の写真、ゼッケン、リストバンド等を貰って、五月晴れの高原ランと洒落込みます。11時余裕のスタートを切ったのでした。

いつものように、上り下りの細い山道、どこをどう走っているのか全く分かりません。1人だったら不安だろう。良くもこんなところを走っているものです。ただひたすら先のランナーに遅れまいと頑張って走っています。休憩する間も惜しいくらい先を急ぐランナー達。

そんな中で、ひときわ背の高い青年が休憩しています、「お先に」と声をかけ、先に進んだ私が休憩中に、今度は青年が抜かしていきます。そんなことを何度か繰り返していたので、私と青年はほぼ同じペース。中々の好青年H君です。少し話もしました。

そうこうしているうちに、今までにない凄～く見晴らしのいい所に来ました。ランナー以外にも結構なハイカーさん達、お弁当やおやつに舌鼓、ロケーション抜群です。

心地よい風、下界に広がる景観に暫しうっとり……そうだ、ポケットに入れておいたおにぎり食べよう。相当に揺らされ続けたおにぎりが変形しています。座れそうなところにお尻を乗っけ、大パノラマの眺めに暫しうっとり。おにぎりも凄く美味しいです。先を急がないといけないとも思うけれど、この素晴らしい至福感も最高で離れがたいです。

私より年配のランナーと話しをしながらランを再開しました。京都で薬関連の仕事をされているとのこと。ランナー2人、足を攣ってリタイアしたとか、1人は動けなくなっているとか。大変だなぁ、何とかなるだろうと、先を急ぎました。いつしか、前後にランナー見当たらず1人旅に。結構きつい下りが続いています。やっと滝畑エイドに着きました。ひと安心です。久しぶりの車道を横断して、人家の袖にある階段を上れば、また山道、上りが続きます。ゴールの槇尾山には上がりっぱなしでした。

今回のランはこの時が一番キツくて、それに1人だったからかもしれないけれど、ゴールまで凄～く長かったように感じたが、それでも何とか施福寺に着きました。

こんなところにも立派なお寺があり、煌々と流れゆく線香の煙、独特な匂いと狭い境内とはいえ信仰篤し信者さん達の熱意さえも感じられ、ゴールした我が身もひと時、清純な思いに満たされていました。そんな時、ランナーかスタッフかが言いました。

「まだゴールではないよ。階段降りてすぐゴールだから、お参りは後にして1度ゴールして来てください」

成る程、まだちゃんとゴールしてなかったなぁ。長い階段を降り、やっとゴール。やっぱり嬉しいなぁ……なぬぅ～完走証貰ったのはいいが、軽食にビールも振舞っている。あぁ～あ、飲めれば最高にご機嫌なのに飲めないのだ。これって少し辛いぞ。

シャトルバスを待つ間、河南町のＯさん、大阪市のＮさん、アメリカ人のｗさん（箕面市在住、龍谷大勤務）と知り合ったが、「いつかまたお会いできればいいですね」で、バスに乗り込み和泉中央駅から皆、バラバラに帰路についたのでした。お疲れ様。

帰りの電車内、完走証をみて今回は3時間43分51秒、総合順位30人中17位でした。

いつものように、心地よい疲れと、トレイルの余韻に電車の揺れも心地よく、トレラン走ったものでしか味わえないであろう充実感に包まれていました。

３月26日、４月23日、５月21日と、３回に分け走ったのは「ダイヤモンドトレイル全縦走シリーズ」で、屯鶴峯～槇尾山まで全長43㎞を完踏したのです。総合タイム11時間36分51秒でした。当日の我が雄姿なる写真付き完踏証も戴きました。

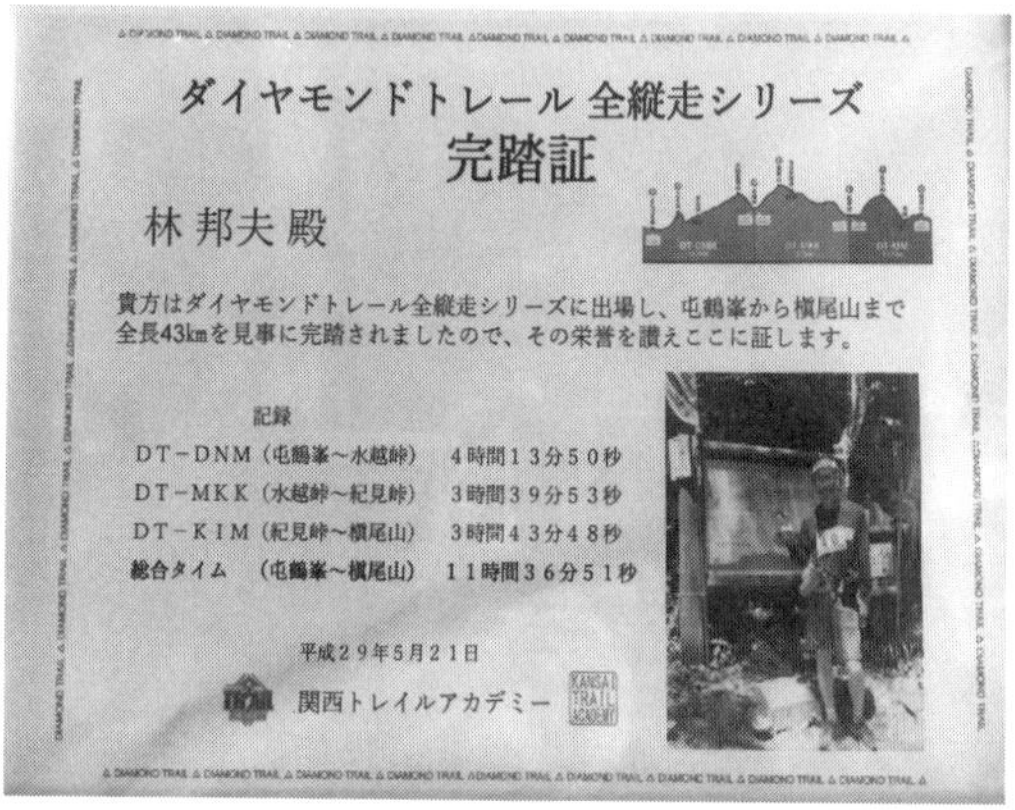
ダイヤモンドトレール 全縦走シリーズ
完踏証
林 邦夫 殿
貴方はダイヤモンドトレール全縦走シリーズに出場し、屯鶴峯から槇尾山まで全長43kmを見事に完踏されましたので、その栄誉を讃えここに証します。
記録
DT－DNM（屯鶴峯～水越峠） 4時間13分50秒
DT－MKK（水越峠～紀見峠） 3時間39分53秒
DT－KIM（紀見峠～槇尾山） 3時間43分48秒
総合タイム （屯鶴峯～槇尾山） 11時間36分51秒
平成29年5月21日
関西トレイルアカデミー

「ダイヤモンドトレイル」という舞台が、あの二上山から葛城山、金剛山、岩湧山へと張り巡らされているという事実。ランナーやハイカーのみが知るところかと思うと凄くもったいない。あれほどの自然が都市化した私達住まいの直ぐ近くにあることを、関西に住まわれたる人達に是非とも知って欲しい。本当に1度でも歩いて豊かな自然を味わって欲しいと強く思ったのです。

皆さん、是非とも奈良県大阪府県境の山並みに存するダイヤモンドトレイルという尾根道を山歩きハイキングと洒落込んでみてください。森林浴はじめ大自然を全身で満喫なさってください。

人生に新たな景色が広がり、心身も憩えることでしょう。

十一、6月のランニング

9日は6㎞、18日は10㎞、22日は8・3㎞、26日は7㎞、29日は12㎞、トータル5回で43・3㎞（6ヶ月計37回410・7㎞）。

十二、奈良マラソンエントリー

6月14日午後8時、奈良マラソン受付開始。ドキドキわくわく、パソコン画面に集中してキーボードを操作。30秒の待ち画面とにらめっこが続く、20分経過と同時にエントリー画面に変わった。おおぉ～やったぁ～嬉しいワクワク……早く申し込み必要事項を入力しないとドキドキです。昨年の失敗で、メモを控えて間違わないよう打ち込んでいく、おぉ～ラスト、エンターをポン。いゃぁ～入ったぁ、やったぁ～もう滅茶嬉しい。

18日は大阪狭山市「虹の湯」から富田林市梅の里方面往復10㎞、22日は兵庫県西芦屋、26日は上海早朝ラン。9日、29日はレギュラー曽我川南下と、相変わらず、楽しく走っています。ただ、昨年との違いは余裕なんでしょうか？　1年越しの奈良マラソン参加確定を決めた今月も、4月同様43㎞しか走れていないのです。

十三、7月のランニング

2日は15㎞、6日は13㎞、9日は21㎞、（13日と24日はスイム1・5と1・1㎞）、16日は10㎞、トータル4回で59㎞（7ヶ月計41回469・7㎞）。

2日は曽我川南下、6日は御杖村「姫石の湯」、16日は宇陀市「あきのの湯」（8回目）の周辺をラン。

十四、第4回明日香トレイルに2度目の参加

9日は5月21日のダイヤモンドトレイル参加に続いて、「第4回明日香トレイル」に昨年に引き続き2度目の参加（ランイベント参加は9度目。ラン友ランは1回目）。

今回は、JR王寺駅にラン友YmさんとYkちゃんを迎え3人で参加します。「あすか風舞台」でのスタート前、ジャンケンの勝者に色々な景品が貰える催しに3人共敗退。9度目のランイベントで初めてのジャンケン……結構盛り上がりました。楽しい企画に残念な思い、次は全員で体操です。

準備万端さぁ行きましょう。全員手首に装着した計測リングをスタッフの持つボックスにかざして順次スタートしました。

いやぁ、どの辺りから3人バラバラになったのかも分からないけれど、夏の山道……しんど

旅RUN×KAKERU
完走証
第4回
旅RUN×古都奈良　明日香村トレイルラン
9 林 邦夫　様
記録：3：28：41
あなたは、第4回 旅RUN×古都奈良 明日香村トレイルランに参加され、全21kmを楽しんで完走されました。お疲れさまでした。
平成29年7月9日
旅RUN×kakeru 実行委員会

さと心地よさの程よいバランスに守られて前に進んでいます。

大自然に抱かれ獣道よろしく縦横無尽に続く山の中に先人達が切り開きし小道を走り行くトレランは、暑くても走れる場として近年益々、人気のランイベントとなるでしょう。

山の中では相変わらず全くの所在不明、どこをどちらに向かってどう走っているのか全く分かりません。前後にランナーがいるかどうか、コースの樹々に付けられた赤いテープを確認しながら、ただただ前に進むだけです。それでも結構楽しいのです。何か全身が喜んでいるようです。

山を抜け農道辺りから、昨年の記憶も蘇り、ゴールも朧気に感じられます。足のほうは何とかまだ走れているから大丈夫な感じです。昨年とは大違いです。

結局、Ｙｍさん、私、Ｙｋちゃんの順にゴールしました。

美味しいかき氷、おにぎりとお茶を戴きながら、暫し3人は舞台に腰掛け、次回はどこに行って走ろうか等と嬉しい楽しい話は尽きません。そんな時、左手向こうにひときわ背の高い青年の視線を感じました。あぁ～ダイトレで言葉を交わした彼でした。H君、ラン友仲間に30代青年が加わりました。

私の完走記録は前回とはほぼ同じような3時間28分41秒です。足の方は随分と楽な感じだと思ったのですが……「脚」が大変なことになっていました。

明日香トレランの後、左足太腿にピリッとした痛みが数時間に1度の頻度で出てきたのです、参ったなぁ……足痛めちゃったか。

7月18日、総合病院の整形外科を受診。「筋肉疲労です。ひと月ぐらいは走らないほうが良い」との診断。あじゃ～「走る」のどうしようか……。

【閑話】

痛めた直接の原因は、明日香トレラン山中での最終コースに結構な勾配の下り坂が続いていたところを、終盤となって足にも相当な疲労が蓄積しているであろうことなど考慮せず、駆け下りたことが原因だろうと思う、太腿が一番堪えてたはずなのに……。

弱輩ランナーだねぇ、気持ちよく走れていると、ついつい頑張ってしまう……ところがだ、着地する片足には体重の3倍近くの重さがかかるらしい、ということは、下りは勢いがさらにプラスされるから、疲れし足に……な、なんと200kg以上もの重さを連続して負担させたという計算だ。うぁぁそりゃぁ、筋肉疲労にもなるよねぇ。足さん、本当にごめんなさいです。

皆さん、下り坂の下り走行は特に注意しようね。

十五、8月のランニング

（1日と22日スイム1・3と1㎞）、4日は8㎞、11日は10㎞、15日は10㎞、20日は21㎞、27日は10㎞、トータル5回で59㎞（8ヶ月で計46回528・7㎞）。

4日と27日は上牧町「虹の湯」の周辺をラン、15日は曽我川土手南下をラン。11日（金曜）は阪急箕面駅下車、一路箕面大滝を目指します。

駅のロータリーのコンビニでペットボトルを購入し、強い陽ざしから箕面川を数少ないハイカーに混じって歩いて遡ります。成る程、遊歩道は整備され趣ある柵に守られ、しっかりとした木立の中、気持ち良く大滝まで導いてくれそうです。

テレビCMでおなじみの「箕面観光ホテル」はこの辺りではないかと、注意して歩くも全く分からず、1度は行ってみたいと思うホテルも私には縁がないようです、心地良い遊歩道空間を、大滝への期待を大いに膨らませて歩いています。

うん？　こんなところに昆虫館、場所柄合っていそうで合っていないような違和感ありの建物を通り過ぎ、瀧安寺もパスし大滝へ。

おおおぉ～これが箕面大滝か。落差33ｍ、滝の水流が農具の「箕」に似ているから箕面となったとか。ともかくマイナスイオンいっぱい身に浴び箕面大滝だと記憶に留め置き、本日の第1目的完了。

これからどこをどう走ろうか、第2目的スタートです。でも目標がありません。困ったものです。足の向くまま気の向くまま走ればいいのですが、気持ちよく走れそうなところがなさそうです。とりあえず、滝の上がどうなっているのかなぁと……残念、近づけない……あきらめて、歩道のない山間を縫うような車道を、車に轢かれないよう注意しながら走ることにしました。ちっとも嬉しくありません。安心して走れないのは結構なストレスです。

ラン途中、私よりずぅッと速そうなランナーとすれ違う、やや遅れて奥さんだろうか、カッコよく走り去った。2人で並走して走ったらいいのにねぇって、勝手なこと思いながらも羨ましくもあり、今日はちっとも力入らないなぁと足取り重く何とか走っています。

勝運の寺として有名な「勝尾寺」まで来ました。

いやぁ、こんなところにあったんだ。以前に1度だけ来たことがあるお寺。拝観料を納め結構広い境内に入る。鐘楼……自由に突いてもいいと書いてある。嬉し恥ずかし、おばさんと青年(多分親子)の後に並んだ。青年とお母さんが一緒って、なぁ～んか微笑ましい。良くお母さんに付き合って息子さん一緒に来たなぁと、私自身が嬉しくなって声をかけると、温かく応じてくださり、お2人と笑顔でお互いに鐘を突き合って写真まで撮りあう。心持ち豊かな一時を過ごせたのでした。

次に庭園散策、お昼時なので「花の茶屋」というお土産と軽食を備えたお寺の入口にあるお店でささやかな昼食を戴く。さぁて、これからどうしようか。お盆を控えた真夏の大気は正にうだるような暑さだ、走る気持ちはこれっぽっちもなくなっている。

寺前のバス停……日陰のある反対車線歩道手すりにお尻を置きバスを待つ、いやぁ～久しぶりの乗り合いバスに乗車、一番前の席に陣取り移り行く風景を楽しんでいる。どこまで乗っけてくれるのでしょうか。結局、下車した所は千里中央駅、いやまた懐かしい所（前職時に何度と来た）に導かれたと、奇遇を楽しんでいます。後は電車に揺られての帰路、今日も充実した1日だったと「走る」喜びをかみしめていました。

十六、柳生街道マラニック

20日は「第五回柳生街道マラニック」に参加（ランニングイベント参加は10度目、ラン友ランは2回目）。

今回はラン友Ymさんと一緒です。8時50分近鉄奈良駅で待ち合わせ、歩いて奈良新国際フォーラム甍《いらか》に向かいます。9時30分、着替えて受付を済ませたランナー達は、前の春日野園地にて準備。そして、スタート地点の飛鳥中学校に移動です。何故場所を変えてのスタートなのか良く分かりませんが、ゾロゾロと春日大社の横合いを歩いています。ラン友がいると、話もでき待ち時間も気になりません。奈良公園には鹿達があちらこちらにいますが、鹿は食べて休んで気楽そうです。

スタートは10時30分。中学校前には来たけれどスタートまで、まだ15分程あります。私達の周りは車道を埋め尽くした大勢のランナーで溢れています。1人参加も多いのでしょうか。一様に気合の入った表情で身を引き締めているというスタート時の光景です。

そんな中、隣のおばさんランナーから「あなた達はご夫妻ですか」っていきなり聞かれたのには驚いたけれど、冷静に「いえいえ、違います。走る仲間です」って返答して、ちょっと恥ずかしいというか、嬉しいというか、複雑な感情を一瞬とはいえ抱いたのは確か……そういえば、今までご夫婦で一緒にランイベントに参加されているのを見たことがないなぁとも思いながら、そうか！　夫婦で一緒に走れたら、なぁ〜んと素晴らしいことだろうって思ったりも……。

10時30分、一斉に柳生の里に向かってスタートしました。

このイベントには「走る」以外にもう一つの想いがある。それは、高校時代に遡るが、文化祭か何かで知り合った女の子達とハイキングに来たのがここ柳生の里と忍辱山円成寺、遡ること50年前、帰りは寒く薄暗かった晩秋の里、何とも初々しく歩く情景を懐かしく思い出している。「忍辱山円城寺」がどのようなお寺だったのか、全く記憶にないが、この名は、消えることなく私の心に住み着いていただけに……円成寺を是非とも見たいとの思いを胸に秘め参加しています。

東海自然歩道を東へ4㎞程で峠の茶屋第1エイド、ここから車も通るのどかな道を2㎞程（この区間は帰りの重複区間）、右折してまた東海自然歩道を北東へ2・5㎞程で円成寺第2エイド（円成寺とは知らなかった）。

いつものことだけど、事前に下調べしない私は、ここで大きなミスを犯していた。何とこの折り返し地点の先数百mに円成寺が……。

そんなことは露程も知らず、ここでリターン国道369号を西へ、大慈仙町で左折して県道184号線を南下、「このあたりかなぁ円成寺は」と左右にそれらしき佇まいがないか、サインがないか期待と注意しながら見て、走っていました。結局、円成寺は分からないまま過ぎ去ってしまったような感じです。いやぁもうまた来ないといけなくなってしまったと思う反面、将来の楽しみに置いておこう。

「円成寺拝観」いつかまた来ますと、走りに専念します。日陰もなく山間に広がるのどかな田園地帯、身体は疲れ足は重く行く手の車道は上りが続いている。

いつしか重複区間に入り西に、峠の茶屋第1と同じ第3エイド到着。さらに西に走り、奈良奥山ドライブウェイに入って北に春日山原始林辺りとなりさらに西に向かう……おおぉ～ホッと一息、若草山第4エイドに着きました。

観光客らしき人達も結構おられます。鹿と戯れ、奈良盆地を見渡し、生駒山を背景に記念撮影。いやぁもう、こんなに素晴らしい眺望スポットがあったとは、「走る」ことから自然と導

旅RUN× KAKERU
完走証
第5回
旅RUN×古都奈良 柳生街道マラニック
213 林 邦夫 様
記録： 3：20：23
あなたは、第5回 旅RUN×古都奈良 柳生街道マラニックに参加され、全21km を楽しんで完走されました。お疲れさまでした。
平成29年8月20日
旅RUN×kakeru 実行委員会

かれた絶景に、平城京遷都のシナリオをも垣間見られたような嬉しい一時でした。

ラストの走りは、下りっぱなしの木立の中、気持ちのいいランです。いよいよ感激のゴール……長旅を走り終えた喜びの、あれぇ～「ゴール」がありません。えぇ～何らゴールらしきセッティングがないのです。何の仕掛けもないままでフィニッシュだとは……なにか物足りなくこれっておかしいでしょ！　やったぁ感なし、ガッツなし……着いたの？

8月の暑い1日、マラソンとピクニックを合体したマラニック21㎞、3時間20分23秒、一応完走しました。

ゴールではスタート時に声を掛けられたおばさんのお連れの娘さんが待っていました。

「お母さん、途中で抜いたよ」と私。

枚方から参戦、次回は新潟マラソンに参加するって言っていたNさん、お名前をしっかりと覚えて、「またどこかで会おうね」ってバイバイしました。こんなにもささやかなひと時でさえマラニックの余韻を豊かにしてくれるのだから……。

奈良新国際フォーラム甍に凱旋して着替える。そこで先着のＹｍさんと再会して、奈良公園の鹿達に見送られ、近鉄奈良駅に向かいました。東通り商店街で完走ご褒美にと「かき氷」を戴きます、反省と次回のランニングイベント等を話し、本当に楽しい時間が過ぎていきます。Ｙｍさん「今日１日ありがとう」。

全く知らなかった人と、何かしら打ち解けて楽しく語り合えるってこんなにも贅沢な時間なのですね。好き嫌いっての男女間から、純粋に友としての関係性、共通の趣味が育むお付き合い、最高じゃないでしょうか。

２０１１年11月に走り始めた第一歩から、実に5年9ヶ月、初めてラン友とのお茶会。次回はいつどこで会えるかなぁ、楽しみがまた一つ増えたのでした。

十七、9月のランニング

17日、10㎞は香芝、22日の7㎞と24日の3㎞は台湾早朝ラン、28日の17㎞は曽我川、トータル4回で37㎞（9ヶ月計50回565・7㎞）。

22日は、台湾旅行での中台早朝ラン、スマホ頼りに新旧市街地の境目らしきところを西に3・5㎞走って戻っています。うぅ～ん気持ちよく走れていません。雑然とした街並み、統一感がないというか。おぉ、象徴的な建物が目の前に……「台中国家歌劇院」とある、中を見たいが開館前、しょうがないかと外周を巡る、デザインは素晴らしいが自己主張し過ぎでしょう。異国での早朝ランの醍醐味は、伝統的な異国情緒が楽しめる場所を走ることなんでしょうね。

24日は午前中に台北市内観光して12時40分台北発で帰国します。その前にラストチャンスと、明るくなり始めた台北の街にランスタイルで飛び出しました。さて、どこに行こうかとスマホマップを見ていると、うぁぁ、ハエだぁ……いつしか忘れ去ったハエが台北にいる、台湾の首都台北の衛生状態良くなさそうと思いながら、近場の花博公園外周3キロをショートカットしての3㎞ラン。物足りなさの早朝ラン、なのはなぜだろう。異国情緒を感じられないコースを走っていたのが一番の失敗なんだろうと思うけれど、足の向くまま気の向くまま走っているんだからしょうがないとも思う。

8月末からは、仕事で介護施設の増築工事を本格的にスタートさせたのでランニングは疎かになりがちです。それに足のピリピリ痛も残っています。9月の月間走行距離37㎞は、12月初めの奈良フルマラソンのためには、走り足りないでしょう。フルマラソンを完走出来るのでしょうか……不安要素が点滅し始めました。

十八、10月のランニング

1日は30㎞、8日は10㎞、11日は19㎞、22日は6㎞、29日は15㎞、トータル5回で80㎞（十ヶ月計55回645・7㎞）。

十九、淀川30ｋに2度目の参加

1日（日曜）は昨年同様、淀川30ｋに参加しました（ランイベント参加11度目）。

8時43分に家を出て、10時01分西中島南方駅着。昨年は雨模様でいやぁな天候だったけれど、今回は、陽ざしもある曇天。2回目でもあり気持ちはリラックスしている。着替えてゼッケンはフル5時間以内を目標の11970番、背中には、昨年はチャレンジ福知山マラソンだったが、今回はチャレンジ奈良マラソンのゼッケンを付け、11時10分余裕のウェブ最終スタート。

5㎞毎のラップは、35分3秒・33分40秒・35分5秒・38分20秒・38分29秒と順調？に25㎞を通過……10㎞のスタート地点を折り返しの時、ラン友Ｙｍさんが応援に来て、27㎞辺りから応援並走してくれたのは嬉しいが、もう足パンパンで攣りそう。もう限界とＹｍさんに訴えたものの、Ｙｍさんは「歩いたらダメ、頑張れ～」と厳しいご声援、うぉ～根性のＹｍさんのお蔭で何とか歩かずにゴール出来た。ラスト5㎞は45分15秒費やした。

淀川30ｋの記録は、3時間45分52秒。1003人中717位でした。

CERTIFICATE
記録証
あなたは「2017 大阪30K秋大会」において
下記の成績を収めたことを証し、その健闘を讃えます。

氏　名：林 邦夫
ナンバー：11970
記　録：3:45:52

種　目：30K男子_第2スタート
総合順位：717 位（1003人 中）
種目別順位：505 位（690人 中）

通過点	通過タイム	
start	00:06:21	
5km	00:41:24	0:35:03
10km	01:15:04	0:33:40
15km	01:50:09	0:35:05
20km	02:28:29	0:38:20
25km	03:06:58	0:38:29
finish	03:52:13	0:45:15

2017年10月1日
一般財団法人 アールビーズスポーツ財団

記録証も受け取り、完走後の若干の達成感とリラックスな気持ちでYmさんと雑談していると、

「うわぁ久しぶり」とYmさん、どうやら見知った女性ランナーと再会したらしい。懐かしの会話後、私ともライン交換、4人目のラン友（Mさん）誕生です。Mさんとは帰る方向が途中駅まで一緒だったのでより楽しい帰路となりました。ちなみに、ラン中の写真はYmさんがスマホで撮ってくれたものです。

8日はレギュラー曽我川、11日は15時45分に家を出て、西へ西へ、香芝インターで引き返す初コース。22日は町あざさ苑のランニングマシーン。

二十、初めてラン友を温泉ランに誘う

29日（日曜）は、YmさんとMさんを、9時JR王寺駅に迎えてスーパー銭湯「虹の湯」に停め周辺をランです（ラン友ラン3回目）。

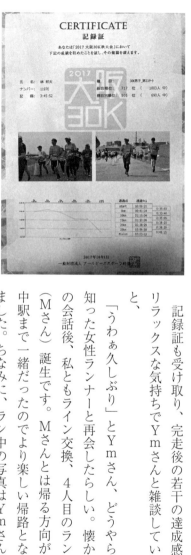

雨模様の中、上牧町と河合町広陵町にまたがる奈良県の誇り「馬見丘陵公園」から広陵町の「かぐや姫公園」を駆け回った。途中からは土砂降り……走っている私達3人を見た人達にはどう映ったでしょう。私達は至ってご機嫌ご満悦に走っているのです。しかも2人の女性を伴って走っている私は、自慢げに濡れるのさえ楽しんでいました。こんなことも出来る（雨でも走る）なんて、走るものの特権だと、ランナーの喜びをかみしめながら……。

またまた、ラン後のご褒美タイム、温泉入浴です。ラン友女性2人を招いたのも、私の大好きなここ「虹の湯」も知って欲しいと思ってのこと。受付から脱衣所までのクランクした廊下の仕掛け、ジェットバスの強さと丘陵地に上手く配した岩風呂、滝、洞窟、壺、蒸し、檜、大窯の各露天風呂の趣風情をも十分に味わってほしい。ところが雨が降っていたので、露天風呂は楽しめたでしょうか……。

ともかく、遅くなったランチも風呂上がりの身には、ホッコリと爽やかです。それぞれ少しばかり贅沢なメニューを注文して、大いに会話も弾み、お腹もポッコリとしたので、今日の締めとして、直ぐそばにある「まほろば珈琲店」の滝のオブジェを見える席に案内しました。

大阪から奈良に来て、雨の中を15㎞走り、温泉に身体を浸して、美味しいランチに舌鼓、そして今、今日最後の語らいのひと時、今日の「虹の湯」周辺ラン、良い思い出としてお2人の心に残ってくれるでしょうか。

私は、この2人のラン友のお蔭で、馴染の場所でもまた一つ違った凄く楽しい時間を味わいました。ありがとうと午後4時、王寺駅に歓送しました。

二十一、11月のランニング

5日は12㎞、9日は15㎞、15日は12㎞、19日は15㎞、23日は35㎞、26日は18㎞、トータル6回で107㎞（11ヶ月計61回752・7㎞）、月平均走行距離は68・4㎞です。昨年は100・6㎞でした。

二十二、大阪城公園から堂島まで往復ラン友ラン

5日（日曜）は、またまたラン友Ymさん、Ykちゃん、H君と10時30分に大阪城駅に集合です（ラン友ラン4回目）。

今日は、Ymさん主導で、中の島、堂島まで行って引き返してきました。途中、中の島の回り階段でジミー大西さんとすれ違い、ジミーさんの息せききった走る姿から、「きっと大阪マラソンに参加されるんだ」と思いながら、走っている人は皆な仲間のような親しみを感じます。

我々は、大阪城公園に戻り、シャワー設備のある施設で汗を流し、体調測定の機器にも触れ、カフェテラスにて少し遅いランチを戴きました。

今回、奈良に住む者として、都市に住む人達と、郊外に住む人達の生活スタイルの違いのような、何かしら慌ただしく空間が閉鎖的で狭く、寛ぐ雰囲気までは味わえないまま、ラン友と

お別れしました。それでも仲間とのランは楽しいものです。

9日（木曜）、15日（水曜）は、河内長野市の自社工事現場近くのスーパー銭湯「風の湯」から堺市畑町まで、15日は反対方向の南花台方面を走った。

二十三、中山連山・北摂大峰山トレイル

19日（日曜）は、中山連山・北摂大峰山トレイルのランイベントに参加（ランイベント参加は12度目。ラン友ランは5回目）。

このイベント参加も、Ｙｍさんの呼びかけです。今回はＹｋちゃんと3人での参加です。

7時28分、リュックを背負い、ランスタイルで家を出ました。月1回のランイベント参加も恒例となってきました。電車にランスタイルで乗るのも少し誇らしいというか、嬉しいのです。

大阪駅下車、阪急梅田宝塚行きの急行に乗車して9時15分山本駅下車。

駅北側広場に集まっています。受付でラン友とも会え、ゼッケン番号２０５をＴシャツに付け、10時山手方向にスタートしました。

中山連山・北摂大峰山ってどういうところだろう。私の五感は、貪欲です。知らないところを少しでも触れ合える、未知との遭遇は、本能の喜びでしょうか。自己防衛五感も山の中を走ることでフルに活動するのでしょう。私の心身は、より豊かな自身の働きを喜んでいます。

一般道から中山縦走路に入る際、あれぇ〜ここはコース間違いそうだと思い、前後のランナーともコース確認、その後、急峻岩場山登り、Ｙｋちゃんは山ガールらしいのでこの場は得意かと聞けば、「１週間前に下見を兼ねて来ました」って……皆んな夫々モチベーション工夫して参加してんだと妙に感心したものです。眺めも良くなってきました、随分と登って来たもんだが眺望を楽しむランナーは１人もいず、皆、どんどん先に行ってしまう。

いつしか緩やかなアップダウンの山道となり、途中何度か、同年配ぐらいのハイカーさん達とすれ違った。皆さん全て狭い路端に身を置き、道を譲ってくださる。ランナーは、遠慮しながらも走り過ぎていく。私も、「すみません」とか「ありがとう」とか言いながら、ハイカーさん達をやり過ごす、走っている喜びを実感しながら……。

コースマップは持っていても、どこをどう走っているのか全く分からない。コース位置はエイドで確認するだけで、あとは、ひたすら前に進むのみ。これでいいのだろう。おぉ〜トンネルだ、武田尾廃線道のトンネルをくぐる。何故こんなところにと不思議な思い。ゴールもすぐそこらしい。観光客も結構おられるのだろう、少し賑わってい

る渓谷沿いに続く４・７㎞の廃線敷が観光目当てだろうか……トンネルもゴールするランナーを祝福してくれているようで嬉しく感じた。

ゴール地点は、山間に渓谷、河川と道路と鉄橋の広々とした空間だ。完走証と預けたリュックを受け取る。

他のランナーに併せて歩いていると、エネルギッシュな女性と目があった。話しかけてくださいって目のサインを感じたので、「凄いなぁ、まだまだ走りたりないような感じだけど……」と少し会話する。

Ｙｍさんもそばにいたので、「良かったら、私達とも一緒に走りませんか」と……少し考えれば、私達との体力差が歴然なのに良く誘ったものです。無鉄砲な自分に驚きながらもライン交換、Ｎちゃん、５人目のラン友誕生です。

Ｎちゃんは、誰かと一緒に来たということで、すぐに別れて、いつしか合流していたＹｋちゃんと３人、とりあえず帰ろうと、駅に向かいました。なにぃこの駅……駅の一部は、ずっと見えていた橋梁にもかかっているが大半が洞穴というかトンネル内にあるのだ。プラットホームはトンネルの中、なんとも奇想天外、初めて見るトンネル内プラットホーム……地の利の無さにおける鉄道駅確保の究極的カタチ、不思議な空間にいる。地下鉄ではない片方が空中に開かれている初めて体験するプラットホームだ。

ＪＲ福知山線武田尾駅……今日の一番の感動空間。中山連山・北摂大峰山の走る一コマ一コマをも凌駕した、来て良かったと私を魅了した駅。

ゴォ〜ゴォ〜ォ迫力満点、列車が迫り来た。もっともっとここに居たいが……お腹もすき、温泉にも早く入りた〜い。

銀河鉄道９９９のような列車に乗って、洞窟渓谷とも直ぐのお別れとなる。

降車した駅は中山寺駅。誰が調べたのか、とぼとぼと疲れたアンヨも嬉しい３人連れ、歩いて５００ｍ程、名湯「宝乃湯」に到着。玄関ロビーで頑張った靴を脱ぐ。至福のひと時の始まり。風呂上がりの時間を決め更衣室へ。ゼッケンを付けたＴシャツも誇らしげだ。さあ入浴だ。まず身体の洗濯、きれいになった身体をいつも通り一番大きな浴槽に沈める。目を閉じ泉質を味わう、気持ちいい……露天風呂にも行こう。寝っ転がっている輩、石を配した定番な露天風呂に、少し高く石を積んだところがメインか。階段状の石を一つ、二つ登る程に、源泉っぽい褐色の湯のお出迎え、案内板には有馬温泉金泉と同じ湯質だと自慢気に記されている。おぉ〜中々いい〜源泉だぁ〜。その後、一通り全てのお風呂とサウナにも入って、身も心もさっぱりホコホコ……。

レストランでは、宝御膳に舌鼓。お腹もホッコリご満悦です。

来月は師走、さて、ラン共メンバーで今年の打ち上げでもしようと話は弾み12月に忘年会をすると決め、宝乃湯で解散です。Ｙｋちゃんとは途中駅まで一緒、皆さんお疲れさまでした。走っていい汗かいて、温泉にレストランと、立冬の穏やかな1日、非日常な空間に包まれ、豊かで有意義な1日を仲間と一緒に過ごせたことに凄く感謝。贅沢な1日でした。本当に嬉しいことです。ありがとう。また会いましょうと夫々家路につきました。

23日（木曜）は、来月10日の奈良マラソンに向け最後の調整ランです。昨年同様、曽我川南下から、橿原市、高取町、明日香村経由、ほぼ35km走った。これで、フルマラソン完走に向け元旦から走り続けた今年のフルマラソンへの準備調整ランはほぼ終えた。

ちなみに昨年は10ヶ月で９３８km、今年は10ヶ月で６２５kmと昨年より3割近くも少ない走行距離です。この状況でフルマラソン完走できるのでしょうか。

昨年は、何の不安も心配もなく、フルマラソン開催日を迎えたけれど、今年は、走った距離を確認するまでもなく、走行不足は否めません。フルマラソン完走は無理な感じです。足の状態も良くありません。７月の明日香トレラン以降、太腿に発生した「突発的な痛み」がとれなくて、違和感を持ったまま４ヶ月間を過ごして来ました。体調良くないのをごまかして走って来たというのが実情です。

７月の明日香トレラン完走９日後の病院で「筋肉痛だから１ヶ月は走らないで」との診断に

もかかわらず、2週間は休んだけれど、結局、完全に治っていないのに走ってしまった結果……。

先生の言うことは聞いて実行しないといけない、と思いながらも、週に最低1回でも走っていないと、フルマラソンの体力というか身体が出来ないのではないかと、ランニング素人の私の勝手な判断で今日まで来てしまったのです。

実のところ、責任ある仕事もまかされ、休みも思うように取れなかったこと。また昨年、福知山マラソン完走という実績が、今回は何が何でも奈良マラソン完走とまで思わない気持ちも、練習不足の一因となっているのでしょう。「気楽にいきましょう」って感じなのです。しかし、走る限りは完走したいです。

26日（日曜）、奈良マラソンを2週間後に控えたこの日、地元の利を活かし、奈良マラソンコースを少しでも実体験してみようと、かつての上司であり、現在はお客様の奈良市内のお家に車を停めさせていただき、奈良マラソン試走会スタートです。

天理市方面に走り出したものの車も多く景色もイマイチ雑然としています。全国から来られる「奈良マラソン」参加ランナーに古の奈良の都、日本人の故郷的な奈良を全身で味わってほしいと思うけれど、この辺りは、どこにでもあるような雑然とした街並みが続いています。左折して前方に丘陵地を見ると少し安心しました。きっと大和王朝の幹線道、山の辺の道に沿うように走ることになるのでしょう。

丘陵地のすそ野を上りながらも、足の状態はスッキリしません。奈良マラソン参加予定と思われるランナー数組ともすれ違った。仲間と走るってやっぱりいいなぁと羨ましくも思いながら、適当な地点で折り返し走っていると、寒さにめっぽう弱い私は急にトイレに行きたくなってしまいました、でも身近にトイレなさそうです。加齢?急に我慢できないって、これ本当に参りました。

止む無く仮設のトイレを無断で借りました。所有者の方には申し訳ないことをしましたが本当に助かりました、ありがとうございました。

急にトイレに行きたくなるとすぐに我慢のできない状態となったのでこれからの寒い日の走りには厳重注意と肝に銘じました。

二十四、12月のランニング

3日は20㎞（曽我川南下ラン）、10日は奈良マラソン30・5㎞、トータル2回で50・5㎞、1 2ヶ月計63回８０３・２㎞、２０１７年の月平均5・25回走行距離は66・９㎞でした。

二十五、65歳2度目のフルマラソン挑戦

10日（日曜）は、いよいよ「奈良マラソン」の当日となりました（ランイベント参加13度

目）。

愛車リーフで奈良市内にある友の家に行き、友に会場の鴻池陸上競技場まで送ってもらっての会場入り、７時30分受付を済ませ体育館へ、気温８℃、寒いが、ランナー達の熱気が会場に溢れている。９時スタートなのに８時からランナー整列って、１時間もランナースタイルで突っ立つって……寒過ぎるでしょう。

何しろ冷え性な私、「寒さ」は嫌だなぁとの先入観も相まって、メンタルは良くない状況です、２回目のフルマラソン。寒さ対策としてスタート時に捨て去るつもりのウインドブレーカー着用、初めて入る陸上競技場内にＡ～Ｍ（多分速い順）まで各ランナーの位置が指定されている、私は最終組Ｍに並ぶ。私達がスタート地点通過するのまでに10分程は掛りそうなランナーの多さ……どんよりとした曇り空、気持ちもどんよりだなぁ……昨年の福知山のような気合が入ってこない。

９時号砲、42・１９５㎞の旅が始まるぅ……競技場から県道44号を南下、沿道は怒涛の足音に応援の人達の拍手と掛け声が渦巻いている。近鉄奈良駅の交差点を右折して国道３６９号を西へ、奈良市役所を右手に見て少し走ったところに……おぉ～スペシャルゲスト有森裕子氏が道の中央にてランナー達にタッチ応援してくれているではないですか……お手手大丈夫かなあと思いながらも私もタッチしていただいた、いやぁもう嬉しいなぁ……。

平城京で折り返し東に向かう。市役所を過ぎた辺りで、ええ～こんなにも早く！　お手洗いに行きたくなってしまったのだ。まだ7キロほどしか走っていないのに……やむを得ず並ぶこと3分、5分のロスタイムだ。

近鉄奈良駅前で個別応援を受け、颯爽と走り去ったのは我ながらカッコ良かったが、明日香トレランから太腿の痛みは抱えたままなのだ。足は大丈夫だろうかと、ずっと気になる走りが続いている。

左手に県庁舎を見て大仏前を右折、県道188号線を南下、左手の奈良教育大学前を右折、直ぐトイレの表示、嘘でしょう〜またまた並んだ私、あぁ〜トイレ近すぎるぅ……もう嫌になっちゃうなぁ〜。またロスタイム5分。

紀寺の交差点を左折南下して、おぉ〜以前奈良№1ラーメンに選ばれた「無鉄砲」というラーメン屋、かつて2度並び、それ程綺麗ではない店内、並んでまで食べるラーメンかなぁ？とも思った懐かしい、ラーメン屋の前を通過。

国道169号を南下して古都奈良の面影がどんどん薄らいでいく長い直線コースが続く、やっと左折の窪乃庄町南の交差点まで来た。交差点のコンビニに入る。ランナーが競技中にコンビニに入っていいのかねと思いながらも、またトイレを借りる。スタートとしてまだ15㎞だよ、3回もトイレとは身体おかしくない？　それに足のほうも違和感が出始めている……。

県道187号線を東に、正面は丘陵地、えぇ〜裸足のランナーがいる凄いなぁ、和製アベベだ。エイドでバナナをもらい、さぁ行くぞと気合い入れ、右手の先の坂道をかけ上って行くランナー達を追いかける。

高樋町交差点を右折、ここから天理市内の折返し地点までの往復路は同じ、折り返して来るランナー達にも出会えそうだと思った矢先、勢いよく下ってくるトップランナーに出会った、凄い走りだ、足音が全然違うね、跳ねていくような走り、まるで機関車だ。

上りが続く私のほうは、あじゃ～足のほうがいよいよおかしくなってきた、痛みも出だしたぞぉ……まだ半分だよ。ゼッケン１０５７８頑張れ～あれぇ福知山のようにＹＵＩちゃんの歌『ｆｉｇｈｔ』も口ずさめない。

上り切ってすぐ、おぉ～こんな所にマッサージの特設場があるではないですか、何のためらいもなく、大好きなマッサージに身体を横たえ、「まだ半分なのに右足に痛み出てきた何とかして」と藁をも掴むお願い「大丈夫ですよ」って施術師さん。

遅れ感倍増、コースに復帰走り出す。眺望景観の素晴らしい橋を渡り切り、いよいよ天理市街地に入った。

同じような天理教の建物が並ぶ中、異空間に足も気持ちも違和感を覚えつつ、辛い走りが続いている。何度も交差点を折れて、やっと折り返しまで来た、25㎞だ。ちょっとだけ嬉しい思いでリターンした。

直ぐにランナー達右折して、天理教の建物に引き寄せられていく、おぉ～これもコースなんだ。ピロティ（1階が柱だけ）をくぐった所で、具なしの「ぜんざい」を戴く、余り嬉しくないなぁ。何かしら違和感を覚える空間に馴染めない。

先を急ごうと思いながらも足のほうは、痛みも限界か？　左太腿の痛みを知らず知らずに庇っていたのだろう、右足の太腿から足のくるぶしあたりまで1本の線を引くような痛みが出だしたのだ。

リタイアだなぁ、いやぁ～参った、せっかくの奈良マラソンだ。行けるところまで行こうと精いっぱいの歩きが続く。走ると痛み炸裂。私は弱い、痛みを押してまで走らないし走れない。あとは、関門タイムアウトまで一歩一歩進むのみ。何故かこの日のこの状態は、予測は出来ずともこのような予感は持っていたような……悔いはない。30・5㎞第6関門、13時22分すぎ、スタートから約4時間半、私の奈良マラソン挑戦は終わりを告げた。

沿道スタッフ「ハイお疲れ様でした。あのバスに乗ってください」、参ったなあ、コースすぐそばに観光バス駐車。「はい、はい、分かりました」と敗残の兵、バスに乗車したのであります。

後のランナー達も乗り込んできます。直ぐ満車になって一路鴻池陸上競技場へ心沈めしランナー達を乗せバスは北上。ラン友へ、リタイアのライン送る。「勇気ある撤退、次に進もう」と慰めてくれている。あぁ～ぁ、いい報告したかったなぁ……隣の女性ランナーに話しかけるも、ふわ～ん……なんなん、どうしたんだ、言葉が通じないのだ、びっくり、香港からのランナーでした。

鴻池陸上競技場に到着。下車。スピーカーは完走ランナー達へ労りおめでとうのコメントが続いている。マラソンは終わっていないんだ。私達は終わっているのに、何ともまぁ競技場外周を回って体育館に行かなければならないところに降ろされたわけだ。そして、予想だにしなかった完走ランナー達との合流……完走し興奮感激しているランナー達と同じ場所にいる？もう嫌だぁ……バナナやペットボトルを貰って帰るようになっていたのだ。

このシチュエーション、私は、悲しくて悲しくて涙がでそうなのをずっとこらえなくてはならなかったのだ。大きく手を広げ自慢げに奈良マラソン完走と書かれたバスタオルを掲げ記念撮影する完走ランナー達、記録証も貰ってホント誇らしげに声も弾むランナー達……早く逃げ出したい……体育館で着替え終え、外に出るまで、ずっと私を悲しませてくれたのだ。

いつもの駐車場は、テントの山、ランナーグッズを売る店、B級グルメも相当数出店している、お祭りだ。応援者と合流して慰めを受けグルメも食し、迎えの友と3人で隣のココスでティタイム。友はいいねぇ嬉しいね。この後は、大好きなスーパー銭湯にポッコリ、奈良マラソンに向け通い続けたマッサージ師の施術を受け帰宅。

マッサージ師は、中々うがった説明を毎回良くしてくれ信頼しきっての通いだったが、奈良マラソンの際、足の痛みで敗退したのを機に、毎回の施術の強烈な痛みに何故に耐えなければとの疑問が一気に噴き出し、私の身体がちっとも喜んでいなかったと、いくら翌日の足の状態が良くてもこんなに痛いのでは（私の身体が凝っているから痛くてもほぐされている証だと我慢していたのだが……）。

今回の奈良マラソン、半分の距離で足に激痛発症となり施術にも疑問が膨らんで、今日限りでお店を変えることにしました。

二十六、フルマラソン惨敗後の雑感

２０１７年の目標「２度目のフルマラソン完走」は12月10日13時30分に霧散した。

翌日の11日（月曜）からは、今月末の介護施設完成引き渡しに向け、28日（木曜）の完了検査（予定）まで２週間強。年内仕事最終日までひたすら職人に徹する日々となった。

整形外科の先生の「１、２ヶ月は走ることは休みなさい。１、２ヶ月走らなくても筋肉はそれほど落ちないから」をやっと実践できる状況になったのでした。

走ることから解放？されて、全く迷いなく仕事に集中。

この年２０１７年（65歳）は、目標だったマラソンを続けることが出来、魅力あるラン友５人をも得た。ダイヤモンドトレイル（２人）、明日香トレイル（２人）、柳生街道マラニック（１人）、淀川30ｋ（１人）、上牧虹の湯ラン（２人）、大阪城から堂島ラン（４人）、中山連山・北摂大峰山トレイル（２人）とラン友と示し合わせて一緒に走れたこと、走る楽しさが倍増した感じです。

そして、２０１７年のランニングの締めとして、12月29日（金曜）にＹｍさんの企画とＨ君の計らいで新世界にて忘年会まで開催、趣味仲間として私達は親睦を深めた。

初めてのグループラインも大いに役立った。Ｈ君30歳台、Ｙｋちゃん、ｎちゃんは40歳台、ＹｍさんＭさんは50歳台、私は60歳台、Ｈ君と私が男。60歳前から少しずつ距離を伸ばし走って来た結果、64歳でフルマラソン初完走、今年65歳からは、ラン友も出来、走ることを通して、徐々にではあるが確実に新しい沢山の景色が見えだしている。本当に嬉しい限りです。

二十七、２０１７年総括、走る効用

スーパー銭湯周辺のランと温泉入浴。旅行先の全く知らない土地での早朝ラン、友と走り語らいの豊かな時間。新しいランニングイベントへの参加（昨年まで５度、今年は８度）とランニングの環境は、マラソン人口の増加にも反映して、実に多種多様なランイベントが各地に展開されている。ありがたく感謝なことだ。

２０１７年現在、９００万を超える人達が年１回以上走っているとの報道もあった。人口の高齢化が進む中、平均寿命より健康寿命の大切さが一般化されるにつけ、日本国民の10人に１人はランナーだ。愛すべき我が国土に足音を轟かせ、身体全身の喜びと足の攣りや痛み等をも体感しながら、健康をも実感し命の豊かさをも謳歌出来るなんて何と素晴らしいことでしょう。

月１回の旅行は、能登、和歌山、大歩危、城崎、但馬海岸、上海、篠山、淡路、台湾、岡山、信楽と堪能した。

２０１７年目標の月１回旅行と月１ランイベント参加は大いなる喜びと有意義なる時間空間を楽しむことができた。定年後は最低月１回は、非日常な楽しみをと願い、単調な日常に花を添えようと始めたものであるが、何と贅沢なことに月２回以上の楽しみとなっている。さらに割愛している婚活をも加えると、何とも充実した65歳を過ごせている。

走ることによって、こんなにも充実した日々を過ごせるのかと思うと、多くの方々に「走る」ことの素晴らしさを味わっていただきたい、人生の豊かさを実体験していただきたいと願う今日この頃です。

こういうわけで、是非とも皆さんにも「走ること」の素晴らしさを知っていただき一緒に「走って」いただきたいと強く思うようになっています。

確かに肉体的なことや、時間等、誰でも簡単に走れるわけでもないでしょう。しかし、他のどのスポーツよりも「走ること」は、一番簡単で手っ取り早く取りかかれるものだと確信しています。そして、一番良いことだと思うのですが、走ること全てにおいて、自分自身だけの考え思いで「事」は進みます。

是非とも皆さん、自分に合った「走り」を始められてはいかがでしょうか。何事も同じでしょうが、継続は力なりです。

はっきりと言えることは、無理せず自分のペースで走り続ければ、身体全ては喜びます。生きていることの喜びを日々実感できます。

何をするにも心身の健康が一番でしょう。走ることで命の豊かさ生命の不思議を味わいましょう。


こうして、感謝と喜びの２０１７年（65歳）も大晦日を迎えました、2時40分に起床。海釣りをしたくなり大阪府泉南市樽井漁港に出かけました。釣りは「ど素人」の私、ガシラ（カサゴ）１匹だけの収穫にも２０１７年を感謝、１年の幕を閉じたのでした。

第七章　マラソンランナーへ《ステップⅦ》
66歳、2度目のフルマラソン完走再チャレンジ

一、2018年（66歳）の目標

２０１８年（平成30年）元旦、今年は目標というより「したいこと」を決めようと思いました。

①週2回は走る（フルマラソンには2~3回参加したい）。
②人格者、魅力ある人を友に持ちたい。
③仕事は週休2日以上で頑張る。
④月1旅行と月1ランイベントに参加。
⑤朝晩の体操。
⑥読書は月4冊。将棋同好会は月1回参加、できれば社会貢献。

昨年と変わらないけれど目標というより具体的な方向性という感じです。

66歳となる今年は、昨年できなかった2度目のフルマラソン完走が一番の関心事です。昨年

にはラン友誕生、今年1、2月のランイベントにもエントリー済み。今年も「走る」ことがメインテーマです。

「走ること」でどのような展開が待っているのでしょう。新たなる扉が開かれ、未知なる遭遇へ期待ワクワクです。楽しみもウヒョヒョーと沸いてきそうな輝かしい新年元旦を迎えています。

7時前、着膨れ状態の私と純毛を纏った愛犬とが、但馬駅前の長閑な田園風景の中、ひょっとして「初日の出」が見られるかもと期待を胸に……東の山並みに視線を注いでいます。駅から北に真直ぐのびる道の一番眺めのよさそうな所に陣を敷き待つこと数分……うおぉ～連なる山並みの最も低くなったお椀の底辺りが、一段と赤く染まってきた。空もみるみる赤みを増し神々しい黄金色に輝き始めたのだ。いやぁ凄い、2018(平成30)年の幕開け、太陽日輪！の神秘な祝福、刻々と広がる栄光の帯、元日の聖なる特別な光景が目の前に展開されていく。特設舞台には私と愛犬のみ。一身の1年の幸いを願い、心震える豊かな空間時間がいま正に全身を包んでいく。おお～近鉄田原本線、3両電車が現れ、静かに流れゆく。絵になる光景に感動感激の渦が舞う。

「今をありがとう、全てをありがとう、今年も元気で走れますように宜しく!!」と祈念した。

二、1月のランニング

1日は10㎞、4日は15㎞、7日は21・1㎞、18日は15㎞、21日は16㎞、27日は3㎞、トータル6回で80・1㎞。

参考まで、14日は1㎞、17日は1・2㎞、24日は1・4㎞泳いだ。

1日は曽我川南下、10時からレギュラーな曽我川も元旦は聖なる空間と化し、特別な空気感だ。西にどっしりと連なる二上、葛城、金剛の山並みも、昨年、ダイヤモンドトレイルで走ったという特別な感慨がプラスされなお一層の親近感となるのです。

昨年、12月10日の奈良マラソン以後、封印したランニングも今日で解禁、3週間完全休養とはいえ、お医者様は「1ヶ月は休養しなさい」だったのに何故、今日走っているの？

実は、3ヶ月ほど前、1月7日のHAT神戸ドリームラン（ハーフ）にエントリー、練習しないでいきなりのハーフは無理だろうということで、1週間前の今日からラン再開と走り出したのです。結果は、2度ほど足に違和感あったけれど、11時8分無事帰還。まぁまぁ気持ち良く走れました。

4日もレギュラー曽我川南下、15時5分〜16時50分で15㎞、足も痛みなく順調に回復したみたいです。良かったぁ〜これで7日のハーフにも弾みがつきました。

三、HAT神戸ドリームラン参戦

7日（土曜）、8時過ぎに家を出る。途中駅でラン友（Mさん）と合流、阪神電鉄岩屋駅下車し、なぎさ公園までリュックを背負い2人でデートのような甘ったるい嬉しい道中です。受付を済ませ近くの高層ビル1階のフードコートで朝食。それでも12時スタートまで十分な時間があります。

第2回HAT神戸ドリームラン（ランイベント14度目の参加、ラン友ランは6回目）、1995年1月17日に起きた阪神大震災後に再開発された場所「HAT神戸」震災後23年、再開発のシンボル場で幸せに楽しく走ってほしいと企画された大会です。

正午、ラン友と嬉しくスタート、海辺のデッキ1往復3㎞を7周します。同じところを何往復もするので、対向ランナー達を見ながらの広々とした視界、海と2002年にオープンした兵庫県立美術館の水平に飛び出した屋根のシルエット等に海辺のオアシスのような快さを味わいながら、ずう～と先行くMさんの背を追いかけて走っていました。

あれれぇ～Mさんにだんだんと近づき、ついに追いつきました。あと1周です、きっとMさんラストスパートするだろうなぁ、でも私はマイペース維持です。やはり、Mさんに少し遅れて新年初ゴールしました。やっぱり滅茶嬉しい。完走証もらってMさんと合流。

あれぇ～Mさん悔しがっています。サブ２（２時間切っての完走）出来なかったと。成る程と一応の理解は示したものの「楽しく走ることがモットー」の私は、２時間１分56秒の「完走」で大満足です。

ともかく荷物を受け取り、すぐそばのスーパー銭湯「なぎさの湯」に向かいました。頑張った身体にご褒美の温泉とお食事です。そしてホッコリ爽やかに、初ハーフマラソン「ＨＡＴ神戸」の舞台をあとにしたのでした。

27日（土曜）は、堺市堺区にあるスーパー銭湯「祥福」の駐車場に停め、イオン内スポーツ店員に初めて足チェックしてもらって買ったおニューのランニングシューズに期待して、大阪湾埋め立て地、工場の立ち並ぶ殺風景な路上に飛び出しました。工場と道路のみの景観って、走ろうという気合さえも削いでくれるなぁ……。

結局、３㎞で中断、新調の靴まで足にしっくりと馴染めず、冴えないランとなったが、駐車場の一角では、思い思いの品を持ちよった沢山の出店があり、品定めに楽しいひと時を過ごせたのが、せめてもの幸い、おしゃれなハット、ゲットしました。

銭湯とレストランは、豪華な雰囲気で寛げる感じ、「籠盛御膳」で少しリッチな気分。ランコースさえ良ければまたお邪魔したいが……。

四、2月のランニング

6日は4km、8日は12・5km、11日は20km、16日は8・4km、18日は24km、21日は9km、25日は18km、28日は4km、トータル8回で99・9km、2ヶ月計14回180km。

10日は1・6km、23日は1・8km、泳いだ。


11日は、ネット検索でランナーズバルコレールに体験参加。〝ならまち〟の東の淵あたり、小さなバル内に9時、5人ほどのランナー集まる。若き指導者の男性から若干のランニングの説明を受け、平城京に向けランニングスタート。

初めて〝ならまち〟の路地を駆け抜けている……普段の〝ならまち〟は観光向けの散策の地、今日は土曜日、しかも建国記念の祝日、さすがに人の出多く、走り行く我々は注目されていそうとの勝手な思いを抱きつつ、賑わいの〝ならまち〟内をゆっくりと駆け抜けた。

奈良マラソンの時に走った国道369号の歩道を西に走り行く。途中、私の足音が気になり、若き指導者に「何故音がでるのかなぁ」と聞くと、「路面に接地するのが、かかと側なんでしょうね」

私には、それがどういうことを意味しているのか分からないけれど、私の場合は、「そうなんだ」、人それぞれなんだろうなぁと理解しただけ……ところが、知らぬが仏ではなかったのです。「かかと着地」その意味する所を聞いておくべきだったのです。「走り方」の良し悪しで身体や完走タイム等に違いがでると理解できたのは、ほぼ3年後なのですから。

大変なミスを犯した？　この時に私はどうすればよかったのでしょうか、一つは、足裏が路面とどのように接するのがいい走り方なのか等、聞ければ良かったのでしょう。今まで、ずぅ～と1人で走っていて、楽しく走れれば最高だと……全く走り方等のノウハウについて興味がなかったのです、気楽なものです。

走り出した頃から今までほぼ6年間、自由気ままに、ただ楽しく走れるようのモチベーションョン重視でここまで走って来たのです。そして、実際、楽しく走れています。速く走りたいとは露ほども思っていないのです。

ですから、その時もそれ以上の進展もなく、平城京跡に入って、他のランナーに遅れないよう大極殿正面に広がる路面を数周回して、何故に近鉄電車は平城京内を走っているのかなぁ、この日まで、平城京は近鉄電車内から見ていただけの私にとって、平城京から近鉄電車の行きかう様を不思議な思いで見つめていました。

その後、来た道を戻り、ランナーズバルコレールに帰ってきて、このサークルの趣旨や入会説明を受け、自己紹介後、少しの親睦茶話会にて解散となりました。滋賀県や京都、神戸からも来られている方々、走ることに真剣真摯に取り組んでおられることには驚きでした。

その後、奈良テレビにランナーズバルコレールメンバーさんの走っている姿が2度放映されたが嬉しく、皆さんにエールを送りました。

五、大阪九条ロゲイニングマラソン大会

25日（日曜）は、第6回大阪九条ロゲイニングマラソン大会に参加（ランイベント参加は通算15度目、ラン友ランは7回目）。

Ymさん発案、ラン友5人、曇り空10時過ぎ、大阪市立九条東小学校に集合。参加33チームと共にポイント地点の写真42ヶ所、裏に42ヶ所のポイントと点数の書かれたMAPを渡され、説明を受ける。

予備知識のない私であるが、地図上の点数の書かれたポイントまでメンバー全員で行き、掲載写真と同じ場所で、全員の写真を撮り、3時間以内で、どれだけ多くの地点を巡り戻ってくるという、獲得点数を競う大会であることが分かった。成る程色々と考えてくれているなぁ、面白そうです。

メンバーの脚力とチームワークというか、選択ポイントと巡るルートが大切、10分程の話し合いの時間が与えられ喧々諤々《けんけんがくがく》、楽し気な雰囲気の中、33チーム一斉に高得点の獲得を目指し

て街中に消えていきました。

数チームは私達と同じ方向にいます。地図上のポイント地点について、掲載された小さな写真の場所を探します。見つけては、全員でハイチーズ。

遠いところほど点数は高いのです。当たり前だね、頑張ったものにはご褒美も沢山というわけだ。面白いけれど、チーム全員の脚力を考慮しつつも、やはり全員高得点がほしい。東へ約５㎞の大阪城までできた。大阪城では、３ヶ所３２５ポイントゲット。直ぐ南に２ヶ所２０５ポイントゲットしてからは、ほぼ２・５㎞の間ポイント無しの南下、スタート地点から一番離れたプール学園正門前まで５人頑張って走って来た。はいポーズ。最遠地なので最高１５０点をゲットしました。

後は、帰り道にどれだけ上手く高得点ポイントに寄り、３時間以内に戻れるかが勝敗の分かれ目。

ナニワともあれ、頑張って戻ろう。ポイント集めにメンバーの人柄も脚力も色々と見えて面白い。ナニワ（浪速）の街の移り行く景観も楽しみながら、５人一体となって駆け抜けている。

面白いやら楽しいやらシンドイやら、だんだんと口数も少なくなって皆キツそうだ。ゴールも近くなり、ラストのエイド兼ポイントの「たこ焼き屋」さんまで来た。たこ焼き貰って、全員最後の仲良しポーズ（点数は10点）。

ほぉッと一息、商店街アーケードもご苦労様って迎えてくれているようだ。道行く人達は、私達とは全く関係ないけれど、私は戦い終えての凱旋気分。疲れていても誇らしいのだ。ほぼ3時間弱でのゴール、獲得ポイント集計。着替えている間に全チームの集計が張り出された。私達「チームダイトレ」は8位。ランイベントは3位までの表彰が常。

またしても参加賞（タオル）のみ貰って終わった大会であったが、ラン友5人で参加したことで、近くの銭湯（菊水温泉）も全員一緒、おまけにお酒好き2～3人の提案でアーケードに戻って、夕方早くも居酒屋に陣取り、チームダイトレに「カンパぁ～ィ」と祝杯、気勢を上げたのでした。

2018年2月28日は、私の66歳の誕生日です。馬見丘陵公園をめざしたのですが、途中で帰っての4kmランでした。

「66年も生かされ人生最高を味わっています」と日誌に綴った。

六、3月のランニング

4日は36・3km、12日は10km、15日は15km、18日は21・1km、25日は20km、30日は7km、トータル6回で109・4km。3ヶ月計20回289・4km）。

ちなみに20日は2km、泳いだ。

七、篠山ＡＢＣマラソン

４日（日曜）は、第38回篠山ＡＢＣマラソンに参加しました（ランイベント参加通算16度目）。

６時30分、息子運転のリーフで発進。フルマラソン３度目の挑戦、息子に送って貰って９時、嬉しい篠山入り、篠山城跡が大会会場です。

初春の丹波、１万人のランナーを集め、38回目の大イベント。

長閑で落ち着き澄み渡った大気の中10時40分、陸連登録者のスタート、未登録者は10分後の10時50分スタート、私は未登録者のＤブロック、スタートゲートは、10時59分通過、いよいよ丹波路、私の篠山マラソンデビューの始まりです。

３月の篠山は例年より気温も高く、去年12月の奈良マラソンでの身体の冷えからかトイレ回数の多さに参った私も、穏やかな曇り空、15℃ぐらいか私には最高の気候に守られ、長～い帯のずぅ～と後ろの辺りを快調に走っています。四方を山々に囲われ広々とした田畑の自然豊かな丹波路に一筋の帯が流れる、５、10、15キロエイドでの給水、スタッフの熱心な応援にも励まされ走っています。

およよぉ～全く何の前触れもなく１人の沿道応援者、いやぁゃ～いつもテレビでお馴染みの可愛く着飾った、さゆり嬢が１人、突っ立ってランナー１人ひとりに応援タッチしているではないですか。私も直ぐ左に進路変え、かるぅ～くタッチさせて戴きました。本当にありがとう

（この日以降、テレビに映る「かつみ・さゆり」の夫婦漫才コンビには凄く親しみを感じ、お2人の益々のご活躍にエールを送っています）。

走っていると色々な初体験場面に出くわします。1人のおじいさんが拡声器を持って「私の作ったおにぎりを食べてください。いっぱい作ったので皆さんの分ありますよ。私のおにぎり食べれば力出るよ」

えぇ～1万個も作ったの？　なる程、少し小さな俵型おにぎりが木箱にびっしりと詰められているではないですか。ありがとうと一つ戴きました。凄いおもてなしだなぁ。

中間地点を2時間15分で通過。おぉ～ぉ、しし汁を振舞っているぞ。篠山名物は是非とも戴かなければと一杯注文、な～何と、お椀には具いっぱい、えぇ～こんなに食べて走れるかなぁ……何はともあれ、嬉しいおもてなしです、「美味しい上手い」と喜び勇みコースに復帰、左折して25㎞、対向車線には折り返してくる速いランナー達が豪快に走ってくる。

30㎞地点、スタートから3時間30分経過。時刻は14時29分。あと12・195㎞を制限時間5時間10分から差し引くと1時間40分で走り切らないといけない勘定だ。何とかゴール出来そうだ、と思うけれど、足のほうは限界な感じだ。あと10㎞、頑張れ～って鼓舞するも、あぁ～走れない、ついに歩く。何人ものランナーに抜かれていく。

おぉ～またしし汁振舞っているぞぉ。いやぁ食べている場合でない、前に進まなきゃいけないのだ。福知山の時のように500m歩けば……あれぇ500m走れないなぁ……歩きが長い。

まだ一つ関門が待っているのだ。ずぅ～と先までランナーが続いて走っている。先が遥か遠く長く感じる。ダメかもって思い始める私……。

沿道のスタッフから「次の信号が最後の関門だ、あと2分頑張れぇ～いけるぞ、最後の踏ん張りだ」と具体の応援いただく……見えている信号まで2分か、いけそう。気合の限界ラン、それでも走れている。

信号まで来たが何もない。えぇ～もう一つ向こうの信号らしい……2分は使い切った。もう無理だろう。２００ｍはあるか、道を閉鎖しているようだ。あぁあぁ～篠山も轟沈したぁ……我が心、晴れやかにマラソンの終わりを受け入れた。

ただしっくりとしないのは、５時間10分の制限時間しか理解していなかった私、15時10分の関門は10時59分にスタートゲートをくぐった私にとっては4時間10数分経過しているけれど、残り６㎞だと１時間あれば確実にゴール出来るのに何故最後の36・３㎞の関門を通過出来なかったのかがスッキリしない。

でもしようがないことだ。左手に停まっているバスに乗り込む。前から6列目程の先客の横に、「失礼しますよ」と着席。直ぐに隣の男性に「私は２００ｍ程でダメだったんですが、貴方はどうだったんですか」との問いかけに、「私はもう目の前ですよ」と……。

えぇ～そんなのちょっと融通利かせてそのまま走らせてくれたらいいのにねぇと思いながらも、ちっとも悔やんでいない様子で凄くさっぱりとされておられるので、思わず「悔しくないんですか」と聞くと、隣席者さんは「2週間前に京都マラソンを完走したんで、今日は最高気温19℃までと暑く、チョッと無理かと思っていたので……」と納得のご様子、ライン交換、6人目のラン友の誕生となりました。

バス下車とともにお別れして、私は荷物を確保してから、案内にあった「ささやま荘」にトボトボと歩いて向かいました。あぁ～去年今年と連続してマラソン関門アウト。3年間3戦して1勝2敗かぁ～溜息……「ならマラソン」のウインドブレーカーを着て消沈な歩み……。

「奈良から来られたんですか」、うん?と振り返ると見知らぬ男性。

「私も奈良から来ましたよ」と、ささやま荘までの道連れが出来ました。

ささやま荘では、ランナー達も多く来られているようで、入浴制限されていました。お蔭でIさんとも少しお話が出来、Iさんは私の身に着けているもののメーカーや品名まで言われて、褒めてはくださるのですが、着ている本人は全く関心ないものだからキョトンでした。3時間台で完走されたらしい、凄いなぁ。足元にも及ばない私ですが、湯舟では温泉泉質に満足の入浴、楽しい一期一会でした。Iさんはバス、電車で帰られるとのこと、電話番号を交換して別れました。

私は、15分ほど待って、18時30分に迎えに来てくれた息子と帰路に。途中のコンビニに寄ったとき、足の身入りに驚きです、普通に歩けないのです。補助席に疲れた身体を横たえながらも息子と一緒（なんて嬉しい時間なんだろう）21時30分、完走できなかったので少し悔しい帰宅ともなったのでした。

八、淀川国際ハーフマラソン

18日（日曜）は、第8回淀川国際ハーフマラソンに参加（ランイベント参加通算17度目）。ランイベント参加は、基本的には月1回なのですが、息子も走ってみようかと嬉しいこと言ってくれたので、息子の都合を優先した結果、今日の日となったのです。が、残念なことに9時35分に1人で家を出ました（息子談、練習不足でハーフ21kmは走れないと）。

12時30分、淀川の河川敷を一斉にスタートしました。スタートまでに知り合った年配ランナーさんには、負けたくないと、今回唯一意識したのですが、給水エイドで歩いての給水中、年配ランナーさん気持ちよく先に行ってしまったのには本当に参りました。給水の仕方でこれほども差がついてしまうのかと思ったものです。

それと初めて救急車がサイレン鳴らして河川敷に降りてきたのと、コース脇で介抱されているランナーをチラッと見たのですが、我が身にも起こるのでは……と一瞬、頭をよぎって心配。それで

も無事2時間2分30秒でゴール（このままのペースで走ればフルマラソンも4時間10分程で走れるのになぁ）、まあ、ハーフマラソンは2時間で走れそうなのが分かった。

後は、近くの銭湯を検索し「日の本湯」に行く。リュックを背負い携帯マップで探す銭湯、期待値が歩くヒエラルキーとなって疲れているであろう足をも元気づけてくれる。おぉ〜到着しました。

「日の本湯」を写真に収め、ハーフマラソンの完走証を持った写真とあわせて、ラン友のグループラインに言葉を添えて送信も楽しい。ラン後のお風呂、やはり最高です。

九、ラン友と「ぽかぽか温泉」周辺ランを楽しむ

25日（日曜）は、ＹｍさんとＭさんを9時に王寺駅に迎え、橿原市内にあるスーパー銭湯「ぽかぽかの湯」に向かう（ラン友ランは8回目）。

9時30分に3人ランスタート、先ずは大和高田市が誇る桜の名所「高田千本桜」を目指します、ランスタイルだと凄く身軽なので高田川両岸に植えられた2・5㎞に及ぶ桜並木もあっという間に見終え、次に向かうは橿原市今井町にある今井庄「伝統的建造物群保存地区」、1650年上棟の今西家、戦国時代には寺内町として整い、1700年頃最盛期となるも重税が課せられる、明治維新により富豪が消滅、大正期に鉄道開通で賑わいが駅周辺に移り行くなかの平穏さがこの町の保持となる。これら歴史的町並みとして趣ある佇まいの中、私達は散策ラン

を楽しんでいます。最近オープンの庭カフェで往時の繁栄を偲びながら休憩……次に橿原神宮周回後、出発地点傍のイオンモールまで一気に駆け戻って来ました。約20㎞走り、ぽかぽか温泉入浴です。

　またまた楽しく名所旧跡への観光気分での走り、ラン後の温泉、食事等で親睦、ホントに有意義で非日常な１日を過ごせました。

十、奈良〜東京、１tダンプ往復（引っ越し応援）

　２０１８年３月28日（水曜）は、息子が大阪の大学を中退して東京の専門学校に鞍替えしたことで、トラックに引っ越し荷物を満載し草木も眠る丑三つ時の午前２時30分出発、行きは息子運転４７５㎞10時30分、無事、借り住まい地に到着。部屋に荷入れ、昼食も終え、足りない必需品をビバホームで買って13時、息子のこれからの東京生活を祝し、息子と別れました。

　荷台空っぽのトラックに私１人、一路奈良に引き返します。焦らずゆっくりと休み休みで帰ろうと、都内の道路にも別れを告げ高速道を西へ西へとトラックも私も快調です……。

　７年程前にも引っ越しの荷物を積んで栃木までトラックで行ったときは、途中から身体が疼いた記憶があって、今回66歳の年齢からも１人で５００㎞ほども運転することに若干の不安があった、が、なんのなんのいたって快調。サービスエリアも休憩することなく、どんどん通過したのでした。トイレ休憩は何と浜松ＳＡ。名物「うな焼き」って何だ。タコの代わりに鰻が入っているらしい。初物大歓迎の私、注文して戴く。何ともこれが上手かった。

その後、ノンストップで奈良に20時50分帰還。

本当にびっくりなのは、疲れていないのだ。66歳だぞ。朝2時半から東京にトラック（運転は息子）で行って、昼からは1人でトラックを運転して21時に帰って来たのだ。それなのにあまり疲れた感がない。考えられることは、走っていること。このことを皆さんにも知っていただければと思います。走ることの素晴らしい成果の一つを実感した記念すべき日。生涯忘れないでしょう。

十一、4月のランニング

3日は18km、8日は3km、12日は15km、15日は21・1km、19日は10km、24日は28・5km、28日は2km、トータル7回で97・6km、4ヶ月計27回387km。

ちなみに、6日は1・8km、11日は2・2km、泳いだ。さらに、27日は20km自転車で走った。

3日（火曜）は、御杖村「姫石の湯」に久しぶりに来たが、火曜が定休日だとは知らなかった、がっくり……12日（木曜）に再度訪問。

十二、吹田リレーマラソン大会（リレー初参加）

8日（日曜）は、吹田市リレーマラソンにラン友4人で参加（ランイベント参加通算18度目、ラン友ランは9回目）。

リレーマラソンは、私のモットーである「ボチボチ楽しく」と対極にあるような大会。うぅ～リレーは走りたくないなぁ～きっとめちゃシンドイと思う。Ｙｍさんは、「自分のペースでいいからね」と渋る私を説得。

でもねぇ、タスキを受け取るとそういう訳にはいかないいんだよねぇ……。

各チームどの走者もリレーモードというか必死の走りです、勝ち負けそんなの関係ないのに、私も息が上がって限界な走りの1周1・5㎞。タスキを渡してホッとするも……また私の番が来た。ルールは3時間以内で何周走れるからしい……。

うぁあ、あ、ぁ……あぁ～寿命が縮むぅ～……。

結局2周で許して貰って、あとは3人で繋いでくれた。

66歳での全力疾走も良き経験かと思いながら、以後のリレー大会は確実にパスだなぁと思った。すぐにラン結果が発表されると、なんと80位、驚きは1～3位のほか、10位毎にも景品が出たのだ。80位の私達にも過分な（両手に抱えた段ボール箱にいっぱいの）景品を戴いたのだ。

吹田市長も来られ大会開催の挨拶されるほど、市の力の入れようが知れる、吹田市主催の第一回リレー大会、市の意気込みが景品の多さにも反映……。

大会終了後、近くのスーパー銭湯に4人一緒、ラン後のご褒美タイム……今日も良かったなぁでした。

十三、志摩ロードパーティハーフマラソン

15日（日曜）は、志摩ロードパーティハーフマラソン2018に参加（ランイベント参加は今年6度目、通算19度目）。

開催地の伊勢志摩スペイン村には電車かマイカーで行くか迷った、地図検索で、ここ数年毎年海釣りに来ていた南伊勢町の奈良屋浦漁港に近いことが分かり、マイカーに釣り具と車中泊だと決め、比較的馴染みの三重県に車を走らせて来ました。

4月の三重、生気あふれる春の盛り、奈良より樹々の緑は深いように感じながら、道が間違っていないことを証明するかの如くに、明らかなロードパーティ参加者の車で渋滞気味になってきた。

各車それぞれ誘導されるままに相当に広い遊休地に駐車して、会場までのシャトルバスに乗り換える、車内は満員、膝に5歳児を抱っこの母親（息子と3㎞走に参加するらしい）と「今日は頑張って走ろうね」とわかれ、初めてのスペイン村、降車地点にて下車、賑わう受付を済ませます。

天候はまあまあのラン日和、出店テントも沢山あって、凄く盛り上がっています。着替えて

荷物も預け、スピーカーからも気合の入った応援スピーチが続いています、高揚感いっぱい。11時にランナー一斉にスタートしました。

パールロード奥志摩ラインにエネルギッシュな長い一筋の帯が上下左右に波打ちながら流れ行きます。海と樹々の緑に青空が爽やかな大気と一つとなって伊勢志摩を呈し、風景の主役達の大移動を見守っています。

私は勇み過ぎて走っています。伊勢志摩の景観は素晴らしいです。リアス海岸の自然の織り成す移ろいは、語りつくせません。豊かな空間が広がっています。が、行く手は間逆、前半９kmまでアップダウンが激しく、ハアハアハアハアの息使いが我ら高齢ランナーから溢れています。

上りで抜かされ下りでは納得の走りを繰り返していました。そして、入江か湾内の穏やかな海辺に出て湾岸を気持ちよく走行……14kmで折り返し、ゴール方向に向く。湾から離れ狭い地道となった。これほどの変化に富むランコースも珍しい……またパールロードの眺めに戻り、

もう1度素晴らしいパノラマを味わいつつゴールを意識しだすもペースは上がらない……これでいいと、抜かされてもマイペース維持、そしていよいよゲートが見えた、嬉しい、拳を振りかざしてゴール……いやぁ、なんだろう？

こんなに嬉しいゴールは初めてだ。やったぁ～と飛び跳ねる如くの嬉しさ……まだまだ走れるような……初めて「余裕」を実感したゴールだったのです。

完走証（2時間6分34秒、976位）を貰って、たこ焼きブースに並び、嬉しさで身体全身が喜んでいるのです。お腹も満たされ、次は、リュックを受け取り、歩いてすぐの「ひまわりの湯」に向かいました。

ランナーで混雑する脱衣場、脱ぎ始めるところに隣の脱衣扉を開けた湯上りの若者と色々な会話をして、湯船では、大阪市内からのランナーとも打ち解け、奈良からマイカーの私より1時間は速く会場入りされたとは、さすがに特別協賛の近畿日本鉄道です。ロードパーティ参加者のため鉄道、バスの手配も完璧になされたようです。

アルカリ性単純温泉、露天風呂からの眺望も素晴らしく、疲れた身体もリフレッシュして、もう1度シャトルバスに乗り停め置いたマイカーとも嬉しい再会。さてさて、カーナビに奈良屋浦漁港を入力し、今回特別企画パート2の海釣りに向け、リーフ発進です。

釣り用のオキアミを買って夕食後、嬉しくもちょっと懐かしい奈良屋浦漁港に到着。暗闇の中、いつも釣っていた湾内長く突き出した防波堤に5ヶ所、釣り客か、明かりと人影あり。いやぁあ凄い、夜釣りしているぅ～と、早速、手前の明かりに行ってみた。なぁ～んとも驚き桃の木……釣り竿なく、投光器で直ぐ下の海面を照らしているだけでした。

「これって何してんの」との私の問いかけに、見知らぬおじさんが「鰻の稚魚捕ってんだ」って、へぇぇ～鰻の稚魚はこうして捕るんだと初めてみる光景です。

確か鰻の稚魚は全国的に捕れなくなって鰻の値も年々高くなっていると報道されてたなぁっと思いながら、大好きな鰻、食べられなくなるかもって心配した私。おおぉ～こうして捕るんだと興味津々、光の先の海水に注目していると、「ちょっと見ててぇ、鰻来たらこの網ですくってなぁ～頼んだでぇ」って言い残し、おじさんどこかに行っちゃいました。ちょっと待ってよ、私どうしたら良いの、鰻の稚魚ってどんなのかも良く分かっていないのに、任せないでほしいぞぉ……。

しょうがないなぁ……と、網もって海面注視。なんやらチョコチョコチョロチョロ小さいのが泳いでいるなぁ、これかもと網竿を持つも、海面は結構下でちょっと怖いよ、それにしても海水の色が、いままで見たこともない緑色、何か私には分からない不気味さを感じていたのでした。

おじさんが戻ってきて「どう捕れた？」って、「捕れるわけないでしょ」。おじさんしんみりと「稚魚捕るのは、資格いるからね、許可なく捕れないからね」、「そうでしょうね、ところで鰻の稚魚はいくらで売れるんですか」と、直ぐなんでも知りたがる私です。おじさん「1匹200円かな」って本当か嘘か答えてくれました。

翌早朝、いよいよ2016年12月29日以来、1年4ヶ月ぶりの再来に、ドキドキワクワクしながら釣り竿と釣り具ケースを持ち堤防先端に陣を敷いたのです。でも例年とは違って海水は緑色。なんだか異様に静かな波。釣れそうな気がしません。それでも太公望よろしく、いつものように投げ入れました……全く反応なく、こんなの初めて……もう嫌だなぁっと、早々に引き揚げたのでした。海のことに詳しい漁師さんでもいれば、何か聞けたかも……例年、少なくても3匹の釣果があったのに今回は残念な結果です。主目的の志摩ロードパーティ参加のついでにという欲張りな思いが良くなかったのでしょうかね？

十四、飛鳥川を遡る

4月24日（火曜）は、いつも走っている曽我川の一筋東を流れる飛鳥川（土手）を1度は走って見たいと思っていたので、気候も良くラン日和の今日実行です。とりあえず、行ける（走れる）ところまで行こうと走り出しました。

曽我川南下ランのような二上、葛城、金剛山は視界になく、見えるは京奈和高架道。高架橋の先はどうでしょう……残念、特段に目を惹くような風景はないです。淡々と飛鳥川土手を南東に向かって遡り走っています。８～９㎞で今井の庄に……さらに高架の近鉄橿原線をくぐり国道24号を渡ると少しずつ静けさが増して来ました。飛鳥川からも山並みを仰ぎ見だすと、最も近くに明日香、栢森（かやのもり）辺りの丘陵を望みて、いよいよ万葉の里っぽくなってきました。

豊浦（とゆら）近辺では、日本初の女帝、推古天皇の新宮となった小墾田宮跡にふさわしく、古の歴史風情が漂ってきます。続いて蘇我氏全盛期から大化の改新での滅びゆく砦となった甘樫丘を右に見て、飛鳥橋の欄干擬宝珠にも古感を強く受けながら、狭くなった川幅に古の飛鳥……当時とかわらないであろう川の流れ、周辺の長閑な田園風景や丘陵の緑、やはり飛鳥は古の独特な空気感に包まれていました。

私が最近読んだ歴史本に、飛鳥藤原京（６９４年～７１０年）から平城京に遷都する際、藤原京廃京に伴う再利用される資材等を、この飛鳥川から大和川、佐保川と運び入れたと書かれていたが……。

先を急ごう、右手に川原寺、橘寺（聖徳太子誕生の地と言われている）を見て、石舞台古墳まで来ました。ほぼ14㎞、何と我が家の数百ｍ東を流れる飛鳥川を遡れば、日本の黎明期に築造された石舞台古墳に至るという感動感激を味わった。

来た道を引き返し無事帰還、３時間13分38秒、28・６㎞のタイムスリップランでした。

十五、2018年5月のランニング

4日は10㎞、6日は15㎞、9日は20㎞、16日は19㎞、20日は42・195㎞（トータル5回で106・2㎞。5ヶ月計32回493・2㎞）。ちなみに2日は2・2㎞、泳いだ。

十六、ラン友ラン、難波駅〜大阪城

6日（日曜）は、9時、難波駅にラン友4人集合して大阪城まで往復21㎞（ラン友ランは今年5回目、通算10回目）15㎞と記したのは、途中良く話しながら歩いていたので、6㎞ぐらいは歩いていたと思い、走ったのは15㎞としました。

難波駅のコインロッカーにリュックを預け、Ymさん、Mさん、Tさんとの4人、賑わう難波界隈から一路大阪城を目指します。大体の方向さえ間違わなければ、商店街も車道も歩道も何処を走っても安全確保さえ怠らなければ、何処でも支障なく走れるのが、マラソンのいいところです。

さすがに繁華な街、赤信号で止まるたび休憩と会話、走っているけれどゆっくり楽しくですからどうしても歩道に並んで走り勝ちですが、自転車も歩道を走っているので、当らぬよう要注意。

大阪城はかつての職場の目の前、感慨深くこうして走って来たことの不思議な巡りあわせを1人で味わっていました。復路は大きく左回りに難波を目指しています。御堂筋を南下して道頓堀辺りから、歩道も人がいっぱいで走れない状態です。道頓堀でＹｍさんから「芍薬甘草湯《しゃくやくかんぞうとう》」っていう足が攣らない予防薬?を貰って初めて試飲すると、何だか足が軽くなったようで、凄く気持ちよく走れるという新鮮な驚き……うぅ～成る程ガッテン、ランナー達の走る助けとなるサポート品のあることを初めて知ったのでした。皆な、私の知らない何かを知っているなぁと感心もしたのでした。

難波駅から、南に歩いて８分、「太平の湯」で温泉とお食事も堪能。ゴールデンウィークの締めくくりに相応しい有意義な１日を過ごせました。これも走っていること、ラン友がいるという「幸い」なんでしょう。

９日（水曜）は、お昼から松原市の「ＹＯＵ・ゆー」に停め、東除川土手をずぅ～と遡って、羽曳野市、堺市、富田林市内の10㎞地点で折り返し20㎞ラン。市街地の河川に沿って走るランニングは緑無く車に注意しての走りだが、初めての所を走るというのは、先の視界に展開する物語を五感で味わうことに変わりなく、やはり、何といっても先に何があるのかを次々に知っていく面白さ、楽しさっていうのは、ランナーの特権だと思うのです。

つくづく走っている喜びを感じています。それにラン後、疲れた足腰にご褒美の温泉です。そして、お腹にも何かご褒美、締めのご褒美は全身のマッサージ、もう最高です。

十七、柏崎潮風マラソン

18日（金曜）は20時に家を出ました。目的は、20日（日曜）開催の第18回柏崎潮風マラソン参加です（ランイベント参加は今年7度目通算20度目）。

2ヶ月半前の3月4日、篠山マラソンに完走できず、その時にはラン友2人は完走されたので、1人悔しい思いだった。

篠山から帰ってすぐ、フルマラソン大会開催を検索すると、ここ新潟県柏崎市の潮風マラソンがヒット、内容を検討した結果、ここなら完走出来ると思えたのでした。一番の魅力は、海岸の公園からスタートして内陸部に入って折り返すコース。これだと前半余裕のあるところが、海抜0メートル地帯から内陸部に行くに従い順次、高くなっていく上り勾配だろう……そして折り返し、疲れの増す後半が下りだと私の体力にはピッタシのコースに思えたのです。

これなら「いける＝完走できる」と思ったこと。何しろ、フルマラソンに3度チャレンジして連続2度関門アウトの私としては、何が何でもリベンジしたいとの強い思いです。そこで、今回は、誰にも言わずに密かに行こうと思っています。

ところが、エントリー後、新潟までの路線情報を調べると、またまたびっくりです。新幹線料金が凄く高いのです。これには参りました、すぐ息子に連絡、何か安く新潟まで行ける手立てがないかと。さすが若者だ、「夜行バスで行ったら」って即答。成る程なぁ、グッドアイディアいただきました。

それで今日22時、大阪夜行バスターミナルから一路新潟に向かったのでした。嬉しいことに、隣席は年配者です。「何をしに新潟まで行くのですか」ってまた直ぐ聞いた私、驚きの返答でした。「競馬を見に行く」って……凄い人もいるものです。

それはさておき、旅慣れた私のこと、バスも快調です。新潟まで来ました、予定では、新潟市内の観光と目論んでいましたが、前日に不幸な事件（幼女を線路に）が新潟市内で発生。何か嫌な思いがして新潟市内には行きたくなくなり、急遽下車したのが燕三条……閉鎖的な全面壁に覆われた新幹線燕三条駅前に8時過ぎに降り立ったのでした。

ともかくモーニングだ。カフェらしきところを探そうと歩き出すも、車も人も見当たらない、8時過ぎた新幹線の駅前なのに「嘘でしょう……」おぉ～イオンがある。入口が開いていたので中に入ったけれど、人がいない。準備中？　結局お手洗いだけお借りして再び閑静な街をテクテク……モーニングしたいのだ、駅に戻ろう、駅構内なら何かにありつけるだろうと……大変な所で降りちゃったもんだ。これから先、何処に行こうとしているのかねぇ？

構内一店のみ、立ち食い蕎麦。なんでもいいよ、お腹満たしご機嫌となった私、さぁてこれからどうするか？

とりあえず、携帯の位置情報から、まずは東三条に行って、次に長岡、夕方には柏崎が良さそうだと……でもせっかく燕三条にいるので何処か近辺に観光できそうな所ないのかなぁと。

駅東ロータリーに出ると、でっかい案内板を拝見。何もないなぁ……東三条まで弥彦線で二駅か、急ぐ旅でないから、歩いて行こう、東に向かえば行けそうだ……デカい川を渡らないといけないから、橋のある南東方向に歩を進めることとした。もちろん、視界に広がる風景の御馳走を味わいながらだ、少し重いリュックも気にならない。

あれれぇ〜後ろから黒いスーツの若い女性が私と同じ方向に歩いて来るではないか。デカい河川の土手、３６０度広い大地のどこに行こうとしているのだろうか？　周りには何もない。唯一私が渡ろうとしている橋が、ずぅ〜と先に見えている。

私は歩を緩めて、元気よく「おはよう」と、怪しまれないように、奈良から明日の柏崎マラソンに参加するために来て、今日は観光しようと、なぁ〜んて一応の自己紹介をして、「何故、こんなところ歩いているの、この川なんていうの」と聞いた私に、（不審者じゃなさそう）警戒心は持ちつつも可愛い女性は「信濃川です。私はホテル勤務の夜勤明けで歩いて帰るところです」と出会いって不思議だね。

朝から全く知らない若き女性と出会い、全く知らない新潟三条の地をお話しながら一緒に歩いているなんて、まるで映画のストーリーじゃないですか。

私が、燕三条で急遽下車したこと、モーニングを摂りたくてウロウロと駅周辺を歩いて結局、駅に戻って蕎麦を朝食に食べたこと、それから携帯位置情報から東三条に行こうと、この時も弥彦線に乗らないで歩いて行こうとしたこと等々話すと、女性も弥彦線に乗るより歩くほうが気持ちいいと歩いて帰ろうとしたことで、時間と場所が偶然にも一致。尚且つ、歩く方向が一緒って、偶然の重なりにしても不思議だ。

そんなこんなで、話しながら橋を渡り、弥彦線の高架下を2人並んで嬉しそうに歩いていました。この状況で彼女、前から来る若き女性にいきなり手を振るではないですか、「お知合いですか」と聞くと、な、何と「妹です」だって、私もいっぱい手を振って、妹さんとすれ違った、のも面白いハプニングだったなぁ。

「私の家はすぐ近くです。私はこっちに行きますので」と、三条市の歴史民俗産業資料館を教えていただき、本当に嬉しい楽しい一期一会に「ありがとう」と心から『若い人達の幸せと活躍に応援エールを送り』お別れしました。

直ぐ近くの歴史民俗産業資料館を見学すると外は雨。

目の前には弥彦線の北三条駅。こんなに小さな駅で可愛い電車なのに高架とは凄いなぁと、それに高架下は歩行者散策道なのもまた凄い。雨が降って来たので、弥彦線の電車に乗り東三条駅着。ここでJR信越本線に乗り換え長岡に向かう。

長岡では、まずは市内観光案内所で観光地図をもらって、市街をウロウロ。お昼は「へぎそば」に決めていたので、迷わず名店で食す。12年程前に仕事で新潟に来た時、「へぎそば」を初めて戴いた。何ともいえぬ美味しさに感動したことを覚えていたからこそ、今回は大いに期待し戴いた……うぅ~残念、期待ほどでもなかったなぁと、ちょっとがっかりでした。

なんでも期待し過ぎは良くないのだ。それともう一つ思い出したことは、仕事で来たから観光はしなかったけれど、行きは飛行機、帰りは新幹線だったなぁ……と。

次は、バスで新潟県立近代美術館に、特に印象的な作品に出会えなくて、隣のリリックホールに移動。前面の公園内には沢山のテント出店があり、一番の賑わい。私もついつい種々雑多な商品の品定めをしながら各ブースを見て回っていました。これやはり一番楽しく面白かったなぁ。堺市堺区にあるスーパー銭湯「祥福」の駐車場と同じような催しが、ここ新潟県長岡市でも開催されていたことに、「人ってこういうの好きなんだよね」と思わず微笑んでいました。

バスで長岡駅に戻り、いよいよマラソン開催地柏崎に向けJR信越本線に乗車、電車も視界に入る全てでも見ていて楽しい。もちろん乗客も移り行く風景にも、停車する駅にも其々が私の好奇心を満たしてくれている。なぁ～んか新鮮で楽しく嬉しいのだ、それに面白い場面にも出会えるかも……ハッとするような刺激やセンスの良さや野暮ったさ、古き良きものや新しきものの混在、そしてここにも絶え間ない人の営みがある。

旅の醍醐味は尽きない。17時過ぎ柏崎駅に到着。駅前のホテルにチェックイン。嬉しいね今日の旅宿。筋肉痛対策の鎮痛剤を求めて駅前商店街を散策すると、直ぐ左手に薬局発見。中に入って赤面するとは……奥さまらしき店員さんに、何故かまたまた、明日のマラソン参加で奈良から来たって話したんだろうね。

奥さんが凄く喜ばれて、「主人も奈良の人なんですよ」って、奥のご主人を呼び出したんで、もう話が長くなって……皆な色々な出会いがあるねぇ、人生って不思議だね。何があるか分からないから面白い、でも、出来るなら楽しくありたいね。未知との遭遇で人生が変わっていくんだから……。

ホテルに戻って、さぁてと、晩御飯の番だ。ホテルのフロントでお店の案内チラシを貰って、地元の料理を食べたいって聞いてみると、鯛茶漬けを教えてくれた。さてさて、どこに行こうか。とりあえずは、街の雰囲気と店構え等の値踏みもしながら一番遠いお店まで行くことにした。途中に入りたいという衝動もなく、一番遠くのお店まで来た。嬉しいことに鯛茶漬けのお店、躊躇なく暖簾をくぐる。

お客いない……私だけぇ〜、奥の個室に案内された。おおおぉ先客の声がする、少し安心。メニューから鯛めしにサザエ３個とコップ一杯のビールを頼む。待つ間、昨日の夜は大阪、今日の夜は新潟柏崎の全く知らないところで一膳を所望す。これを非日常っていうかと、何て妙に悦な感じを味わっていました。

何のことはない、メインイベントは明日の柏崎マラソンなのだ、今晩は『明日の健闘を誓う』と１人での前祝なのだ。カンパァ〜イ……。

驚きは、サザエ、こんなに美味しいの今まで食べたことないぞぉ、感激しまくり、鯛茶漬けも乙なもの。ちょっと遠くまで来たかいがあったなぁ、嬉しいね。あとは、良く寝れますように……。

２０１８年5月20日（日曜）、６時爽快な目覚め、ランスタイルに着替えリュックを背負い1階に、朝食を済ませチェックアウト。「ありがとうございました」と勇んでホテルを出る。7時に駅前よりシャトルバスに乗車。バスは10分おきに手配されていて、10分で「みなとまち海浜公園」にランナー達を送り込んでいました。高ぶる気持ちで受付にて『奈良県１４９８フルマラソン60歳以上69歳以下』のゼッケンを受取りTシャツに付ける。

第18回柏崎潮風マラソンの大会案内冊子（応援します！　最後のランナーまで）の、フル参加男子９８１名、女子１２７名、合計１１０８名が9時のスタートまで思い思いに落ち着かなくも、曇り空、気温14・９℃湿度57％の会場は晴れがましくもランナーを鼓舞しています。

スタートラインに並び9時号砲のカウントダウン、この胸の高まりと嬉しさを、他のランナーも感じているのでしょう。バア〜ン、「行ってらっしゃい」右手に日本海を眺めながら、海岸沿いに2㎞走って、鯨波ってところから内地に入って行きます。やはり思っていた通り自然いっぱいの田舎風景、爽やかな新緑の中、幅員《ふくいん》6ｍ程の県道でしょうか、ランナー達が独占して走っています。田畑の中、道端に「〇〇さん頑張れ」の応援プラカードがチラホラ。応援されてるっていいなぁ……私には皆無……。

私は、誰にも言わずに来たからね。秘めたる思いを持って……。

一山を越え南北に開けた盆地、南に5〜6㎞ほぼ真っすぐで平坦、地元の仲良しランナーか、話しながら楽しそうに走っている。そのあとを走りながら話しできるのって凄いなぁと思いながら、まずまずのマイペースで走っている私、突き当りを左折して、国道と河川を渡り東の山裾をさらに南に向かう。だんだんと変化に富んできた。

左折してトンネル内に入る。急なカーブを下ったらクランクして、長閑な田畑の中、一直線の道だ。戻ってくるランナーもあり、折り返し点はもうすぐな感じがしてきた。おぉ～正面に太鼓たたいての応援団、嬉しいねぇ、元気もらえるなぁ……ここを左折か。北に向いて突き当りを右折、折り返し点が視界に入って来た。おぉ～おぉ、このターンの嬉しいこと……。

21・０９７５㎞、ほぼ2時間10分での折り返し、納得の嬉しい走りだ……どこまで行けるだろう。そうそう、ラン友Ｙｍさんに教えてもらった「芍薬甘草湯」を飲んでおこう、太鼓応援に嬉しく右折して、また一直線道を戻るも、対向ランナーも少なくなってきている、突き当りの手前で多分ラストランナーだろう女性、表情厳しくも頑張り行く。

私は、少しでも知らないところを走りたいので、ループ的なコースの方を好むが、関門時間やタイムを気にするような大会なら、走って来た同じ道を戻るのは、距離感が分かっていいかも……順調に、南北道も過ぎ、左折して上り道となり、今回初めての歩きとなった。時間が気になるが、多分問題なく完走できるだろうと、歩きながらの確信。

足のほうは、随分と厳しくなっている。重いというかパンパンなのだ。おぉ、そうそう、「芍薬甘草湯」また飲んだ。効果のほどはいまいち分からなくなっているけれど、少しでも足

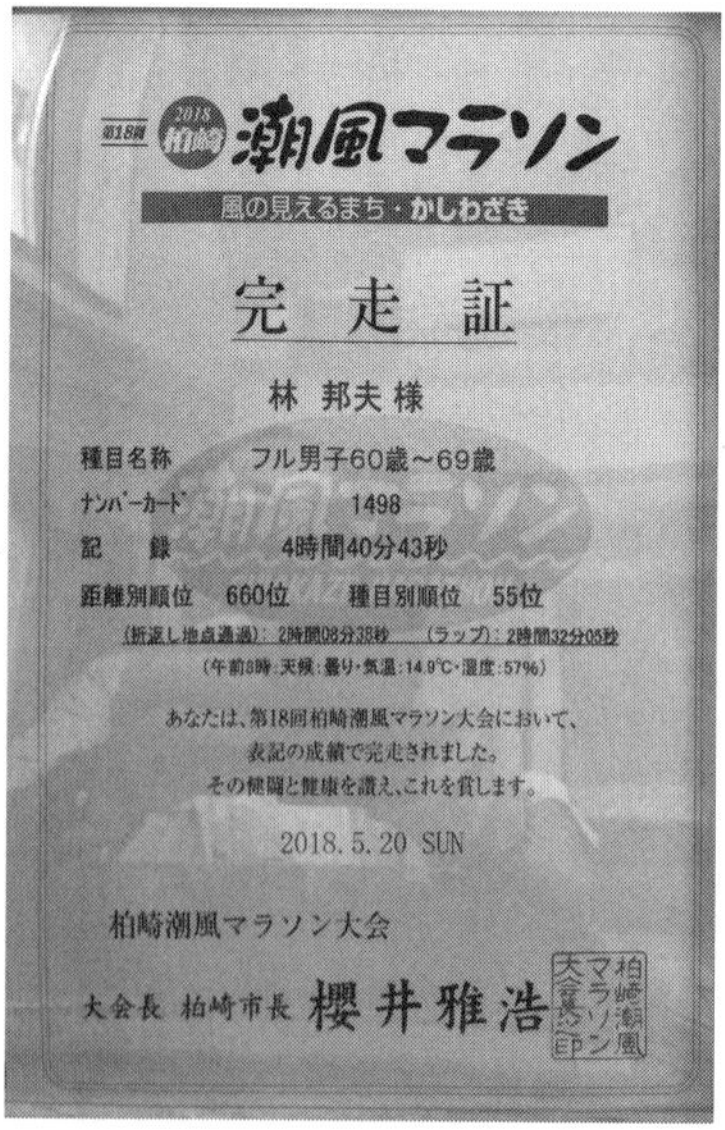
第18回 2018 柏崎 潮風マラソン
風の見えるまち・かしわざき
完走証
林 邦夫様
種目名称 フル男子60歳～69歳
ナンバーカード 1498
記録 4時間40分43秒
距離別順位 660位 種目別順位 55位
（折返し地点通過）：2時間08分38秒 （ラップ）：2時間32分05秒
（午前8時：天候：曇り・気温：14.9℃・湿度：57%）
あなたは、第18回柏崎潮風マラソン大会において、
表記の成績で完走されました。
その健闘と健康を讃え、これを賞します。
2018.5.20 SUN
柏崎潮風マラソン大会
大会長 柏崎市長 櫻井雅浩

の助けになってほしい。ここに来ての下りは嬉しい。何とか走れている。「もう少しだ、頑張れ～」、鯨波給水地点37・7km、最終関門地点を通過。これで間違いなく完走はできる。あとはタイムのみ、「頑張れ～」って海の見える海岸まで来た。

嬉しさより足が限界、走れなくなった。パンパンなのだ。やむなく歩きの急ぎ足。まだ走れているランナーが私を抜かしていく……。

あと1km、「走れっ！」の我が命令も、足は無理だと言う、やむなくも急ぎ足は続く。それでもゴールゲートが見えてきた。うぅ～、もう少しだ……。

やったぁ～スピーカーも大声で迎えてくれている。ラストラン、嬉しい～嬉しいゴール、全てが喜びに変わった……ありがとう、ありがとう。

4時間40分43秒。我がマラソン人生の幕開けとなった記念すべき1年半ぶり2度目のフルマラソン完走。今この時、この瞬間、あらゆる祝福を一身に受けたのだ（初完走の福知山マラソン大会記録より41分51秒早くゴールできた）。

実に1年半、66歳で掴んだフルマラソン2

度目の勲章。

　完走証と荷物を受け取る。スタッフのおばさんから「奈良から来てくれたの。ありがとう」って、嬉しいこと言ってくれるねぇ。次に向かうは温泉だ。公園の北端の「シーユース雷音」に温泉あり、ランナーでごった返すもご機嫌の入浴。疲れたであろう身体もほっこり、脱衣場を出て廊下の椅子に腰掛け、ラン友はじめ6人ほどに喜びのラインを送る。これも晴れ晴れしく嬉しい。

　再びシャトルバスの乗客となって、柏崎駅に向かう。闘う場を不思議な感慨を持って離れたのだ。柏崎からは、躊躇なく長岡に向かう。14時15分長岡駅着。迷わずに観光レンタサイクル店のまちなか観光プラザに行く。そこで越後長岡「歴史館、博物館めぐり」の小冊子を貰って、まずは近くからと「山本五十六記念館」に行く。

『激動の時代を強い心で生きた人間、ブーゲンビル上空で撃墜された搭乗機一式陸攻の左翼や、恩師や知人にあてた手紙、愛用の品々などを数多く展示しています』とはパンフレットの説明文。

　連合艦隊司令長官、山本五十六に思うところは、あの太平洋戦争当時において、世界情勢と日本の実力を一番正しく理解していた海軍のリーダーだったと。何故に、山本長官の思いが日本のトップ達に受け入れられなかったのか。いつの時代においても「ええかっこしい」なのが、マスコミをはじめ一部国民大衆の望むところと軌《き》を一《いつ》にすると、とんでもない方向に一国をも導いてしまう。

時代の潮流というが、抗しがたい何かが1人の運命さえも決めていくものなのだ。人格者たるリーダーが必要なのだ。そんなことを思いながら、次には、すぐそばの河井継之助記念館を訪ねる。

同じく案内に、『長岡藩家老・河井継之助の生涯を紹介。ゆかりの品30点を展示し、河井継之助の人間像と業績に迫ることができる見どころいっぱいの記念館です。』とある。

正直なところ河井継之助のことは知らなかった。司馬遼太郎の著作『峠』の主人公として描かれているとのことであるが、司馬氏ファンの私だが、いつかある時をもって司馬遼太郎作品は卒業してしまった。

幕末の動乱期、迫りくる錦の御旗、時代の流れに抗しきれない旧幕府軍の虚しさ儚さ、河井の取り得る最善手を尽くしても、願うところでない切羽詰まった危機、滅びゆく運命しか与えられないのか……どうしようもないってことが……山本五十六も河井継之助も最善を成したのか？　我々には滅びゆく道しかないのか……。

いやぁ〜これ以上の辛さは、共有したくない。人それぞれだが、薩長への怨恨、会津以外にこんな小さな越後長岡藩にも……。

外の空気もどんよりしているが、再びサドルにまたがり、私も時の流れのままに方向変えず、そのまま東へマップ北東部の「駒形十吉記念美術館」に入る。

案内には、『実業家であり、美術コレクターでもあった駒形が収集した明治以降の国内作家の作品。村上華岳、速水御舟、加山又造、平山郁夫、加藤唐九郎、梅原龍三郎、須田国太郎といった所蔵作家を中心に……』との素晴らしい作品を、中央に据えられたどっしりとした木の長椅子に座って1人、作品と対話するほどに見入っての贅沢さ、来てよかったぁ～、受付の女性に謝辞して外へ出た。

フィジカルの疲れも知ってか知らずか、メンタルの潤いを得て、長岡の街を散策気分でペダルを漕ぐ。気を引く物があれば立ち寄ろうと思いながら戻るも、歩道の色合いが気になる。見たことのないような汚れているような……印象よくないぞぉ。

観光プラザに自転車返却して、映画館の場所を聞くと、何ともショッキングな返答。街中にはないんだって、郊外だということでやむなく諦めたのだが、うあぁ～時間持てあましそう……どうしよう……。帰りの夜行バス22時30分発までどうしよう。

とりあえず、バスの乗り場を確認して、「アオーレ長岡」の斬新な空間に身を遊ばせ、駅ビル「CoCoLo長岡」をウロウロする。そしてCoCoLoで夕食。うわぁ～、19時前に食べ終わっちゃった。あと3時間半、どう過ごせばいいの？　うぅ～兎も角、珈琲タイムだ。

こじんまりとしたオープンカフェのようなところ、一番奥のテーブルに1人、店員に何時閉店かを聞くと22時だって。おぉ～ここで長居させてもらおうと、ここ数年ずぅ～とハマっている塩野七生著の文庫「ローマ人の物語（22）」の『危機と克服（中）』がリュックの中にある。お蔭で紀元69～79年ローマ皇帝となったウェスパシアヌスの世界に3時間近く居られたのだ。もちろん珈琲一杯で3時間は失礼極まりないので、途中で軽食を追加注文しましたけれど、1ヶ所でこれほど長い読書は初めて、店の方にも申し訳ないし、おしりも私自身も恐縮して居心地良くないよなぁ……。

ホント閉店後の片付けの中、失礼して人影の少ない街中に、リュックを背負った私1人、バス乗り場に向かうのでした。何人かのバス待ちの客がいるのかなぁと期待して乗り場についたけれど、誰もいない。後5分かぁと50mほど先の歩道上に5～6人ほどバス待ちのような人達が見える。ひょっとしてバス乗り場を間違っているのかもと思い、人のいる方に行ってみて良かった、こっちが正解。良く気付いたものだ。何か違った不自然さというようなものを感じているんだね、何かおかしいって感じしているんだね。

無事、大阪行きの夜行バスに乗車。あとは、ぐっすりとお休みして、5月21日（月曜）6時30分、京都駅前下車。それからは近鉄電車が我が家の最寄り駅まで送ってくれました。こうして、人生4回目のフルマラソン挑戦、4時間40分43秒という誇らしい完走実績をもって1人嬉しい凱旋となりました。

十八、２０１８年６月のランニング

８日は９・４km、12日は10km、13日は７・５km、16日は12km、19日は７・５km、21日は12km、24日は15km、28日は10km、30日は８km（トータル９回で91・４km、６ヶ月計41回５８４・６km）。

ちなみに、６日は２km、19日は７５０m泳いだ。

８日（金曜）は、三宅町「あざさ苑」でのランニングマシーンラン。12日（火曜）は、大好きになっている宇陀市の「あきのの湯」の周辺をラン９回目。13日（水曜）は、京都駅から北に町家路地ラン後、京都タワー地下３階にある銭湯に入浴、昼食後は仕事の勉強会。16日（土曜）は、レギュラー曽我川南下走。19日（火曜）は、スイムピアにてランニングマシーン７・５km走とスイミング７５０m、初めて小アクアスロンを体験した。21日（木曜）は、河内長野市の「風の湯」周辺12kmをラン。

24日（日曜）は、家を８時前に出て京都出町柳駅９時40分着、京都のラン友ｍｈさんが先導、大阪からのＹｍ、Ｙｋさん参加のラン友ラン（今年６回目、通算11回目）、４人で貴船から鞍馬と駆け巡り、ランの締めのご褒美は、天然硫黄泉「くらま温泉」に入浴。ご機嫌で有意義な非日常を楽しみました。

28日（木曜）は、初めて五條市「金剛の湯」に停め、市役所からＪＲ五條駅、吉野川沿いに走り、「重要伝統的建造物群保存地区」の新町通りに入る。まちや館ではおばさんスタッフの歓迎をうけ、自由に室内を見学、さらに通りを走って、町カフェにて休息。そして１３００m地下からくみ上げられた、ナトリウム塩化物炭酸水素温泉「金剛の湯」でまったりとほっこりとして気持ちよく帰路に。

30日（土曜）は、天王寺駅から四天王寺、通天閣と天王寺界隈をジグザグのんびりと走り、事前検索で知った天王寺駅徒歩7分「あべの湯」に。16時にラン友Ｙｍ、Ｍさんとハルカス19階ラウンジでお茶、19時から暑気払いと称してラン友Ｎちゃん、Ｈ君加わり居酒屋へ。飲めない私でもラン友との語らいは楽しい。

十九、2018年（66歳）上半期、マラソン雑感

こうして、ラン人生２０１８年（66歳）の前半戦6月も過ぎてゆくのでした。何しろ、一昨年の福知山マラソンでのフルマラソン初完走から奈良・篠山と2度途中敗退という苦い経験に、なんとしてもフルマラソン完走したいという秘めたる思い……誰にも言わず一路新潟柏崎に乗り込んだ5月、マラソン挑戦になんの不安もなく長岡観光をも楽しむ余裕さえも与えられ、晴れ晴れしくも潮風マラソンの舞台、スタート地点に立てたのだ。完走出来るという気持ち、心の願う風景は、終盤の足の辛ささえも凌駕し柏崎を堪能した。そして、我がマラソン人生の確かな礎、記念すべき足跡を残せた日となった。自信と喜びと嬉しさが我が胸に刻まれた。

そして、更なる走ることのご褒美を求めてか、６月は９度の練習走の内、なんと６度もバラエティー豊かな温泉ランを楽しむことができたのだ。

なんて「走る」って素晴らしいんだろう。間違いなく私の人生の歩みに確かなる轍を残しつつある。しかも楽しいのだ、心も晴れ晴れ、確固たる心身の充実、心に刻まれる新しい風景は、本当に私自身を豊かにしてくれている。

60歳から走り出して７年目、64歳に次いで66歳で２度目のフルマラソン完走は、私を名実ともに「マラソンランナー」へと押し上げてくれたのだ。

２０１８年７月を大満足な面持ちで迎えています。

第八章　マラソンランナーへ《ステップⅧ》
2018年（66歳）確かな手応え

一、7月のランニング

3日は8㎞、8日は6㎞、15日は1・5㎞、19日は8㎞、22日は21㎞、26と27日は25㎞程、北アルプス山歩き（トータル7回で69・5㎞、7ヶ月計48回654・1㎞）。

ちなみに3日は1㎞、8日は750m、19日は800m泳いだ。

3日、8日、19日は、スイムピアのランニングマシーンとスイミングプールで走って泳いだ。

15日は御杖村「姫石の湯」へ。

二、赤目四十八滝清涼トレイル

22日（日曜）は、赤目四十八滝清涼トレイル21㎞に参加です（ランイベント今年8度目、参加通算21度目。ラン友ラン今年7回目、通算12回目）。

7時半、家を出る。近鉄大和八木駅で近鉄大阪線に乗換、赤目口駅に8時45分着。駅前でラン友Ykちゃんと会って受付も済ませ、9時20分、男子150名、女子80名が、極楽寺、赤目四十八滝ハイキングコース（歩く区間）、出合茶屋、曽爾古道、今井林道、青蓮寺ダム等々を経由しラスト国道１６５号からゴールの天然温泉「名張の湯」を目指し、一斉に駆け出しました。

夏の暑い日差しも、室生赤目青山国定公園に入ると、遊歩道に展開される川の流れ、名水と滝、変化にとんだ神秘的な景観は森林浴とも相まって下界の暑さからも解放され、自然の持つ豊かな美しさをランナーにも奏でてくれている。思わず写真を撮ってしまう。どうしても脳裏に留めおきたい衝動にかられるのです。

今井林道で、若いＹｋちゃんを差し置いて、もう少し私と年齢的に近そうな２人の女性ランナーに、走りながらも同じようなランスピードなので、友達になってくださいとお願いしていた。フルマラソンも４時間40分と同じくらいだと……。

是非とも、また一緒に走ってほしいとの「私の思い」は伝わるでしょうか、友達になってくれるでしょうか。

そして青蓮寺湖ではダム湖畔にも日射あり、エイドでの給水が、ホッと一息の演出。行く手の国道１６５号は、アスファルト道の照り返し、ランナーには堪えそうだ。索漠とした国道は下り、日陰は期待出来そうにないが下りは助かる、残り３・５㎞程らしい。ゴールは近い最後の頑張りだ。

車もチラホラ、下りきって河川を渡るが、真夏の下界は地面からカゲロウも立ち昇っている。

日焼けもするだろう。名張の湯は2年前に単独ランに来た時1度入浴している。ゴールはもうすぐそこだ。温泉に入れるぅ～とゴール？らしきものもなにもなく名張の湯の玄関に到着。

なんだか一向に嬉しくないゴールとなった。完走証もなく、完走を労い称えてくれる人がいないのです。

まあいいか、温泉入浴を楽しもう。心身ホッコリマッタリ後は、レストランでお腹もホッコリと洒落込もう。Ｙｋちゃんと向かえ合わせ……あれぇ、何食べたのかなぁ、まあいいか。

おおぉ～先客として居られたのか、友達になってほしいと頼んだ2人が、お先にと出ていくではないですか……少し急いで食べ終え、2人を追いかけるように名張駅に向かったのでした。

駅に着き、来た電車の長椅子に4人座って、右に座ったＹｋちゃんをそのままに左側2人の女性と話し込んでいました（Ｙｋちゃんごめんね）、八木駅で3人乗換、近鉄橿原線も田原本駅まで楽しく話して、結局、友達になってもらえました。7、8人目のラン友誕生です。この2人の女性は、ランニングチームに所属して週2回夜に走っているとのことでした（その後、ライン送信も嬉しくて「ぱぴぷぺぽ」のはしゃいだ語呂多く送信の結果、お1人には友達解消され、結果ラン友7人となった）。

三、常念岳登山

7月25日（水曜）、26日（木曜）、27日（金曜）は、以前から度々お世話になっているＹさんに連れられ、初めての北アルプス登山です。「走っている」ことで登山も身近なものに感じられます。

25日の20時過ぎに奈良を出発して長野県安曇野の登山者用三股駐車場に26日2時到着。2時間ほど車内にて仮眠。4時、ペットボトルとおにぎりで重くなったリュックを背負い、山登りスタートです。以前何度かYさんに連れてきていただいた山登りでは、常についていくのが精一杯の私でしたが、今回は、登り始めからYさんの歩みより確実に私の方が速くなっているのでした。

途中、腰かけての休憩時、抜き去り行く1人の登山者に「どうしてお1人なんですか」と失礼な?質問を投げかけていました。「マイペースでいいですよ」と、同じ問いかけをあと2人にしましたが、同じような返答でした、1人でこんな山の中怖くないのかなぁ？

随分と登ってきました。樹々の途切れた絶景ポイントにて写真撮影。すると1人の女性がデカいリュックとともに通り過ぎて行き、蝶ヶ岳2677m山頂までつかず離れず……山頂で一緒に記念撮影。女性はこのまま常念岳登頂して下山するらしい。

それよりも、この光景……聞けば、穂高四岳、槍ヶ岳、遥か左手奥に乗鞍岳の雄姿が一切の塵埃さえも排除して、鮮やかに存在感を誇示しているではないですか。

何故山に登るのかって……。

大自然の壮大な迫力、ちっぽけな己を知れと……。

うぅ～、圧倒されながらも……おにぎりを頬張る……。

先行く登山者の中に、今から、槍ヶ岳山頂までいって友と合流し膨らんだリュック内の一升瓶で祝杯をあげるのだと……なぬぅ～対岸に聳える槍ヶ岳に行くには、一旦真下の上高地辺りまで降りないと行けないのでは、それからまた３１８０ｍ槍ヶ岳に登るのか？　もう恐ろしい輩がいるものだなぁ……。

私達は、これから尾根伝いに常念岳を目指す。楽勝と思い込み、最高な見晴らしを後にいざいざ出陣、目指すは、稜線南に聳えし常念岳。簡単に考えていた私の尾根伝い……直ぐ訂正せざるを得ない下りが続く……一体どこまで降るんだろう、降りる分だけ確実に登らないといけないのが、登山素人の私でも分かる。それに凄いダウンアップも１度ではない、４回目だろうか下りきって最後だという上り、紺碧に澄み渡る遥か遠く、一点となる常念岳山頂に目をあげたとき、恐怖さえ浮かぶ……えぇ～あそこまで登らないといけないのか……いやぁあ、体力もつかなぁ……登れるだろうか？　不安がよぎる、上を見ると心が萎えそう、先行くＹさんの足元だけ見ながらついていこう、一歩一歩……。

走っているという実績が私のメンタルを支える。不安は禁物だ。

それでも登れなかったらどうなるんだろうとの思いがよぎる。ごつごつした石が岩となってきた、随分と登って来た……。

いやぁ、助かったぁ、ついについに……２８５７ｍ常念岳登頂を果たした。嬉しいより、ほっとした。山頂には数十人がいる、その中に、名古屋から来たというOLの2人。なんて可愛いんだ。ごつごつした山頂に相応しくない可憐な華。一緒に記念撮影した（だが写真が手元にない……）。

ここまでくれば大丈夫。後は、少し下に見える常念小屋まで……それでも結構長く感じた下りも無事、山小屋に着きました。

2年前に駒ヶ岳と富士山の山小屋に泊まってから山小屋アレルギーの私、4度目の山小屋はどのような感じでしょうか。

入って泊まりの受付を済ませ最初にしたことは、玄関横のカウンターに携帯電話機がたくさん並んで充電中……成程ガッテンと、1ヶ所だけ残ってた差し込み口に私のアイフォンを接続したこと。

用意された部屋は、玄関左手の5人部屋だった。先客3人が窓側を確保していたので、挨拶して、廊下入口側に今夜の寝床を確保した。夕食は玄関右の食堂、おぉ～一般食堂なみの定食が並んでいるではないですか。味噌汁にご飯のお代わりまで出来た人（私）もいて、『山小屋の食事は貧相だ』という認識の嬉しい訂正です。

部屋では、先客2人と親しくお話も弾み、石川県七尾市から来られた農家の山好き3人組でした。

そして、何よりも有難いことに、ぐっすりと寝ることもできたのでした。『山小屋では、寝られない』という認識も訂正です。

26日4時起床、6時に山小屋を出て13時、三股駐車場に無事帰還。安曇野の反対東側山裾の温泉に着いた頃には、足が相当に身入って（筋肉痛）いて、歩くのにも難渋な状態になっていました。下山して駐車場まで、普通に歩けたのに……車に乗って、下車すれば歩くのも大変な足の状態には、驚きとメンタルの不思議（下山までの足の頑張りと下山後、もう歩かなくていいという思い）をまたまた感じたのでした。

ほんわかと疲れた身体に温泉の湯が気持ち良く作用して、ホッコリ爽やかです。これから、一路奈良に帰ります。19時40分無事常念岳登山の『難渋したけれど登れた』という思い出をもって帰宅しました。

こうして２０１８年の7月も過ぎ、本格的な真夏の8月になりました。

四、8月のランニング

1日は８㎞、10日は10㎞、15日は7㎞、18日は10㎞（トータル4回で35㎞、８ヶ月計52回６８９・１㎞）。

ちなみに1日は８００m、10日は１㎞、15日は１・４㎞、18日は１・１㎞、泳いだ。

8月の走りは、全てスイムピアでのランニングマシーンでの記録です。なので、走った後、泳いでいました。7月も3回はスイムピアでしたから、ここ数年、夏の最高気温が温暖化？でしょうね、36℃と体温程にもなって、日中のランニングは熱中症の危険もあり、実際にもこの異様な暑さの中では走れるわけがないのです。

そんな8月ですが、3日（金曜）はラン友4人で、ハルカスアジアンで18時30分から飲み会をしていますから、走ることから又別な楽しい時間も出来ています。嬉しいことです。

五、9月のランニングとアクアスロン大会中止

23日は10km（トータル1回10km、9ヶ月計53回699・1km）。

実に9月9日（日曜）は、第9回潮芦屋アクアスロン大会の日でした。泳いで走るというイベントは、初めてで不安があるも、意を決して申し込んでいたのですが、9月4日（火曜）昼頃、台風21号が徳島県に上陸、芦屋浜にも大量の漂着物が流れ着いてしまったようで、大会中止となりました。非常に残念です。今年1月からのスイムピアでのランと泳ぎの練習も結果をだせず、来年まで持ち越しです。

23日（日曜）9時30分、またまたラン友のYmさん、Mさんを王寺駅にお迎えし、道中68㎞、1時間20分をかけ、御杖村「姫石の湯」に来ました（ラン友ランは今年8回目、通算13回目）。

２０１6年5月に参加した「御杖マラソン」と同じコースを走り、温泉入浴後にちょこっと食べて帰路に。

ここ数ヶ月、ランナーとしての私の不甲斐なさはどうでしょう。7月、8月の暑さは異常です。レギュラーな曽我川土手さえ暑くて走るのは熱中症等の危険があります。そのため、クーラーの効いた室内のランニングマシーンを利用していました。何と9月は、23日の1回しか走れていないのです。

翌月の10月28日には、富山マラソンにエントリー済みです。この練習量ではフルマラソンは走れません。参加どうしようか。

実は、9月4日、台風21号の暴風が、大阪府周辺にも相当な被害をもたらし、この日から屋根修理の依頼電話が頻繁にかかってきたのです。

私の仕事は、工務店経営。私が60歳になっても後継者不在の会社です。やむを得ず、10年保証の住宅の新築、増築は全て断り、数百件の顧客様宅のメンテナンス工事のみ請け負う会社として、60歳から1人で切盛りしているのでした。電気工事以外の全てにわたり、私自身が万能職人として、一級建築士の知識と工夫で仕事に追われる日々を送っていました。職人冥利に尽きるとも言えます。

日頃よりお世話になっているお客様の台風被害については、緊急性も有り、早急に対応せざるを得ず、台風一過の５日から、毎日屋根に登って修理していたのです。

六、10月のランニング

６日は５㎞、８日は16㎞、14日は19㎞、21日は24㎞、28日は42・２㎞、（トータル５回で１０６・２㎞。10ヶ月計58回８０５・３㎞）。

10月に入っても平日は屋根修理に没頭です。それでも月末の「富山マラソン」に向け、５日、16日（あきのの湯10回目）は、それぞれ19㎞、24㎞を走りました。

七、富山マラソン大会

10月27日（土曜）は、７時45分に家を出て、13時10分富山駅到着。今回でフルマラソン５度目の参加ですが、練習不足で全く覇気がありません。エントリーしてホテルも予約済み、忙しい仕事を離れて旅行気分のリフレッシュになればと富山まで来ましたが……。

兎も角、駅前でレンタサイクルを借り、まずは、富山市総合体育館に行き、明日のマラソンの受付を済ませたのでした。多くのランナー達も白いビニール袋をもらって会場にいます。いつもなら、高揚した気持ちでワクワク感いっぱいなのに、今回は全く冴えません。

富山には、30年程前に仕事で1度来ていましたが、全く街のイメージが沸かず、どこをどう歩いたのか全く思い出せないのです。雨も降りだし冴えなさも増幅……さて、どこに行こうか？　今回は下調べもせずに来たものだから、レンタサイクルを借りたところでもらった観光ガイドブックを片手に自転車を走らせています。

借りた自転車は30分間無料で乗れるのですが、30分を過ぎると60分までは２００円かかり、それ以降は30分毎に５００円払わなくてはなりません。もらった地図に自転車のレンタルステーションが23ヶ所あり、30分以内にこのステーションに立ち寄り別の自転車に乗り換えることで、又30分無料で使えるというシステムになっています。細かな話ですが、２００円惜しさに私の脳に30分で乗り換えると「無料」とインプットしたんでしょうね。『30分までに次のステーションに着く』ということが、今回の市内観光に追加されたのでした。

一番困ったことは、富山県立美術館の見学です。３００m程手前のステーションで新たに乗り換え、着いた美術館では25分で見学できるでしょうか？　慌ただしく作品をながめ、味わう余裕がありません。直ぐに戻って自転車を乗り換えるべきか、２００円のために嫌な判断をしないといけなくなっていました。結局、まだまだ行きたいところがありそうなので、得意の足速見学を済ませ、自転車も再度乗換え、富山駅南側の市内中心観光に向かいました。県庁、市役所から松川沿いに富山城址公園まできました。

ステーションでまた自転車を乗り換え、グランドプラザから市電道を駅前に戻って来て、16時30分に自転車を返却しました。

なんだか疲れたって感じです。晩御飯どこで食べようかと探すのも億劫になっていました。手っ取り早く、駅ビルで弁当を買ってホテルにチェックイン。明日のマラソンのため、早く休むことにしました。

２０１８年10月28日（日曜）６時起床、ホテルの朝食を済ませ、７時３分富山駅発「あいの風とやま鉄道」で７時22分高岡駅着。小雨の中、傘を差し道行くランナーであろう人達に続いて私もマラソンスタート地点である高岡市美術館まで来ました。１万２０００人、さすがに凄い熱気です。

第２回富山マラソン大会（ランイベントへの参加は今年９度目、通算22度目）、着替えてコンテナトラックに荷物を預け、９時のスタートまで、練習不足だが何とか走れるだろうと思うものの、仕事で走れなかった９月、10月の日々、富山マラソンは完走無理との気持ちのまま、今日の日を迎えたのでした。

それでもスタートラインに立った今、不甲斐ない走りはしたくない。何としても楽しく走りたい。雨上がり、深く立ち込める雲……。

９時、号砲が高らかに鳴り、気持ちが高ぶるランナー達に押し出されるように私も、富山県富岩運河環水公園に向けスタートしたのでした。高岡市街は、道幅一杯を占用してランナーが続きます。私も身動きできないほどの狭い空間を確保しながらの走りが続きます。

交差点に正面を向けた山車（御車山祭）の応援を受け、高岡駅前に出て、庄川沿いを富山湾河口までほぼ6㎞は視界が開け気持ちよく走れるところでしょうが、この日は、風もあり途中から小雨も降り出し、寒さも加わって、前途多難だなぁと、気持ちも沈みそうです。

そのような状況化、わずかな楽しみが用意されていました。庄川沿いの14㎞地点、第4エイドには水分以外に梅干し、トマト、チョコと食べ物の提供があり、私も興味本位に一品ずつ摘まんでお口にポイと、お味を確かめながら……ちょこっとは力になってくれと走り続けます。

右折して、庄川を渡り、富山湾岸を東に向かい18㎞地点、またまた嬉しい第5エイド、今度は、天むす、いなり、かまぼこ、饅頭って……、マラソン主催者の「おもてなし」に少し感激しながらも、マラソンランナーにこれだけ沢山食べさせては、走れないでしょうとも思う私です。ところが、練習不足で大して走れないであろうとの富山マラソンへの思いが、この「おもてなし」を最大限お受けしようと思ったのです。富山の食の魅力をしっかりと味わせて戴こうと、ここでも全品をお口にポイしたのです。うぅ～ん、中々美味しい……。

この時点で、ランナーの心がけのような、走ることに専念することから、これほどの『おもてなし』せっかく富山まで来たのだから、地元特産をもしっかりと戴くという楽しみ方もいいと思ったのでした。

富山マラソンのメイン観光スポットの新湊大橋の全容が見えてきました。相当な高さに架けられた橋に、大きく一回りしながら、駆け上っていきます。通常、車道は車専用で人は通れないけれど、この日ばかりは、ランナー達に富山の「山、海、街」を見てくださいと言わんばかりの最高のビュースポットの提供です。ランナー達は思い思いに携帯をかざしています。私も撮ってほしいなぁと思いながらも、フルマラソンだよと諦めて走り出しました。

渡り終えての下りは、楽なはずなのに足は相当にきつくなってきています。突き当りを右に折り返すと22㎞地点、第6エイド。おお～足の限界を感じつつも、今度も何か美味しそうな食べ物あるかと、恥ずかしいけれど探している私、いやぁ～こんなの初めて、エイド毎に食べ物があるのはいかがなものでしょうか。とも思うんだけれど嬉しいものです。どら焼き、飴、プチトマト。もちろんどら焼きを戴きました。やっぱり美味しい。

けれど足のほうは、いよいよ限界。歩き始めました。25㎞か……まだまだゴールは先だ。福知山のように少し歩けばまた少し走れるかと思っていたけれど全く走れません。

第7エイド、白エビせんべい、バナナ、チョコ。こんなに戴けば走れる訳ないよね。事実、本当に走れなくて……29㎞地点、第8エイド、ここでは、飴、羊羹、創作和菓子、チョコと……創作和菓子は戴かないといけないよね、パクリ……美味しい。いよいよ本格的な食べ歩き状態。観光の醍醐味のような……。

でも本当は、足が限界状態です。いよいよ体調も厳しくて、全く走れなくなりました。何とか歩いているって感じで、ずぅ～と後ろから走ってくるランナー達に抜かされ続けているのです。辛い状態で32㎞、第9エイドまで来ました。あと残り10㎞です。リタイヤも脳裏に……。

今13時、逆算すると、1㎞を12分で歩けるだろうから10㎞だと120分＝2時間かかるとしても、15時にはゴール出来そうです。富山マラソンの制限時間は7時間。9時にスタートしたので7時間後は16時ですから、この状態のままずぅ～と歩いていても1時間も余裕があります。なんとかゴール出来そうです。

気を取り直して、第9エイド並んでいる食材に目をやると、な、何と、富山といえば真っ先に思い浮かべたマス寿司があるではありませんか。他にまた、創作和菓子、オレンジも。

ちょっと食べ物多すぎませんか？「おもてなし」重視の大会なんでしょうね。あぁ～それで通常のマラソン大会の制限時間は6時間なのに、ここ富山は7時間、成る程～富山の食を堪能しながら食べ走りは厳しいから、初めから食べ歩きを想定しているんだね。ここにきて、「成る程ぉ～」ガッテンと1人納得したのでした。

諦めずに、ゴール目指して歩き続けています。足は可哀そうな程に限界。気力で走れるかとも思って、駆け出すも痛いし攣りそうだし、身体って凄～く正直です。練習しないで参加すれば、福知山のように少し歩けば、また少し走れるという事もなく、全く走れないというこの身体。面白いように抜かされ続けています。でも悔しさはありません。少し恥ずかしいかなぁ。マラソン大会なのにずぅ～と歩いているって情けないよね。

33㎞、第10エイド、おお～炭酸飲料がある。飴と昆布もね。

36㎞、第11エイド、白エビせんべいとオレンジ。

38㎞、第12エイド、水のみ。おお～やっと普通のエイドとなったか。

最後の第13エイド、もう覗いて見るのも億劫な、あと2・5㎞程か……やっとゴールが感じられるところまで来たぁ～美術館だ……もうすぐだ、いやぁ～フィニッシュゲートだぁ～。ゲートのタイムが刻まれていくぅ～5時間58分00秒ゴール。おぉおぉ～着いたぁ～ほぉっとする安堵感、いいやぁ～全くもってきびしく辛く長～い6時間だった……。

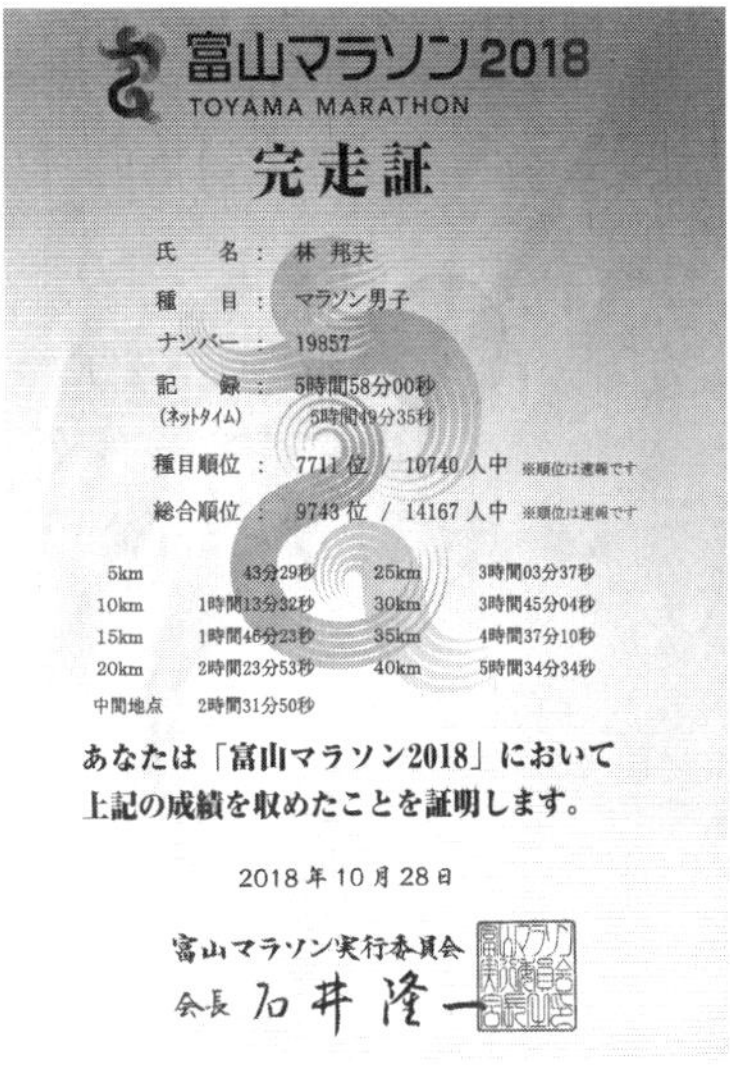
富山マラソン2018
TOYAMA MARATHON
完走証

氏　名：	林 邦夫
種　目：	マラソン男子
ナンバー：	19857
記　録：	5時間58分00秒
（ネットタイム）	5時間49分35秒
種目順位：	7711位 / 10740人中 ※順位は速報です
総合順位：	9743位 / 14167人中 ※順位は速報です

5km	43分29秒	25km	3時間03分37秒
10km	1時間13分32秒	30km	3時間45分04秒
15km	1時間46分23秒	35km	4時間37分10秒
20km	2時間23分53秒	40km	5時間34分34秒
中間地点	2時間31分50秒		

あなたは「富山マラソン2018」において
上記の成績を収めたことを証明します。

2018年10月28日

富山マラソン実行委員会
会長 石井隆一

それでもゴール出来たのだ。スタッフに促されるまま、ペットボトルとバナナを貰って、苦しみ辛い思い出となるであろうが、それさえも誇れる勲章、「完走証」を受け取ったのです。

ボランティアスタッフの女子高校生からもフィニッシャータオルと完走メダルを首にかけてもらった。何とも無様な走りでも、こうして祝福してくれるって最高じゃないですか。しかも高校生からの労いの言葉まで戴いて、こんなに嬉しい恥ずかしい気持ち……幾つになっても良いものです、そして完走記念のピース。

時間は15時40分、余韻もなく慌ただしく着替えて駅に直行、予約した金沢からのサンダーバード乗車に間に合わないかと思い、楽しみな銭湯もパスです。時間の余裕は大切です。金沢駅で夕飯の駅弁買って、雷鳥号（サンダーバード）に乗り込みました。

隣は空席だとゆったりするけれど相席でした。おお〜同年代か、Nさんという神奈川県から単身赴任で広島に住まわれていて、今日は、金沢マラソンに参加したという方だった（私のラン友Nちゃんも金沢マラソンに参加していたので同時開催なことは知っていました）。もちろん、マラソン談議で楽しく嬉しい一期一会です。特に印象に残ったのは、Nさん曰く、「仕事で沖縄にいたとき、たまたま、沖縄マラソン開催日だったんで、ランナー達を見て、私も走りたいと思ったんです。次の年から毎回、沖縄マラソン参加しているんです。15回走ったかなぁ」でした。

マラソンを始める動機にも色々あるんだなぁって思ったことと、飛行機乗ってまで毎年、沖縄マラソンに参加するって……沖縄でのマラソンがNさんにとっては、それほどの魅力となっているのだと思うと不思議だね。私の場合は、まずは『知らないところを走りたい』から、同じところを何回も参加しないのが原則なのです。

ラン友8人目の誕生なのですが、何しろNさん、お住まいが広島では一緒に走るのも大変。いつかどこかでお会いできる日を楽しみに、京都駅で「道中ありがとう、気を付けて」とお別れしました。Nさんは、これから新幹線で広島まで帰られます。

八、2018年11月のランニング

4日は10㎞、8日は15㎞、12日は20㎞、14日は17㎞、18日は19㎞、22日は10㎞、25日は21・1㎞、28日は10㎞（トータル8回で122・1㎞。11ヶ月計66回927・4㎞）。

先月の富山マラソンでは、練習不足の結果を嫌というほどに思い知らされた私は、12月9日にエントリーした袋井クラウンメロンマラソンを、何が何でも今年のマラソンの集大成にしたいと、相変わらず屋根修理で忙しい仕事の合間を縫って「走り」続けました。結果122・1㎞と納得です。

4日、12日、14日はレギュラー曽我川南下ランです。8日は馬見丘陵公園、18日は朱雀、22、28日は三宅町ジムのランニングマシーンでした。

九、伊賀上野シティマラソン大会

25日（日曜）は、第29回忍者の里、伊賀上野シティマラソン大会に参加（ランイベント参加は今年10度目、通算23度目）。

7時10分、愛車リーフにて西名阪自動車道から伊賀市営城北駐車場に8時35分着。大会本部受付会場まで歩いて7分、上野西小学校の体育館で着替え、時間があるので北に聳える伊賀上野城散策、天守閣からの見晴らしはさぞかし素晴らしいだろうと思いながらも、見学する程の時間はありません。止む無く、市役所玄関前に戻るとランナー全員集合です。ハーフマラソン参加者903名、晩秋の忍者の里に集まりました。

南の国道163号と伊賀鉄道を渡り、南に一直線に延びた県道56号線の道路一杯にランナーが溢れ、いよいよカウントダウン……10時05分『風になって忍者の里をかけぬけよう』と一斉にスタートしました。

オイオイ、ちょっと皆な早すぎない？　凄いハイペースです。付いていくよりどんどん抜かされています。直ぐ街の中心から離れ、長閑な田園風景に……穏やかな心地よい晩秋の伊賀上野路です。

気候も当地もランナーを祝福応援しているような優しい空間が広がっています。ハーフマラソンなので気負いもなく伊賀上野に漂う空気感を楽しもうと安全確保しながらも目を閉じ開けし、身体の無駄な力を抜いて走っていました。

折り返してくるランナー達にも特に意識せず、私も嬉しいターンをして、後半もいたっても気持ちよく走れています。右手はるか遠くにお城も見えてきました。あそこがゴールだと良く分かります。それ程に、お城のある場所は高いのです。最後のエイドです、一気にお城のある高台まで駆け上がりたいと「芍薬甘草湯」を飲みました。ひょっとしてハーフマラソン初めて2時間切りも可能か？

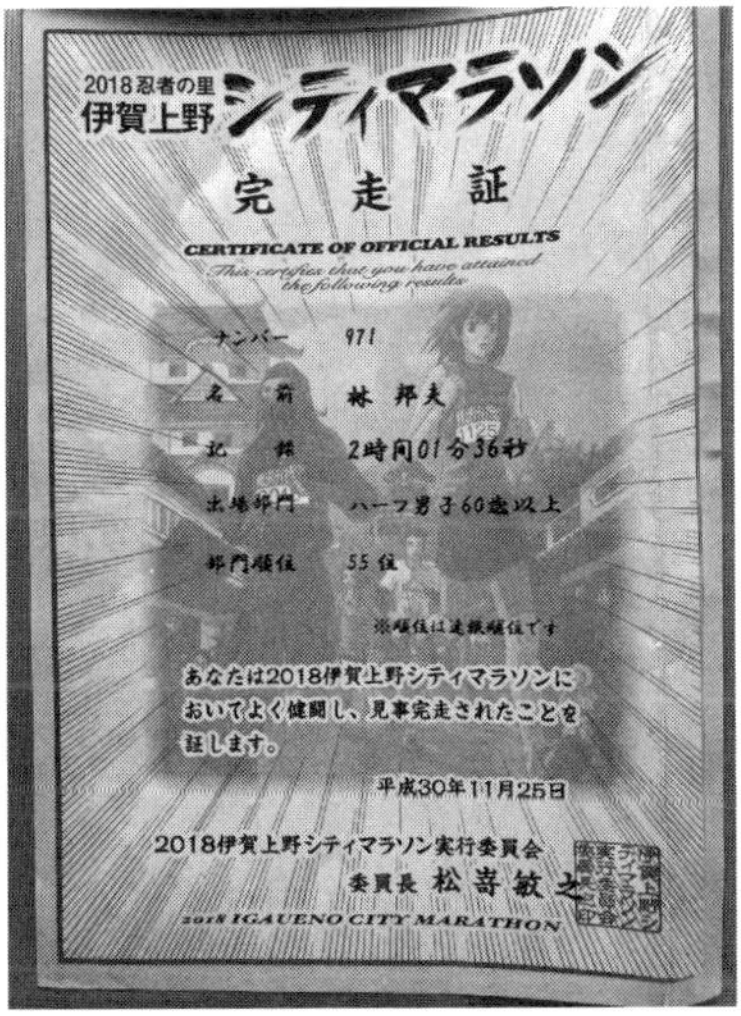
2018忍者の里
伊賀上野シティマラソン

完走証

CERTIFICATE OF OFFICIAL RESULTS
This certifies that you have attained the following results

ナンバー 971
名前 林 邦夫
記録 2時間01分36秒
出場部門 ハーフ男子60歳以上
部門順位 55位

※順位は速報順位です

あなたは2018伊賀上野シティマラソンにおいてよく健闘し、見事完走されたことを証します。

平成30年11月25日

2018伊賀上野シティマラソン実行委員会
委員長 松嵜敏之

2018 IGAUENO CITY MARATHON

少しピッチあげたけれど、どんどんと上りが急になって、ラスト1㎞は半端ない上り、すぐに2時間切りをあきらめ、思ったより遠かったゴール地点、感激のゴールは2時間1分36秒、60歳以上参加者109人中55位でした。嬉しい完走証を貰って、出店ブースに並んで……あじゃぁ～何を食べたのか思い出せない……。

体育館で荷物を受け取り、割引券の付いた銭湯案内から、「芭蕉の湯」に行くこととしました。他のところへも行きたいけれど、またの機会を楽しみにと選んだ「芭蕉の湯」……湯船にホッコリです。入浴後のレストランは、坪庭を眺める個室のようなゆったりとしたテーブル席で贅沢な食事とアフター珈琲を堪能。何ともご機嫌なおもてなしを受け、最高気分で伊賀上野をあとにしました。

伊賀上野の皆さん今日一日、本当にありがとうございました。

十、2018年12月のランニング

2日は15㎞、6日は16㎞、9日は42・2㎞、16日は10㎞、20日は15㎞、23日は21・1㎞

（トータル6回で119・3㎞、12ヶ月計72回1046・7㎞）、月平均6回87・2㎞。

２０１８年もいよいよ最終月、師走となりました。10月の富山マラソンでの練習不足から大変辛かった経験を活かすべく、9日の袋井メロンマラソンには、私自身、２０１８年の集大成の意気込みをもって走りたいと思っています。

2日は、上牧町「虹の湯」周辺ラン、6日と20日は、三宅町あざさ苑のランニングマシンでの走り、16日はレギュラー曽我川ラン。

十一、第30回袋井クラウンメロンマラソン大会

9日は、静岡県袋井市「第30回袋井クラウンメロンマラソン」参加です（ランイベント参加は今年11度目、通算24度目）。

12月8日（土曜）7時半前、家を出ました。近鉄特急で名古屋駅に9時50分頃に着き、ＪＲ東海道本線の快速でのんびりと行くつもりです。珍しく、快速の時間等を検索すると、『快速運休』……えぇ～どうすればいいのか……試しに名古屋から掛川までの路線検索をすると、名鉄名古屋から豊橋まで名鉄特急で行けることが分かり、タイムロスすることなく名鉄名古屋駅に向かいました。

ラッキーです。特急に揺られて豊橋まで乗車。豊橋でＪＲ東海道本線に乗り換え、難なく掛

川駅下車、12時20分です。

　今日の宿泊地に早くも到着しました。コインロッカーに荷物を入れ、まずは、お昼ご飯をと、「掛川ランチ」検索、最初にヒットした鰻店に決めました。駅から徒歩5分も魅力です。掛川市は初めてなので、またまた、あちこち見歩きながら……土曜日のお昼なのに、歩行者は私だけです。どのようなお店かなぁとトボトボと歩いていると、着きました。外には誰もいません。ガラガラッと引戸をあけてびっくり、玄関内の狭い空間に6、7人が順番待って座っています。私の座る場所はない。

　参ったなぁ～でも来て良かったぁ、選んだお店は間違いない人気店だ。待つこと20分、一番手前のカウンターに座って、「松」をオーダー、右手窓際で〝おばさん（職人）〟が手際良く鰻を焼いている。

　期待して戴きます。焼き加減と鰻も本物だぁ、いやぁ～初めてこんなに美味しい鰻……おおぅ～初め良ければばだ。と、お腹も気分もご機嫌です。次は観光と洒落込みましょう。

　お城が目立ちますよね。まぁ、天守閣に登れば街を一望できるのも魅力なのかも知れません。取りあえず駅前に戻ることにしました。またまた驚きです。無料レンタサイクルを発見。こんなのあっていいの？と訝しくも喜んでお借りしました。無料で借りた自転車はかえって大切に扱わないと申し訳ないような……。

　向かうは掛川城天守閣。自転車を止め、チケット売り場で入場券を買おうとすると、売り場のおばさんが「天守見られるなら、二の丸もステンドグラス美術館も見られてはどうですか」と色々な説明もしてくださった。成る程とセット割り料金のチケットを購入、案内パンフレットも貰って入城です。掛川って徳川家康に関係していると漠然とは思っていたけれど、歴代城主では、山内一豊だけが聞き覚えのある名でした。それよりも驚きは、富士山が見えるではありませんか。やはり富士山は別格、見る者の心を深く捉えて惹きつけるものがあるなぁと、ひと時感動。

次は城内を散策しながら二の丸御殿に移動です。現存する城郭御殿としては、京都二条城など全国でも4ヶ所しかない貴重（重要文化財）な建築物らしい。成る程と頷くほどに由緒ある佇まいと広々と続く畳の間の多さにも驚きです。

この後は、天守閣入口に戻ってから、自転車に乗ってすぐ近くの「ステンドグラス美術館」に行きました。ここには特に驚かされました。お城を見たあとだけに、全く異次元の世界に足を踏み入れたって感じです。なにぃ〜これ？　どうして掛川にあるの？

19世紀頃にイギリスとフランスで作られたキリスト教会にこそ相応しいと思われるステンドグラスに魅せられます。しかも皆本物、製作技術も一流、聖書の重要なストーリーの一場面をこれほどまでに繊細に光も色彩をも完璧に描き、卓越した技術を我がものとして昇華せし作品。人の手で造れるものだろうか？　本当に神がかったような手の技。神を称えし者の聖なる業の結晶。

不思議な空間です。心も平安となりて聖くなり給うか。掛川市とステンドグラスを結ぶものは聞かなかったけれど、感慨深く嬉しくも不思議な気持ちで美術館をあとにしました。

また自転車で、どこ行く当てもなくペダルを踏んだ私の感覚は、まさに聖から俗界に舞い戻ったって感じ。駅の北側にいるから、今度は南側を見ようと自転車を走らせました。南側は北側程に興味を引くものもなく見慣れた地方の街並みです。

明日のことを考えると、あまり疲れないうちにホテルにチェックインが堅実だと、自転車を返却して（本当に無料でした）ロッカーの荷物も出して、ホテルに向かいました。

さて、晩御飯、何を戴こうか。ホテルでパンフレットを貰って、今度はお店の探索です。お食事処を探すのは、飲めない私にとっては、いつも緊張します。それでも意を決して入った居酒屋風のお店は、何と予約で埋まっていました。近くの店も満席の紙が貼られています。あれぇ、今日は、何か催しでもあったのかと……さてさて、私好みの良い店あるのかなぁと少し心配しながら歩いていました。

うぅ〜、本当は、掛川の郷土料理を食べたいのに……凄〜く入り易いラーメン屋さんの暖簾をくぐってしまいました。沈みがちな気持ちで戴いたラーメン、餃子でしたが、程好く美味いと納得。どこにでも頑張っているお店があるんだと慰められました。ラーメンって凄くポピュラーな分だけ他店との比較、競争の厳しさも感じてしまうのですが美味しかったぁ、御馳走様でした。ホテルに戻りお風呂に入って《明日宜しく》と、早めに就寝しました。

２０１８年12月９日（日曜）６時30分起床。ランニングスタイルに着替え１階で朝食、７時40分チェックアウト。気分よく掛川の街に飛び出した。８時前に掛川駅から乗車して西に一駅、愛野駅で下車。

おぉ〜ランナー達、思い思いの出で立ちで南の高台に聳えたつエコパスタジアムに向かっています。愛野駅からも歩道からも見えているスタジアムは、それはそれは最新のデザインで誇らしげです。

ちょっと、表現が良くないかも知れないけれど、袋井市には似つかわしくないほどに立派なのです。袋井市のことは全く知らない私の身勝手な思いですみませんが周りの風景からは、断トツに飛び抜けていて華やかなんです。この素晴らしいスタジアムが私を誇らしげに迎えてくれています。マラソンへのワクワク感をじわぁ〜と醸成してくれているような空間のもつ素晴らしいエネルギーをも醸し出しているのでしょう。

体育館で着替えて荷物を預け、いざいざ出陣です。競技場のトラックに男性３９９６名、女性５８７名、計４５８３名のランナーが並びました。

気候は曇天、少し寒くもマラソン日和です。９時10分号砲、ガーミン腕時計もスタートオン、一斉に競技場を抜け出し、南西方向に向かっているようです。私の好きな自然光景です。走っていて気持ちいいです。

メロープラザで迂回して右回りに戻っているようだけど、来た道ではなく第1関門（13km辺り）を過ぎ右折、今度は３６０度左旋回、第2関門（16km辺り）で右折、東海道本線と新幹線のガード下をくぐって北エリアの田園地帯に、右折、左折の多いコースだなあと思いつつも東名高速道下をくぐりさらに北上、おぉ～嬉しい中間点だ。「芍薬甘草湯」を飲んだ、足よ、ぁと半分頑張っておくれと願掛け走っています。

最北部を西に第5給水所を左折して南に戻りそうだ。第4関門（29km辺り）もまずまずのペースで過ぎた。そして高速下をくぐりまたまた見慣れた田園風景に出た。何故か同じところを右往左往しているようで、早く抜け出したいなぁ。風も少し強くなっています。

少し街っぽいところに入ってきました。第5関門（35km辺り）もうここまで走れているので、完走も間違いなく出来そうです。おぉ～第8給水所で鉄道の下をくぐりました。鉄道と平行に東に愛野駅に向かっています。随分とペースは落ちているけれど、走れています。ここまでくれば、柏崎マラソンの4時間40分を切って自己ベスト更新かと、完走目標から自己ベスト更新へと急に欲がでてきました。

歩かなければ自己ベストが間違いない状況です。頑張れぇ～頑張れぇ～と……ＹＵＩさんの『ｆｉｇｈｔ』を口ずさみ最後の頑張りです。おぉ～ついに愛野駅前に来ました。朝に通った歩道の車道側の上り……足は走行限界、ゴールの競技場は目の前です……あれれぇ～競技場の手前を左に大きく迂回し、先行くランナー達、競技場を右に見て、競技場の周りを右周りに

―静岡県袋井市―
第30回記念大会
袋井クラウンメロンマラソン in ECOPA

記録証

氏　名：林 邦夫
ナンバー：6289
種　目：フルマラソン男子60歳以上
記　録：4時間38分24秒
（ネットタイム：4時間35分42秒）
種目順位：150位
総合順位：1972位

あなたは本大会において上記の記録を収められましたのでこれを証します

平成30年12月9日

一般社団法人 袋井市スポーツ協会
会長 溝口紀子
袋井市スポーツ協会長印

走っています。うぅ～足ついに限界、歩き出しました。もう少しなのにラストスパートどころでなく走れない。残念無念です。迫りくる競技場桟敷席の裏側を見上げながら、ゴールは一体どこなんだ？……回りきった入口付近にありました、やったぁ～拳を握りしめ袋井クラウンメロンマラソン、ゴール。

直ぐ記録証を受取り、ゴールゲートを背景にいつものハイチーズ。４時間35分42秒。自己ベストを５分更新です。凄く嬉しい、もう最高な気分です。

およよぉ～順位表が張り出されている、50位毎に袋井メロンをプレゼントって……私の総合順位は１９７２位か、残念メロンは買って帰ろう。

体育館で着替え中、隣で着替えていた若者と健闘を称え合った。中堅ゼネコンをやめて今は名古屋市役所に勤めていると。おぉ～ぉ私と逆だ。市民のために仕事頑張ってねぇとお別れし、外のテントブースの焼きそばを戴き、メロンもお土産にと一つゲットして、嬉しい帰路につきました。

十二、第14回宝塚ハーフマラソン大会

23日（日曜）はラン友Ymさんの声掛けにて2018年「ラン納め」とエントリーした第14回宝塚ハーフマラソン大会に参加です（ランイベント参加は今年12度目、通算25度目。ラン友ランは今年9回目、通算14回目）。

ラン友、H君、Nちゃん、Mさんと5人が久しぶり宝塚の武庫川河川敷に集まりました。

宝塚はタカラジェンヌの街、目の前に歌劇団の宝塚大劇場が宝塚を象徴するかのように、統一した意匠の美しさを見せています。年末の慌ただしい日曜の朝ですが、街だけでなく天候まで も、寒くなく澄み切った大気が参加ランナーを包み祝福してくれているようです。

男性2289名、女性522名、計2811名が花の路スタートエリアに並び始めています。

我ら5人もワイワイ話しながらスタートの10時15分を待っています。私は、サブ2（フルマラソンを2時間以内に完走）を目指したいと若いNちゃんにリードをお願いしましたが、Nちゃんも Mさんも練習不足とのこと。漠然としたサブ2という目標が今現実味を帯びだしたのもNちゃんが居たからだろう。

それに、周りのランナー達の視線がちょくちょく、我らのほうに向けられているのも少し嬉しい。ラン友と一緒に走るという仲間意識は、うんといいものだ。

いよいよカウントダウン、号砲……走り出す。Nちゃんから離れないように走ろう。宝塚大橋を渡り逆瀬川も渡って、武庫川の右岸河川敷に入りました。あれれぇ~Nちゃん3km辺りな

のにペースが落ち、已む無くNちゃんを抜くも……参ったなぁです。まあ、あとで抜かされるだろうから、行けるところまで1キロ5分50秒切りのペースで走ろうと決め、案外快調に走れています。多分ラン友4人よりは前を走っているのだろうと折り返すと、メンバーとの位置関係が分かるだろうとも思いながら、すこぶる快調。嬉しい折り返しまで来ました、対向ランナーも確認できます。ところが、すぐそばに対向ランナーが走って来るんだけれど、中々どうして結構多くのランナーで、ラン友を捉えられないまま、どんどんゴール地点に戻って来ています、河川敷最終ゴールが見えてきました。ゴール地点のデジタル時計は1時間59分過ぎ、刻々と秒を刻んでいる、ラストスパートだぁ、もう少しギアをあげよう～いやぁ～サブ2達成できそう……何とも嬉しいねぇ、時計が刻む秒数［39］を見ての完走となった。完走証、高ぶる気持ちで受取りました。

第14回　ときめく日々が、たからもの。宝塚
宝塚ハーフマラソン大会
完走証
ナンバー　2668
氏名　林　邦夫
順位　男子ハーフマラソン（65歳以上）
第26位／148人
男子ハーフマラソン
第829位／2289人
記録　1:59:39
（ネットタイム　1:57:36）
あなたは、第14回宝塚ハーフマラソン大会において表記の成績で完走されました。その健闘と健康を讃えこれを賞します。
平成30年（2018年）12月23日
宝塚ハーフマラソン大会
会長　宝塚市長　中川智子

ネットタイム（参考記録）1時間57分36秒、ハーフマラソン。人生初2時間切りサブ2達成です。しかも、２０１８年の納めラン、66歳です、本当に嬉しいです。我が身体、大会関係の皆、皆さん本当にありがとう。あとはラン友のゴールインを待つのみ。

順次ゴールしたラン友と河川敷から道路を渡り、広い公園内の手荷物返却所でリュックを受取り、おおぉ～長蛇の列だ……豚汁を振舞っているぅ、ちょっと長すぎるけれど、並んで戴きました。

さあて、これからどうするの？　13時前です。Ｙｍさん「最短の逆瀬川駅に行くことにして適当なお店探しましょう」と、それでモスバーガーの狭いテーブルでの昼食を慌ただしく戴き、各自の帰る方向にと別れ、ここに我らラン友、２０１８年「納めラン」を各人各様の余韻に浸りながら終えたのでした。皆さんありがとう。

十三、2018年末（66歳）、マラソン雑感

早いか遅いか、人それぞれでしょうが……66歳のこの年も年末となりました。私の場合、60歳から始めた月1回の日帰りバス旅行や今年元旦に決めた月1回のランイベント参加等。

月に2度、2～3ヶ月前にはカレンダーに予定を書き入れます。すると、その日を待つ私の心は、もうすぐ旅行だ……もうすぐランイベント参加だ……という楽しみワクワク感で、日頃より待ち遠しくて、毎日毎日が長く、日々の仕事もこれらの「楽しみを糧」にか？　充実した日々を過ごしています。

これって凄く感謝なことです。それに旅行は単に日々頑張っている自分へのご褒美として一

方的（受動的）に楽しみを受けるだけの嬉しい行事になっています。それに加えてのランニングイベントは、私自身が積極的（能動的）に参加して、何百何千、時には1万人超えというランナー達と共に胸にゼッケンを付け、開催地での時間空間を共有しながら駆け抜けるという素晴らしいイベントです。

ランニングは自分自身の全てと無意識的ではあるが確実にかつ最高に交信して全身で掴み取る「完走」という勲章に達成感……多分、生命体としての純粋な喜びを味わうんだろうと思う。そして、いつしか知らず知らずにもこの歳にして何キロも走れるという自信……自分のペースでタイムより完走目標で楽しく（モチベーション維持の工夫は大切）走り続けられた結果（60歳前から走り始め、途中1年半ほどブランクあったが）66歳で、

①フルマラソン42・195㎞は走れる。過去4回完走、袋井クラウンメロンマラソンにて自己ベスト更新、4時間35分42秒達成。サブ4・5（4時間30分以内での完走）も見えてきた。

②ハーフマラソン21・0975㎞も宝塚ハーフマラソンで自己ベスト1時間57分36秒とサブ2達成。

③北アルプス、蝶ヶ岳（標高2677m）から常念岳（標高2857m）の登山が出来た。

④奈良から東京まで引っ越し手伝い。帰路1人のトラック運転も快調に帰還。走っているからだろう疲れ感じず。

⑤9月から年末まで屋根工事に従事しながらも12月の袋井クラウンメロンマラソンでは自己べ

ストで走れた（走り続けた成果だ）。

⑥この1年、疲れを知らないほどの健康体で過ごせている。

以上のように「走る」ことは良いこと尽くめなのです。

皆さん、自身のキャパシティーの範囲で少しずつでも駆けっこしましょうよ。身体は本当に正直です。少しずつ少しずつ視界は開かれていきます。そして、日本全国で開催されている色々なランニングイベントにご一緒に参加しましょう。人生の数々の扉を開いて新しい時間空間を楽しみましょうね。いつしか心身共に豊かで喜んでいる自分自身に出会えれば嬉しいですね。いつも応援し合いましょう。

十四、2018年のランニング実績

1月は6回で80・1km、2月は8回で99・9km、3月は6回で109・4km、4月は7回で97・6km、5月は5回で106・2km、6月は9回で91・4km、7月は7回で69・5km、8月は4回で35km、9月は1回で10km、10月は5回で106・2km、11月は8回で122・1km、12月は6回で119・3km、1月～12月の合計72回、1046・7km（月平均6回87・2km）でした。

また、ランニングイベントにも、

①1／7「第2回HAT神戸ドリームハーフマラソン」記録2：01：56
②2／25「第6回大阪九条ロゲイニングマラソン」にラン友5人と参加
③3／4「第38回篠山ABCマラソン」36・3㎞関門で轟沈
④3／18「第8回淀川国際ハーフマラソン」記録2：02：30
⑤4／8「吹田市リレーマラソン」にラン友4人参加、80位賞品受理
⑥4／15「志摩ロードパーティハーフマラソン」記録2：06：34
⑦5／20「第18回柏崎潮風マラソン」記録4：40：43
⑧7／22「赤目四十八滝清涼トレイル21㎞」にラン友と参加
⑨10／28「第2回富山マラソン」記録5：49：35
⑩11／25「第29回忍者里伊賀上野シティマラソン」記録2：01：36
⑪12／9「第30回袋井クラウンメロンマラソン」記録4：35：42
⑫12／23「第14回宝塚ハーフマラソン」記録1：57：36サブ2達成

と12度参加しました。当初の目標通り月1回平均参加し、マラソン、ハーフマラソンと自己ベストの記録をも打ち立てることが出来ました。

以上のように、数々のスポーツの中で「走る」スポーツは、他者に関係なく自分自身との闘いなので自分のペースで思いのまま走れるのです。「走り続ける」大切なことは、いかに楽しく走り続けられるかなんだろうと思います。皆さん、走り続けるためのモチベーション維持に

私なりの工夫も色々と紹介してきましたから、参考に皆さんなりのランナーを想像してみてください。

ランナーの皆さんそれぞれが工夫しておられることと思いますが、案外、ラン友同士でも、そのような話はしていないように思います。結局、人それぞれの思いで、「ランナー」を楽しんでいるのでしょうね。

２０１８年よ、「走ること」での「実りいっぱい」をありがとう。感謝です。

第九章　マラソンランナー《ステップⅨ》
フルマラソンランナーへ新たなる幕開け

一、2019年元旦、あれこれと思いを巡らす

２０１９年幕開けしました。皆さん、新年はいかがお迎えでしょうか。２０１９（平成31）年の干支は己亥《つちのとい》です。

己亥年は、調子に乗り過ぎず迷わず有意義なことを継続し続ければ、先々に大きなステップアップが望めるかなり良い「年」とのこと。心より新年をお祝いしましょう。

私の「ランニング人生」も戒め、『調子に乗り過ぎず迷わず継続』すれば、大きなステップアップが望めるのでしょうか。今年２０１９年（67歳）も気合いを入れ、迷わず走り続けようと決意しました。

２０１９年元旦、昨年の満足なランニング成果を引継ぎ、２０１９年はさらにステップアップさせたい。走ることに支障となるようなことは何一つ考えられない順風満帆の追い風に帆をあげて小さな島を一つ一つクリアして内海を進む船……上手く潮の流れに漕ぎだしていければ、

「走ること」の大海原にいつかは漕ぎだすことが出来るだろう……。

1年の計、２０１９年の『目標』を掲げよう……人生の糧となり得るような『目標』を掲げたい。

人生の不思議を味わいつつ、少しずつ〝人生の妙〟〝命の豊かさ〟を体感しているような、ランニングの魅力を思う存分味わい尽くせれば……と、年齢の積み重ねと体力気力のバランス、いつまで走れるだろうかとの畏怖の念を抱く。人生の全てが「正直」であるように、我々の心技体も実に「正直」だと思う。心の想うところを叶えようと頑張ってくれる身体……そのために、私が考えすべきこと出来ることは何だろうか？

目の前には、やらなければならない仕事がある。逃げようなど露ほどにも思わないけれど、自由気ままに生きたいとの願いとは、対極の枷。「仕事」は、人生の大半を方向づけするほどに重要にして欠かせないもの。その価値は計り知れない。学び成長する原動力を担っている。しかし、高齢者は体力も気力も確実に低下していく。

人生１００年時代、高齢者の社会活動を積極的に引き出したい社会環境でもある。しかし、高齢者にとっては、仕事からの解放へと向かうのも摂理。そんな、高齢者の豊かな老後とは一体全体どういうものなのでしょうか。

さてさて、私自身、今年はどのような1年となるのでしょう？

仕事メインが前半は続きそうで、後半は自分のしたいことが出来るように仕事半分、趣味半分で過ごせればと思っています。

二、2019年（67歳）の目標

２０１９（平成31）年、今年も目標というよりは「したいこと」……、

篠山マラソンと奈良マラソンはリベンジしたい。

①週２回は走りたい。
②人格者、魅力ある人を友に持ちたい（刎頸の友）は憧れ。
③週休２日以上で仕事もしたい。
④月１回は旅行に行きたい。
⑤月１回はランニングイベントに参加したい。
（ラン友とも２ヶ月１度ぐらいは一緒に走りたい）
⑥朝晩の体操等、身体に良いと思われることはしたい。
⑦読書、月２冊は読みたい。
（頭の体操となるものもしたい。将棋、脳トレ等）

昨年と変わらないけれど、より具体的に「したいこと」を有意義に無理せず遣りきりたいとの思いです。

昨年はラン友とも、あちこちと一緒に走ることも出来、今年1、2月のランイベントにもエントリー済みです。今年も「走る」ことで、いかなる扉が開かれ、盛りだくさんの楽しい出会いも期待できそうです。調子に乗り過ぎず迷わず「走ること」を継続し続ければ、先々に大きなステップアップが望めるかも知れない……。

嬉しく楽しくワクワク感いっぱいの２０１９年元旦を迎えています。

三、2019年1月のランニング

２日は11㎞、６日は15㎞、13日は13㎞、20日は21・１㎞、27日は21㎞（トータル5回で81・１㎞）。

２０１９年の幕開け記念ランは、正月2日、上牧町「虹の湯」付近に駐車して15時から上牧町内を走りました。今年1年の走る安全と継続と成果を祈念しながら……また、人々の安寧と平安をも願いながら、特段の感動感激もなく見慣れた我がテリトリーを走り、初風呂に身も心も潤って、「さあ、今年も走るぞぉ」と、気合の帰宅です。ホッコリ……今年も、温泉ランは最高です。

６日と13日は、レギュラー曽我川を南下して、二上、葛城、金剛山の雄姿を見ながら、日脚伸ぶ　走り育む　曽我川やと、五感もフル活動、俳句を捻《ひね》り、「楽しく嬉しくボチボチと有意義に」をモットーに、さらなる走るモチベーション向上維持にも貪欲……そして両日ともに、走る身体へのご褒美にと、三宅町あざさ苑のお風呂に我が身をドップリと沈めたのでした。

四、第11回九度山世界遺産マラソン大会

20日（日曜）は、第11回九度山世界遺産マラソン大会に参加です（ランニングイベント参加は通算26度目）。

7時30分愛車リーフ発進、国道24号から無料の京奈和道に入り橋本市で国道３７０号から「安田島公園」に駐車、8時30分シャトルバスにて会場（九度山町役場）入りです。

体育館で着替え、スタートは10時30分です。現在9時過ぎ、天候は、今にも雨が降ってきそうな感じになってきました。世界遺産ってどんなんかなぁ……今年の初マラソン大会、〈世界遺産九度山〉を新鮮に味わいたいと、予備知識を全く入れずに、好奇心の花を咲かせようとやって来たにもかかわらず、体育館から大会スタッフに促されるままに、ランナー達……急な坂道を歩いて上って、おぉ～スタート地点は、随分と上にあるんだなぁと、馴染めない感じで皆について上って来ました。スタート地点には広場があり受付テントが張られています。参加の最終チェックを済ませた段階で、スタートまでまだ30分もあります。

気持ちのよさそうな落ち着ける場所は見当たりません。しようがないかと、ただウロウロす

るばかり。日頃の行いが悪いのでしょうか、雨も降り出しました。道の反対側には、少し広めのテントが張られていたので、ランナーで溢れ気味でしたが、道路側の一番隅に何とか濡れないようにと遠慮がちに紛れ込んでの雨宿りです。

あああぁ〜、２０１９年初マラソン大会、雨になっちゃいました。雨用に用意したウインドブレーカーに護られ、いよいよハーフマラソンスタートです。雨ですがそれ程寒くは感じません。今日の和歌山県伊都郡九度山町は、最低気温５・２℃、最高気温11・４℃です。さぁ〜、２０１９年初マラソンだ、走るぞぉと降り出した雨の九度山に２３４名のランナーが一斉に走り出しました。

いつしか左手は山、右手は、ずう〜と下まで斜面で河川に沿って細くも長〜い盆地が広がっています。こちらと同じように向こうにも山々が続いているような感じです。あぁ〜あ、晴れていれば、どれ程の素晴らしい景観が繰り広げられているのでしょうか。

私達の走っている道は、九度山からかつらぎ町に続くフルーツラインと命名された天空近く山の中腹に造られた素晴らしい道です。

あれれぇ〜肩辺りが冷たくなってきたぞ……防水スプレーするのを忘れたかも？　そうこうする内フルーツラインから外れて地元道に入り、古い町並みの古道らしき所、趣ある古き良き時代を感じながら、おおぉ、雨、止んできたぁ〜有難い。でも調子は冴えないなぁ、足は重く走るペースも落ちてきました。

やっぱり週1回の練習ランでは、走るための身体が出来ないのでしょう。それでも、何とか動いてくれています。歩かずに走り続けています。いやぁ～あと3㎞だ、何とか走り続けられそうだ。後ろの山々は靄《もや》って見えないが、ずう～と先のゴール地点の辺りははっきりと見えている、最後の頑張りだ、2、3人のランナーと競うように並走……いやぁ～やっぱり先に行かれたぁ～離されていくけど、そんなの関係ないと自分のペースで、ついに嬉しいゴール……今年の初ゴール、祈念すべきゴールだ。

やはり感激するなぁ～完走証貰って、またまた、ゴールゲート背景でハイポーズ、恒例の記念撮影です。撮影はラン友にラインを送る材料だから是非とも必要、いやぁ～気分最高だ。完走タイムは2時間13分39秒、ずぅ～と最後まできつかったなぁ。身体はホントに正直です。練習不足です。

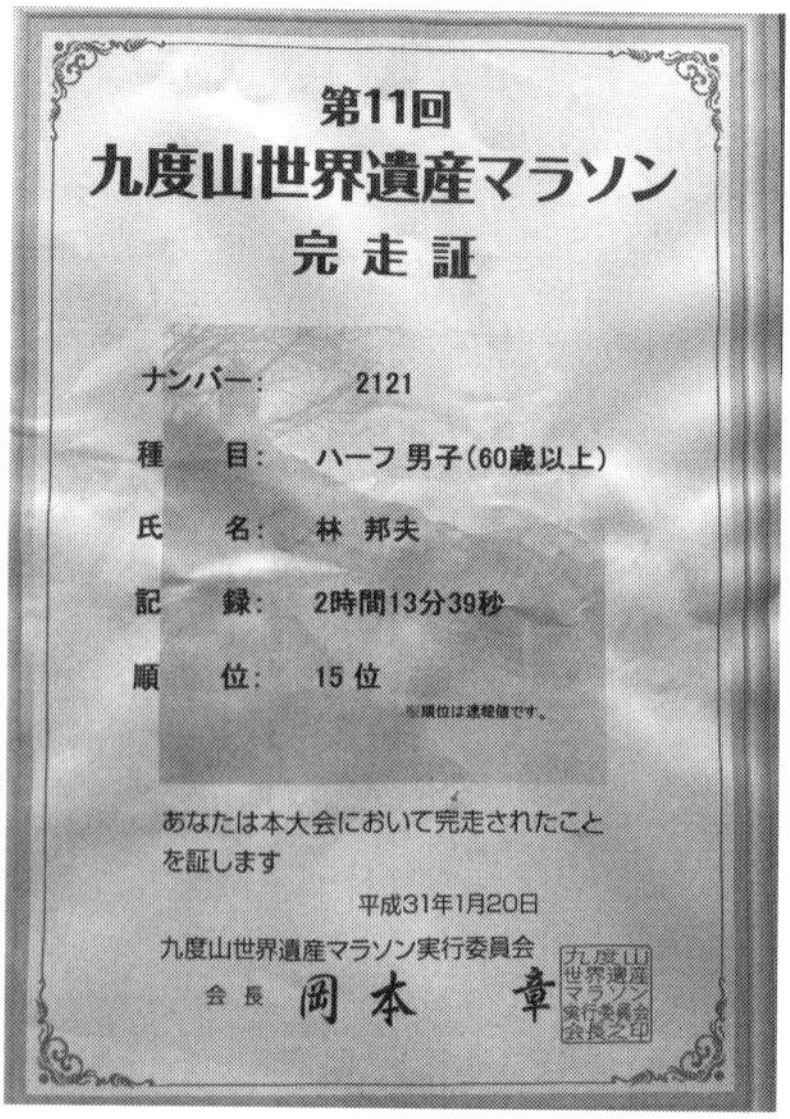
第11回
九度山世界遺産マラソン
完走証

ナンバー：　2121
種　目：　ハーフ 男子(60歳以上)
氏　名：　林 邦夫
記　録：　2時間13分39秒
順　位：　15 位
※順位は速報値です。

あなたは本大会において完走されたことを証します
平成31年1月20日
九度山世界遺産マラソン実行委員会
会長　岡本　章

朝に来た坂道を下る途中、横にいたランナーに「どこから来たの」と尋ねた。温厚そうな人柄だなぁとの印象……体育館で着替えて別れる間際にライン交換しました。Ytさん、ラン友9人目の誕生です。

玄関を出ると直ぐ右手にデカい鍋に豚汁がいっぱい、思わず「貰っていいの」と尋ねると、「どうぞ、どうぞ、何杯でもお代わりしてね」って気前のいいおばさんに、ついつい甘えてもう一杯戴きました。美味しかった、ありがとう。

お腹もホッコリしたところで、前にとまっているシャトルバスに乗り込みました。

今年の初マラソン、雨にもなったけれど、なんとか楽しめました。が、それ程の良き思い出とはならない（どこが世界遺産なの？）かも知れないけれど、走り終えた「心地いい疲れ」とホンワカな余韻を胸に、愛車リーフに収まりました。ありがとう、九度山の皆さん。

さてさてラン後の銭湯は？と、携帯で検索、天然温泉「ゆの里」がヒット、ナビに導かれるままに「ゆの里」に向かいました。あれれぇ～こんなに狭い路で間違いないのかなぁと思いつつも……。

立派な3、4階建ての建物が見えています。おぉ～「ゆの里」の看板、期待、ワクワク、駐車場から、中々いい感じの玄関も見えています。フロントで施設のことを伺って、最初はレストランに直行しました。遠くの山並みを見晴らす食卓で1人リッチな時間を過ごしているのも何か不思議な感じです。

食後は、ゆったりと入浴して、最新マッサージチェアーに身体を預け、おぉ～このマッサージ中々いいなぁと贅沢な気分に浸っていました。

五、ラン友ラン奈良（平城京～奈良公園）

27日（日曜）は、ラン友、Ｙｍさんと Ｈｍさんの３人、９時、大和西大寺駅に集合。

ちなみに、ラン友とのランは、２０１７年は5回、２０１８年は9回、２０１９年の今年１回目。通算15回目（ランニングイベントにラン友と一緒に参加したものを含む）。

私の先導で平城京跡から興福寺、春日大社、大仏殿を巡り、国道３６８号を北に走る、左折して「ならやま大通り」を３㎞程西に走って、平城交差点を右に大回りして、県道７５１号線南下、西大寺駅に戻ってきました。

ほぼハーフマラソンの21㎞をお話もしながら３人、往路の大仏殿までは、お寺や鹿等に古都の風情の感じていただけと思うけれど、復路は、ありふれた一般道……あじゃ～コース選択ミスしたかも……折角奈良まで来ていただいたのに申し訳なく思った次第、口数も少なくなって、ただ一緒に走っているという状況が続いていたのでした……やはり走るのは京都がいいなぁと、まだまだ「奈良は魅力が足りない」と私１人、嘆いていました。

それでも、京都からのＨｍさん、奈良ランは気に入ってもらえたでしょうか。私自身は、京都が大好きで、京都のあちらこちらを走ってみたくて、出来るだけ京都ランの企画をお願いしているんだけれど、『奈良も良いところいっぱいあるでしょう』ということで、今回初めての奈良ランとなり、案内することとなったのです。

私自身が今一つ、奈良でお勧めできそうなランニングコースを見つけてはいないので、今回どこにお連れしようか悩みました。とりあえず、京都から一番近くの大和西大寺駅まで来ていただき、ここから、奈良公園まで走っていこうと近場優先で選んだコースでした。

私自身がそうであるように人生初のランコースを走るのは、「初めて」が新鮮でそれだけでもきっと楽しいことだったかなぁと、お２人の雰囲気から感じられたので、直接お２人に「奈良ラン」どうだったと聞かなったけど、本当のところはどうだったのでしょうかねぇ？

やっとゴールした駅でコインロッカーから其々にリュックを背負い、ラン後一番のご褒美、かんぽの宿「平城宮温泉」に健気にも歩いて向かいました。さすがにお宿の温泉は、ロビーからリッチな感じにさせてくれます。お風呂は平均点かも。でも、日の明るいうちからの入浴、露天風呂での語らい等は本当に贅沢なことだとつくづく思うのでした。

入浴後は、駅近のビル１階でカレーライスと珈琲を戴き、大和西大寺駅で「ありがとう、奈良までよく来てくださいました。気を付けて帰ってね」とお別れ解散となりました。

初めてのラン友に出会えた２０１７年４月から今日２０１９年1月の現在まで、ラン友メンバーは違えども、私と一緒に走ってくれた回数は２０１７年5回、２０１８年９回と今日で計15回にもなりました。

２０１９年の目標は、「2ヶ月に1度、ラン友と一緒に走りたい」です。

こうして２０１９年の１月は過ぎましたが、目標の週2回ランは、仕事でクリア出来ず、週

1回となっています。昨年9月からの台風被害の復旧工事が続いているのです。仕事を現役でされている65歳までの人達で、走り続けているということは、時間的にも大変なことだなぁとつくづく思う今日この頃です。現役で走り続けておられる方々は本当に素晴らしいと思います。『無理せずに頑張れぇ〜』とエールを送ります。

六、2019年2月のランニング

3日は7㎞、7日は10㎞、11日は10㎞、17日は21・1㎞、22日は6㎞、24日は20㎞、27日は9㎞（トータル7回で83・1㎞、2ヶ月計12回164・2㎞）。

11日（月曜）の建国記念日、王寺町でのラーメンフェスタ開催を知って、お昼ご飯にラーメンを食べようと11時に我が家から走って会場に向かいました。大和川河川敷を走るも会場は？おおぅ〜やっと着きました。ほぼ10㎞走っての目的地到着です。

沢山のラーメン店と人達で賑わっています。比較的並びの少ないラーメン店を選びカップ（発泡スチロールのどんぶり）でラーメンを戴きました。ラーメンは陶器の器でないと味まで安っぽい感じで期待はずれでした。残念……気を取り直して、王寺駅前にて珈琲を所望、電車で帰りました。

七、第64回河内長野シティマラソン大会

17日は、第64回河内長野シティマラソン大会参加です（今年2度目のランイベント参加、通算27度目）。

河内長野は仕事でも良くお邪魔しているので、何かしら親しみがあり、楽しみにしていたランイベントです。驚きは今回、64回の開催という実績です。今月28日で67歳となる私、なんとまあ……私が３歳の時にマラソン大会を開催したとは……。

昭和30年、戦後10年のあの頃は、日本全体がまだまだ貧しい復興期、衣食住も質素だったはず、そんな時代に誰が皆で走ろうって言い出したんだろう。凄いことだ、時代の先取、時の空気感に風穴を開け、未来に活力をと……取り組みから今日のこの日まで続けてこられた大会関係者、河内長野市の皆さん、本当に素晴らしいことです。こんなに凄い伝統のマラソン大会に参加、それだけでも凄〜く嬉しいことだと思いながら……会場に到着です。

９時、大会受付の長野小学校校庭に男性７２７名、女性１０６名計８３３名のランナーが集合。その後、一般道に誘導されて下ったところで待機、巾狭い道はランナー達で埋め尽くされています。

右隣の男女の雰囲気から、思わず「ご夫妻ですか」と声かけると、正解でした。初めてご夫妻で参加されている方と出会いました。

いいね！　夫婦で一緒に走るってなんて素敵なことでしょう。

10時30分、いよいよ号砲です……一斉に滝畑ダムに向かって勢いよくスタートしました。天候は曇りがちで寒くもなくラン日和です。漠然と、往路は上りだと思っていたけれど、滝畑ダムの折り返し地点まで、ずぅ～と上りでした。

初めて見る滝畑ダムにも景観を楽しむ余裕なく……もう、足は限界状態……全く気持ちにも余裕なくて、リタイヤも覚悟しだしていたのです。それでも折り返せば下り、きっと楽になるだろう。「下り」に助けられて完走はできるかもと……足の状態を誤魔化し誤魔化し何とか走っています。

抜かされるままに、ついに歩きにもなってきました。歩きながら「おにぎり」を頬張る……「キツイなぁ」とブツブツボヤキながらも完走はしたいとの思いは強いのです。

沿道の応援も嬉しく何とか走っています。ラスト1㎞地点で、左折S字の上りを踏ん張り、制限時間、残り5分かぁ……前後のランナーも僅かしかいません。ラストスパート……やっとゴールの長野小学校校庭に入りました。何とまぁ、2時間28分31秒のゴール。あと1分30秒遅ければ、タイムアウトで失格でした。

昨年末の「宝塚ハーフマラソン」でサブ2を達成している私にとって、2ヶ月後の「河内長野ハーフマラソン」なんて、楽勝だと高を括っていた私、走行距離は同じハーフマラソンなのに30分も遅れました。原因は、ずぅ～と上りの10㎞が堪えたのでしょう。それに、きっと練習不足です。

第64回
河内長野シティマラソン大会
KAWACHINAGANO CITY MARATHON
完走証
CERTIFICATE OF APPRECATION
ナンバー 1364
氏名 林 邦夫 様
ハーフ男子60才代の部
第 75 位
記録 2時間28分31秒
あなたは、第64回河内長野シティマラソン大会において
上記の成績で完走されたことを証明いたします
2019年2月17日
河内長野シティマラソン大会
会長 島田智明

適度な緩急があって、適当に息抜きもできるようなランコースだと未熟なランナーの私には良いが、色々なランイベントがあってしかるべきかと納得、何より今回も完走証を戴けたのは凄～く嬉しいです。

校舎の中庭的なところにサービスエリアがあり、バナナを貰った。スポーツ用品販売コーナーでは、ランニングシューズと防寒軽量ランニングズボンを安く購入できました、これもランニングイベントの嬉しいひとコマです。出口では饅頭と珈琲も販売されていました。その後、駐車場に戻り、ラン後のご褒美定番、お風呂に向かいました。河内長野といえば「風の湯」です。やはり、お風呂は最高です。ホッコリとしてリラックスな運転……程よく疲れた我が身とランと温泉の余韻に浸りながらの帰宅。さらに、これも定番、疲れた身体に癒しのご褒美《マッサージ》で締めです。これほどの有意義な1日はランナー特権と自画自賛。嬉しさと充実感ある喜びに包まれていました。

２０１９年２月の続き……、22日は、上牧「虹の湯」周辺ラン、24日は、曽我川南下レギュラーランから、温泉「虹の湯」とマッサージ。27日は、田原本郵便局までの往復ラン。28日は、

67歳の誕生日。2月も終わり、いよいよ3月です。昨年、最終関門で轟沈した篠山マラソン、再チャレンジの時が刻々と迫ってきました。

八、2019年3月のランニング

3日は36・3km、20日は10km、24日は12km、30日は8km（トータル4回で66・3km。3ヶ月計16回230・5km）。

九、第39回篠山ABCマラソン大会

3日（日曜）は、5時50分、日の出前に家を出ました。昨年タイムアウトした篠山マラソン大会の開催地に向け、リュックを背に6時1分、但馬駅から7時7分大阪駅に到着。大阪駅から篠山口駅までは、7時39分発、臨時運行「ABCマラソン号」のホーム待合の列に一番に並んで待つこと30分、フルマラソンを控えし我が身は、どうしても座席確保したくて、但馬発6時18分でも間に合うところを一列車早く大阪駅に来たのでした。

順調に8時47分篠山口駅下車。駅ロータリーにはランナーを会場まで運ぶ路線バスが3台並んでいる、ほぼ全員ランナーだと思える先頭の列に並んで乗車。昨年の見覚えある丹波篠山に、おぉ～また来たぞぉ……と受付を済ませ、更衣テントで着替え荷物を預けるためスタート地点に戻ってきました。

ラン友ＨｍさんとＹｓさんも参加しているはず、ラインで挨拶を送ると、Ｈｍさんは既にＤブロックに並んでいると返信あり、Ｙｓさんは、もう少しで荷物預けに行くので待っていてくださいとの返信、結局５、６分待って現れないので、先に並ぶと連絡入れ、Ｄブロックの先にいるはずのＨｍさんのところに向かいました。ところが、沢山のランナーに遮られ、身動き取れない状態でＤブロック中程に並んだのでした（これが大失敗……）。

第39回篠山ＡＢＣマラソン大会（ランイベント参加は今年３度目、通算28度目）も総勢１万人超えのランナー達を擁し、10時50分スタートの号砲とともに、我らＤブロックのランナー達も……。

駆けっこの足踏み状態で逸る気持ちを抑えながら……少しずつ動きだした。さぁ～、昨年に続き２度目のマラソンコース……いよいよ参戦ぞぉ～と、スタートゲートをくぐった。

10㎞を過ぎ12㎞辺りから、前後の長～いランナーの帯が見え、15㎞地点から篠山市街に戻り、そのまま東に抜けていく、20㎞地点を過ぎた辺りで、ラン友のＨ君を見つけしばらく一緒に走るも、少し違和感（マラソンはマイペースが一番）……駆け引きなく自分の心身に任せてただ走るのみと自認……。

おぉ～24㎞地点、昨年同様、しし汁が振舞われている。もちろん期待して戴いた。おへぇ～「具がすくなぁ～いぞぅ、去年の具が１２０％だと今年は30％だ」なんて言える立場かねぇ。

兎も角、速く戴いて走らねば……。

次に左折すると、折り返してくるランナー達を右手対向車線に見ることとなった。早い人はいいなぁとの感情が折り返し地点まで続くのだ。そして自分の足の辛さを徐々に感じ出すのもこの辺りから……私にとっては、魔の30㎞と言っても過言でない厳しい県道702号線、篠山川に沿う北向き市道、この間で昨年は辛苦を味わったのだ。

今年もヤバそうな予感がしてきた……折り返し地点まで、凄く長く感じるのは、対向ランナー達にも何らかの関係があるのだろうか。

やっと折り返した、いやぁ〜参ったなぁ……、足が攣りそうだ。これも昨年と同じだ。1年間何をしていたんだぁ？　リベンジどころじゃないよ。うぅ〜んと悲しくなる現実……いやぁ〜本当に参ったなぁ……またしし汁が振舞われている。戴いている場合じゃないよなぁとパス、何とか先に行かなければならないのだ。でも……走れない、天を見上げ、今回もダメかぁと、ぶつぶつボヤキながら歩いていたんだろう。

「最後の関門まで頑張りましょうよ」と青年の声……なぬぅ〜。えぇ〜走るのかぁ〜と思うと同時に走り出した私の身体は、普段の練習の時のようにキロ6分を切るようなスピードで青年と競うように走り出した。もう「限界」だと諦め気分の私に……奇跡？　驚きのパニック状態で走れているんだから人の身体って本当に不思議だ。

沿道の声援、「あの2人いけるんじゃない」って声もはっきり聞こえたので、より一層無我夢中で走りました。

最後の関門地点36・３㎞が目の前……女神も薄情だなぁ……もうぅ～関門地点50ｍ手前で空しいアウト情景……最後の頑張りをも空しく、またまたタイムアウトだぁ……。

でもでも、いやぁ～何だろう……この感じって、いやに清々しいのだ。なぁ～んか凄く頑張れたラストの走りが、ここで切られたという悔しさにも勝って、やりきったという満足……もう走らなくていいという安堵感が混ぜっこになって、只々よく頑張ったという、「火事場のばか力」なる健闘を青年と称えあったのでした。ラン後、初めてのハグを青年と交わしたことこそが篠山マラソン最高のサプライズ記念となりました。


私が男子高生だったからか、テレビでよく見ていた、村野武範の「飛び出せ！青春」や中村雅俊の「われら青春」の男女関係ない熱き友情に心惹かれ、私の青春にはなかった憧れが……67歳になった今も、一緒に頑張り闘った友とは、友情の証として「ハグ」したいと密かに抱いている感情があり、この時、ごく自然な振舞いとして「ハグ」し合えたんだろう……いやぁ～、半世紀に亘る私の憧れが、この時この青年によって成就するって……完走できなかったことより、もっともっと素晴らしい体験を得、何だか凄～く満足……心を熱くしたのでした。青年よ！ありがとう。

収容バスに一番で乗り込んだ私に、運転手さんが「残念だったね、バスタオル用意したので、受け取ってね」と、ふわふわの真っ白なタオルを手渡してくれました。いやぁ〜、嬉しいです。バスだからバスタオルって訳じゃないでしょうが、最高の参加賞を戴きました、ありがとうです。

ただ、昨年の36・3㎞最終関門地点200m手前でタイムアウトした経験がちっとも活かせていないのはいかがなものでしょうか。又もや同じところで轟沈。唯一の救いは、関門手前50mでタイムアウトした今回は昨年より150mは確実に縮まったこと。だから次回こそゴールは間違いなし……あぁあぁ〜また来年もチャレンジかぁ、残念無念「3度目の正直かぁ」と……嘆き節と共に青年と収容バスのシートに収まった。ラン友10人目は実にドラマチックな誕生となりました。

それにしても、スタート前に並ぶ位置がHmさんのようにDブロックの先頭辺りだったら、計算上は最後の関門も通過出来たかとも思うと、最初から意識して並んでいたHmさんの周到さも、成る程なぁと感心したのでした。

ちなみに、3月20日（水曜）は、「あきのの湯（11回目）」周辺をラン。24日（日曜）は、「虹の湯」周辺ラン、30日（土曜）は、曽我川レギュラーラン、今月計66・3㎞。

仕事に重きを置いた3月もこうして過ぎていくのでした。

十、2019年4月のランニング

4日（木曜）は6㎞（竹取公園をラン）、6日は20㎞、14日は9・5㎞、28日は10㎞（トータルで4回45・5㎞。4ヶ月計20回276㎞）。ちなみに21日に1㎞泳ぐ。

十一、東山マラニック

6日（土曜）は、7時45分に家を出て、近鉄京都線丹波橋駅で京阪電車に乗換え伏見稲荷駅9時10分下車、駅直ぐの公園に120名のランナーが集合しました。東山マラニックというイベントに参加です（ランイベントへの参加は、今年4度目、通算29度目）。

おおぉ〜。ひときわ目立つ背の高いH君がいるではないですか。走り出しても付かず離れずに、伏見稲荷大社境内と千本鳥居から山中を数珠繋ぎ状態で走っています。

途中の京都市街が一望できる地点で、主催者スタッフが参加者全員の確認をしていたのには驚きだ。今まで参加したトレラン等は全て、参加者個人のペースでゴールを目指した大会であったが、今回は、皆で一緒に離れずにゴールを目指すらしい……ふぅ〜ん、それも良いかも……。

高台寺の上辺りか、東山山頂公園があって簡単な昼食が振舞われた。気候も良く見晴らしも良く、足元の良いところに各自座り込んでの細やかではあるが、最高のロケーションです。これ〜ってピクニックかも……。

食事も景観も楽しみ、お手洗いも済ませて、また全員で山ん中をゆっくりペースで走っていきます。おぉ～ホント、これっていいなぁ。前後のランナーとも話しながらでも走れるペースです。

立ち寄りスポットの南禅寺にきました。琵琶湖疎水のアーチ桁を見て、蹴上インクラインでは「桜祭り」か、かなりの人盛りです。

「京花見　急ぐな我ら　マラニック」とまた「桜さえ愛ず　情緒なき　走る我ら」と群れの場に似つかわしくない様を……と俳句か和歌か捻りながら走る吾。

京の都は春爛漫桜満開、盛る春の最高のロケーションを、楽しみ味わうことよりも先を急ごうとする群れがいる、桜と人込みを走るのも一興《いっきょう》、それに京都に良くもまぁこんなものを造ったものだと感心もしながらこの東山マラニック、中々面白いイベントだと企画運営者にも感謝……。

参考までに蹴上インクラインは、琵琶湖疎水の蹴上船泊と南禅寺船泊間（高低差36ｍ）の急斜面で船をそのまま運行するために敷設された全長５８２ｍの傾斜鉄道です。と地元民のＨ君が説明してくれました。

それから、京都らしき家並みの尽きるところでは、な、なんと、梅と桜の木が向かい合わせに花を咲かせているではありませんか。風情というより面白いものを見せてもらったという感じだ。さらに東山を北に走って我らランナー、細い山道をどんどんと進み結構な距離を走っている。

またまた京都市街を一望できるところにきました。相当北側に来た感じです。ここは大文字山の大文字焼き場……初めて見ました、おぉ～ここがお盆の五山の送り火の一つ「大文字」かと……京都市民の中に脈々と受け継がれし先祖供養。全国各地にあった日本古来の季節行事が廃れていくなか、京都の人々は、確実に古き良き歴史を遺産とせず、継承し現在においてさえ市民生活の中に意味を刻み生き続けている……なんて素晴らしいことだろう。

急斜面を一気に駆け下り、いよいよ下界に戻ってゴールも近くなってきました。おぉ～こんなところに銀閣寺があったのか。

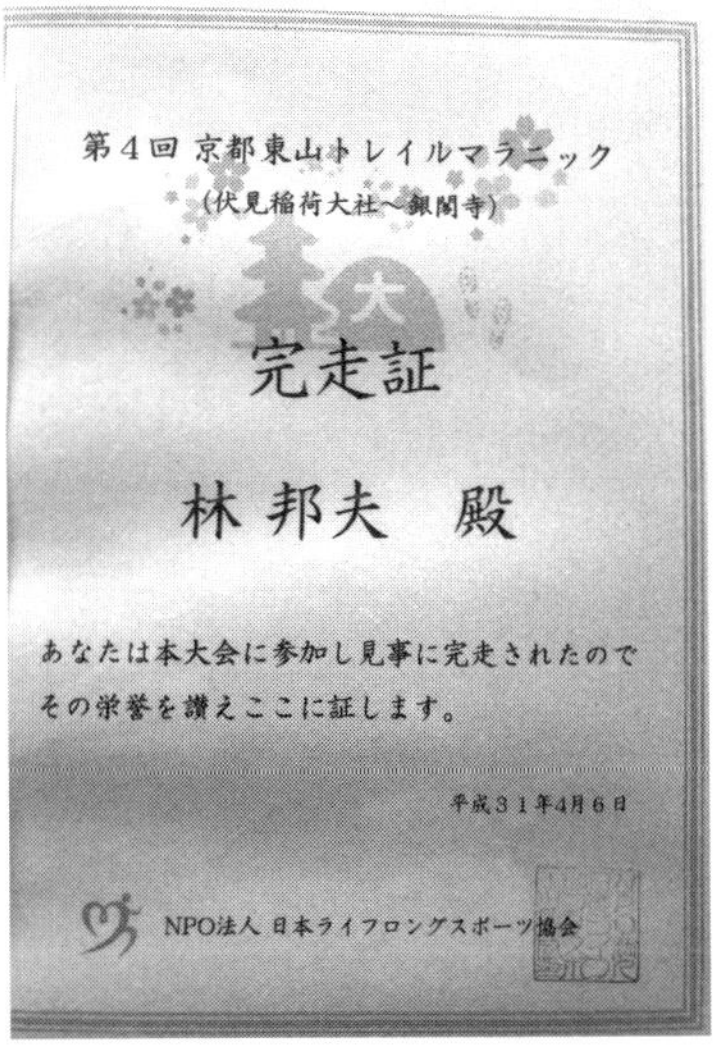
第４回 京都東山トレイルマラニック
（伏見稲荷大社～銀閣寺）
完走証
林 邦夫　殿
あなたは本大会に参加し見事に完走されたのでその栄誉を讃えここに証します。
平成３１年4月6日
NPO法人 日本ライフロングスポーツ協会

また、観光客が行き交う京都らしき土産物店や食事処を左右に見ながら、左折すると直ぐの桜咲く公園が嬉しいゴールでした。

荷物を受け取り、15時30分、さてどうするか……有難いことにH君、自家用車を近くに停めてあるんだって。

直ぐに、「温泉に連れてってくれないか」と頼むと、H君の実家に近い「壬生温泉」に連れてってくれました。ありがたいねえ、疲れた身体を預け、軽食も戴き、身も心もホッコリとなり大満足な1日となりました。さらにH君、最寄り駅まで送ってくれました。本当にありがとう。持つべきはラン友だと、つくづく思うのでした。東山マラニック開催関係者さん、そして、大好きな京都の街もありがとう。豊かな余韻に包まれて電車に揺られての嬉しい帰宅となりました。

14日（日曜）は、大阪狭山市の「スパワールド狭山」に車を停め、さて、どの方向に走れば良いかなぁ……と、取りあえずは、幹線沿いコンビニでペットボトル購入、東側かなぁ……少し自然がありそうだと走りだす。なんだか良く分からないけれど右手側の丘陵地を意識して裾を走っていると、ハイキングコースのような道標があって、私を招いているようです。躊躇なく導かれるままに林の中に……適当に整備された小道が続いています。

大阪狭山市にこんなにも自然なところがあるんだと都会のオアシス的な森林浴もバードウォッチングも楽しめそうな……期待していなかっただけに嬉しい発見です。どこまで続いているんだろう。

おぉ～天野山金剛寺……えぇ～河内長野市まで続いているのか、これはいい、凄いランコースを発見したものだ。

気分よく走っているけれど、昼から仕事の打合せを控えているのと、ラン後の温泉と食事も待ってくれているので、５㎞までには折り返さないといけないのだ。

慌ただしく戻って、スパワールドの少し古さを漂わせながら、スーパー銭湯流行りし頃の創業意欲を感じる温泉を楽しんだ。うぅ～打合せの時間には、食事していると間に合いそうにない。あぁ～あレストラン素通りかぁ……コンビニでおにぎり、ちょっと残念。

28日（日曜）は、レギュラー曽我川ランです。４月……な、なんと、45・５㎞しか走れなかったとは……フルマラソンを日標にするならラン友Ｈｍさんからは、「月に１５０㎞は走らないと」と言われていました。成る程とは思っていても私の思いは、まぁ、月１００㎞走れれば『いいか』なぁです。実績もそんな感じだと思っています。だのに４月は半分にも満たない45・５㎞かぁ……。

走るのが億劫になっているわけではありません。正直なところ、仕事にも頑張っているので……納得。

さぁ～次はゴールデンウィーク……５日はラン友と12日にはランイベントにエントリー済み、ワクワクしてその日を待っています。

２０１９（平成31）年４月30日、天皇陛下（現、上皇さま）が退位され、５月１日、令和元年となりました。年号は、万葉集から令和と名付けられたとのこと。67歳の私、天皇や万葉集など、日本国の黎明期により一層、思いや興味が沸いてきました。

十二、2019年5月のランニング

5日は25㎞、12日は28㎞（トータル2回で53㎞、5ヶ月計22回329㎞）。ちなみに、1日に1㎞泳ぐ。

十三、ラン友ラン京都（延暦寺）

5日（日曜）は、京都出町柳駅9時、ラン友5人が集合しました（今年2回目、通算16回目）。

京都在住のHmさん先導、大阪から女性2人、神戸と奈良から男性1人が参加、話しをしながらも京都の街並みをもしっかりと肌に感じ、今出川通りを東に、右手に京都大学吉田キャンパスを見ながら走っています。左右に展開される景観も京都らしさいっぱいです。大好きな京都を4人のラン友と一緒に走っているのです。おぉ～左折して白川通りを北上しています。Hmさんと話しながら嬉しさいっぱい走っています。右折していつしか山中に入って来ました。続く上がり足元も良くなく、多分雨だと排水溝になるんだろうと思われるような窪んだところを上っています。足元は良くないですがこれも楽しいのです。いつしか比叡山のロープウェーの架線が見えてきました。今日の目的地……延暦寺ももう直ぐです。

日帰りバスツアーで３、４年前に国宝『根本中堂』の薄明りの中、僧侶講和を聞き人生の意味を教えられたようだが、求める心がなければ元の木阿弥。それよりも不思議なのは、最澄が開いた天台宗のお寺なのに、大講堂には、日蓮、道元、栄西、法然、親鸞、一遍等々、日本仏教における各宗派創始者の肖像画が掲げられていたこと。延暦寺って一体全体何宗のお寺なの？　弘法大師、空海の密教と対極をなす最澄の天台宗……が私の理解。日本仏教僧界の草分け天才僧と思っていた私にとって『延暦寺』はさらなる謎となったことを懐かしく思い出していました。

こんな印象をもったままで、それ程興味関心もなく、またまた、延暦寺に来ました。今回は拝観する気もなさそうなラン友達と一緒です。おにぎりを食べ、特に感慨もなく延暦寺を後にしたのでした。

ずぅ～と下って白川通り、東大路通りに入りました。ここは、京都の『ラーメン銀座』と言うらしい……15時前、ある交差点のラーメン店に入店、随分と遅い昼食です。これもラン後の楽しみの一つ。お店は３時閉店らしくあわただしくラーメンを戴きました。

出町柳駅に戻って解散です。男達は、近くの銭湯で汗を流し、再び出町柳駅に戻り、神戸のＩ君と私は、京阪特急のデザイン良きシートにどっぷりと収まり満悦至極状態。

こと私、知人達に京都ランの報告ラインをしていると……あじゃ～乗り換えないといけない丹波橋駅過ぎているみたいです。全く気付かなかった。……参ったなぁです。大阪京橋から環状線で天王寺に出て、大和路快速で奈良まで帰るという壮大な大回り帰路……ちょっと焦りました。

ところが不思議です、大回り行路でやっと但馬駅に着いた感の私でしたが、通常の近鉄京都線から田原本線にいたる行路と5分も違わなかったのです、本当に驚きです。やはり、大阪方面は相当に便が多く乗換ロスも少ないんだと感心しきりでした。

19時に帰宅して、最後のラン後のご褒美のマッサージでゴールデンウィークラストの日、ホントに有意義に楽しく過ごせました。ラン友の皆さん、京都の街、比叡山等々、それに遅くまで対応いただいたマッサージ施術師さん本当にありがとう。

十四、第6回大台ケ原マラソンinかみきた

12日（日曜）は、第6回大台ケ原マラソンinかみきたに参加です（ランイベント参加は今年5度目、通算30度目）。

奈良県吉野郡上北山村河合に6時30分～7時15分の受付に間に合うように行かなければならないということで、早暁の4時30分愛車リーフを発進させました。上北山まで75㎞です。ずぅ～と上り続けるであろう国道１６９号、途中充電せずに着けるだろうか。

「杉の湯川上」の道の駅が最後の充電スタンドステーション、残る走行可能距離数が目的地までの距離の倍以上残っているから、何とか着けるだろう。帰りは下るので、充電しながらの

走行となるから心配なく帰れる。それにしても、上り坂では走行可能距離数がどんどん下がるのだ……ひやひやしながら運転するのも旧型リーフならではだが、精神的には良くないかもね。でも、私はこれを楽しんでいる。

これ以上は無理だと思えば引き返せばいい、それも楽しい。

おおぉ～大迫ダムかぁ、展望台もあるが、見学するほどの余裕はない。急ごう。それにしても車少ないなぁ、参加者も少ないのかも……。

うぁあ～。あ、じゃぁ～。な、何だ？　このループ……高低差を確保するためか、トンネルを抜けると山の斜面に豪快に跳ねだしたループ状の道、空中に浮いているような感じだ。一体全体どうしてこの跳ねだした道路を支えているんだろうか。停まって下を覗きたい、けれど２車線に停められそうな余裕はない。そりゃそうだろう……渓谷の眺めを楽しみたい衝動に駆られるが、こんなところで車を停めれば危険この上なさそうな予感、でも感動するなぁ……左回転して又すぐにトンネルに吸い込まれて行く。土木技術の凄さ、土木の辞書に不可能はないのか、何でも造るぞって感じだ。

いやぁ～やぁ、無事に上北山小中学校グラウンドに着いたぁ。お手洗いをお借りして、シャトルバスで２・３km先のスタート地点まで移動です。北山川に架かる清流橋の袂で受付を済ませました。

山間の谷沿いに僅かに開けた土地です。上北山って……皆さんどのように過ごされているのかなぁ。

標高差1240m（走行28㎞）のマラソン大会は初体験です。男子273名、女子44名、計317名のランナーが国道から分岐した清流橋に集まり、8時スタートしました。県道226号線を北に向かって走っています。北山川に流れ入る小橡川《ことちがわ》と協応しながら長閑な山間を形成しています。

小橡川に沿う約10㎞は穏やかな上りで快調に走れたが、な、何とまぁ、急な山登りとなったのには驚きです。でも道幅は4mあるでしょうか。よくもまぁこんなに急な道、造るなぁです。急傾斜が続きそうです。そりゃそうだろう……標高差1240mなんだから、それにしても元気でタフな輩、なんだ坂こんな坂って感じで走り去った……凄いとしか言いようのない。

我等、ヒイヒイ言いながらも少しずつ上っているランナー、何が良いんだろうかねえ。景色かな？　いやぁ～楽しんでいる余裕などないのだ。皆な必死の急ぎ足でゴールを目指して頑張るだけだ。

あれれぇ～太腿あたりに違和感発生だ、参ったなぁ……上りだしてすぐなのに、初っ端でこの状態かぁ……おおぉ～東屋がある。取りあえず休憩っと、ついでにおにぎりも一つ頬張る。ランナー達は黙々と先に行くが、私は一体どうなるんだろうか。どうも足攣りそう。頼みますから「私の足さん、大台ケ原まで我慢して頑張ってくれぇ～」

もう行くしかない。まわりのランナー達も頑張っているのだ……知らんけど……だって、話さないで皆黙々と急いで歩いて上っているから……しかもお互いの距離間だんだんと開いて1人旅状態が続いている。それにしても〝足〟キツイぃ……リタイヤかなぁ……。

　おおぉ～エイドだ。嬉しぃ……、「あとどれぐらいあるの？」スタッフさん「半分以上来ているよ、急な上りももう少しですよ、頑張って」でもまだ半分近く走る（ほぼ歩き状態）のは厳しいなぁ。取りあえず、行けるところまで行こう。

　お、おぅ～またまたエイドだぁ、ここがキツイ上りの最後らしい。喜びたいところだが、足が限界。あと10㎞ちょっとだってぇ、県道40号線かぁ、なだらかな2車線アスファルト車道が大台ケ原に向かっている。大台ケ原ドライブウェイまで来たんだ。以前何度かドライブした道……しばし記憶を辿る……霞んでいるが見晴らしも嶄然いい。ゴール！へ、タイムアウトまでは歩いてでも着けそうだけれど、まだ10㎞は残っている……兎も角ゴールに向かおう。

　緩やかな上り、走れそうだが走れば攣りそう……ここまでくれば、景色を見ながら弥次喜多道中と洒落込みましょう、と負け惜しみも空しく、歩いていても太腿が攣りだした。いやぁやぁ～ガードレールにもたれへたり込む。歩道もない車道の端です。尋常じゃない状況です。前後遥か向こうに僅かなランナーが見えます。でも助けを求めているわけではありません。攣っている状態の収まるのを待っているのです。おぉ～収まってきたぁ……。

　それにしても高低差1240mはきついなぁ、途中のエイドのスタッフの内2人から、参加されるだけでも凄い「よくやるなぁ」と応援感心されたなぁ……なぁんて思いながら……。

立ち上がる、自分自身を鼓舞し最後の頑張りでゴールを目指す。もちろん歩いて……。

ゴール方面からマイクロバスが来るぞ。うぁあぁ～ゴールしたランナーを送り返しているんだ、ひぇ～恥ずかしい。見られないように、うつむいてバスをやりすごした。しばらく行くとまたマイクロバスが来た。あぁ～ぁ、嫌だなあ～と、今度も下向いて、知らないふりしてすれ違いました。バス内のランナー達、完走した達成感と喜びで、車窓の景色を楽しみながら……私をみて『可哀そうに、まだこんなところにいるのか』と哀れんでいるだろうなぁ。避けて通りたい気分です。

第3エイド21・5㎞です。あと6・5㎞とスタッフに励まされて、ゴールを目指します。足のほうは相変わらずだが歩けてはいます。おぉ～またバスが見えてきました。そうだ、今度は、バス内ランナー達をしっかり見よう、ひょっとして応援してくれるかもしれないと思い、近づいてくるバスをしっかりと見つめていました。恥ずかしさもなく、車内を見ると……あじゃ～ぁ、皆さん熟睡状態……やはり疲れているんだよね。ご苦労様、お疲れさまって見送りました。さぁ吹っ切れたぞぉ、5㎞を切った……あと3㎞かぁ、やっとゴールが感じられてきた、嬉しいもう少しだ。

あれれぇ～ずう～と向こうにランナーと思しき女性、しきりに手を振って応援してくれている。何故、わざわざ、ゴールした後、この地点まで戻って声援してくれているんだろう、なんて人だ。ありがとう。

だって、最終のランナー達はどれ程いるんだろうか、相当に離れているから私の前後でも2人ぐらいしか見えない。立って待っているだけでも大変な行為に凄く感謝して……あと1㎞を切った最後の踏ん張り、走れるか、走りたい。

おおぉ、マイクの音も聞こえてきた。もう少しだ、左折してゴールゲートが見えた。やったぁ～やっと着いたぁ～。

主催者からの労りの声援を戴き、テープを切った。ほぉっと一息。達成感でない、不甲斐ないゴール、でも嬉しい。きっとランナー1人ひとりが織り成したドラマは、その者にしか分からない。しかし、走ったものなら、共有するものがあるはずだ。大台ケ原マラソンは、人も景色も楽しめず、何よりも、歩きながらの強き思いは、リベンジしたいだった。きっと又来ますと……。

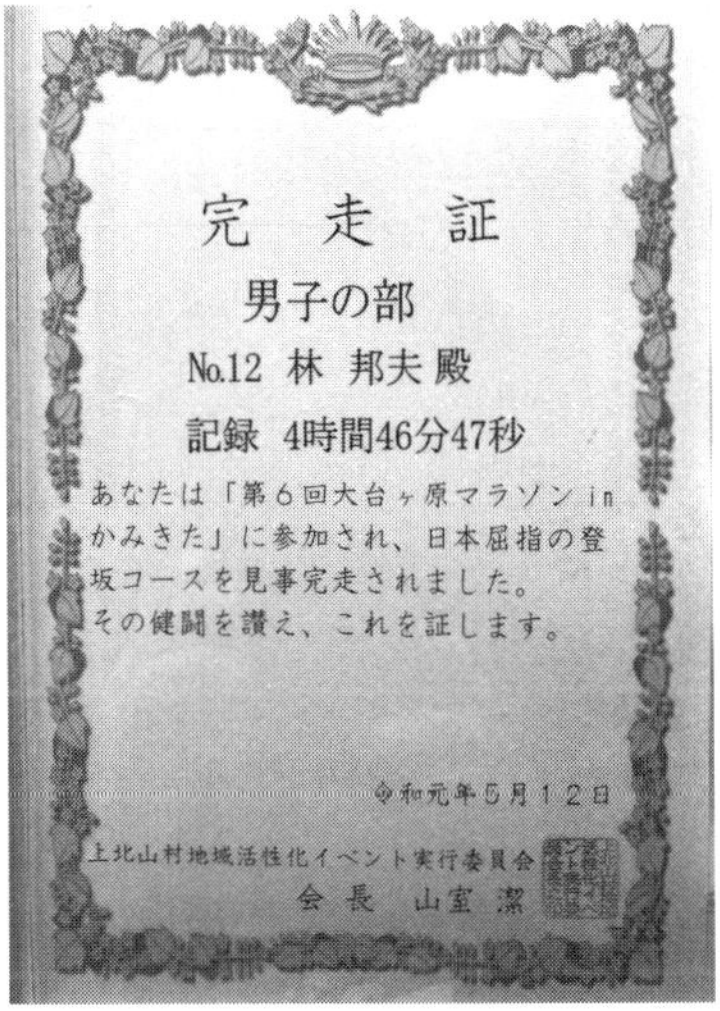
完走証
男子の部
No.12 林 邦夫殿
記録 4時間46分47秒
あなたは「第6回大台ヶ原マラソン in かみきた」に参加され、日本屈指の登坂コースを見事完走されました。
その健闘を讃え、これを証します。
令和元年5月12日
上北山村地域活性化イベント実行委員会
会長 山室 潔

4時間46分47秒、完走証を貰った。今日の不甲斐なさも完走証は十分に労り褒め称えてくれている。感謝！

軽食のおもてなしも嬉しく戴きました。お土産を買って、マイクロバスに乗り込み、上北山小中学校まで。車でもこれだけかかるんだと思うほど長い時間、バスに揺られました。

リーフに乗換え、杉の湯に向かいます。下りは車も快調だ。道の駅に停め、リーフ充電中、うどんを戴く。この時、見覚えある女性と目が合った。えぇ～大台ゴール手前で応援してくれた女性でした。

充電を終え、一般部のパーキングに移動後、ホテル杉の湯の温泉に入浴です。帰ってからのマッサージにて完。


２０１９年５月のランニングは５日と12日の２回だけでした。週２回との目標からは程遠くなっています。

実は、５月後半は、ペルーのマチュピチュまで旅行していたのです。何しろ関空からロスまで10時間、ロスからリマまで８時間、リマからクスコまで１時間20分（以上は飛行機）、クスコからバスでオリャンタイタンボ駅、列車でマチュピチュ駅まで共に２時間、凄い距離と時間がかかりました。元気なうちに行かないと体力気力が大変かなと思って、67歳のこの年に行ったのです。

リマとマチュピチュで２泊ずつするのでチャンスがあれば早朝ランと思って準備していたが、治安が悪そうでやめました。それに時差もあり、旅程も結構な強行軍で疲れ気味だったから……。

兎も角、アンデス標高２４３０ｍ、15世紀文字を持たないインカ国の都市遺産、マチュピチュを見たいとツアー参加して来たわけだが、その全貌や、静謐なまでの時空に支配され、暫し広がる視界の中、圧倒するマチュピチュの存在に釘付けです。来た甲斐があったと、心満たされしひと時を堪能していたのでした。

十五、２０１９年６月のランニング

５日は７・２km、10日は５km、13日は12km、16日は25km、20日は『ならスポ初参加』し、４km。23日は10・５km、25日は11km、27日は７km、30日は８km（トータル９回で89・７km。６ヶ月計31回４１８・７km、内『ならスポ』に３回で19km）。ちなみに、10日に１km、30日に１km、泳ぐ。

５日（水曜）は、昼食後に家を出て、京奈和道を南に向かい、橋本市役所の充電ステーションでリーフに充電。受付案内で近くの温泉サーチ。少し戻ることとなったが、あやの台の入口にある「きらくの湯」に駐車。あやの台ってどんなところだろうと、遊歩道から結構な階段を上がって「あやの台公園」に入り、団地内の外周路を右回りに走っています。天候は爽やか、北側を東に走って、東の外れまで来ました。真下に学校があり、東から南に広がる遥か向こうの山並みまで一望できる素晴らしい住宅地です。

東の路を南に、右折して西に走っています。住宅のデザインや外構のデザインなど、街中の色々な都市デザインに興味を注がれながらのランです、いつものことだけれど〝これが〟楽しいのです。

初めの中央公園に戻って来たので、北に公園内を走って、そのまま団地を抜け、突き当りを左折して、また突き当りを左折、この幹線道は、きっと「きらくの湯」から陸橋で渡った道だろうと……見事正解、7㎞強かぁ、もう少し走りたいけど、大好きな温泉に着いちゃった。

車からリュック（着替え）をもって、「きらくの湯」玄関。初めての玄関ドアを開ける時って、いつもワクワク嬉しい。下足から入湯券購入、受付、脱衣場までの造作をも楽しみながら……脱衣して、いよいよ温泉です。かけ湯、各種湯船、洗い場、サウナ、天井高し湯けむりの温泉場、汗かきし身体全身を洗い清めて入湯……うぁあぁ～気持ちいい……しあわせぇって毎回嬉しいラン後のご褒美に酔いしれています。

次は、露天風呂、いつも全ての湯場を体験したいので、浸かった程度で長居はしない。でも、気に入れば納得するまで入っています。まぁこんな感じで凄～く贅沢な時間です。

それに、「きらくの湯」ならではか、ご入浴・お食事セット券1100円、レストランのデカいテーブルに1人、湯上りのホッコリした気分でメニュー表をみて驚きです。常識的に考えて、一般のスーパー銭湯の入浴費は、安くて700円、ということは、食事に割り当てるのは、1100－700＝400円です。

曜日ごとに違うメニューのようです。４００円で各曜日毎にこれ程の内容のお食事を戴けるとは、ただただ驚きです。誰でもきっと満足されるでしょう。４００円ですが誠にリッチな美味しいお食事でした。お腹もホッコリして、気持ちよく「きらくの湯」を後にしました。

支払った金額に対する見返りのバランスですが、日常の細やかなことなのに、これほど気分良くなれるのも不思議なことです。こういったところの何気ない日常にも大切な人の思いってものもあるのでしょう。勿論、リピートしたい銭湯の一つとなりました。


10日（月曜）は、スイムピアのランニングマシーン利用の５㎞でした。

ここ数年、温暖化によるのか日中の最高気温は、６月ともなると30℃超え。日常茶飯事ともなりつつある。当然、７月、８月もさらに９月までも暑い日が続くのだ。ランナーにとって、日中、アスファルト舗装を走ることは、身体的には非常に厳しい。特に高齢の私にとっては、熱中症も心配だ。

それで、スイムピアの屋内ランニングマシーンの変わらない風景の中を１時間近く、マシーンに走らされるってわけだ。ついでに泳ぐ。これはこれで有意義でもあり、夏場のランのモチベーション維持に効果的だと思っている。それでも、変わらぬ風景が続く機械の上では、凄く物足りないのも事実だ。まぁやむを得ないか……。

13日（木曜）は、レギュラー曽我川。

十六、ラン友ラン京都（御室八十八ヶ所霊場巡り）

16日（日曜）は、ラン友Ｈｍさん、Ｙｍさん、Ｉ君と４人、京都出町柳駅９時にまたまた集まった（今年3回目、２０１７年から通算17回目）。

いつものようにＨｍさん先導の京都ランです。今日はどこに連れて行ってくれるのでしょうか。

最高気温25℃曇り、夕方には雨が降るかもとの天気予報……。今出川通を西に向かっています。３㎞弱で北野天満宮に到着です。カステラドパウロというポルトガル菓子店の洋菓子４点、店前ベンチで銘々、頬張る。

次に西大路通を北に走って、金閣寺交番を左折すると金閣寺の参道……これよりは南西に蛇行している京都の最北端道路「きぬかけの路」です。右手に樹々繁る緑、左に京都の街を見ながら２㎞程で御室仁和寺の重厚な仁王門前に到着。奥深い境内に入るも、すぐ左側の西門から出た……あれぇ、仁和寺散策は？

仁和寺の西の丘陵地を上り始めました。成就山、御室八十八ヶ所霊場巡り……予備知識のない私にとって、えぇ～こんなところに四国のお遍路さん宜しく、八十八ヶ所巡りが出来るなんて、どういうことでしょう。何が何だか分からないままに、トレイルランのはじまりです。山中に次々と四国の八十八ヶ所にリンクした小さなお堂が建っているのです。

一つ一つに手を合わせ、走る人生の安全と皆の平安を祈りました。何ともまぁ、不思議な体験を済ませ下界に戻ると、おにぎりタイム。

後は、どのルートで出町柳まで戻るのだろうか。Ｈｍさん次第ですが、本当に色々な京都を見せてくれます。感謝なことです。ありがとう、Ｈｍさん。

京都の市街地を東に向かいつつ、疲れてきたメンバーを護王神社が迎えてくれました。Ｈｍさん曰く、「足腰の守護神です」と、皆な、しっかりとお祈りしたことでしょう。何とも嬉しいＨｍさんの気遣いにも少し疲れ気味です。東隣の広大な御所の石畳を抜け、今出川通を東にゴール出町柳に戻ってきました。

盛りだくさんの京都ランの締めは、恒例の銭湯です。程良く疲れた身体に銭湯の湯船は最高です。ホッコリして、大好きな京阪特急にＩ君と一緒です。前回乗り過ごした丹波橋駅を意識して下車、間違いもなく近鉄電車に乗換、楽しい京都のラン余韻に浸りながら帰宅しました。

第十章　マラソンランナー《ステップX》

人生初、ランニングクラブ入会（2019年6月）

一、「ならスポランニングクラブ」入会

２０１９年6月20日（木曜）は、一大決心をした日です。それは、あまりに暑い夏場をいかにして走り続けるか、昨年のようにスイムピアの室内ランニングマシーンランでは、もう一つ走る喜びというか、走る充実感がないので、うぅ〜んと考えを巡らしていました。

そこで思わず「これだ」っと、手を叩いたのが、昨年7月に参加した「赤目四十八滝トレイル」で知り合いラン友になっていただいたWさんの一言、「私達は、『ならスポ』に所属して、火曜と木曜の夜に鴻池陸上競技場で走っています」を思い出したのです。

夜だと暑くても走れるかも、しかも、競技場だと安全安心です。

早速、「ならスポ」を検索すると、おぉ〜、「ならスポランニングクラブ」と出た……成る程と活動内容、会費等を確認、これはいい、私の思いにピッタンコだ、直ちに電話で問い合わせしました。

67歳という年齢、キロ６分、フルマラソン4時間35分の実績をお話して、入会したい趣旨の

ことを話すと、「いいですよ、19時に鴻池陸上競技場に来て体験してみてください。良かったら、入会してください。お待ちしています」だって……。

何か未来が開けていくような手ごたえを感じました。それにもう一つ、ラン友Wさんにも会えると思うと楽しみ倍増……驚くだろうなぁと勇んで19時、ランスタイルで初めての鴻池競技場に入ったのです。どんな人達がいるんだろうと興味より、まず、Wさんを探す、すると「Wさんは辞められています」だって……えぇ～なんだぁ、がっかりです。サプライズも霧散しちゃいました。

気を取り直して、自己紹介。皆さん宜しくって挨拶するも、年齢層もまちまち、男性のほうが多い。コーチもいるぞ、女性2人に男性1人の現役学生コーチにまとめ役の男性コーチ1人。おぉ～色々と教えてくれそうです。

メンバーは毎回20人ほど。速い人達からSS、S、A、B、Cのクラス分けがされている。勿論私はCクラス。全員で輪になって、コーチからの連絡事項を聞き、簡単なストレッチ体操等をしてから、各クラスの設定スピードで400mトラックを周回ランする。

競技場内では、子供達も色々な陸上競技に取り組んでいます。

私もボチボチと頑張ろう……やはり歳の近い人と話すようにもなった。いい汗かいて、決められた曜日に決められた時間内に決められたスピードでクラス毎に走るって本当に、ランの練習にはうってつけだ。

初めてランニングチームに入会。これで夏場のラン練習も問題なく出来そうだ。ラン友Wさんありがとう。お蔭で〝ならスポ〟メンバーの一員となれそうです。

60歳から67歳の今に至るまで、6年半の間、勝手気ままに走ってきたけれど、ここに初めて、走るチームに所属して、コンスタントな走りを始めることとなりました。私のマラソン人生にとって、どのような成果をあげることが出来るでしょうか。

67年の人生経験の中で、仕事以外で趣味的な集いに参加するのは、たぶん30歳台に上牧町のソフトボールチーム以来のこと、……思い出すなぁ、負けてばかりのチームだった。試合ともなると上手い下手が試合の流れに大いに関係するから、下手な私はプレイも緊張で素直に楽しんでいなかった、それでも確実に楽しかったのは、試合後の反省会……皆なワイワイガヤガヤと楽しく親睦、食べ飲んだなぁ……。

その点、走ることとは、上手い下手とは全く関係ない。しいて言えば、走るのが速いか遅いかです。走るスピードも他者から、とやかく言われもしない。マイペースが基本。なんて気楽なスポーツなんだろう。

それ程の自由気ままなスポーツとはいえ、チームとなるとそうは行かないかも……確かに、皆さん〝ならスポ〟に「走りに来ている」のだろう。私は、『楽しくボチボチと有意義に』をモットーに走って来た。

この点は、他のメンバーとの大きな違いかもしれない、というのは、皆な走ることに熱心なのだ。フレンドリー感がない。当たり前だ、走りに来ているのだから。私の違和感はこの点のみ。

Cチームの目標は、サブ4・5（フルマラソン42・195kmを4時間30分切りで走る）、何はともあれ、大きな出来事のはじまり。今日は、ランニングチーム所属という記念すべき日（2019年6月20日）となった、67歳4ヶ月での出来事でした。

6月の残り23日（日曜）は、レギュラー曽我川。25日（火曜）と27日（木曜）は、「ならスポ」。30日は、スイムピアで走って泳いだ。

二、2019年7月のランニング

2日（ならスポ）8km、4日（ならスポ）3・6km、7日は16km、9日（ならスポ）8km、11日は5km、14日は2・8km、16日（ならスポ）9・3km、23日は9・2km、27日は20km、30日（ならスポ）8・4km（トータル10回で90・3km、7ヶ月計41回509km。「ならスポ」では、今月5回、37・3km。通算8回56・3km）。ちなみに11日と19日は1kmずつ、泳ぐ。

三、ラン友ラン京都（宇治）

7日（日曜）は、ラン友Hmさん、Ymさん、nさん（Hmさんのラン友）と4人、京都京阪宇治駅９時に集まりました（今年4回目、通算18回目）。

いつものようにＨｍさん先導の京都ランです。今日はどこに連れて行ってくれるのでしょうか。

最初に着いたところは、三室戸寺。京都ってホントに凄い。紫陽花で有名らしいが、私は知らなかった。徳島の室戸と何らかの関係があるのかなぁ……と、この程度の知識。

宝亀元年（西暦７７０年）、光仁天皇の勅願により、御室戸寺として創建。花山法皇、白河法皇と三帝の離宮となり〝御〟を〝三〟と改めた。と、なぁ～んだ、徳島県の室戸とは全く関係ないんだ。西国観音霊場十番札所、5月は2万株のツツジ、6月は1万株の紫陽花、7～8月は２５０鉢の蓮、紅葉もいいらしい。

確かに境内は、沢山ある京都のお寺の中でも上品で気品さえ漂う……歩を進めるほどに心を聖くされる。斜面の樹々に抱かれるように建つ本堂は、入母屋の2階に翼を大きく広げ今にも羽ばたいて飛び立とうとしているような1階の屋根、その真ん中正面に唐破風《からはふ》を配した独特な構えだが、何とも言えない落ち着き、威厳と優しさをもって私達を迎えてくれている。

三室戸寺参拝後は、ひたすら上り坂を走って、天ケ瀬ダムに着きました。名前は何度も耳にしていたけれど、67歳にして初めてお目にかかりました。またまた知らなかったことに、あの大河川・淀川本流に建設された唯一のダムとは……建設されて既に半世紀以上、治水と宇治市への水道供給、60万kWの水力発電、そして観光にもと大活躍。維持管理も大変でしょうが、ダム機能強化を目的にバイパストンネル建設を柱とするダム再開発事業中だとか……走ることで、本当に色々なことを知り、肌で感じることが出来る……益々、心身共々豊かに満たされながら走っています……平等院を素通り……私が朝に下車したＪＲ宇治駅前から山城総合運動公園まで走ってきました。

な、なんてデカいんだ、この公園！　野球場、テニスコート、体育館、陸上競技場、球技場、自然散策ゾーン、プール、巨大遊具やアスレチックもある……そのど真ん中辺りには、京都大作戦の幟がはためき、何か催しをしていた。階段右手に軽食出来そうなカフェ？　休憩と軽くお腹を満たして、最終ゴールの京阪宇治駅にラストラン。

ロッカーからリュックを出し、府道７号線を北にてくてくとのんびり歩いて「奥の湯」（２０２０年末に閉店）に向かいました。疲れた身体にご褒美の温泉です。温泉を出てから、私は１人でＪＲの駅を目指したけれど、結局、ＪＲの駅は近くになく、皆と同じ京阪電車の駅から丹波橋駅経由で帰宅したのでした。最後ミスったけれど、楽しい１日でした。ラン友に感謝です、ありがとう。

四、第10回生駒トレイルラン２０１９

７月27日（土曜）は、第10回生駒トレイルラン２０１９に参加です（今年６度目、ランイベント参加は通算31度目。ラン友ラン（今年5回目、通算19回目）。

　昨日から近畿地方に台風6号が接近、今朝にも紀伊半島に上陸するだろうとの天気予報から、本大会は中止になるだろうと思いながらも、大会HPを確認。午前5時の段階で「開催します」とのコメントしかなく、やむを得ず、リュックを背負い、家を6時半前に出ました。車だと便利なんだけれど、スタートとゴール地点が異なることから、選択肢は電車のみかと……。

　私の家から生駒トレイル開催スタート地点の最寄り駅、京阪私市駅までは、①近鉄田原本線で王寺駅、②JR大和路線にて久宝寺駅、③JRおおさか東線にて放出駅、④JR学研都市線にて河内磐船駅下車、160m程歩いて⑤京阪私市線の河内森駅～私市駅までという、実に5路線4回乗換、大右回りして向かわないと行けないのです。

　それにもかかわらず、開催中止ともなれば、それはそれでがっかりです。なので、乗換時毎に大会HPを確認していましたが、5時のままなので、私市駅に着いてしまいました。ついに雨模様にもなり、先が思いやられます。傘をさし、ランナースタイルの人達十数人とスタート地点のわんぱく広場に20分程歩いて到着しました。

　さぁてと、受付を済ませて、初めて一緒に参加してくれたWさんを探したが……台風来ているので辞退されたかもとも思いながら……あれれぇ～雨止みました、ラッキー……すると目の前に、柳生街道マラニックで出会ったNkさんと再会し、ライン交換、11人目のラン友誕生です。

そこにWさんが駆け寄って来てくれました。良かったぁ。聞けば、家が直ぐ近くで車で送ってもらったとか……持つべきは良き知人だね。Wさんも電車だと大変な大回りだからね。Nkさんは、若くて速いから9時にスタートした、10分程遅れて私達もスタートしました。

さてさて、生駒トレイルってどんなところだろう。雨も上がり、Wさんとも一緒、幸先よく走り出しています。特段のスポットもなく飯盛霊園から田原台の住宅地、堂尾池、むろいけ園地とWさんと一緒に話もしながら順調に走っています。また雨が降り出しました。10㎞は過ぎたでしょうか。

そりゃそうでしょう……台風が来ているんだからね。覚悟はしていたとはいえ、1人しか通れない山道も水を含んで、泥濘《ぬかるみ》状態になりつつあり、それでもひたすら前に進むだけです。視界も悪くなってきました。雨の中視界も悪くなって1人で走っていたらさぞかし心細いだろう……良くもまぁ、Wさん一緒とは助かるなぁ、話しながらだと、寂しくもないし不安もない、かえって楽しいのだ。

とはいえ全身びしょ濡れ……寒くもなってきた。走る身体に吹き寄せる風も冷たさを増している。Wさんはというと、さすが百戦錬磨というか、雨対策の完全武装だ。私はというと、唯一ラン用防風チョッキが頼り。あああぁ～走り出して7年間、初めてびしょ濡れランを体感したのだ。ただただWさんが一緒だったことが唯一の救いでした。Wさんに感謝感激の雨んなか、見慣れた額田園地まで来た。

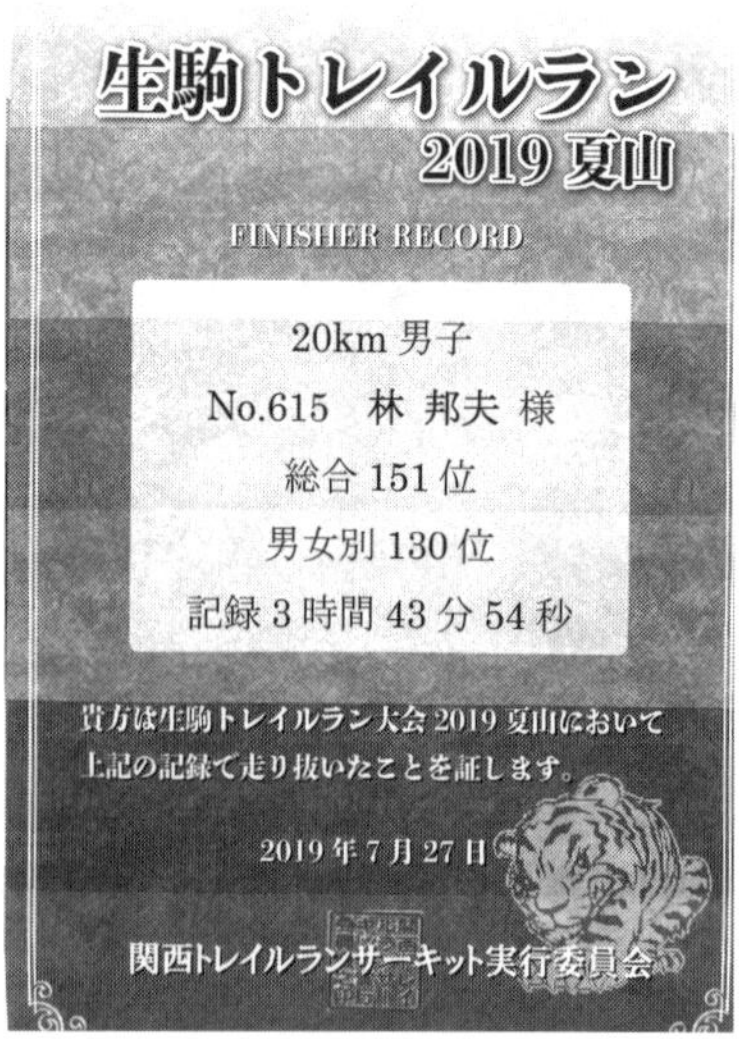
生駒トレイルラン
2019 夏山
FINISHER RECORD
20km 男子
No.615　林 邦夫 様
総合 151 位
男女別 130 位
記録 3 時間 43 分 54 秒
貴方は生駒トレイルラン大会 2019 夏山において
上記の記録で走り抜いたことを証します。
2019 年 7 月 27 日
関西トレイルランサーキット実行委員会

いやぁ～見知っているというのも何とも心強いものだ。あともう少しのはず、20㎞で良かったぁ（30㎞だとまだ10キロは雨ん中です。リタイヤだね）木立の中、雨天の薄暗い目先の空間に人の気配が感じられ……やったぁ～やっとゴールだぁ……。

　ほっと一息、置かれたスナック菓子や飲み物を戴き、荷物を確保して折り畳み傘を引出し、いざ帰ろうとWさんを捜すと……あれぇ、いない。参ったなぁ、先に帰っちゃったか、傘は小さく、雨が容赦なく降り続いているなか、悪路を1㎞程も歩いて、ようやく近鉄奈良線枚岡駅に着いた。最悪とはこういう状態をいうのだろう。電車に乗りたいけど、着替えもしたい。おぉ～数名は駅構内のトイレで着替えたか。

　日曜の午後1時半、ホームはランナー数人だけで閑散としています。えぇぃ、私は、ホームのベンチで着替えようとごそごそしだしていると、なんとまぁ、奈良行きの普通電車が入って来た、1台遅らせようか、と迷ったが、車内は殆ど無人状態。思わず乗り込んで、着替えの続きをしました。

電車の中で着替えたのはモチ初めての体験……トイレで着替えたランナーが私を見て了解（着替え）のサインを送ってくれている。靴と靴下はびしょ濡れのままだが、何とも清々しい。びしょ濡れからの解放と長椅子に足を伸ばしてのゆったり感は、4時間近く山中ランをなし得た我が身体への最高のご褒美だ。

ただ、ハーフパンツのポケットに収まっていた二つ折れの財布が哀れなほどに色褪せしていた。うぁうぁ〜、お札が……1色になってしまったぁ〜。かろうじて千円札か万円札かの識別は出来るが……（後日銀行に持参して新札に取り換えてもらった。この日以降、開閉の出来るビニール袋にお札やカードを入れ走っている）。

ランイベントは、基本的に雨天決行だ。台風や雷等の警報が出た場合は中止だが、今回の生駒トレイルは決行された。いかなる場合も最終的には、参加者の自己責任に帰す。参加する場合は、体調やイベント内容等々から、しっかりとした自己判断が必須だ。Wさんのように用意周到でなくてはいけないのだ。

あの寒さがひょっとして低体温症を誘因するかもしれないし、びしょ濡れで体力も低下等、風邪をひくかもしれない……。

私の場合は、びしょ濡れランは全てにおいて本当に良い経験、思い出となったのも事実。これにはWさんというラン友が一緒だったことが本当に良かったんだとつくづく思うのでした。

Wさんありがとう。

五、2019年8月のランニング

1日（ナ）3・6km、4日は7km、6日（ナ）9・3km、8日（ナ）3・6km、11日は10km、20日（ナ）9km、23日は5km、25日は15km、29日（ナ）5km（トータル9回で67・5km、8ヶ月計50回576・5km）。「ならスポ」では、今月5回で30・5km、計13回86・8km。ちなみに4日は1km、23日は1・1km、泳ぐ。

［注］（ナ）は「ならスポランニングクラブ」の略。以降は（ナ）と表記します。

1日（火曜）、「ならスポ」にフレンドリーな女性が来られた。私は、『楽しくボチボチと有意義に』をモットーに走って来たから、一気に惹かれるものを感じた。最年長の私にも60代のランナーおじさん達とは親しくなって来ていたけれど、この女性が加わったなら凄く楽しく走れそうだ。「ならスポ」の良さ、即ち、週2回安全かつ快適なペースで走れるということ。このことは、月1回のランイベント（20km以上のマラソンかトレイルラン）参加への私にとって、欠かせない練習となっている。彼女も「ならスポ」に参加してくれたらどんなに楽しいランとなるだろうと、「ならスポ」に行くのがより楽しみとなりました。8月20日、12人目のラン友（Kちゃん）誕生です。

六、第4回Mt六甲トレイルラン&サマーピクニック2019

11日は、第4回Mt六甲トレイルラン&サマーピクニック2019に参加です（今年7度目、ランイベント参加は通算32度目）。

6時30分、リーフにて神戸市立森林植物園に向かいました。今日は、2016年に新たに制定された「山の日」という祝日です。山に親しむ機会を得て、山の恩恵に感謝する日、とのことです。今日の六甲トレイル参加はベストセレクションだったと言えるでしょうか。

早朝から西名阪、阪神高速14号松原線、1号環状線、16号大阪港線、3号神戸線と繋いで1度一般道に降り、32号新神戸トンネル山麓バイパスから国道428号、県道16号と走行80kmでした。

大会会場は、駐車場から200m程階段で上がった草原のような多目的広場です。テントが3張り、フード販売車が2台、スタートゲート前には、ランナー693人。内訳は、10km部門（女性65名、男性175名、計240名）、28km部門（女性52名、男性401名、計453名）が色とりどりのランニングスタイルで集まっています。

私は、28kmのトレイルには、3ヶ月前の5月に大台ケ原で経験済みだが、今回の六甲は10kmと28km部門があったので、取りあえず六甲トレランってどのような感じなのかと10km部門に参加しました。会場の雰囲気も十分味わった9時45分、スタートしました。

USJ（ユニバーサルスタジオジャパン）が54ha、ここ森林植物園は142・6haの広さがあり、スタートした多目的広場は、北側の高台に位置します。森林公園を南西に縦断1・7km程を下って西門から園外に出ました。

真夏の市街地とは完全なる別世界です……。山中の木立、蝉合唱の賑わい、流れる涼風、走るランナーにとっては最高のコース取りではないでしょうか。ただ、六甲ラン＆サマーピクニックと楽し気な大会名ですが、ピクニック気分にはなれません、でも今回は10km部門だから余裕のゴールです。完走証（1時間33分37秒）をもらって、かき氷を食べ、Tシャツを買い、「山の日」の六甲を無事に楽しく駆け回ることができ、誠にもって有意義なトレイルランでした。

第4回 Mt.六甲トレイルラン サマーピクニック2019
FINISHER RECORD

ショートコース10km 男子
59位
No.640
林　邦夫 様
記録 1時間33分37秒

第4回Mt.六甲トレイルラン サマーピクニック2019
大会において上記の記録でゴール出来たことを証します。
2019年8月11日

Mt.六甲トレイルラン サマーピクニック実行委員会

さてさてラン後、いつものルーティン……温泉に直行です。公園を出て直ぐ「スズランの湯」があり、中々ゴージャスな感じです。施設は全てにおいて好印象です。1点だけ露天風呂では、アブかブヨに刺されないように気を付けて自然豊かな入浴を楽しみましょう。お風呂上がりのお食事もリッチでした。大変気分よく、大満足な帰路となりました。

七、ラン友ラン京都（愛宕山）

8月25日（日曜）は、ラン友Ｈｍさん、Ｙｓさん、Ｉ君と4人、京都出町柳駅に8時集合（今年6回目、通算20回目）。

今回は、いつも9時だった集合時間が8時、Ｈｍさんは……あれぇ〜自家用車だ。どこに行くのだろう？ 全員乗せてもらって、京都市内を東に走ること約1時間、今日の目的地は愛宕山。裾野にある駐車場に車を停め、いざいざ山登りトレイルランスタートです。心を引き締め、登山道に入ると……なにぃ〜これって完全なる山登りではないですか、今までのトレランのように走れそうな勾配の山道ではありません。ずぅ〜と歩いています。話しながら急ぐ雰囲気もなく、いつものランスタイルの男4人、完全なる愛宕山登山を楽しんでいます。

山頂は、きっと素晴らしい眺望だろうと期待しながら、なぬぅ〜神社が……境内も中々の格式、鳥居も石の階段も立派なものです。

山の上に良くもまぁ〜これほどまでも格式ある神社を建立したものだ。人のなせる業って（信仰心がそうさせるのか）計り知れない崇高さを感じる。火の神様らしいとお参りを済ませ、石段を降り境内の空いているベンチに座った。おぉ〜ホントにほっとするなぁ、おにぎりの時間だ。

Ｈｍさんが出町柳のおにぎり屋さんで買ったゆで卵を頬張りながら「なんて美味しいんだ」って宣《のたま》うも、分けてくれなかったなぁ、残念……。

何とはなく来た登山道を下りて帰るランナースタイルの男４人。全く走っていません、なのに駐車場に着いちゃいました。

あぁ～、今日の京都ランは愛宕山登山と愛宕神社参拝ということで幕を閉じたのであります。

車に乗って約30分、「天山の湯」に到着です。いゃ～スーパー銭湯ってホントどこにでもあるねぇ、嬉しいねぇ……ラン後の銭湯は疲れた身体をホントにホッコリさせてくれます。湯上がりの軽食でさらに、お腹もホッコリ……其々の思い出を胸に出町柳駅まで送ってくれ16時前に解散となりました。本当にＨｍさん、ありがとう。Ｙｓさん、Ｉ君、楽しかったねぇ……。

八、９月のランニング

３日（ナ）８㎞、５日（ナ）５㎞、８日は10㎞、10日（ナ）10㎞、12日（ナ）３・６㎞、17日（ナ）８㎞、19日（ナ）５㎞、26日は９・７㎞、29日は13㎞（トータル９回で72・３㎞。９ヶ月計59回６４８・８㎞）。「ならスポ」では、今月６回で39・６㎞、計19回１２６・４㎞。ちなみに、１日は１㎞、８日は１㎞、15日は１㎞、泳ぐ。

九、第10回潮芦屋アクアスロン大会

いよいよ9月、ちょっぴり不安なアクアスロンの日が近づいてきました。67歳で人生初、泳いで走るというトライアスロンの簡易版、その中でも特に初心者向けの大会が９月８日（日

曜）に兵庫県芦屋市の浜辺で開催されるのが「潮芦屋アクアスロン大会」なのです。

　当日の6時20分、愛車リーフで芦屋浜に向かいました。快晴です。最高気温も30℃は超えそうです。7時30分、芦屋市総合公園北駐車場に着く。ワクワクドキドキです、リュックを背負い、公園地から住宅地を抜け潮芦屋緑地東駐車場の集合場所へ、若干の不安を抱えつつ、意気揚々と会場入りです。

　第10回潮芦屋アクアスロン大会（今年8度目、ランイベントへの参加は通算33度目）受付は8時20分まで、私の競技クラスは一般B②組。入水チェックは10時50分～11時5分、スタートは11時25分です。スタートまで3時間も待つのかぁ、何をしようかなぁ。

　取りあえず、護岸の階段状の一番上から海を眺め……おぉ～瀬戸内海に開けた狭く囲われし湾内に、カラーコーンのでかいのが浮かんでいる。あそこが折り返し点か……往復５００ｍを2往復するのかな、久しぶりの海での泳ぎ、どんな感じだろう……。

ずぅ～と右側で息継ぎをする私の場合、折り返して息継ぎの際に波をかぶるかも……しかし、穏やかな波なので落ち着いてゆっくり泳げば大丈夫だろう。

　私の左手側に陽ざし避《よ》けのテントが張られている。中に先客が2人いる、入れてほしいなぁ～って顔してたら、直ぐに「入りなよ」って声かけてくれた。有難いなぁ～感謝して入れてもらいました。いやぁ～久しぶりの海水浴にきて、のんびりと目の前に広がる大海原、夏の残り香を素肌に漂う風と共に感じながら、あぁ〜長閑だぁ〜、なんて幸せな空間なんだろうと……

遠き日の少年のように懐かしいこの感情。

この歳まで30数年間泳ぎ続け、7年前からランニングを始めた結果として、今この時この場所いるって、なんて素晴らしいことだろう……暫し、テントの主と大阪からの参加者との会話を楽しんでいました。

ようやく入水チェック時間の10時50分となり、150名程が浜辺に集合、15分程海水に身体を馴染ませました。20分後にスタートです。

多くのスイマーはウェットスーツを着用しています。1㎞泳ぐのになんと大袈裟なと思いながらも、ウェットスーツの効用など知る由もなく初めてのアクアスロン、いよいよスタートです。

こんなにも多くのスイマーが1度に泳ぎだせば、手も足も身体も触れ合いそうです。多分、一番遅いであろう私は、一番後ろに並んで入水し、泳ぎ始めました。何だか、気が急き力が入ります。

落ち着いていつものように泳ごうと思っても、プールのようにコースロープがなく、海面波があり、底も左右も見えない海を泳ぐのは、思ったより泳ぎにくい。

頭を上げて先を見ないと真っすぐ泳いでいるのかさえ分からない、何とか、Uターンした。戻りは、右側で息継ぎをする私は、波をかぶらないように泳ぐため余分な力が入る。

いやぁ〜思ったよりきついぞぉ……えぇ〜もう1周あると思うと、何だろう、不安？いつものように力を抜いて気楽に泳ごう……ビリでいいやんと思って2周目に入った。うん、うん、いつものようにのんびり泳ごう。

スタッフの舟の気配を感じながら、遅くていいと順調に気持ちよく泳ぎ切った。私の後ろにまだ数人はいそうだ。さあ、次はランニングだ。砂浜から護岸を越え、籠を置いていた駐車場に入ってびっくり……。

アスファルト舗装が灼けて素足では歩けないではないか。あちちちちぃ〜踵のみでちょこちょこと、あちぃあちぃ……この状況は何とかしてよと思いながら、着替え籠のあるところにようやくたどり着いた。籠から出した靴の上に足を乗せてひと安心。Tシャツ、帽子、靴下に靴を履いて、次なるランニングの舞台に躍り出ました。

潮芦屋のある人工島の西端を北に、突き当りを右折して北端を東に走って折り返す2・5㎞のコース、2往復の10㎞走だ。9月8日正午、日陰のない海岸縁の気温は35℃にもなっているだろうか、少しの風が慰めだ。2ヶ所でスタッフが放水してくれている。

走るペースさえ無理しなければ、それ程きついとは思わずに走り続けている。これも「ならスポ」と「スイムピア」での練習のお蔭か……。無事に10㎞を走り切った。なぁんか嬉しい。直ぐにラン友にライン報告。

初めてのアクアスロンを乗り切ったことで、自信になるなぁ……。

おぉ～人だかり……なになに、大会記録の速報が張り出されている、写真に収め軽食を戴き13時過ぎ、Sさんを最寄り駅に送って帰路につきました。

大会結果は、スイムラップ30分29秒、126位（131人中）。ランラップは1時間3分36秒、75位。総合記録1時間34分5秒、87位でした。

ちなみに、70歳台（71歳1人）、60歳台（9人・67歳の私が最高齢）従って、3年後の当大会に参加できれば、70歳台以上ベスト3までに入って初めてのランイベントで表彰されるかもしれないと密かな期待……。

十、第7回大阪九条ロゲイニングマラソン大会

29日（日曜）は、第7回大阪九条ロゲイニングマラソン大会に参加です（今年9度目、ランイベント参加は通算34度目）。昨年2月に参加して今年で2度目ですが、今回はYmさん、Hmさん、I君と私の4人です（ラン友ラン今年7回目、通算21回目）。

今回は、集合場所が小学校から茨住吉神社に変わっていました。驚きと微笑ましいことにワ

ンちゃんの背中にゼッケンがあって（1人＋1匹）の参加者がいました。私も犬を飼っているけれど毎日の散歩は私の思うようには進めません、なにせワンちゃん……自身のチェックポイントが多くお鼻クンクン中々進まないのです。

この「チームさくら」さん、地図をもとに時間以内に主催者のチェックポイントを駆け回り得点を集めるこのロゲイニングは苦戦するだろうなぁ……。

我等も頑張らねば……参加は40チーム。点数を稼ぐために前に前に走ろうとする私とI君……ところが、Hmさん、足か膝かに違和感があるらしく遅れ気味です。何しろ全員揃わないと、ポイントゲットできないのです。まぁ、気楽にマップの地点を捜し走り回りましょう。

ロゲイニングマラソンは、参加者の気持ちも走力も選択ポイント等、気が合わなければ上手くいきません。ランニングは、基本的には個人プレイです。ただ、今回のロゲイニングやリレー競技などは、チーム総合プレイです。

今回は、少しちぐはぐな感じ、ラン後の銭湯までは一緒に行きましたが、前回のような飲み会はなく、解散となりました。

十一、10月のランニング

1日（ナ）9㎞、3日は15㎞、8日（ナ）8㎞、10日（ナ）8㎞、13日は30㎞、15日（ナ）8㎞、17日（ナ）8㎞、20日は10㎞、25日は7㎞、27日は16㎞、29日（ナ）8㎞（トータル11

回で127㎞。10ヶ月計70回775・8㎞)。ちなみに、25日に1㎞、泳ぐ。「ならスポ」は今月6回で49㎞、計25回175・4㎞。

十二、ラン友ラン奈良(矢田丘陵)

3日(木曜)は、WさんとKちゃんと3人です。私は、初めて近鉄けいはんな線白庭台駅に9時降り立ちました(ラン友ランは今年8回目、通算22回目)。Kちゃんの先導で矢田丘陵に向かってゆっくりと走り出しました。女性2人と私、話し相手に困るなぁ……1人で黙々と走っています。話し好きな私なのにこの組み合わせでは、あまりお話出来ない私でした。

矢田丘陵の緑木立に入ってからは、トレランです。10月は我々ランナーのマラソンシーズン幕開けです。これからは、トレランの丘陵山間部から一般道と走る舞台が身近となってきます。今日は、今年ラストのトレランでしょうか……思う存分、酸素濃度の高い新鮮空気をいっぱい吸い込んでおきましょう。

丘陵小道を楽しく駆けながらも、近鉄生駒線東山駅方面に向かう道をKちゃんは選択したようです。人の歩みを感じられない道に入っています……おぉ~住宅地が見えてきたぁ。これほどまでに雑草に覆われた山道だと、ここから山中に入って行く強者もいないでしょう。

3人だから平気だけれど、1人じゃなおさら遠慮するだろうなぁ。そんな小道から抜け出て、住宅地を下るとすぐに東山駅近くまで来ました。なぜ、人通りのない山道を下って来たかというと、私のためだったのです。矢田丘陵を走って東山駅近くにあるスーパー銭湯「音の花温泉」をゴールにしてくれていたのです。

ところが女性達……その前にジェラートで有名なお店にちゃっかり寄って趣のある店内テーブル席に着座し3様のジェラートを楽しむ……美味しいです。

ゴージャスな空間を出ると、いやぁ雨模様。Wさんはコンビニでビニール傘を買って、「音の花温泉」に徒歩で向かいました。音の花温泉は、大阪と奈良を隔てる生駒信貴山系の奈良側の山麓にあり、ナトリウム炭酸水素塩の泉質をもったお肌すべすべの温泉で賑わっていました（石鹸シャンプー等は置かれていないので持参ください）。

入浴後のお食事処「音の花亭」は、繊細さに欠けるけれど大胆豪快さのあるメニューで美味しそうなのが並んでいます。こちらもお客様で賑わっていました。大露天風呂とリッチな食事も戴き、親しきラン友の女性達との憩いのひと時も、夢の又夢でしょうか。色々な余韻をもって東山駅までゆっくりと歩いています。「走る」ことからこんなに豊かな時間を過ごしています。WさんKちゃんありがとう。

十三、第2回リバーサイドマラソン大阪大会

10月13日（日曜）は、第2回リバーサイドマラソン大阪大会に参加です（今年10度目、ランイベントへの参加通算35度目）。

10月とは言えまだ暑い、最高気温28℃曇り、7時50分家を出て、久しぶりの阪和線に乗車し杉本町駅下車。東へ歩いて大和川吾彦大橋北側河川敷9時20分着、受付済ませる。5㎞、10㎞、20㎞、30㎞と4部門種目の内、30㎞に参加です。

主催者のNPO法人日本ライフロングスポーツ協会は、私のランイベント参加したダイヤモンドトレイル2017年3月26日以来のお付き合いです。スタッフさんも親しく話しかけて下さいます。

アットホームな気持ちで、10時にスタートしました。大和川左岸を上流に向け走り出しました。

私の大和川(大阪を代表する淀川に次ぐ河川)イメージは、あまり良くないのです。高度成長期の大和川は、日本ワーストの水質悪化となり、昭和57年8月には氾濫してJR王寺駅がホームまで水浸しとなった。今でも、私の住まい周辺に流れる河川の全ては、大和川に注いでいる。温暖化に伴う世界の異常気象で大雨が多く、いつ何時氾濫するかと思うとハザードマップや避難、緊急事態非常対応にいつも備えるべき状況です。

参考までに淀川の河川敷は、大阪市民の憩いの場として8地区、遊歩道から野球場、ゴルフ場、バーベキュー、テニスコート、芝生広場、陸上トラック、野草広場、サッカー、ラクビー場、駐車場等々が整備されており、利用に関しては、淀川河川公園、守口サービスセンターが一括管理している。

対して大和川河川敷は、地元自治体が施設整備し管理しており、国が河川管理に支障がないか審査したうえで許可するようです。今回の大和川西・東公園は大阪市の長居公園事務所の管轄。

前置きが長くなったが、河川敷は、左右に雑草の生い茂るお世辞にも良く管理されているとはいいがたいが、走るには十分な舗装道が続いている。近鉄南大阪線の鉄橋をくぐり１km程で折り返す。出発点に戻りそのまま西に走り、ＪＲ阪和線の鉄橋をくぐる所で90度右折する。今度は、南海高野線の鉄橋を見ることとなる。大阪の南部を走る鉄道３線を見ながら走ること３往復。25km地点（スタート地点）を過ぎラスト５kmとなったが……足はパンパン……辛い走りとなった。走っている時には靴は気にならなかったが、歩きだすと足の甲側面が痛い。

靴がしっかりと足に馴染むかどうかランナーにとっては最重要事項だが、今まで、買ったシューズはいずれもしっかりと馴染んでいないのだ。もうあと少しだ、頑張ろう……。

面識あるスタッフの特別に親しく贈ってくれる応援と労りの声援に迎えられ嬉しいゴール……30kmでは自己ベストの３時間12分38秒。総合順位154人中81位。

吾彦大橋の橋下で着替える。ビニールシートに座った途端に足が攣ってしばし唸る。それでも着替え、大学生の参加者と色々な話をした。走ることから、年代を越えた会話も楽しめる。嬉しいことだ。

11月10日の福岡マラソン1ヶ月前、良き準備ランとなった大会でした。帰りは、歩いて近くの「杉の湯」という銭湯に入って、地下鉄御堂筋線我孫子駅から帰りました。

今年6月から、「ならスポ」でも走ることとなって、仲間が増え楽しく走ることに加え、ペース走も関心事になってきました。

今回30㎞マラソンの1㎞毎のラップを記載します。
①0～1㎞5分45秒、1～2㎞5分38秒、2～3㎞5分42秒、3～4㎞5分41秒、4～5㎞5分38秒、5～6㎞5分35秒、6～7㎞5分38秒、7～8㎞5分33秒、8～9㎞5分29秒、9～10㎞5分40秒
10㎞は56分9秒で通過
②～11㎞5分36秒、～12㎞5分44秒、～13㎞6分3秒、～14㎞5分53秒、～15㎞5分39秒、～16㎞5分56秒、～17㎞6分0秒、～18㎞6分17秒、～19㎞6分16秒、～20㎞6分40秒（11～20㎞の10㎞は60分4秒）

20㎞を1時間56分13秒で通過

30㎞、3時間12分28秒（38秒）でゴールしました。

③20～21㎞6分12秒、～22㎞6分22秒、～23㎞7分1秒、23～24㎞6分35秒、～25㎞7分8秒、～26㎞8分0秒、26～27㎞7分44秒、～28㎞8分48秒、～29㎞8分50秒、29～30㎞9分26秒（21～30㎞の10㎞は76分6秒）

以上のことから、16㎞までは、1㎞を5分台で走れているが、その後22㎞間は1㎞6分台となり、さらに25㎞間は1㎞7分台となり、29㎞間は1㎞8分台、ラスト1㎞は9分台となっている。

30㎞の1㎞平均ラップは6分25秒だ。成る程、私の走るデータも有意義な価値を見出せるかどうかよく分からないけれど、走る楽しみの一つにはなるだろうか。

成績を気にしては、走ること本来の楽しみの支障となることもあるだろう。年齢とともに衰えていくであろうデータを楽しめるだろうか。

十四、2019年11月のランニング

3日20㎞、5日（ナ）8㎞、7日（ナ）8㎞、10日42・195㎞、26日（ナ）8㎞、28日（ナ）7㎞（トータル6回で93・2㎞。11ヶ月計76回869㎞）。

「ならスポ」は今月4回で31㎞、計29回206・4㎞。

十五、福岡マラソン

10日（日曜）は、福岡マラソン参加です（今年11度目、ランイベントへの参加通算36度目。フルマラソンは8度目）。

9日（土曜）朝8時前に家を出ました。九州博多へは、12年前に仕事で来て一泊もせずに日帰りして以来です。観光も美味しいものも味わえず何とも味気ない訪問であったので、今回は、何とかマラソン前日に博多観光をも楽しもうと、マラソン＋αの期待に胸を膨らませていました。

ところがです……王寺駅から新大阪に向かう大和路快速が久宝寺駅を過ぎた辺りで、車両に異常音が発生して緊急停止30分程、乗車予定の新幹線には間に合わないからどうなるんだろうと、ヤキモキしながら、線路点検などもあり、結局45分遅れで新大阪駅に着いた。

早速改札でこのまま後の新幹線に乗れるかどうか尋ねると、「もう1度、特急券を買ってください」って……見れば売り場カウンターには20人ぐらいは並んでいる。参ったなあ～並ぶしか方法がないらしい。よりによって大和路快速がこんなに遅れるなんて、ツイてないなぁ。先が思いやられるなぁとの思いで30分以上並んでやっと私の番、さらに嫌な思いをすることに……。

私の切符は、おとなびWEB早得で買った「こだま」。「のぞみ」の時間帯はもっと早かったが、急ぐ旅でもないので、のんびりと駅弁でも食べながらと思い「こだま」にした。

それにしても、予定の時刻からは1時間以上遅れている……そこで「こだま」料金を払い戻し、「のぞみ」の指定を買い直したいと、大和路快速の遅延等の事情を説明して依頼すると、駅員は、

『おとなびWEB早得の「こだま」切符は、「こだま」にしか対応できません。「のぞみ」にするには、「こだま」分は捨てるしかない』と宣《のたま》うではありませんか。

遅れた原因はJRなのに、何一つお詫びはおろか、対応しようとしない。席を外して扉の向こうに確認に行くも返答は同じ。

結局、「こだま」の自由席に落ち着いたのであるが……自由席は座れますかとの問いにも、「何とも言えません」だって……しょうがなくホームで待っていて驚きです。自由席車両は数人しか乗っていませんでした。

それにしても、久しぶりに怒ってしまい、嫌な思いが残ります、反省です。どんなことがあろうと平常心でいたいと思いました。

「こだま」の車窓の眺めや停車駅をも楽しみながら読書も楽しんでいます。新大阪駅で買った駅弁も楽しみ、ゆったりとした気分で博多駅に着いたのでした。さあて、どこに行こうか（一切の計画を立てずに来たので）取りあえずホテルに向かいました。道は鉄道高架沿い、気

持ち良く歩けるとはお世辞にも言えない道路でした。チェックインを済ませると、凄く身軽となりました。

とりあえず、ランナー受付の福岡市役所西側ふれあい広場に行こう。博多駅から地下鉄天神駅まで乗車、ふれあい広場には歩いて5分です。多くのランナー達が順次受付（ナンバーカード、参加賞等受取り）を済ませ、賑やかな各種催しブースを見学しています。

そんな中、マラソン完走目標タイムをセットしての写真撮影のサービスに便乗、ならスポCチームの目標であるサブ4・5達成意欲の4時間28分50秒が電光掲示板に表示され、笑顔と意気込みをこめてハイチーズ、なぁ〜んか盛り上がるなぁと嬉しい時を過ごしています。そして夕暮れの博多市内をブラブラ、うぅ〜ん、何だこの辺りは私の若かりし頃の大阪難波の盛り場のようだなぁ……ちょっとしたタイムスリップ感、お店に誘うオジサン達もチラホラ……。

地下のレストラン街には美味しそうな飲食店がいっぱい……迷うよなぁ〜こんな時の決め手は、人気店だ。順番待ちが10数人の列に並ぶこととした。きっと美味しいんだろうと期待して待つのもいいものだ……座って待つうちに、順次入口に近づく。ようやく入店し、カウンターの先客を気遣ってやや狭い椅子に腰かけた。左隣の女性客、カウンター越しの寿司職人にしっかりと注文している。さてと何を注文するか……えぇい、何でもいいや、珍しいものを頼もう。鰻の肝のほかは忘れちゃたけれど、どれも美味しかった。気分よくホテルに戻ったのであります。

10日（日曜）の6時15分ホテルで朝食を済ませ、ランナースタイルでチェックアウト。博多の街を闊歩する気分で昨夕と同じルートでマラソンスタート地に向かう。アクロス福岡B２Fイベントホールで着替え後は市役所通りに駐車しているトラックに荷物を預け、いざ出陣だぁとスタート地点に立つ。

7時半、スタート地点には1万3千868名のランナー達が道路を埋め尽くしている。気温は12、3℃ぐらいか、曇り空、最高気温は20℃を超す予報、まずまずのコンディションだ。

8時20分、号砲と共に足踏み踏みのスタート、天神渡辺通りは10階前後のビル群に囲まれ、やや閉鎖気味で居心地良くない。しかし直ぐ、右手前方向に広がりを感じ、解放感とともに走る気概が体内あたりで沸々と……左折して那の津通りを西にしばらく走る。右折して黒門川通りから直ぐに左折して、よかトピア通りをまた西進、５km過ぎ、公園前に第1エイドがあった。

フルマラソン参加が今回で8度目ともなると、42・195kmは走れて当たり前な感じ。自信の程はというと、何とか完走できるだろうが、サブ4・5は厳しいかなって思っている。それでも走ってみないと分からないからワクワク感……。

今年の月平均練習走行距離は80km程。ラン友Hmさん曰く、「フル走ろうと思えば月には150kmぐらいは走っておかないとダメだ」って言ってたよなぁ。

私の不遜な思いは、6月から「ならスポ」で定期のペース走をこなしてきたこと、ひと月前には30㎞も走れたことが、自信になっていたのだ。10㎞を過ぎた。残り4分の3かぁ、キロ6分切りを何とか維持したいと思いながら走った。

奈良から来て、福岡を走っているって思うだけで、なぁ〜んか嬉しい、初めての道、空間、目の前に現れてくる景色は、ランナー達の後姿で霞んでしまっている。ひたすら前に前に走り続けるランナー達は大きな流れの渦と化している。15㎞を過ぎた。

もう、距離表示が一番の関心事になっている余裕のなさ……おぉ〜対向ランナーが来る、九州大学のキャンパスに入って折り返した。20㎞過ぎで2時間3分経過、まずまずのペースだ、この調子で走れたら目標のサブ4・5もクリアするぞ、やたらとガーミンのスマートウォッチを見ている。もう楽しめないなぁ……キロ6分切りを維持しようと頑張る自分がいる。

中間地点を過ぎると、走る距離が減るのみという感覚になり、少し嬉しい。25㎞を過ぎた辺りから、足のほうから微妙な変化の信号が送られだした。いやぁ〜少しきつくなってきているかなぁ……右手には玄界灘か、海岸沿いの素晴らしい景勝地を走っているのに景色を楽しむ余裕がない。

30㎞を過ぎる、3時間8分かぁ……頑張れぇサブ4・5だっ……。31㎞辺りで突然、右太ももが攣ったぁ〜（痛いィ〜）……参ったなぁ一歩も動けない……あぁぁあぁ〜サブ4・5霧散……。

「大丈夫ですか」って、近くにいた沿道スタッフが声をかけてくれる。嬉しいけれど、急激に攣って動けないのだ、痛いのだ。こんなの初めてと……唸りながらも、路肩で回復を待つ。

この時点でサブ4・5は諦めた。攣っても暫くすれば回復して歩くことが出来るのは経験済みだ、収まってきた……さあ、行こう……歩こう……2㎞は少なくとも歩こうと決めた。（サブ4・5ダメならのんびり楽しく行こう）と、きっぱり気持ちを切り替えた。

気持ちの切り替えが心身にも余裕をもたらしたか、少し走れそうだ……走って歩いてを繰り返していると、おぉ～右手の沿岸近くの海に鳥居が見える……いやぁ～ロケーションがいいぞぉと記念撮影……余裕のポーズ。なぁ～んか楽しい。

35㎞を過ぎた。もうここまで来れば、ゴールも感じられる。慌てず騒がず淡々と前に前に歩いて走る。

サブ4・5から解放されて本来の走る喜びに全身が堪えてくれている。40㎞を過ぎた。4時間40分弱で通過、あと2・195㎞か、ゴールまでは走れ続けられそうだ。この走れている感じは何とも言えない喜びだ。

おぉ～ついにゴールが見えてきた。いよいよ完走、ゴールテープを切る、この瞬間、感激して大満足してなんて幸せなんだろう……やったぁ～嬉しい……。

ゴールしたランナー1人ひとりを写真撮影して歓迎してくれている。次から次にゴールしてくるランナー達にフィニッシュタオルとメダルを掛け、上手に誘導して感動の記念撮影だ。勿論、私も精一杯の笑顔で、ハイチーズと慌ただしくも撮っていただいた。嬉しいねぇ……。勲

章のメダルに完走証明書（4時間51分14秒）を貰って、ご機嫌の私。フル完走5度目でした。

糸島市交流プラザの駐車場で荷物を受け取り、大空の下で皆、座り込んで着替えている。疲れた身体は着替えるのも一苦労だ。

ネット検索でスーパー銭湯を調べるも良く分からず、皆の動きに従ってテクテクと歩を進める。おぉ～沢山の出店ブースが立ち並んでいるではないですか、何があるのかなぁ……一店一店覗き込んで一通り見て回った。さてさて、何を戴こうか……。

おぉ～帰りのバスチケットが売られている。直ぐに買って指示されたバス乗り場に向かった。温泉に行きたかったなぁ、残念。

（昨日、受付時に貰った案内の中に、温泉と食事でリフレッシュという天然ラドン含有温泉「きららの湯」のチラシが入っていた。ゴール会場から30分毎にマイクロバスが「きららの湯」まで送迎だって、あ～ぁ残念、何でもちゃんと見ておかないといけない）。

博多の駅に着いてしまった。バス下車と同時に後ろから、「大阪から来られたんですか」って声かけられたのには、嬉しい驚きです。

福岡マラソンでは、1人のランナーにも声掛けしなかった私です。周りのグループランナー達の高揚した会話を聞くだけで、少し淋しい思いでしたが、福岡ではラン友になってもらえそうな人いないなぁと感じていたものだから……。

彼は、大阪で何年か仕事されていて、何故か私を見て大阪から来たと思ったらしい。今は、故郷の熊本で仕事しているとのこと、「これから友達と一杯だ」と……嬉しい一時に感謝です。

博多駅で、美味しそうな明太子と駅弁を買って、新幹線さくらの指定席に福岡マラソンの余韻と共に納まったのでした。ありがとう福岡。


10日（日曜）の福岡マラソン後は、26日に8㎞、28日に7㎞の「ならスポ」だけの走りで終わってしまった。

12月8日（日曜）に控えた「奈良マラソン大会」完走は大丈夫なのでしょうか。

走ることも大事だけれど、ここ数年、温暖化の異常気象で、日本各地で災害が勃発している。被災された方々の多くは「生まれて初めての経験で途方に暮れています」と、その心労や将来への不安を抱え、仮設住宅暮らしを余儀なくされている。

10月12日に過去最強クラスの台風19号が伊豆半島に上陸し、主要河川さえも集中豪雨により氾濫するなど、関東、東北圏に甚大な被害をもたらした。

災害列島と言えるほど自然災害に見舞われ続ける日本各地の被災者の方々のために私も役立ちたい……災害ボランティアの一員となって、被災地の1日でも早い復興にお役に立てればと……。

東北から関東にかけてボランティア募集の地域のなかで、ボランティアを募集している自治体かつ奈良県から一番近いところに行こうと〔災害ボランティア〕ネットで検索し、栃木県佐野市と決めた。

被災された10月中には行くべきとも思いながら11月10日の福岡マラソンへの備えを優先（被災地の方々の思いに添えなくて申し訳なくも）、マラソン後の体力回復をみて、10月14日（水曜）に出発、被災家屋の床下の泥出しに微々たる力を振るい、23日（土曜）に帰宅した。

いよいよ２０１９年も12月となりました。

十六、２０１９年12月のランニング

３日13㎞、５日９㎞、８日42・１９５㎞、16日（ナ）３㎞、19日（ナ）８㎞、24日（ナ）８㎞、31日（ナ）15㎞（トータル７回で98・２㎞。12ヶ月計83回９６７・２㎞）。２０１９年の月平均６・９回走行距離は80・６㎞です。「ならスポ」は今月４回で34㎞、計33回２４０・４㎞でした。

十七、大阪マラソンにボランティアスタッフとして

２０１９年12月1日（日曜）は、「大阪マラソン大会」の日。６時半前に家を出て、７時50分地下鉄御堂筋線心斎橋駅下車、マラソンボランティアとしてビル谷間の朝寒い御堂筋に立った。交通規制が敷かれ、車を締め出した御堂筋、歩道から歩行者等の侵入を防止するテープを樹々に巻きつけ、交差点にも御堂筋への進入防止のとんがりコーンを並べ終え、ランナーの来るのを待った。

初めてのボランティア活動は新鮮で、ランナーとして走る側からランナーの走りをサポートする側になるのも幸せな感じがします。

トップランナーが過ぎてから少しずつランナーの塊を増やしつつ、いよいよこの広い車道一杯に溢れそうなランナー達が走り過ぎていく。ラン友のＭさんとＷさんが参加されているので、目を凝らして２人を探しているも、全く見分けられない。多数のランナーが切れ目なく走り去っていく。そりゃ～総勢３万３０００人のランナーだもんねぇ。

ややぁやぁ～男性ランナーがコースからはみ出して私のほうに来たよ……な、なんだ、どうしたんだ……と身構えると、「携帯貸してくれませんか」だって、奥さんがずっと後ろのほうを走っているようで、ご主人、此処にきて、奥さんと一緒に走ろうと思い待つことにしたと（私の携帯で奥さんに連絡している）待っている間は私と雑談……おぉ～良かったねぇ、奥さんが迷わずこられたぞぉ。奥さん来られてお２人で元気よく手を振ってランナーの群れに戻り、

走り去った。ご夫妻でマラソン大会参加って、いいなぁ……と私「頑張って完走しいやぁ～」と見送る。

隣にいたボランティアスタッフの女性が「見て見て、小杉さんが走ってるぅ～」。私「えぇ～、どこどこ……あぁ、本当だ、「良く分かったねぇ」。彼女は「何回もボランティアしているとだんだんと分かるようになってきたの」だって……成る程ねぇ、慣れかぁ……動体視力も良くなるんだねぇ、としばし感心。

『人って凄い能力みんな持っているんだねぇ。自分の潜在能力を知らないでいるのは勿体ないなぁ、皆色々な機会を逃さずに何でも何度でもチャレンジして欲しいなぁ』と感心しきりです。

その後、ボランティアメンバーのKさんが「1週間後の奈良マラソンにもボランティアに参加します」と話されたので、私は、「奈良マラソン大会には私、ランナーとして参加します。Kさんはどの辺りでご奉仕ですか」、Kさん「多分最終エイドだと思います」、「またお会いできるかも知れませんね」。

私達の心斎橋でのボランティア活動は、マラソン最終ランナーの走り去ったあと、侵入防止テープや赤色コーン等を回収して警察官による交通規制解除とともに11時半には解散となりました。

ボランティア参加で頂いた大阪マラソンのキャップは、以後のランニングに愛用しています。

5日（木曜）は、午後から京都駅近くにて仕事の勉強会がある。折角京都に行くので午前中に京都ランを楽しもうと、家を8時20分に出発、JR京都駅北ロッカーに着替えを預け、10時、北ロータリーから北方面に走って5㎞で引き返し、初冬の京都市街のランを楽しみました。京都タワー地下3階のお風呂に入って、同ビルのレストランで昼食。少し慌ただしくも仕事に向かったのでした。いつもの癖、一石二、三鳥を楽しんでいます。

十八、奈良マラソン大会（リベンジの完走）

8日（日曜）は、奈良マラソンに参加です（今年12度目、ランイベント参加は通算37度目）、6時20分に車で出発、友人Y氏宅7時着。Y氏にマラソン会場の鴻池陸上競技場まで送っていただき7時40分「ならスポ」メンバーと合流。日頃より当競技場をランニング練習の拠点としている特権か、スタジアムの観覧席に「ならスポ」メンバーが集まっていた。CチームのKさんとAさんとで記念撮影。ピース笑顔にも余裕というより嬉しさと緊張感が漂う。過去に8回参加したフルマラソンにはなかった地元の利というか、「ならスポ」メンバーというホーム感は、何とも言えない祝福に抱かれて快い。

例年12月の奈良盆地は良く冷える。今も10℃は切っているだろうか、ランニングスタイルでは、震えるほど寒い……。

８時までに、大小の競技場のA～Mブロックに１万２０００人が集結。スタートは９時なのに集合時間が少し早くないか、１時間も寒風にさらされると私（高齢者）はトイレ回数が増えるのだ。トイレに並ぶ時間ロスも気懸かりだ。

主催者側もランナーの防寒具着用を想定して、スタート地点に防寒着を投げ入れる箱を設置しているが、皆捨ててもいいようなボロ着を用意しているのかなぁ……。

私は、そんな防寒着は持っていない、やむを得ずあったかいベストを着用、沿道のどなたかに使っていただければと、お気に入りのベストを着てFグループの先頭近くに陣取り並んでいた。

右斜め後ろのおばさんランナーに声を掛けると、驚きの一言が返って来た「１週間前の大阪マラソンを完走して、この奈良でまたフルを走ります」と、凄いとしか言いようのない方とスタートまで親しくお話することが出来、有意義な時間となった。

曇天寒空の９時、号砲が鳴り響いた。鴻池競技場は静から動へ。大きなランナー集団の群れが、『あおによし奈良の都』路に飛び出していく。沿道は切れ目ない人で溢れ声援応援の合唱に呼応して、晴れ晴れしい舞台を南に移して行く。

やすらぎの道も今日ばかりは緊迫喧騒だ。私の防寒ベストは既に役を終えたので沿道のどなたかに「処分してください」と迷惑にも手渡せた。その後ベストはどうなったのだろうか……。

高天交差点を右折して大宮通りを平城京跡まで西進する。快調だ。おおぉ～有森裕子さん発見、車道中央でランナー達に応援タッチしているぅ〜私は歩道側を走っていて、中央にはランナー達で行けそうにない、残念、スルーした。折り返して奈良公園に向かう。もう、ポケットの使い捨てカイロも要らないと捨てた。

大仏前を右折すると、古《いにしえ》の都らしい風情を少し感じながら10㎞地点を過ぎる。右折してすぐに左折すると殺風景な景観が一直線に南に延びている。この通り嫌だなぁ……コース前方がクネクネしていて先の見通せないほうが私は走りやすい。ずぅ〜と先の先まで見通せる所を走るのは面白くない、移り行く景観にこそ私の好み……などと「不満」言ってる場合じゃないぞよ、しっかり走ろう、おぉ〜15㎞地点まで来たぞぉ（2年前に参加した時はこの辺りで足に違和感を感じだした）、今回はすこぶる快調……おぉ〜やっと左折地点まで来たぁ（2年前はこのコンビニで3回目のトイレを借りたのを思い出した……絶不調だったなぁ）。

左折すると正面に山並みが見え、道沿いの田畑と相まって気持ちいい自然景観となった、おぉ〜2年前、奈良マラソンで唯一、印象深く残るエイドまで来た。「おもてなし」の無さを象徴するかのエイドだった、今回はどうか……ランナー達、我先にと群がっている……私も2年前同様ドリンクとバナナを戴く……。

あじゃ〜若い男性ランナーの足元にしばし釘付け、えぇ〜裸足じゃん……ちょっとちょっと君ぃ〜足痛くないの……。

１９６０年ローマオリンピック素足の金メダリスト、アベベを思い出した……それにしても凄いなぁ……。

　山裾野まで来た、高樋町交差点を右折すると長～い上がり坂が続く、頑張れぇと自分を鼓舞して駆け上がると、カセットラジオから大音響轟かせメガホン片手のおじさんから大声援を受け感謝感激。右折してさらに右にカーブから樹々に抱かれはじめた、右カーブの坂道を上ると20㎞地点通過だ。

　おぉ～ついに中間点通過、半分クリアしたぞぉ、次は下り快調だ。また上りだすと、おぉ、凄い天空に開け放たれた大空間が広がる、その先に白川大橋が見えてきた、遥か下方の地上にぽっかりと浮かぶように架けられた長～く湾曲した橋……眺め最高、シンドイけれど気分はいい。

　これからさらに下って天理市内へと走り行く、少し違和感を覚える空間が展開されだした、天理の街並みはなにかしら宗教色を感じる。何故に奈良マラソンのコースとなっているのだろうかと……私の思いは『奈良』を想起させるコースを走りたいと……贅沢な思いです。

　色々な所を走っていると、殆どの地域には神社仏閣がある……等しく手を合わせてしまう心もちで走っている私だが、天理教のことを何も知らないためか、宗教色のみが泰然と降り注いでいるという感じを受けてしまうのだが……。

　快調に街中を走れている。それに速いランナー達がこの先の折り返し地点から復路となった対向車線をどんどんと走り去って行く。「ならスポ」メンバーにもすれ違うだろうと対向ランナーにも注意しながら……おぉ～ついに25㎞の折り返し地点まで来たぁ。嬉しい気持ちで折り返し、復路となって直ぐ右折、正面の天理教建物をくぐったところで「ぜんざい」の振る舞いを受け、また本コースの復路に戻り、高樋町交差点まで同じ道を帰ることとなる。

（前回は足の痛みで走れなくなったところが、このぜんざいのエイド地点だった。それからは足の痛みで走れず、歩いて行けるところまで行こうと……再度、白川大橋渡り山間に入った30・5㎞の関門でタイムアウトとなった）。

今回は、ぜんざいはパスした。天理市内も快調に走り抜け、上りとなって白川大橋も過ぎた。30㎞地点の上りで少し歩いたが、無事に関門を12時20分に通過した。おぉ～前回ありつけなかった三輪そうめんのエイドだ。美味しいというより今回食べれたことが凄く嬉しかった。

下って高樋町交差点からは、奈良マラソンとして初体験の場となるコース、嬉しいなぁ～あれれぇ足攣りそう……そうだ、無理せず歩こう……先月の福岡マラソンでは30㎞過ぎで急激に攣ったのだ、無理をしてはいけない。うぅ～ここで歩くとまたサブ4・5（4時間30分切で完走すること）は諦めないといけないけれど、攣りたくはない、出来るものなら攣らないでほしい……瞬く間に数人のランナーに抜かされた。

足の状況を微妙に判断しながらゆっくりと走り出す……歩こう……暫くの間、この状況は我慢のしどころと、抜き去るランナーには動揺されずマイペースで行こうと決めた。マラソンは、自分自身との闘いなのだ。

35㎞過ぎた辺りからは、足も回復したのかキロ6分台で走れている……足よありがとう……完走は確実に出来そうだ。おぉ～今回はトイレに1度も行ってないなぁって思ったらダメだねぇ……トイレ行きたくなってしまった。残念！　ロスタイム3分……。

おぉ～好きな奈良町の風情、塀のある高畑に戻って来た。奈良公園大仏前を左折していよいよゴールもイメージ出来る親しみある空間だ。県庁南東角を右折すると最後のエイドだ。きっと大阪マラソンボランティアで一緒だったKさんが居られるだろう。すると、7～8人ほどのスタッフの中に紛れもない存在感のKさん発見。「林です。Kさんありがとう」と握手して戴いた。ぐぅ～と力をいただいた感じ……、嬉しい再会を果たし、すぐさま路上の人となった私、このままのペースで走れるかもと思いながら40㎞のサインを見て左折、Kさんにいただいた力も直ぐになくなりきつくなってきた。

右折して最終やすらぎの道に戻って来た。ラストの坂道が待っている。うぅ～ぅ、やはり足動かないか……坂に差しかかって直ぐに歩きとなった……元気あるランナー達は坂も駆けていく。右手に鴻池陸上競技場が見えてきた。もう少しだ……嬉しい誇らしい……。

ラストスパートは駆け足でハレの競技場に晴れやかに凱旋帰還す、少し余裕も……ゴール手前で携帯を構えゲートを撮る、今まさにここにゴールした。やったぁ……地元奈良マラソンに喜びの足跡を残せたのだ。誉れ高し我を褒め称える自画自賛に悠久の一時を味わう。

2年前、悔し涙で断念したが、今は競技場外周にフィニッシュタオルとメダルを掛け完走証をもらう列に並んでいる。「奈良マラソン」、今ここにリベンジなす、感慨《かんがい》一入《ひとしお》……。

地元ということで急いで帰らなくてもいい余裕、ゆっくりと体育館で着替え、競技場駐車場に設営された食べ物や物品販売等の色々な出店ブースを見て回った。「ならスポ」のメンバー達は、どうだっただろうとも思いながら……。

迎えに来てくれるよう友に電話して、近くのレストランに入った。知人達に奈良マラソン完走の報告ラインを送る。嬉しい余韻に包まれている。

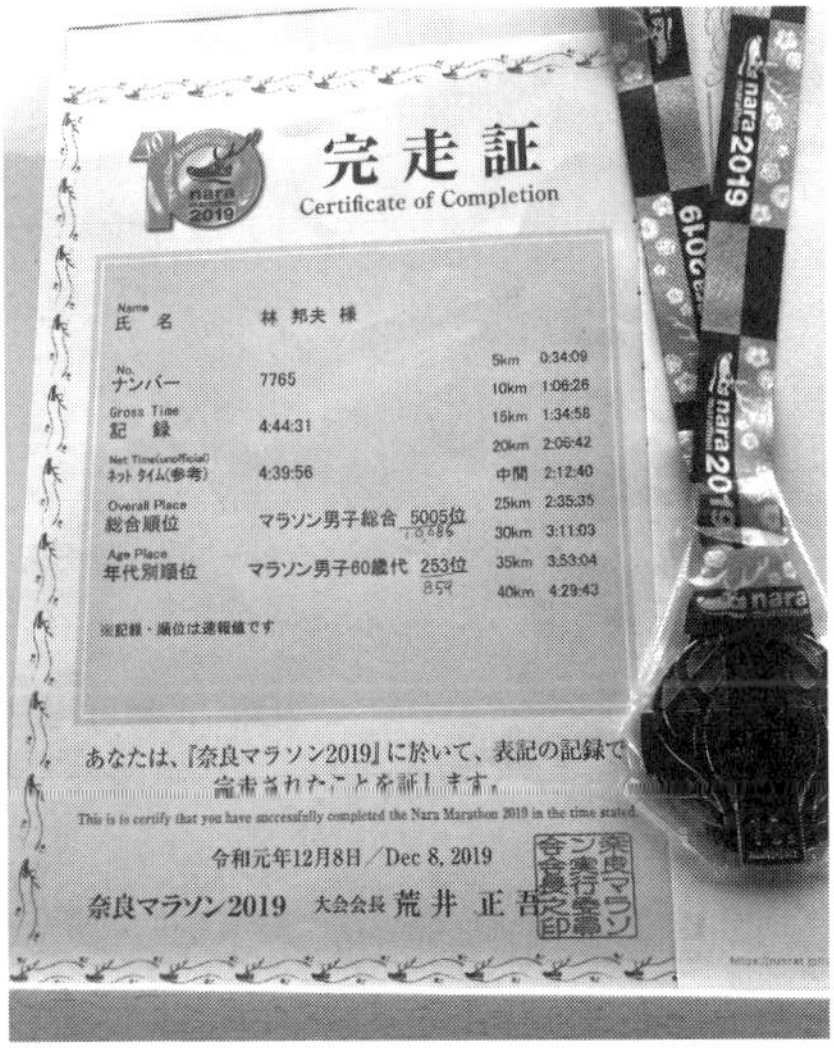

【データ】奈良マラソンの記録。5km／34分9秒、10km／1時間6分26秒、15km／1時間34分58秒、20km／2時間6分42秒、25km／2時間35分35秒、30km／3時間11分3秒（30kmまでは、1ヶ月前に走った福岡マラソンとほぼ変わりなかった）。35km／3時間53分4秒、40km／4時間29分43秒、42・195km／4時間39分56秒（ネットタイム）でした（フル完走は6度目、サブ4・5は今回も達成できず残念、次回に持ち越しです）。
ちなみに、奈良マラソン後は、4回「ならスポ」に参加しました。

十九、2019年（67歳）マラソン実績のまとめ

奈良マラソンにも納得のリベンジを終え、２０１９年（67歳）のマラソン人生も満足な成果をあげることが出来ました。

マラソン実績を纏めてみますと、

①ランニングイベント参加12回、［フルマラソン３回（篠山、福岡、奈良）、30㎞マラソン１回（大和川）、ハーフマラソン２回（九度山、河内長野）、トレラン４回（東山、大台、生駒、六甲）、ロゲイニング１回（大阪九条）、アクアスロン１回（潮芦屋）］

②ならスポ参加33回２４０・４㎞（鴻池陸上競技場）

③ラン友ラン８回（奈良３回、京都４回、大阪１回）、

④１人ランニング29回（曽我川10回、スイムピアマシーンラン６回、虹の湯３回、あきの湯２回、馬見公園２回、竹取公園、田原本、狭山スパワールド、橋本きらく湯、王寺、京都各１回）、水泳５回。

以上、総ランニング距離９６７・２㎞（月平均80・６㎞）でした。

ケガや事故もなく無事に走り続けることが出来たのが一番の成果かも知れません。

次にフルマラソンの実績を纏めると、

①２０１６年11月23日（64歳）第６回福知山マラソンに初参加、初完走（５時間23分34秒）と

いう栄誉をいただく。
②２０１７年12月10日（65歳）奈良マラソン30・５km関門まで。
③２０１８年３月４日（66歳）篠山マラソン36・３km関門まで。
④同年５月20日（同歳）第８回柏崎潮風マラソンで２度目の完走（４時間40分43秒）。
⑤同年10月28日（同歳）第２回富山マラソンに３度目の完走（５時間58分00秒）。
⑥同年12月９日（同歳）第30回袋井クラウンメロンマラソンに４度目の完走（４時間35分42秒）は自己ベスト。
⑦２０１９年３月３日（67歳）篠山マラソン36・３km関門まで。
⑧同年11月10日（同歳）福岡マラソンで５度目の完走（４時間51分14秒）。
⑨同年12月８日（同歳）奈良マラソンで６度目の完走（４時間39分14秒）。

以上、フルマラソンの実績です。

この間の月平均走行距離は80km超だと思いますが、この時点では、練習量等はあまり意識なく、何よりも「ボチボチと楽しく有意義に」をモットーとした生き方、即ち還暦以降の人生感を大切に、楽しく活き活きと「走る」ことに意義を見出していました。それで十分満足なのです。

いよいよ２０２０年東京オリンピック開催の年を迎えようとしています。マラソンが益々日本国民に愛され普及する２０２０年であるようにと願いながら、感謝な２０１９年も暮れていきます……ありがとう。

第十一章　マラソンランナー《ステップⅪ》2020年（令和2年）68歳のマラソン

一、新年に思うこと

２０２０年新年あけましておめでとうございます。

ほぼ60歳から走り出した私のマラソン人生も今年で8年目。膝の痛みや太腿の痛み等の他、仕事や私事都合等でコンスタントに走り続けて来たわけでは勿論ないけれど、２０１６年からは、なんとか順調に走り続けています。４年間も走り続けているという事実に計り知れない喜びと私をここまで導いてくれた全て（記載してきた事）に感謝します。２０２０年もマラソン人生を謳歌したいと願う元日を迎えました。

２０２０（令和２）年の幕開けです。皆さん、いかがお迎えでしょうか。今年のビッグイベントは何といっても『２０２０東京オリンピック』でしょう。世界のトップアスリート達が我が国に集い、熱き闘いの火蓋が切られます。私が応援したいアスリートは、頑張る全てのアスリートです。その中でも、日本のメダル候補アスリートには、特別な感情いっぱいの声援を送りたいです。

2020（令和2）年の干支は庚子《かのえね》です。「庚」とは、結実の後に転身することを意味し、「子」は種子が土中で発芽したまさに生命のスタートであり、繁殖や発展を意味するとのこと。心より新年をお祝いしましょう。

私の「ランニング人生」も、ある種の結実をみて、また新たな方向に転身するのでしょうか。生命のスタート、繁殖や発展とは、68歳となる私にとって何を意味するのでしょうか。何はともあれ、今年も「楽しくボチボチと有意義に」をモットーに、2020年も気合を入れ、楽しく走り続けようと思っています。


2020年元旦にあたり、昨年（2019年）のランニング成果を振り返ってみます。
1、ランニングイベント参加12回
①フルマラソン3回（ABC篠山、福岡、奈良）
②30kmマラソン1回（リバーサイドマラソン大阪）
③ハーフマラソン2回（九度山世界遺産、河内長野シティ）
④トレラン4回（東山マラニック、大台ケ原、生駒、六甲）
⑤ロゲイニング1回（大阪九条）
⑥アクアスロン1回（潮芦屋）

2、「ならスポ」参加32回（鴻池陸上競技場）
3、ラン友ラン8回（奈良市、比叡山、京都成就山、京都宇治、生駒、京都愛宕山、矢田丘陵、大阪九条）
4、1人ランニング29回（曽我川10回、スイムピアマシーンラン6回、上牧虹の湯3回、あきのの湯2回、馬見丘陵公園2回、竹取公園、田原本、狭山スパワールド、橋本きらく湯、王寺、京都各1回）
以上、総ランニング距離967・2㎞（月平均80・6㎞）でした。

2020年（68歳）はどのようなランニング人生が展開されるのでしょうか。

1年の計、2020年の『目標』を元日に立てることは、ここ数年の決まり事となっています。

『人生の不思議を味わいつつ、少しずつ〝人生の妙〟〝命の豊かさ〟を体感してきているような、ランニングの魅力を思う存分味わい尽くせればと、年齢の積み重ねと体力気力のバランス、いつまで走れるだろうか……怖れと畏怖。人生の全てが「正直」であるように、私の身体も実に「正直」だと思います。心の想うところを叶えようと頑張ってくれる身体。そのために、私がすべきこと、出来ることは何だろうか？』とは、昨年の感慨だけれど、今年も全く同じ気持ちです。

68歳って『おじいさん』だよね。私自身、高齢者の仲間入りなのは間違いないが、老人ではないような……『おじいさん』ではなく相変わらず『オジサン』なのだ。だから、こんな『オジサン』で居たいと思う『目標』を起てよう。

二、2020年（68歳）の目標

2020（令和2年）年の目標……こんな『オジサン』で居たい。

①**マラソンサブ4・5の達成**（ならスポCチームの目標でもある）。
②素晴らしき人達と出会いたい。
③終活へ、心身の成長（命の本質、本当の豊かさとは……あらゆる機会から学ぼう）。
④奈良、京都の歴史を味わうランニングをしたい。
⑤月1回はランニングイベント、ツアー旅行に参加したい。
（ラン友とも2ヶ月1度ぐらいは一緒に走りたい）
⑥体操、読書、将棋、脳トレ等、身体と頭に良いと思われることは何でもしたい。
⑦仕事は、短期に終えるもののみとしたい。

以上、趣味を主に仕事は従として、「ボチボチと楽しく有意義に」をモットーに今年も歩みたいものです。

昨年と似たり寄ったりだけれど、より趣味のランニングが中心の歩みになって来ているなぁと思います。

何よりも毎週、火曜と木曜に鴻池陸上競技場を舞台にコンスタントに8～10㎞を走っている「ならスポ」というチームに入っていることは、自由気ままだったランニング人生から、間違いなくある種の方向に意味付けされたランニング人生を歩むってことになりそうです。

昨年は、ラン友とも、目標通り2ヶ月に1度のペースであちこちと一緒に走ることも出来ました。今年もランイベントには、1月に2回、エントリーしています。2月には、海外旅行にも申し込んでいます。盛りだくさんの楽しい出会いを期待しながらも、何らかの結実をみて、また新たな方向に舵を取るのでしょうか。生命のスタート、繁殖や発展との「子年」の意味も念頭において、２０２０年をスタートしましょう。

三、2020年1月のランニング

4日は京都（友）19・5㎞、7日は（ナ）10㎞、9日は（ナ）10・5㎞、12日は武庫川（イ）21・1㎞、18日は青山高原5㎞、20日は馬見丘陵公園10・5㎞、23日は（ナ）10㎞、26日は淀川30ｋ、（イ）30㎞、28日は（ナ）８㎞、30日は（ナ）８㎞。今月は10回、計１３２・６㎞。

この内、（ナ）＝「ならスポ」は5回で46・5㎞）。

［注］（ナ）＝「ならスポランニングクラブ」の略、（イ）＝ランニングイベントに参加（場所記載）、（友）＝ラン友ラン（場所記載）、無記名＝1人ラン（場所記載）、以下同様とします。

昨年のひと月に走った平均距離が80・6㎞だったことを思うと、2020年の幕開けの1月に走った距離が132・6㎞とは、何だか今年は、ランランにも気合と意気込みが入っているようです。

四、ラン友ラン京都（哲学の道、知恩院、京都御所）

2020年の幕開け記念ランは、1月4日。舞台は京都です。

正月でもあり、いつもより1時間遅く10時、出町柳駅にＨｍさん、Ｗさんと私、3人集合です（ラン友ラン今年1回目、2017年から計23回目）。今年も京都ランは、Ｈｍさんに全てお任せ、私達は、Ｈｍさんの設定コースを、前後左右に注意しつつ、楽しくおしゃべりもしながら、移り行く京都の街並みを五感いっぱいに受け走っています。

哲学の道から知恩院、いつしか車道を上って京都市内を一望する山頂まで来ました。新年の京都、静まりかえっているようでも京都人の始動が感じられます。

市内に戻り祇園から京都御所を経由、出町柳駅に戻って来ました。2020年初の京都ラン、充実の19・5kmでした。

駅前でインドカレーを食し、恒例の銭湯では、程好く疲れし身体、ドボンと湯舟に親しめば、もう「ここは京都、いい湯だなぁ～」の世界でした。

今年の新春記念マラソンもこうして、大満足の余韻に浸りながらの帰路となりました。Hmさん、Wさん今年も宜しく、年頭一番に一緒に走れたこと本当に嬉しいです、ありがとう。

五、第46回武庫川新春ロードレース大会

12日（日曜）は、第46回武庫川新春ロードレース大会に参加です（今年1度目、ランイベント参加通算38度目）。

9時15分家を出ました。雨が降りそうな曇天ですが、気温は7～11度で穏やかなランニング日和です。環状線の西九条駅で阪神電車に乗り換え、10時46分武庫川駅に着きました。

な、なんと阪神電鉄武庫川駅は武庫川に架けられた橋が駅になっています。えぇ～こんなの許可されるのかなぁ、人生初めて川面の上駅に降り立った感激、驚きと感動の駅（川の上）に不思議な居心地のまま進行方向の改札に向かいました。

第46回を迎えた武庫川新春ロードレース大会、人生の不思議は、68歳にして46年前から毎年開催されていた大会に初めての参加、降り立つ駅も初体験の川の上、なんだかワクワク感が増して来ます、さあ行こう……趣の異なる川の上のプラットホームから川の流れや河川敷を眺め

ながら、進行方向に歩いて、左に階段を下り改札を出ました。

駅前商店街のような駅前らしさの全くない駅、なのに河川沿いに南方向海側に向かって別な電車が停まっているではないですか……。

何が何だか分からないけれど、私は、武庫川新春マラソンの開催地点に向かう。方向的には、河川敷の川上側です。

いつもなら、他の参加ランナーについていくだけでいいんだけれど、あれれぇ、ランナーらしき人がいない？　1人取り残されたようです。まあ、方向性ははっきりしているので、北に向かってと……住宅街の河川敷土手下に登りの階段を発見、上って眺め良き河川敷き土手を北に歩みました。

それらしきテントと人だかりを発見、2020年初イベントマラソン開催地に嬉しくも到着しました。

1月としては、誠におだやかな気候です。11時、土手下の自転車道から斜面芝生にしゃがみ込み、朝に作った具いっぱいの「にぎらーずおにぎり」を頬張る。テレビで知った簡単な作り方を私流にアレンジしたもの。自画自賛ですが、コンビニのおにぎりより遥かに美味しい。

今回は1ヶ月前の「宝塚ハーフマラソン大会」での自己ベストタイム1時間57分36秒を何となく意識しています。

12時ジャスト、845人のランナーが武庫川河川敷きを北に向かってスタートしました。国道2号線、ＪＲ神戸線、名神高速道、阪急神戸線、山陽新幹線と続くガードをくぐって折り返す。各線の特色ある電車に遭遇するのも楽しい。おぉ～乗客が手を振ってくれているぅ、応援ありがとう。

折り返すと、南に広がる景観は、また一味違って新鮮です。流れ方向に河川敷きも緩やかに下っているはずだが、ほとんど水平に近いのか折り返しても走る感覚は変わらない。おぉ～スタート地点に戻って来た。そのまま走り過ぎ、朝に下車した阪神電鉄の武庫川河川駅をみて折り返しました。

スタート地点で丁度半分、13時前です。このペースでもう一周できれば、サブ2（2時間以内の完走）は可能。前後のランナーはほぼ同じペースで走っている、同年代か何か親しみ感じるランナーさんだなぁ……と意識してついて走っている私……。

サブ2を意識すると、風景を楽しむより、少し先行くランナーや対抗ランナーに注意が向くなぁ……北の折り返し前から、ある男性ランナーと並行して走っている。このまま、最後まで一緒に走れれば、友達になって欲しいなぁ～とも思いながらあれれぇ～ゴールまであと3㎞、その男性のペースが落ちだした。私はというと……このままでいけそうだ。声もかけずに前に出てそのまま離れ去る、マラソンはマイペースが一番いいと、即、納得。

２０２０年初ハーフマラソン、武庫川河川敷ゴールゲートに嬉しい納得のゴォール、2時間57分48秒。な、なんと、宝塚ハーフマラソンに12秒届かなかった。分かっていれば、ラストス

第46回
武庫川新春ロードレース大会
完走証

ナンバー： 3673
林 邦夫 様
種 目： ハーフ男子60歳代
第 35 位
記 録： 1時間57分48秒
(総合順位 394 位)

あなたは本大会において上記の記録にて完走されましたことを証し、その栄誉をたたえます。

2020年1月12日

兵庫県スポーツ祭典実行委員会
大会会長 青木 公一

パートしただろうが……なんといっても完走できたこと、で大満足なのです。

若干のハイテンション状態で荷物を受け取り、着替えをしながら、池田市から参加されたIさんと談笑。さてと、ラン後のルーティンだ。事前に検索したスーパー銭湯「みずきの湯」は、阪神電鉄武庫川駅の一つ大阪寄りの駅「尼崎センタープール前駅」直ぐの場所にあった。ランスタイルにジャンパーを羽織り、穏やかな武庫川の旧国道に架けられし橋を渡り、今年初のマラソン会場に別れを告げました。

たまに車が行き交う中、私は1人で赤いリュックを背負いランのダウン効果よろしくトボトボと1km少し歩いて、琴浦神社前交差点まで来ました。ここを右に曲がれば「みずきの湯」のはずです。

あれぇ、「みずきの湯」の駐車場に入る車が車道にまで溢れています。ということは、館内は相当な人でごった返しているかも、嫌な予感がします……予感が当たり入場制限です。しょうがない、脱衣場入口に並んで順番待ちです。こんなの初めてです。人気あるんだねぇ……待つこと5分、のんびりゆったりと温泉に疲れた身体を預けました。館内他の施設は素通り、ご褒美の温泉で十分に満足し、電車時間を検索するとあと5分……。急いで車道を横断、駅舎に入る手前で、リュックのファスナーが開いて何かを落としたようです。通行人から「落ちましたよ」って声をかけられ後ろを振りむくと、リュックは大きく開いていてびっくり……。

何でもちょっとした不注意で大変なことになることもあるからね。もし車道横断中に荷物を落としていたかもと思うと、駅前広場で良かったって「不幸中の幸い」的発想で、気持ちを落ちつかせてホームに向かいました。

帰宅後は2020年新春マラソンの締めとしてマッサージ店で頑張った身体をほぐしてもらった。ご機嫌な1日を振り返ればマラソン人生パート2020も楽しみでいっぱいです。

1月18日（土曜）の青山高原5㎞とは、全く走る場所を決めないで、にぎら～ずおにぎりを作り、お茶を入れ、11時20分愛車リーフで青山高原方向に向かいました。どこまで充電しないで走れるか、行先で充電装置があるかどうかにも注意しつつ電気自動車を走らせています。

青山高原は、2017年6月4日に第30回青山つつじクォーターマラソン大会にエントリーはしていたが、体調不良で当日辞退した覚えのある場所で1度は行ってみたいと思っていたのです。

何しろ山間に入ると、電気自動車の走行可能距離が実際の走行距離の倍ほども減りだすので、気が気ではありません。残りの走行可能距離数表示と最も近そうな温泉地までの距離を計算しながら、西名阪道から三重県津市白山町の「猪倉温泉」までなんとか来れました。ホテルのフロントで充電の許可を戴いてひと安心。さてと……青山高原って一体どこだろう。走れそうな道路はあるかなぁとスマホで検索してみると、青山高原まで行くには充電が足りなさそうですし、時間的にも遅くなりそうなので、結局、30分充電させてもらい戻ることにしました。結果、上り続けのラン2・5㎞辺りでUターンし、何とも印象に残りそうにない山中の車道を少し残念な思いで走っていました。

猪倉温泉で入湯……やはり温泉は最高です。露天風呂では、天空高く7羽の鷹だろうか、大空高く乱舞しています。

そんな時、ラン友Kさんから聞いた話を思い出しました。Kさんの伝書鳩が鳩レース（遠隔地に伝書鳩を離し自宅に帰って来る速さを競う大会）に、数羽参加させるも全羽帰還しなかった、という話です。Kさんの伝書鳩もこのような猛禽類に襲われたのでしょうか？

「猪倉温泉」にはまた来たいけれど……ちょっと気合を入れないと来れそうにないか。5㎞ランでは物足りない私でした。

1月20日（月曜）は馬見丘陵公園まで10・5㎞走った。

この日の夜、いつも楽しみにしているNHK「鶴瓶の家族に乾杯」を観ていると、俳優の加藤雅也氏ゲストで、な、なんと、我が町「三宅町」が舞台でした。特に何のとりえもない全国二番目に小さな町が放映されているではないか。鶴瓶さんもよく来てくださったもんだ。加藤さんも良く三宅町を選んでくれました。ただただ感謝、ありがとうでした。

六、第5回淀川30kマラソン大会（新たなる次元へ）

1月26日（日曜）は、第5回淀川30kのランニングイベントに参加です（今年2度目、ランイベント参加通算39度目）。

7時40分に家を出ました。曇り空の下、7℃ぐらいか穏やかな気候です。最高気温が12～3度とランニング日和です。地下鉄西中島南方駅に9時4分着。

10時スタート、580人のランナーが一斉に西に向かって走り出しました。1度だけ左にU字型に振れる以外は、ほぼまっすぐな河川敷きのコースを2・5㎞走って折り返し、スタート地点に戻って5㎞、スタート地点には電光表示時計があって、30分18秒の表示。あと5周です。

周回2度目は、10㎞を58分58秒。単調なコースです。U字部の左折で対岸のビル群を遠くに眺めるのが何故か印象的。3回目の5㎞も30分を切った、一定のペースで走れています……このまま、このまま……ペース維持、いやぁ凄い……順調に走れています。5回目でトイレを意識したが、このままいけそうです、完全にほぼ一定のペースで走り切ったのです。スタッフのおばさんにも「ご苦労様ありがとう」と余裕ある労いの言葉をかけ、自分の走りにも大満足

記録証

参加種目：男子30キロ
ナンバー：A388
氏　名：林 邦夫
順　位：第314位 / 580人中
記　録：2時間56分14秒
（ネットタイム：2時間55分29秒）

通過タイム
5km：30分18秒（29分32秒）
10km：58分58秒（28分40秒）
15km：1時間28分11秒（29分13秒）
20km：1時間57分30秒（29分19秒）
25km：2時間26分52秒（29分22秒）
30km：FINISH（29分22秒）

令和2年 1月26日

第5回 サンスポ 30&10K 淀川記録会
supported by WINZONE

……嬉しいの一言に尽きる爽快感を味わいつつ荷物を受け取りました。

直ぐに貰った記録証をみてびっくり、驚きの結果だ、30kmを2時間55分28秒で完走。昨年10月の第2回リバーサイドマラソン大阪大会の自己ベストタイムを17分10秒も速く走り切ったのだ。記録証には珍しくも5km毎の通過タイムが記載されていました。

5km：29分32秒　（29分32秒）
10km：58分12秒　（28分40秒）
15km：1時間27分25秒（29分13秒）
20km：1時間56分44秒（29分19秒）
25km：2時間26分06秒（29分22秒）
30km：2時間55分28秒（29分22秒）

以上の記録で驚くべきことに、な、なんとですぞぉ〜5km毎のラップが29分13秒〜22秒という9秒程の違いのみで5kmを走っているということなのです。何という規則正しいペース（足の回転）。30㎞、3時間弱の長丁場を最後まで一定のスピードで走りきった、という信じられない結果……我ながら凄いとしか言いようのない結果です、胸が躍るとはこういうことなんだとしみじみとした嬉しさが込み上げてきます……。

冷静に考えてみると、「ならスポ」で週2回8㎞のペース走がこの結果を引き出したとしか思えない。人の身体って同じことを継続していると覚えてそれが当たり前になるんだね。あと、ひと月で68歳になる我が身で、それが実証されたのだ。ランニング人生8年間、続けてきた結果、素晴らしき果実と成りし良き記念日……本当に嬉しい……「ならスポ」に、我が身体に感謝です……が、最近のランニングは、走っていて楽しいけれど、いままでのイベント参加のような「完走できるかなぁ？」とか「どのような大会なんだろう」とか何か新しい「景色や人達に出会えるかなぁ」というワクワク感（はしゃぐ感じ）がなくなってきているようです……最近のランニングイベント参加のモチベーションは、「さぁ走るぞぉ～」って感じで『走ることそれ自体に意味』があるような……完走できるかどうかという未知への怖れやワクワク期待感より、走れるのは、当たり前で「どのような内容の走りだったか」という次元に入っているような感じです。このことは、私のマラソン人生にとって新たなる一歩、今までとは異なるマラソンランナーに成長したということでしょうか。

確かに素晴らしい走りを体験した今、ひょっとして、新しい何かを得たとき、必ずと言っていいほどに何かを失ってしまう現実があるのも事実……私の人生のモットーである『ボチボチ楽しく有意義』なマラソンだろうかとも頭をよぎります……やはり、もっともっと楽しく走りたいとも思うのでした。

それにもう一つ、私自身、ラン友との接し方にも、以前のような「はしゃぐ」ってことが無くなってきているなぁと思っています。何よりも携帯のラインのやり取りでも、ラン友が出来た2017~8年中頃には、より楽しく友達になってほしいとの思いで打ち込んでいた半濁音の「パピプペポ」、例えば、走っている状態を『ポコポコ』、気持ちの高揚感を『パピプペポォ~』、『パッピー、ポッピー』、その他にも『パコ、ピコ、プコ、ペコ、ポコ』等々、「パピプペポ」は「は行」のみに存在する半濁音（何か大きな意味があるのでしょう）を使ってのライン会話は「はしゃいで」いたのです。私自身の思いは、親しみや高揚感をもっと楽しく、活き活き過ごしましょうってのポジティブ表現だったのですが……ところが、ほとんどの大人は、「パピプペポ」を使わなくなっています。こういった「はしゃいだ」内容は、子供時代だけで終わっています？

私が走り出してこの楽しいスタイル（はしゃぐ心）が私の心に甦ったのでしょう。大袈裟に言うと人たるものをさらに豊かな世界に鷲のように舞い上がらせる高揚感という潤滑油のような言葉、これも封印です。少し物足りなさを感じる私がいます……。

いずれにせよ、昨年6月から「ならスポ」という走る仲間に入れていただいた結果、今年（2020年）1月、ランニングの記録に驚異的な変化をもたらしました。当分は、「ならスポ」スタイルのランニングを楽しもうと思いながらも、ラン友とのランニングにも大いなる楽しみや期待を持っている私なのです。

七、2020年2月のランニング

2日は奈良市朱雀10㎞、4日（ナ）10㎞、9日はパレルモ8㎞、12日はアルベロベッロ8㎞、13日はアマルフィ5㎞、18日（ナ）10㎞、20日（ナ）8㎞、25日（ナ）10㎞、27日（ナ）10㎞（今月計9回で79㎞、2ヶ月計19回211・6㎞）、この内（ナ）＝ならスポ（5回48㎞、2ヶ月で10回94・5㎞）。

2日（日曜）は、ランを続けていくための【モチベーション1（ラン後の語らい）】が久しぶりの復活です。奈良市朱雀でテニスをしている友のテニスコート周辺を走り、友のテニス終了時間に合わせ再会、最寄りの喫茶店でパンと珈琲、ラン&喫茶を楽しんだ。

八、イタリアを走る

そして6日には、ずう〜と前から行きたいと思っていたイタリアに。ツアーには、1人参加が8名、ペアー参加7組、4人グループ1組とツアーガイドの27名が関空から海外ツアーの一団となって、ヘルシンキを経由、イタリア・ローマに2月6日の19時降り立った。7日にカゼルタ、ナポリを観光して、フェリー乗船、8日の7時にシチリア島パレルモに着く。

(1)パレルモ

9日（日曜）早朝、シチリア島の最大の都市「パレルモ」、6時05分、ひっそりと街灯の照らす道路にランスタイルの我が身、行く先さえ決められずに走り出した。あの「ゴッドファーザー」の舞台だ。暗闇にマフィアが潜んでいるのだろうか……昨日ツアーガイドに「マフィア等、現在の治安は大丈夫なのですか」との質問に「マフィアは素人を相手にしません、安全ですよ」と聞いているが、一抹の不安がよぎった。何といっても右も左も全く分からない異国の地、パレルモの街中を早朝に1人で走っているのだから……。

誰1人路上にはおらず、路面電車と数台の車が動いているだけだ。

小さな河川沿いを走る。日本の産業廃棄物中間処理場のような場所、街中ではスプロール（市街地が無秩序、無計画に広がること）な印象だ。向こうに橋と幹線道路が見えている。また市街地に入った。特徴的な教会堂のファサードに見入りながら、左回りに上って先ほど見ていた幹線道まで来た。橋を渡ろう……おぉ～左手から厳かにもパレルモの日の出だ。今日一番の素晴らしい時間空間のロケーションに感謝と畏怖……世界中の至る所で、今日も太陽は昇っている。

渡ってからは5階建てのアパートメントが歩車道いっぱいまで立ち並んでいる通り、車も人もちらほら、右回りに下ったところが、パレルモ中央駅だ。携帯で通りやモニュメントや駅舎等撮影。さてと、ホテルに戻ろうっと……方向的には、こっちのはず、路面電車も乗客増えている……パレルモの街もゆっくりと動き始めたのを感じながらホテルを目指す。

おぉ～この通りから来たという記憶、同じ道を戻りたくないなぁ、時間は？ 余裕はないがもう少し走れそうだ、ぐるーっと左回りで帰ろうと……その道に入らず、走って来た通りをそのまま素通り、直ぐに左折できるだろうと思いながら……路地的な道ばかりで、幹線道交差点まで1㎞近く走ったか、やっと左折出来たって感じ……次の大通りで左折して、1㎞程戻った辺りでホテルの近くまで来ているはずと携帯のマップを確認すると、えぇ～「ない？」、無くなっているではないか、位置情報として出発地点に入れておいたマークがない……。

「迷子になっちゃったァ」なんてことだ……周りは中高層のよく似た建物が並んでいるが、ホテルらしきものはない。えぇ～どうしよう……先ほどの見知った分岐点に戻るにも時間がかかりすぎる……ど、どうしよう、ホテルの名さえ覚えていない。なんてことだ……。

広い交差点の向こうに観光バスが1台だけ来るのが見える。全てが静まりかえった交差点に1人で呆然、茫然……。

な、なんと、交差点で停まった観光バス、運転手に見覚え、こちらを見て笑っている。そういえば、見覚えのあるバスだ。乗降ドアを開けてくれた。なんとも〝渡りに船〟とはこのことだ。運転手の直ぐ後ろのシートに納まった。

運転手「早朝マラソンしてたの、直ぐホテルに行かないよ、燃料補給してからホテルに向かうからね」だって、勿論イタリア語だから分からないけど、何となく分かるもんだね。いいよいいよ、何でもOKだよぉと「オッケー、オッケー」……あぁ～助かったぁ～。

狭い給油所に先着観光バスあり、抜群の運転操作で給油スタンドにバスを横付け、給油する間に私、下車してオフィスに入った。またまたビックリ、パン類が沢山あるではないか。美味しそうなのを購入。

「日本から来たのか」って声をかけられる、イタリア人は、実にフレンドリーだ。その人も客人か、パンをかじってた。それにしてもこのパン、めちゃくちゃ美味しいではないか（この後、具の入ったパン、色々食すもこのパンに勝るものなし）。半分食べて、残りをポケットに突っ込んでバスに乗車。バス内では、食は禁止だ、これは、イタリアに来て最初にツアーガイドから説明のあった注意事項の一つ。

世の中、なんだか良く分からないけれど、中国武漢から得体の知れない感染力の強烈なものが世界中に広がりつつあるらしいことは、メディアからおぼろげながらも見聞きしている。

確かに、イタリアに来た時から、中国人をはじめとする外国人観光客の姿をほとんど見ない。観光地にいる外国人はごくわずかの日本人のみという感じだ。おかげで、ゆったりと観光も楽しめる。我々も良く来れたものだ。

そんなことより、バスがホテルに着いた時は、出発予定時間の15分前、急いで下車、一応、朝食会場にいくと、同じツアーのグループ参加女性3人が残っておられた。急いでバイキング形式のモーニングをちょこっと戴き、部屋に急行。ランスタイルから旅行スタイルに着替えて、スーツケースをロック、ありがとうと部屋をでて、フロントへ。ツアーガイドさんが待っていて、ルームキーと精算を済ませた。ホテル玄関からバスに9時ジャスト乗車、皆さんの拍手に迎えられて……いやぁ～「済みませんでした」。

私の姿が朝食会場に見えないので、部屋に行ってノックするも応答なし……一体どうしたんだろうと、皆さん心配していたとのこと。本当にお騒がせいたしました。あぁ～あ、反省しきりです。反省点は、
①誰かに早朝ランする旨伝えておくべし、②ホテルの名称と住所は控えておくべし、③早朝ランも時間に余裕をもつべし、④確実に来た道を帰るべし、以上。
たまたま、見知ったバスに出会えたから無事に帰ってこられたが、会えなかったらどうなっていただろうかと思うと……でも、ポケットには美味しいパン……凝りないなぁ、なんだかんだと見えない何かに守られているような不思議を感じながらトラブルメーカー的存在を自覚する私でした。

⑵アルベロベッロ

12日（水曜）は、南イタリア、とんがり屋根で有名な世界遺産「アルベロベッロ」です。どういうわけか、予定の出発時間の9時を10時に変更とのことで、ホテルに荷物を預けて銘々自由散策となった。

私は、予定通り6時15分、人通りの少ない爽やかな朝、またまたランスタイルで颯爽と走り出した。まず北方面の聖メディチコズマエダミアーノ教会に向かう。正面の大ドアは固く閉じられ、側面からの出入りだが入る勇気がなくパス、さらに北に走り1700年代前半の2階建て（高度な技術が必要）の〝王者のトゥルッリ〟を見る。時間はたっぷりとある。

道、路地、小道とあらゆる生活空間に分け入って興味深々走っています。

北のはずれで、街の中心を見渡せる場所にいます。昨晩の広場が街の中心部（低地）のようで、街はそこから南と北の両方に緩やかな上りとなった傾斜地のようです。東には広場レベルからずぅ～と水平遥か大地が広がっています。

明るくなったアルベロベッロの街中をゆっくりと散策ラン……昨夕ホテル着後、18時、バレンタインでハートマークが至る所にセットされた広場に集合、ライトアップされた通り、ファンタスティックな景観を堪能しながらの観光で主要な街路は歩き知っている。

アルベロベッロの特徴的な「とんがり帽子屋根（トゥルッリ）」の市街地は1・5㎞四方に人口1万人ほどで、平らな石を円錐状に積み上げた屋根、ちいさく穿った窓と控えめな茶やくすんだ緑色のドアを真っ白な壁に配した可愛らしい住まいは、傾斜と曲がりの通りに連なって此処しかない世界でも類を見ない唯一無二な景観を呈し、我らを魅了してやまない。

草花もともに愛らしく、やさしくユニークな街の景観を生み出している。

ジグザグに下って一旦ホテルに戻りモーニングを戴く。食後は、西側を探索ラン。そして広場から南のほうに上って走っています。それにしても特徴的は円錐の屋根、方形の間取りの上に本当にうまく乗っかっているなぁ〜、感心しきりです。基本平屋というのも可愛くていい。路地という路地、行き止まり、小さな街は、共通のデザインに統一、されど同じ造りが一つもない変化に富んだ景観を創り上げています。素晴らしいとしか言いようがない。

昨晩は、日本人女性が当地のイタリア人と結婚され、トゥルッリのある自宅で営んでいる土産店を訪ね、トゥルッリの内部を見せていただいた。屋上にも上がらせてもらって、屋根をも間近で拝見した（勿論、お土産も少し買わせていただきました）。

そのお店の前を過ぎて、どんどんとジグザグに通りを楽しみ走って上っています。そして、南の街はずれまで来ました。家並みの途切れた高台の閑散としだした所に「聖アントニオ教会」が扉を開け待っていてくれました。というのも、別の日本人ツアーの人達が10数人すでに観光されていたから、教会内部も自由に見ることが出来たのです。

ホントに時間があり、ランナーの私にとっては、端から端までつぶさに見走るという特権を享受して、小さな世界遺産を隈なく堪能させていただきました。

9時前にホテルに戻り、シャワーを浴び、スーツケースをロビーに預け、10時出発のギリギリまで、アルベロベッロの時間空間を十分に体内に宿し余韻に浸っていました。

(3)アマルフィ

13日（木曜）は、南イタリアのティレニア海に面した、世界で一番美しい世界遺産の街、アマルフィにやってきました。

昼食はツアーになく、各自自前で調達ということになっていました。食事時間を含む散策時間は2時間。一番の楽しみにしていたのが、美味しいパン（パレルモで秘密裏にゲットしたパン）をもう一度食べたいこと……中心的な広場にパン屋がないかと期待して探すと、ひと際目立つパン屋の看板……あれれぇ、休業？　お休みみたいだ、なんてこったぁ。期待値が高いだけに、がっくりです。

諦めきれない私、観光気分のまま、服装もそのまま走り出した。ええぃ～、こうなれば街中走り回って、美味しそうなパン屋さんを見つけるまでだ。取りあえず、それ程広くはないメインストリートを山側に向かって走り出した。

うぅ～ン、なかなか良さそうなパン屋さんがない。広場から通りに入るところにあったパン屋さんを候補にしながらも、どんどん通りを上り走っている、ええぃ～ついでだ、左一本の通りもついでだとパン探し気分で散策走、本当に色々な建物の壁と壁に穿ったとしか考えられない迷路のような路地が続く。人が行きかうにやっとな路地……この路地に閉ざされたドア……ここにも生活されておられる人々がいるんだと思いながら、高齢者には大変だなぁ～だって車も自転車も通れなさそうな人力のみ行き交う路地……反対の右の通りも上がれるところまで散策してみたが、お家のリフォームどうするんだろう、資材の搬入は、たぶんこの路地？　大変だなぁ……。

気に入ったパン屋さんはなく、止む無く広場に戻り、海側までパン店探索に走り続けた。美味しいパンへの期待値は下がらないのに、お店は見つからない。しょうがないなぁと諦め気分で、広場に戻り、唯一の候補として押さえていたパン屋に向かった。2品調理パンを購入、外の椅子にゆったりと座って行き交う人々を見ると、いやぁ高齢の御夫妻がゆっくりと上がって行かれる『大丈夫かなぁ』と要らぬ心配。さあてと、期待のパンをご賞味あれ、「パクリ」いやぁ～、やっぱり美味しい。

走り続けたことで「アマルフィ」の街もある程度は知ることができた。

印象深く映ったのが、老夫婦が手をつないで、通りをトボトボと坂を上って行く姿だ。平坦部が海岸線沿いの一部しかなく、山方面にあがっていくしか土地がないのだ。僅かな市街地は、こうして形成されたのだ。車の通れない路地は人力でしか行き来できないのも高齢者には辛いだろう……。

それに塩野七生氏の大作『ローマ人の物語』からイスラムと戦った歴史にも思いを馳せてい

た。

以上、南イタリア・シチリアの旅は、コロナ蔓延前の劇的な一瞬をもって敢行された観光だった。お蔭で、ランナーの私は、パレルモ、アルベロベッロ、アマルフィと3ヶ所の異国の地をワクワクドキドキ、1人で五感をフルに働かせ、時間と空間を楽しんだのだ。

帰国しての一番の思い出は、ツアー参加者との楽しい時々や名だたる観光地散策や食事、ホテル等々いっぱいあるが、何といっても3ヶ所のランニングに勝るものはない。走ることは、時に何にも増して素晴らしいご褒美を戴けるものだとつくづく思う。走ることに無上の喜びを感じている私でした。

2020年2月15日（土曜）に帰国しての驚きは、新型コロナウイルスと名づけられた感染症の世界的な広がりだ。海外との交流も制限がかかり、自国民の感染防止と生命維持等、国をあげてのコロナ対応に時代が翻弄されだしていたのだ。

2020年日本国最大のイベント、東京オリンピックは一体どうなるんだろう……。

九、新型コロナウイルスに翻弄される社会

マラソンイベントは悉く延期、中止となる。

「ラン友ラン」と「トレラン」で走るモチベーションを維持。

十、2020年3月のランニング

1日は京都（友）26㎞、3日（ナ）10㎞、6日は曽我川14・3㎞、10日（ナ）10㎞、12日（ナ）10㎞、17日（ナ）10㎞、19日（ナ）8㎞、22日は生駒（友）17㎞、29日は曽我川10㎞、31日（ナ）11㎞（今月計10回で126・3㎞、3ヶ月計29回337・9㎞。この内、「ならスポ」6回59㎞、3ヶ月で16回153・5㎞。

十一、ラン友ラン京都（祇王寺、嵐山）

1日（日曜）は、7時45分に家を出て京都出町柳駅9時15分着。Hmさん、I君、Kちゃんと集合しました（ラン友ランは今年2回目、通算24回目）。

いつものようにHmさんが先導です。北野天満宮から龍安寺、仁和寺前を西に走ってから、いつしか南に向かっているようです。京都市街地の外周部を左回りに走っている感じです。

広い交差点でHmさん、どちらに行こうか迷っています。私には、今、京都のどの辺りにいるのか全く分かりません。ついていくだけの気楽なランに徹しさせていただいています。おお～右折かぁ……上り坂になって竹藪や樹々の中に曲がり上がる道が一本続いています。暫くして左折、閑散な小道に入りました。なにぃ～いきなり京都らしい佇まいの参道のようなところに出ました。

京都奥差峨、尼寺「祇王寺」との表札、拝観します。深い静寂のなか、清らかでふくよかな緑の苔生した庭園、俗世界からの訪問者達を優しく招き入れてくれます。何だろうこの「美」、静かさに樹形を整えた樹々も優しく苔に調和して、悠久の美を演出している。

さすがに京都です。この庭に「京都」を被せて、京都の素晴らしさを身体いっぱい体感しています。ありがとう「祇王寺」、ありがとうＨｍさん、こんなに素晴らしいところに良く連れてきてくださいました。

感動の余韻のまま、ランの再開、もう大満足ですから、ゆっくり帰りましょうって感じですが、なんと着きし所は「嵐山」ではないですか……渡月橋を渡って、中の島に立ち入りし時、植栽帯に座っている男性ランナー2人にＫちゃん、話しかけています。知り合いみたいです。「こんなところでお会いするとは……今日はどちらから走ってこられたのですか？」とのＫちゃんの問いに、「奈良の香芝から、１人遅れているので待っているところ」だって、皆さんは分からないでしょうが、私の家から約９㎞の慈光院までの自転車道をかつて走った時、確か自転車道の片隅の案内標識に、渡月橋まで60㎞と書かれてた記憶が蘇った。その時の私の思いは、『凄いなぁ、この自転車道、京都の渡月橋まで続いてるんだ。60㎞とはフルマラソンの1・5倍だ。無理だけど1度は挑戦、走ってみたいなぁ』と……私の家から香芝まで7㎞ほど、香芝から直接、渡月橋に向かうにしても、70㎞はあるのでは……いやぁ～参ったなぁ、凄い人達だ。

Kちゃんにも驚き、ランナー達との知り合い多過ぎやしないかぁ〜。何れにせよ、知り合いが多いのは素晴らしいこと。それだけお付き合いが多いと時間的には余裕がないはずなんだと納得。よくも今日私達の「京都ラン」に来てくださった。ありがとうとも思いながら、私達がお相手で十分楽しんでいただけているのでしょうか。

ここ中の島でささやかなお昼ご飯タイム。私は、にぎらーずの手製おにぎり、やはり美味しい……お手洗いも済ませて、さあ（走って）帰りましょう。ここ（嵐山）から最短ルートで出町柳に戻りたいなぁと思いながらも、Hmさんに全てお任せの私です。今日は、いつもの京都ランより少しハードになりそうだとの思いのままHmさんについて走っています。

あれれぇ、嵐山駅……電車に乗るのかも？　いやぁ〜助かるなぁ嬉しいなぁです。予想外れの期待に思いもしなかった電車に乗車し、帷子ノ辻《かたびらのつじ》駅で嵐山本線から北野線に乗り換え、Kちゃん曰く、「この嵐電の駅名なかなか読めないでしょう」。

なるほど、嵐山本線13駅、北野線9駅ある駅名のなか、京都大好きな私でも嵐山本線の西院《さい》、車折神社《くるまざきじんじゃ》、帷子ノ辻は読めなかった。

結局、北野線終点「北野白梅町駅」下車。いやぁ〜初めて嵐電に乗れたことにちょこっと嬉しくも、車窓をも楽しめたかというと、正直なところ、沿線には京都らしさはあまり感じられなかった。極めつけは、「北野白梅町駅」……何じゃァこの駅、デザインセンスが京都らしさの対極。がっかりではあるが、ここも紛れもなく京都。

この駅からはラストラン、今出川通りを東進すること約３㎞、出町柳駅にゴールした。15時30分、本日の走破距離は26㎞でした。皆さんお疲れさまでした。

コインロッカーから荷物を出して、いつもの「東山湯温泉」に直行。何だろうね……湯船に浸る我が身、ランの程好い疲れがほぐされていく、あぁ～気持ちいい……。


実は、この日、２０２０年3月1日（日曜）は、「第40回丹波篠山ＡＢＣマラソン」に参加予定だったのだ。ところが、２月20日、新型コロナウイルス感染拡大の影響により中止となったのである。全国各地で開催予定のマラソンイベントは悉く中止となった。一体全体どうなってんだ……。

コロナウイルスの発生源は、中国武漢というではないか。それが世界中を奈落の底に落とし込めるほどの脅威をもたらしているのだ。にもかかわらず、中国からは一切の謝罪的な発信がない。ましてや、アメリカのトランプ大統領以外に中国批判を聞かないのもどうしたものか。正義大義は世界の共通項では相も変わらずない、歴史が示すように勝者のみの大義名分がまかり通るようだ……21世紀人類は、有史以来、酸いも甘いも辛くも知りつくしたこの時代においてもなお、争いや対立の構図は何ら変わらないのだろう……とは、人類の共存共栄の難しさ、誰しもが幸せを願っていながら、術を知らないいか……果てしない妄想……。

いつの時代においても天災人災は無くならない。素粒子から宇宙空間全ては、時間と共に動き変化していく。そんな得体も知れない奇跡的な生命の星、地球に奇跡的な生命をいただき、現在の人類は70億人をも誕生させたのだ。多くの他の動植物が絶滅していくなかで……。

コロナ感染予防対策、我々に出来ることはなんだろう。68歳となったばかりの私でさえ、生まれて初めて、世界的猛威を振るう病原体に出会うとは……。

25年前の「阪神淡路大震災（1995年）」から9年前の「東日本大震災（2011年）」に至り、最近の温暖化、異常気象による大雨洪水、がけ崩れ等々……我々の取り巻く地球規模の大災害が相次いでいる。なってこったぁと嘆いていてもしようがない……前に進もう。

前置きが長くなったが、というわけで、急遽、ラン友に『京都ランしよう』とラインした結果、皆が集まるまでの交通機関も府県をまたがっているが、3密（密閉、密集、密接）を避けての『京都ラン』決行となったのだ。そして、嬉しいことに4人集まった。ランナーの「走る」ことはコロナには負けないという思いがある。と、言っても油断大敵なことは申すまでもない。

十二、ラン友ラン奈良（生駒ボルダー）

3月22日（日曜）8時45分、生駒駅前にWさんの車（Hmさん、I君は電車で来られて同乗）と私のリーフが合流し、生駒山麓公園駐車場に向かいました。先行のKちゃんとも無事駐車場で再会、今日の「ラン友」ランの先導はKちゃんとWさんです。「生駒ボルダー」という関西ランナーの聖地を走るということです（ラン友ランは今年3回目、通算25回目）。

私の家からだと、生駒山麓公園までは26㎞、車で45分程です。昨年7月27日に初めてWさんと一緒に参加した「生駒トレイル20㎞」（後半から雨でずぶ濡れとなった大会でした）のおよそ16㎞辺りが「生駒ボルダー」の起点のようです。

5人連なって、信貴生駒スカイラインを横断すると、そこから「生駒ボルダー」という車も通れるコンクリート舗装された道が生駒の山肌高くにうねりを描いて縦走しています。広葉樹林の緑の中ずう〜と走り続けられる勾配の上りが続いています。

途中2ヶ所、大阪の高層ビル群から明石海峡大橋もうっすらと見える所もあり「生駒ボルダー」中々いいぞぉ……と感じています。4㎞程も走ったでしょうか、いよいよ峠、下りだすと6、7月に咲き誇る紫陽花に埋め尽くされた斜面を何度も折り返しながら下る「額田園地」まで来ました。是非とも紫陽花が開花する季節に走りに来ようと思います、また一つ走りたい所が増えました。

暫く下りの続く山中小道を走ると、国道３０８号に出る。国道といっても道幅は４ｍもなく車同士ではすれ違えないほど狭い道だ。

ここが何と知る人ぞ知る難波津より大和に至る古道、「暗峠《くらがりとうげ》」なのだ。以前車でも通った記憶がある。

先導者が女性ならではのサプライズ……何やら、美味しい飴が売られているとの店先に我ら５人、「ああ～、これこれ」とご購入され男性陣に分けてくれる。何だかほんのり、嬉しいことです。

店内を見ると、奈良盆地を見渡せる絶景が……テーブル席に陣取り一同、小休止。一等席でのティータイムとなりました。走るだけでなく、こういう時間も素晴らしいものです。

走っている途中で、こんなにのんびりしていていいのかなぁ……と、多少の後ろめたさも感じつつ、外に出て、さあ～走るぞぉ～っと、気構えし時、女性ランナーSさん（ならスポメンバー）と遭遇。Kちゃんwさんとも親しいとかで、我らに合流です。よお～し、ひと踏ん張り走りましょう、ところが、帰るのではなくさらに「生駒ボルダー」を更に先に向かうのでした。

次に着いたところが、「なるかわ園地」。

な、何と、眼下に大阪平野が一望できるではないですか。勿論、明石海峡大橋も大阪湾から和歌山方面、大阪の街並みも「あべのハルカス」も……まさに絶景。素晴らしいと唸りっぱなしです。

Kちゃん、Wさん先導の「生駒ボルダー」、なんて素晴らしいランコースなんでしょうか……本当にお2人に感謝、絶景に感激です。勿論、皆でハイチーズしました。

帰りは、Sさん先導、生駒山上遊園地廻りで戻ってきました。そして、「生駒ボルダー」の締めとして、生駒山麓公園内「ふれあいセンター」のサウナ、露天風呂付浴場に入湯しました。お風呂の他にレストランもあり、私の満足度は上がりっぱなしです。

何といっても、ラン友と爽やかな春の日差しのもと、1日を共に過ごせ、本当に充実し有意義なことでした。ラン友、そして、生駒市にありがとう、です。

十三、2020年4月のランニング

2日（ナ）10km、7日（ナ）9・2km、14日（ナ）10・5km、18日は曽我川10km、26日曽我川10km（今月計5回で49・7km、4ヶ月計34回387・6km。この内「ならスポ」3回29・7km、4ヶ月で19回183・2km）。

全世界に益々勢いを増して感染広がるコロナウイルスの猛威は、我が国政府、地方自治体の対応、呼応してのマスコミの報道からして、誰でもがコロナに感染するかもしれないという恐怖に包まれつつあります。

3月、新型コロナウイルス感染症の世界的大流行と国内における感染拡大を受け、「新型インフルエンザ等対策特別措置法＝新型インフル特措法」に基づき、速やかな予防措置や感染拡大防止対策が取れるよう同法の改正・施行に伴い、4月になり同法に基づく「緊急事態宣言」が初めて東京・神奈川・埼玉・千葉・大阪・兵庫・福岡に発令された。一体全体これからの私達の生活はどうなるんでしょうか。特措法で定められた内容は、

①外出自粛（通院、食料買い出し、通勤等、不要不急の外出以外）

②学校の休校

③イベントの中止や多数利用の施設、店舗の使用、営業制限等々、医療崩壊をおこさぬよう有効な措置をとるとしています。

このようなコロナ感染拡大防止に伴い、全てのランニングイベントも中止か延期となってしまいました。

私も、毎月1回マラソンイベントに参加と決め、エントリーしていた3月1日の篠山マラソンも中止。代替えに急遽3月8日の淀川フルマラソンにエントリーしたが、これも結局ギリギリになって中止。更に、4月5日の第15回紀の川市桃源郷ハーフマラソンも中止となりました、残念です。

コロナ感染対策として、3密（密閉、密集、密接）を避け、人の動きを出来るだけ抑えよう

との政府の意向はよく分かります。出来るだけ家にいてくださいとテレワークの推奨や、学校休校等、各家庭は「籠り状態」になってきました。このような状況でも、ランナーにとって幸いなことは、基本的に個人競技なので、いつでもどこでも1人で走れるということです（この段階では、「ならスポ」のランは継続しています）。

マラソンが趣味で本当に良かったとつくづく実感する日々となりました。それでも、ランニングイベントの中止は、残念でなりません。4月に走った距離も50㎞を切ってしまいました。

本格的にマラソンを始めた2016年から今日（2020年1月）までの4年間に38回ランニングイベントに参加させていただいた私にとっては、週2、3回（各10㎞前後）走る練習のモチベーション維持には欠かせないものとなっていたのです。

十四、2020年5月のランニング

3日は曽我川10㎞、7日も曽我川7㎞、10日も曽我川10・5㎞、18日は馬見丘陵公園10㎞、25日は曽我川10㎞、31日も曽我川8・7㎞（今月は計6回56・2㎞、5ヶ月計40回443・8㎞）。「ならスポ」はコロナで休会（5月は0回0㎞、5ヶ月で19回183・2㎞）。

5月になって、コロナ感染も減少傾向となってきました。ところが世界各国では減少した感染も再び増加傾向（第2波）を呈しています。

5月17日にエントリーしていた第25回鯖街道ウルトラマラソンも中止です。参考までに開催中止に至った主催者のコメントを掲載します。

「新型コロナウイルス（COVID-19）の感染拡大の深刻な状況を考慮し、大会開催の可否について協議しました結果、現時点（3月26日）で、選手の皆様、地域住民の皆様、ボランティアスタッフ、及び関係者の皆様の安全を確保して実施する事が困難であるとの結論に達しました。……以下略」

本当に楽しみにしていたのに残念無念です。

人生初のウルトラマラソンにエントリーした大会だけに是非とも参加したかったけれど、中止の事情が事情です。やむを得ず、心機一転、マイペースのランニングを続けていますが、今月も先月と変わらない50㎞前後のランとなりました。

私の当初からのレギュラー曽我川南下ランのみが、二上、葛城、金剛山の雄姿に守られ、コロナに負けないランモチベーションを維持する最後の砦のようです。ここも夏場は暑くて走れないでしょう、これからは、また別なコロナ対応ランコースを捜して何とか走り続けたいものです。

十五、2020年6月のランニング

3日は曽我川10km、7日は矢田丘陵10・7km、14日は曽我川8・3km、21日は春日奥山（友）18km、25日（ナ）9・7km（今月計5回で56・7km、6ヶ月計45回500・5km。この内、「ならスポ」1回9・7km、6ヶ月計20回192・9km）。ちなみに11日、17日、29日各1km泳ぐ。

5月のコロナ感染が減少傾向となって、ここぞとばかり3ヶ月振りの「ラン友」ランの開催を6月21日（日曜）と決めたのだが、6月になって再び感染増加傾向（第2波）となりました。それでも「ラン友」ラン開催です。

前回の生駒ボルダーが好評で、今回もKちゃんとWちゃん（以降Wさんから Wちゃんと呼称）のお勧めコース（春日奥山）です。「ならスポ」の拠点である鴻池陸上競技場の駐車場に10時、Kちゃん、Wちゃん、Hmさん集合です（ラン友ラン今年4回目、通算26回目）。

Kちゃんは、西大寺駅でHmさんを迎えに行き、Wちゃんは、皆のため一仕事終えての参加です。

まずは、1300年の時を刻む東大寺創建当時から奇跡的に残った「転害門《てがいもん》」を見て、奈良公園に入りました。おぉ～、小鹿と母鹿でしょうか、長閑です。すぐ二月堂です、信仰心よりも均整の取れた屋根と迫り出した舞台の美しさに引き寄せられるようにして、舞台に上ってみました。舞台からの奈良市街地、生駒山系の眺望も素晴らしいものです。

あれれぇ～右手に座って話されている女性お2人、えぇ～もしや河瀬直美（映画監督）さんではないですか。十津川を舞台に素朴な住人を撮り続けた映画が凄く印象的だったことを思い出すとともに、こんな風に一市民のようにお見受けしたことに何か不思議な感じがしたけれど、一瞬なりとはいえ、やはり特別なオーラを発散されてるなぁと思うとともに尊敬している方なので何か嬉しかった。

さて私達は次、どこへ行くのでしょうか。東に連なる小高な山裾から上り始めました。着きしところの高台は、奈良盆地全景から京都方面を一望できる県内指折りの眺望スポット（若草山のさらに上）でした。こんなところにも沢山の鹿達が草を食んでいます。1300年も昔、奈良時代の人達は、律令国家を目指し、天平文化なる栄の象徴、「平城京」をこんな風に眺めたんでしょうか。

西正面には市街地から生駒山系、南西方面には葛城金剛山系、その麓からは和歌山に至る空間が続き、南には平城京遷都前の藤原京から日本国家黎明期ヤマト政権の辺りもまぶしく映っています。

もう少し北の方の高台に移動すると、そこはまた、平城京から長岡京、平安京に向かうイメージとともに、京都の低山丘陵から河川の流れが見え、大好きな京都を史観するひと時となりました。

それにしても、我が奈良にこれほどの豊かな場所があったとは……まさに豊穣なる満たしの聖地……名残惜しくも進まざるを得ません。目と心にしっかりとこの素晴らしい景観を焼き付けお別れです。

奈良奥山ドライブウェイの駐車場でしょうか、ドリンクの自販機前でまたまた、Kちゃん、顔見知りのランナーと一言二言。ホントお知り合いの多い方です。

ここからは、山中（奈良奥山）の走りが続きます。途中の下りになったところで4、5人のランナーに追い越され、立ち止まった面々は、「ならスポ」のS、SSメンバー達。レベルの違いで日頃一緒のトラックを走っているけれど親しくもなく会釈もせずに別れました。

でも、彼らは記録更新を目途？に日曜も頑張って走っているんだと、改めて感心もしました。

少し進んでから左の下を流れる川に降りるため、橋を渡ると左岸に階段があり川面にまで滑らないよう注意しながら降りると、ひと時の休憩タイムです。

さてさて、完全な戻りとなって、本日のサブイベントです、Wちゃんが朝にわざわざ並んでゲットしてくれた整理券「宝石箱のかき氷」を戴きに、ならまち商店街に向かいます。山中の自然いっぱいの空間から人々で賑わう下界に戻って来ました。6月とは言え、最近の地球規模の温暖化で今日の奈良の最高気温は28℃を超えています。

参考までに今日の私の体温は、9時前は36・5度でした。何故体温を測っているかというと、コロナに感染すると37度を超える体温となるらしく、感染目安に最近は体温を測るのが日課となっているのです。

お店（宝石箱）前に着きました。整理券を持ったお客が数人、私達も少し待って奥のテーブルに落ち着きました。さぁ、マツコデラックスさんが食したかき氷、いつだったかテレビ放送で見たのを、Wちゃんに「私も食べたい」と所望したところ、朝早くここにきて並んで整理券をゲットしてくれました、Wちゃんのお蔭で皆この席に着けたのです（ありがとうWちゃん）。かき氷一つといっても大変なのです。評判が評判を呼んで、人気店となって「かき氷食べたい」っていう人が殺到するらしいのです。まさに今の私がそれです。一体全体どれほど素晴らしい「かき氷」にありつけるのでしょうか。

期待は高まるばかりです。銘々其々人気の「かき氷」を注文しました。私は、抹茶。すべてカラフルです。お味は……皆さん一度ご自身で味わってみてください。

お昼ご飯前にかき氷を食べたからか、昼ごはんはすぐには無理と言うことで、駐車場に戻って解散となりました。

十六、2020年7月のランニング

2日（ナ）8㎞、7日（ナ）8・8㎞、9日（ナ）8・4㎞、12日は京都（友）18㎞、14日（ナ）8・8㎞、16日（ナ）9・7㎞、18日は生駒12㎞、21日（ナ）9・7㎞、25日は生駒30㎞、30日（ナ）4・4㎞（今月計10回で117・8㎞、7ヶ月計55回618・3㎞。この内

「ならスポ」7回57・8㎞、7ヶ月計27回250・7㎞)。ちなみに6日に1・3㎞泳ぐ。

コロナ感染症の蔓延から4、5、6月の各月は50㎞前後だった走りが、今月は117・8㎞と倍以上走れている。コロナ感染対応に追われる世の中にあって、我らランナーは、コロナに翻弄されない日常生活を取り戻しつつあるのかも知れない。

何よりも「ならスポ」の鴻池陸上競技場が閉鎖されず何とか開場してくれているのが嬉しい。私が入会して丁度1年、この間、私のランニング人生がある種の高みへと向かっている手ごたえを感じていることも嬉しい事実だ。

しかし、コロナ感染の脅威は、全世界を席巻して納まることを知らない状況を呈している。4年に1度のスポーツの祭典「東京オリンピック」は、この7月開催のはずだったが、開催に向けてのコロナ対策に議論に議論を重ねた結果、最終的に1年延期となったのだ。

各国のアスリートは、4年の歳月をこの日のために練習やオリンピック参加の各種選別大会を勝利して、勝ち得た汗と努力の結晶の舞台が1年延びたのだ。

趣味ランの私達には想像もできないほどのモチベーション維持が必要となるだろう。コロナ禍、アスリートや応援の国民の命と健康を守るべきと、オリンピック開催に反対される世界的コンセンサスを無視できるはずもなく、延期はやむを得ない。が、来年には、コロナは収まっているのだろうか……。

しかし、我ら皆、見えない脅威に怯えてばかりではいけないのだ。コロナ禍でなお、我らランナーは前に進もう……。

十七、ラン友ラン京都（清水寺、木屋町通）

7月12日（日曜）は、7時に家を出ました。いつものように嬉しい楽しい近鉄電車と京阪特急に揺られ、馴染みの出町柳駅に8時34分着。

Hmさんとその友Oさん、Ysさん、Kちゃん、Wちゃんと私、計6人が出町柳駅叡電改札前に集合しました（ラン友ランは今年5回目、通算27回目）。

いつものようにHmさんにランのスケジュールは全てお任せの京都ランです。もう……京都に来ただけではしゃいでいる私です。

京都のどこにでもどこまでも走りたいと、Hmさんに甘えっぱなしの私です。そして、いつもHmさん筆頭に楽しい時間空間を共有し走るのが楽しい京都ランです。さてさて今日は、どちらに導いてくれるのでしょうか。

9時ジャスト、出町柳駅をスタートし南に向かっています。おぉ、Hmさん、今日はOさんと行先をちょくちょく相談しながら走っています。

そして着いたところが、最大の舞台を擁した世界遺産「清水寺」です。恋愛成就など様々なご利益があるらしいけれど……御朱印を集めているWちゃん、喜んで記帳してもらっています。

私は、お賽銭をして祈りを済ませ、建築美に暫し酔っていました。

　有名なことわざの「清水の舞台から飛び降りる」というほどの覚悟が必要な事態には、幸か不幸か遭遇しなかった？ 人生……遭遇していても「飛び降りる勇気」は持ち合わせていないのが現代人のような気もするが、いかがなものだろう。恵まれすぎといっていいほどに、我々の時代は流れた……過去（第２次世界大戦）の厳しく辛い体験からの脱却、より豊かにより幸せにと願うばかりで、人としての大切な人格形成を軽視し続けてきたように思うのも今は昔の語り草か。そんな感傷に更けながらダイナミックな檜皮葺《ひわだぶ》きの屋根の美しさに見惚れていました。

　各人其々の舞台、清水の境内を後にして直ぐの「舌切茶屋」でわらび餅を戴くことに。京都ランでは初めてのゆったりで贅沢なティータイムとなった。にもかかわらず、五条坂を下りつつ、右手に見えたお団子にまたまた、足が止まったのだ。いやぁ〜、一体どうしたんだ。女性軍と計らずも私の思いが……お団子食べたいと……。

　この「みたらし団子」も美味しかったけれど、どうして「みたらし」っていうのかなぁ？

　私的には、この団子を「見」ると、人「たらし」のようなある意味、騙し好かれるという意味あいをもっていて、今回のように、見ると思わず食べたくなるという……「みたらし」な団子だと……。

　残念、私見は大いに〝はずれ〟でした。「みたらし」は漢字では「御手洗」と書く、下賀茂神社にある池の名で、この御手洗池に湧く水の気泡に見立ててお団子を作ったことに由来とのこと。発祥店は下賀茂神社門前の「加茂みたらし茶屋」とのことでした。

そんなことはどうでもいいのだけれど……ランナーから完全に京都観光客となっている私達……この先、どのようなランとなるのでしょうか。

さあ、後半のランは、鴨川を渡って繁華な木屋町通りを北上、コロナ期とはいえ、京都には人通りあり、走るというより歩き回っているといったほうが良いような市内観光を楽しむ一行となってしまっています。

14時40分、出町柳駅に帰ってきました。荷物を出して、15時までインドカレー店で大好きなナンとカレーを食して、帰宅です。ラン友のお蔭でまた違った京都ランを楽しむことが出来ました。ホントに皆さんありがとう。

十八、第12回生駒トレイルラン2020

7月25日（土曜）は早朝5時50分に家を出ました。何故にこんなに早く出ないといけないのでしょう。丁度1年前、あのびしょ濡れとなった「生駒トレイルラン」に再び挑戦するためです。このコロナ期においてさえランニングイベントを開催するということは、主催者側の覚悟（相当な感染防止対策を強いられているのでしょう）の程が伺えます。ありがたいことです。

実に、1月の「淀川30ｋ」以来のランイベント参加となりました。

開催スタート地点は、京阪私市駅から徒歩20分の所、私の最寄り駅からは前回同様、時計回りの大回り、４回電車を乗り継がなければ行けないのです。

第12回生駒トレイルラン２０２０に参加です（今年3度目、ランイベント参加通算40度目）。８時20分着、受付を済ませて９時30分のスタートまで、岡山から参戦、医師のT氏と良きひと時を過ごしていました。

今回も雨模様です。もう～生駒トレランは鬼門かと……前回は20㎞でしたが、今回は30㎞にエントリーしたので、雨だとより辛いランになりそうです……けれども私は、いたって気にしていないのです。不思議です、昨年のびしょ濡れ体験がそうさせるのでしょうか。

９時30分、奇跡的に雨も上がりスタートしました。昨年のルートを思い出しながら、飯盛霊園、田原台の住宅地を過ぎ、また山間に入る辺りで転倒、参ったなぁ……でも上手に滑って「受け身上手い」と自画自賛、周りに人がいなくて良かったと……続いて、堂尾池、ふれあいの森、むろいけ園地、くさか園地と昨年の記憶を辿るランも残り10㎞は、初めてのコースです。

嬉しくも、まだ10㎞走らないといけないのだ、足は大丈夫だろうか……。ラン友と以前に走った「生駒ボルダー」と一部重なるコース、額田園地、なるかわ園地を通過し未踏のコースを走っています。

あまり人が歩かないんでしょうか、ところどころ、信貴生駒スカイライン道と並走したコースに下草で地の見えない所もあって、不満（下草ぐらい刈り取ってよ）な思いで走っていました。

予報では、午後から再び雨模様となっていました、14時30分、あと3㎞程でゴールのはず……ここまで雨が降らずに助かっていましたが、何故かこの時、「良くもまぁ、今まで雨、降らさないでくれてありがとう。もう、降っても構わないよ」って、声を出して言ってしまったのです。そしたらお天道様?が聞き洩らさなかったようで、急に雨が降り出したのには驚き桃ノ木……しかも、瞬く間に土砂降りとなって……もう～参ったなぁです。

前後のランナーの姿がかすむほどの土砂降りの雨の中のラストラン。昨年の雨に懲りた私は、折りたたみ傘を用意していたのです。もうランナーというより、雨道を急ぐハイカーです。

生駒トレイルラン
2020 夏山
FINISHER RECORD
No. 554　林 邦夫　殿
種　目　：30km男子
記　録　：4時間50分27秒
貴方は生駒トレイルラン大会2020夏山において
上記の記録で走り抜いたことを証します。
30km 令和2年7月25日
20km 令和2年7月26日
関西トレイルランサーキット実行委員会

細い山道は、排水路となって水と泥が流れ、歩くにも大変、下り斜面を勢いある水流が怒涛のごとく流れ、行く手を阻んでいる。それでも行くしかない、ゴールは目と鼻の先のはずです。

そして、ランナーとしては、違反しているかも知れないけれど、私だけ傘をさしてのゴール、14時20分です。あぁ～嬉しい……ゴール出来て良かったぁ～、走行距離30㎞、4時間50分27秒の完走証貰って、ハイチーズと記念撮影、やったねぇ～嬉しい。

ゴール地点は、高安山ケーブルカー山上駅前である。相当な雨が降っているため、駅舎の狭い空間に、ランナーがひしめき合っている。荷物を見つけ、さあ、着替えだ。駅舎内で着替えたいけれど、女性陣も多いなぁ……20m程先に、更衣室の小さなテントが用意されている、雨の中テントに行くと……いやぁ～狭いし足元は濡れていて劣悪な状態だ。嫌だな……長椅子に乗っかって着替え出すも足元は全て濡れて置く場所がない、全て濡れているのだ。あぁ～あぁ、靴もびしょ濡れ……蚊もアブ?もいるぞぉ……ホント嫌だなぁ。

何とか着替えてひと安心。9時30分にスタートしてから5時間、お腹はそれ程すいていないけれど、どこかで遅いお昼ご飯食べようと思い、美味しいもの食べたいなぁと次の楽しみに心を弾ませながら……まずは、ケーブルカーで下山です。おお～凄い傾斜の階段状のホームに結構でかいケーブルカーが斜面形状に併せて停車しています。平行四辺形車両に階段状の狭い椅子が並んでいてその一角にリュックを抱えどっしりと納まった私。初めて乗った高安山ケーブルカーだ。今日は、トレランランナーで満員だけど、日頃、利用客いるのだろうか。

ケーブルカーの下駅は近鉄信貴線「信貴山口駅」。降りても食べるところがなさそうなので、信貴線終点の近鉄大阪線「河内山本駅」で下車しました。駅前でオムソバを食べ、近鉄大阪線にて大和八木駅下車、近鉄橿原線に乗換え田原本駅下車、近鉄田原本線と、ぐる～と左大回りで不便極まりない帰宅となりました。

この「生駒トレイルラン30㎞」は、行きも帰りも4回の乗換となる大回り路線利用での参加となるも、トレラン参加の行きは、ヒエラルキー序奏でワクワク、帰りはトレラン後の程好い疲れと達成感に満たされ、充実した有意義な1日の余韻に浸って何だか清々しい帰宅となりました。

ただ一つ大変な目に……夜分にマッサージしてもらって就寝後、夜中に痒みで目を覚ました。何と虫に刺されたらしいのだ……翌日皮膚科で診てもらうと「ブヨ」に噛まれたとのこと。いやぁ〜痒い……。

十九、2020年8月のランニング

2日は室生湖12・5㎞、6日（ナ）8・4㎞、10日は六甲（イ）28㎞、18日（ナ）9・2㎞、20日（ナ）8・4㎞、23日は生駒ボルダー（友）14㎞、25日（ナ）8・8㎞、27日（ナ）7・5㎞、30日は矢田丘陵9・7㎞（今月計9回で106・5㎞、8ヶ月計64回724・8㎞。この内「ならスポ」が5回42・3㎞、8ヶ月計32回で293㎞）。

8月になっても新型コロナは、世界中に蔓延し続けている。東京オリンピックも1年延期して良かったのかも知れない。

こんなにコロナに汚染されてしまった世にあって、我らランナーは、ランイベントこそ中止延期で苦戦しているが、1人や身内で走るランナーについては、感染する確率は少ないのではないかと思っている。加えて何よりも嬉しいことに、走っているからか毎日がすこぶる元気なのだ。「コロナなんぞ恐れるに足らず」との気概が我々ランナーにはあると思うのだ、とはいっても勿論、おごり高ぶりは禁物だが……。もちろん日常での最善なコロナ感染対策は、我らランナーとて欠かせない必須事項と認識している。

さてさて8月、この温暖化の暑さは……コロナに関係なく今年も変わらない。ランナーにとっての過酷環境（①体温に近い気温、②直射太陽光、③保熱したアスファルト舗装道等の輻射熱）は、命の危険さえありそうなのだ。熱中症対策として水分のこまめな補給は必須だが、それより、過酷な環境では走らないのがベストだ。

要するに夏場は、早朝に走るか、夜間に走るか、山間部に行くかだ。少しでも気温は下がり、強い日差しも緩和され走りやすいルートを捜して走ろうと思っているのです。

そこで8月2日（日曜）は、宇陀市の山間部にある「室生湖」の周回道を走ろうと、愛車「リーフ」で10時45分、家を出ました。

初めて行くので、カーナビが頼りですが、到着まで26㎞、50分です。

いつものように、どんなところだろうとワクワクします。景観も楽しみつつ国道１６５号を東進します。榛原からは直ぐに右折して案外と近いところに「室生湖」がありました。

さてと、駐車する所はと、探しながらリーフを進めています。湖に架けられた橋を渡り左折、おおぉ〜工事中か行き止まりです。ここなら駐車しても問題ないだろう。

ランスタイルのままで運転して来たから、ポーチを腰に巻きペットボトルを差し込んで、いざ出陣です。取りあえず、進行方向に湖の東南側を東北側に向かい走り出しました。

直ぐにまた橋があり渡るか、このまま反時計回りに「湖」を巡るか、まずは、室生湖の全景を見たいので、橋を渡ることとして、おおぉ〜湖にしては、幅広い河川のようで三叉して、北と東西に湖面が延びているが曲がりくねる先は見えない。真下と左手対岸には釣り人が数人。渡って、北にそのまま次の橋まで走り左折、橋を渡る。

この時、望遠のデカいカメラを抱えた人から、「白い小鳥を見なかったですか」って聞かれたけど、走り始めたばかりだからね。「見なかったけど珍しい鳥なんですか」って反対に聞いてたなぁ。

その後は西に延びた湖面探索と思い走って来たけれど、だんだんと先行きが怪しくなってきた。足元がおぼつかないので引き返し、三叉の橋まで戻り、湖面の北側を右回りで周回しよう走っているが……何とまぁ周回出来そうにない地面となって来たぞぉ、どうしようかなぁ……。引き返したくないなぁ……人の通っている気配が感じられなくて、ちゃんとした道に繋がっているのだろうか、不安です。

不安な気持ちを払拭するために、適当な木切れを拾った。杖にもなる、下草をも払える、また、蜘蛛の巣も払え、最も嫌な蛇との遭遇にも役立つ「心強い木切れ」を持った。力100倍、ええぃ～、前進のみだ。

急場しのぎの力強い味方を得、また道なき道を進むと、人の通れる道に出て暫く湖面を離れた。「室生不思木の森公園」を大きく右回りすると、おおぉ～右手下のグラウンドでリトルリーグだろうか少年野球を嬉しくも遠見しながら、坂を下って走っていると、な、何と、目の前にダムがあるではないですか。

「室生ダム」とある。堤高63・5m、重力式コンクリートダム、堤頂長175m、1974年竣工。1953年に発生した台風13号の淀川流域の大水害を契機に、地域の洪水対策、農業水利の確保、奈良市をはじめ大和郡山市・天理市・桜井市他県北部11市町村40万人分の上水道の供給、宇陀川流域の新規灌漑用水供給等に供している。

威圧するコンクリートの塊の堤頂を写真に収めながら進み、再度、湖面時計回りのランを再開した。湖面南側の周回道路は、しっかりとした行き来できる車道だ。

おぉ、5、6台のワゴン車が斜面側に停まっている。何かあるのだろうか、湖面に注ぐ小さな川で水遊びしている家族連れだ。子供達のはしゃぐ声がいいね！

先を急ごう、快調に走れている。何故かってぇ……緑が多いお蔭で日陰をつくり出してくれるうえ、右手の湖面を見ていればそりゃぁ快適ですよ。ところどころに数台の車が止まれそうな場所があり満車状態、多分、湖面近くに降り、何か釣っているのだろう……。

おぉ、ご年配の男女ハイカーさん達、楽しそうに歩いて来られるぞぉ……皆さん楽しそうだ。

暫く走ると「通行不可」の吊り橋……これは渡れないなぁ、安全じゃないのが一目で分かるほど傷んでいる、が撤去するにも費用等大変なんだろうなぁ！

やっと三叉の橋まで戻って来た。いやぁ～橋の欄干にもたれてお弁当食べている男性……メチャいいね！　最高のロケーションで戴くお弁当はさぞかし美味しいだろうなぁ……。

下の湖面岸には1人の釣り客が……おおぉ～小魚だが釣れているぞぉ……なぁんか人それぞれに、ひと時の夏を思い思いに楽しまれている。ほんわかするなぁ！

さあ～てと、初めての室生湖……拙宅からこんなにも近くに「ダムと湖」があるとは、奈良に住んで38年経つが、初めて来たのです。人生ってホント不思議だね、その人の「関心事」で「人生」は大きく変わっていくのだから……。

68歳の今、一番意識しだしたこと（大切だと思う）は、身勝手な事だが、『自分の心身を豊かに育むこと』＝『天寿を全うすること』だと思うようになった。

自分自身の心身の全てが「生きていること」を喜んでいる……命与えられし者の本来の使命だと思うようになった。この考えは、60歳から走り出したことに起因していると思う。走りながら、私と心身は、意識、無意識に関わらず、常に何かと交信している。そして、私の内々から湧き上がる喜びを感じ、様々な体験を味わい続けている。感謝なことだ。多分、何か「良い事」にハマっている人達は、同じような喜びを経験していることと察するが……。

二十、第5回Mt六甲トレイルラン&サマーピクニック2020

8月10日（月曜）は、「山の日」の祝日。6時50分、愛車リーフで出発。8時15分、神戸市立森林植物園に着いた。

第5回Mt六甲トレイルラン&サマーピクニック2020に参加です（今年4度目、ランイベント参加は通算41度目）。

昨年は、10㎞累積標高300mでしたが、今年は、28㎞累積標高1750mに挑戦、昨年の楽勝感とは違い今年は、相当にハードだろうと覚悟しての参加です。

集合場所は昨年と同じですが、コロナ蔓延のため、イベントカー等は無く、ランナーも密を避けマスクを装着して多目的広場に集まっています。

28㎞は、女性30人、男性190人を3組に分け、9時30分から10分毎のウェブスタートです。私は9時40分にスタート、真夏の曇り空、森林に覆われし六甲山系の山中を走るトレイルがスタートしました。最高気温28℃、日中は晴れとのこと。下界では暑くて走れないでしょうが、ここ六甲の木立、山中は時折涼風あり、走るには快適です。

スタートしてから、下りっぱなしで他のランナー共々勢いよく走っています。こんなに下っているということは……その分きっと上ることになると思うともう下りたくないなぁです、これでもかと思うほど下って、いよいよ上りとなったのは良かったけれど……。

なにぃ～これ……完全なる山登り状態です、急勾配が続く。まだまだ前半なので前後にランナーが続き我先にと登って行く、「ハァ～ハァ、ハァ～ハァ……」誰もがきつそう。登山道は狭く急斜面に交互に休むランナー達、抜く時の声かけさえ息切れ状態である。この斜面、一体どこまで続くんだろう……体力、消耗するなぁ。

やっとやっと緩やかな勾配となり山頂らしき雰囲気……うあぁ～助かったぁ～なんだなんだ「ここ」、建物も人達も……賑わいのある広場だ。広場の中程に誘導され第1チェックポイントのエイドで給水。その先に眺望デッキあり人だかりだ、おおぉ～素晴らしい眺めだ。神戸を一望して記念撮影。それにしても疲れた。左の看板に「麻耶ロープウェー山頂星駅」とある。いやぁ～ここが摩耶山（標高698ｍ）かぁ、参ったなぁ……こんなに素晴らしいところにいるんだと思う反面、私の体力は、空っぽ、余力なし……ガーミン時計ではほぼ10㎞地点だ。ということは残り18㎞も走らないとゴール出来ないのだ。うわぁ不安感よぎる……大変なことになってしまったぁ。六甲トレラン28㎞は半端ないコースだ。

しばし茫然、それでも行くしかないか……残りのランナーは少ない。皆な先に行ってしまったようだ。これからは穏やかな勾配のコースでありますようにと願いゆっくり走りだす。ああ、おおぅ～爽やかな風が頬を潤し流れています。先ほど見晴らせた神戸の街中は相当に暑いはず、そう思うと「ここ」は別天地。「山の日」に山の恵みを味わい走るって最善の選択だと自分を鼓舞。

私が最終組だろうが、数人のランナーが前後に見えるから安心です。おお、大きな丸い石、コースは下り、このまま飛び降りようかと思った瞬間、「あ、痛てぇてぇ〜」思いっきり滑って、石にお尻を直撃……いやぁぁお尻大丈夫かぁ、走れるかなぁ……。

参ったなぁ、でも大事なさそう、良かったぁ、走れそうだ。山中の1人旅も車道横断場所では、必ず大会スタッフの誘導があり、僅かに気持ちの和む時だ。刻々と変化するトレイルのコースは、思考力を前面に集中させ前に前に走る。足も身体も良く頑張るなぁ……他のランナーも頑張るなぁって思いながら、上りの車道を走り続けている。ようやく車道から左に入ると記念碑台第3エイド（第2チェックポイント）だ。何とここでやっと半分の14kmだって、参いるよなぁ……。

スタッフから水分や飴、塩昆布、チョコ等の供給を受け、少しボヤキながらまた、細い山道に入って行く。

暫く、下りっぽくなって、先ほど渡った車道に出た、何か見覚えのある道（来た道だが、反対に走ると視界が全然違うのだ）を下って穂高湖口第4エイド、19km まで来た、少し嬉しい。さらに下って穂高湖に降り、湖面を左回りに上ると、1人の元気のいい女性スタッフが、「この上にシェール槍があります、360度のパノラマが見れますよ」だって。

「寄り道するほどの余裕はコレッポッチもないわ」とぼやくも、こんなにも足場の悪いところで元気に声掛けしてくれて……なぁんか嬉しかったなぁ、ちょっとは元気貰えたぞぉ、ありがとう。

この後は、浅瀬な小川とトレイル小道がジグザグに何度も交差しながら緩やかに下っているところを走っています。小川に架けられし橋は、アルミの足場や板で急場しのぎの代物です。下りということもあり樹々や小川の流れ等、このトレイルコースで一番気持ちのいい空間でした。心身の疲れも暫し癒されます。ここを出た所が、獺湖第５エイド21km。あと７kmかぁ、また上りだ。きついなぁ……。

うあぁ～まだこんなにきつい上りがあるのか、中腹で休憩。10数人のランナーがこの登り斜面に最後の頑張りを見せているが、まだ先があるのだ……頑張ろう。

早く森林植物園らしきところに着きたいけれど、まだ山中だ。あと３～４kmぐらいじゃないかなぁ、瓦礫の多い浅瀬を渡るところで男性若者ランナーが１人、靴をぬいで足を水の流れに浸している。いいなぁ～私もしたい。でもそんなにのんびりしていていいのかなぁ。確か制限時間は６時間だったはず。「タイムアウトしちゃうよ」と声掛けると、青年いわく「チェックポイント過ぎているから大丈夫です」だって。私は、ホントかなぁ、足、休めたいなぁと思いながらも、先を急いだのだ。あと３、４kmだ、上がる階段が見える、えぇ～まだ上がんのぉ～３段程上がった途端、右足太ももが強烈に攣った。「あ痛ててぇ～もう堪忍してよ」と、へたり込んだ。動けない、痛いぃ～治まるのをただ待つのみ、参ったなぁ……。

まだ20段はあるぞぉ……おおぉ～負傷兵のごとく彷徨うってことか……やっと森林植物園に戻って来た。森林長谷池、臨時エイドだ。最後のエイドスタッフに見送られ、森林植物園の車道を緩やかに上って行く。ゴール地をすぐそこに感じられる場所まで来た。6時間の制限時間内にゴール出来るか？　無理だろうなぁ……。

いやぁ～参ったなぁ……森林植物園のメインアプローチに私が尻餅ついた辺りから追いつ追われつの女性ランナーが着替えを済ませて帰って行くではないか、敗北感（気付かれないように……）。

最後の舗装路を歩き歩き上っていく私、あそこを左に曲がれば多目的広場だぁ……ああ、あぁ～と、やっと着いたぁ～ほっとする、最後ぐらいは走れるか、ラストランだぁ走ろう～私のゼッケンと名前がスピーカーから聞こえる。労いの言葉と頑張った走りを称える女性スタッフの声、ホントホントに嬉しい……喜びいっぱいのゴール……。

Mt.ROKKO Trail Run
Summer Picnic 2020
Mt.六甲トレイルランサマーピクニック
FINISHER RECORD

No. ： 333
氏　名：林　邦夫　様
種　目：28km男子
記　録：6時間04分59秒

第5回Mt.六甲トレイルラン サマーピクニック2020大会において上記の記録でゴール出来たことを証します。

2020年8月10日

15時45分完走証を貰う、記録6時間4分59秒。気分は最高。身体はガタガタ。

あとは、車に戻って昨年同様、天然温泉「スズランの湯」に行こうとランスタイルのまま車運転、10分もかからないはず……ところが、あれれぇ、駐車場に車が……1台もない。何かおかしい……、下車してアプローチの貼り紙に……うぅ～残念。コロナで休業中だって……にっくきコロナ、私のラン後の楽しみも奪われました。何てこったぁ～ランスタイルのまま再び車に戻る。着替えるのも億劫だ。残念な気持ちいっぱいのまま、コンビニで弁当を買い、神戸市中央区の日産でリーフ（電気自動車）を充電。車内で弁当を食べ、いざいざ帰路に。

直ぐに高速入口、快調に高速道を東に進むが、あれれぇ～足、攣りだしてきた、いやぁ～参ったなぁ……車も多くなってきている。ええ～どうして混むの、足が攣って運転がままならない最悪な状況だ。降りるに降りられず、攣っていない左足でアクセルブレーキを操作。こんなの初めてだ。

銭湯に入れなかったことと、トレイルコースの前半、下りっぱなしの後、上りっぱなしで相当体力を消耗したことが、攣った最大の要因だろうと思いながらも、六甲トレイル怖れべきや……昨年5月の「大台ケ原マラソン」の過酷な足の攣り状態と同じだ。来年きっとリベンジするぞぉ～。と悔しい辛い帰路にトレイルの良き余韻は吹っ飛んじゃった。

二十一、ラン友ラン奈良（生駒ボルダー）

8月23日（日曜）は、奈良市で最高気温34℃です。10時に1人、生駒山麓公園駐車場に来ました。生駒ボルダーを走ろう……。

生駒ボルダーは広葉樹林に覆われ、メンテナンス用にも簡易舗装された道路を走るので安全安心、夏場でも日陰で快適です。

蝉の合唱、小鳥の囀り、樹々も何かざわついていてそれはそれは賑やかです。おおぅ～マイ五感全開です、自然界の音色、頬を流れる涼風、木漏れ日等、生駒ボルダーが私にどんどんと語りかけてきます。走りながらも語り掛けに応答しようと、俳句を作っていました。

そんな時、「林さぁん」と、嬉しいWちゃんの声。振り向くとまさしくランスタイルのWちゃん。私が10時に生駒ボルダーに行くってラインしておいたので、来てくれたのだ。ホント嬉しいことです（ラン友ラン今年6回目、通算28回目）。


さあ～元気出して走ろうと走り出したところ、あれぇ……えぇ～どうしたことか、今まであれほど賑やかに聞こえていたものが全く聞こえなくなっている。たぶん、自分の関心事が変われば、本能的に受取り方も不思議な程変わるんだということを体験しているのだろうけれど……人体って本当に不思議だ。

結局、額田園地を過ぎたところで引き返し、ひと風呂あびて、そこでWちゃんとお別れしました。本当に良く来てくれました。ありがとう楽しかったです。

1人で走る楽しみ、また、友と一緒に走る楽しみの両方をはっきりと意識として知った日でした。

二十二、2020年9月のランニング

1日（ナ）7㎞、3日（ナ）9・3㎞、6日は紀泉高原（イ）20㎞、10日（ナ）6・4㎞、13日は京都（友）19㎞、15日（ナ）7・2㎞、17日（ナ）8㎞、24日（ナ）5・8㎞、29日は松山城7㎞（今月計9回で89・7㎞、9ヶ月計73回814・5㎞）、この内（ナ）＝ならスポ（6回43・7㎞、9ヶ月計38回336・7㎞）。

二十三、第3回紀泉アルプストレイル

9月6日（日曜）は、7時40分家を出ました。新今宮駅で久しぶりの南海電車に乗り換え、故郷貝塚市の風景にも感慨を覚え、子供時代に楽しんだ「みさき公園」に思いを馳せ、大阪湾岸の海岸縁を走る車窓に、変わらない思い出の風景を重ねていました。

9時30分、みさき公園駅着。東の県道（紀州街道）のコンビニ横にランナー達が集合しています。思ったよりこぢんまりとした大会のようです。第3回紀泉アルプストレイルに参加です（今年5度目、ランイベント参加通算42度目）。

午前中は晴れ、午後からは雨模様との天気予報です。30℃近い気温でしょうか、2本のペットボトルを貫い、10時ウェブスタートしました。結構立派なA3判の地図を貫い、地図を片手にランナーについて走り出していますが、急坂な住宅地を過ぎるとすぐ、1人しか通れそうにない山道となりました。地図を見ても一向にどこをどう走っているのか分からないのが山中の

一本道。前後のランナーを意識してひたすら山道を駆けるのがいつもの私の走りです。

おぉ～早速のビューポイント飯盛山（標高３８４ｍ）の展望デッキまで来ました。西は大阪湾から淡路島、南西に四国も望める素晴らしいパノラマです。残念なのは、ゆっくりと眺めを楽しんでいる場合じゃないのです。タイムを競っているトレイルラン……先を急ぎます。

分岐点には必ず赤いテープが木の枝に巻かれランナーを誘導してくれます。それでも迷うことがたまにはあります、コースを誤ると、何だか間違っているようだと気付かされるから不思議です……多分あそこだろうと戻って復帰という経験はトレイルランナーなら、よくあることですが迷子になったという話は聞いたことがありません。

一体、誰がトレイルランなるものを考え、ランナーを集め実行してくれたのかは知らないけれど、温暖化で夏に街中を走るには熱中症はじめ、危険極まりないところを、このような山中を走るトレイルランだと、かえって安心安全かつ快適（自然いっぱい）、私はトレランにハマっているって感じです。ホント、開催主体とスタッフの皆さんに感謝です。これからも色々なところで開催してほしいものです。

だからでしょうか、全くどこをどう走っているのか、今はどこにいるのか全く分からないけれど、視界に展開する山道と樹々、時折視界が開けて下界を一望……ひょっとして、一寸先は闇でなくワクワクする大自然が織り成す妙……たわいもない日常のすべてを優越しているのではないか……しんどいけれど凄～くご機嫌で走っているのです。

札立山（３４９ｍ）と標柱をみて、淡輪六十谷分岐を大福山方面に向かい大福山（４２７ｍ）に至る。「ほぼ中間、あと14kmか」とボソッとつぶやく私に、理想的均体型という好印象の女性ランナーが「あと10kmぐらいですよ」って……なぬぅ～どういうこと？　女性ランナー曰く「紀泉は20kmぐらいですよ、だからあと半分は10km」とのこと。えぇ～28kmとばかり思っていた私……足のこと思うと、良かったなぁ、それに私自身何だか儲かったような嬉しい気持ち……。

　また、展望が良い所に来た。今度は、東を向いているんだ。紀の川の流れがずぅ～と長く続いている。流れは大洋に至り雄大にして歴史を遡る。おおぉ～そんな感傷に耽っている場合じゃない、のんびりしていてはいけない、昼から天気は崩れるのだ。

　下りや平坦部はうれしいが、上りとなると、うっぅ～嫌だなぁ……前半中盤までは気合を入れて上るんだけれど、後半になってくると足が「もうダメぇ」って訴え始める。上り坂になるたび、「えぇ～またかぁ」って、唸ってくるのだが、これもトレランのトレランらしい魅力の一つであることに変わりない。

　下界が暑いから山中を走ることが第一の良さなら、この上りの厳しさに負けている自分にリベンジしたいという思いを抱かせてくれるのも嬉しいことなのです。また「来いよ」って、この山々からの声が聞こえるようです。

　雲山峰（４９０ｍ）の標柱。今コースの最高峰だ。雲仙は長崎県が有名だが、人がいないと雲山《うんざん》となるって何のことやら……なんて思いながら、頂上にはいかないで先を急ぐ。
雲行きがあやしい……ゴールまであとどれほどかなぁ～なぬぅ～【山中渓】、なぁ～んか懐かしい名だ。子供の頃に住んでいた大阪府貝塚市からみて南の府県境にありし名との記憶が蘇る。いやぁ～そこに向かって走ってんだ。案内板を見た瞬間、嬉しさ懐かしさに包まれた。いやぁ～ついにポトッと雨滴。急がなきゃ……下りっぱなしだ。車の走行音も聞こえてきた。ゴールももうすぐだろう。参ったなぁ、（雨さん）もう少し猶予をくださいって言ってもだめか……眼鏡をかけている私には、雨天の帽子は必須。

ＪＲ阪和線を渡って、府道64号線を少し走れば、左手に山中渓駅。ゴールは右手のわんぱく王国だ。14時35分、雨の中、スタッフ達の温かい歓迎に喜びのゴール。

完走証
CERTIFICATE OF ACHIEVEMENT
第3回紀泉アルプスTRAINIC STAGE
ゼッケンNO345/林 邦夫殿
記録:4時間34分14秒
総合順位:40位/78人中（速報）
男性/部門順位:30位/62人中（速報）
令和2年9月6日
あなたは本大会に於いて上記の記録にて完走されたことを証し、これを讃えます

おにぎりと完走証を受け取りました（ビールも振舞われていたよ）。

4時間34分14秒、78人中40位でした。主催のＮＰＯ法人「日本ライフロングスポーツ協会」のスタッフ数人は私の名も覚えていてくれました。仲間ですっての感じも何だか嬉しい。

小降りだった雨も本格的に降ってきたので、荷物から傘を取り出し、山中渓駅に直行、無人駅です。陸橋を渡って天王寺方面のホームに着くや否や、ラッキー！　直ぐに電車が来ました。乗客の少ないのを幸いに若干の着替えをしてご満悦の帰路となりました。紀泉アルプス、スタッフの皆さん、ありがとう。

二十四、ラン友ラン京都（松尾大社）

9月13日（日曜）7時半前、家を出て、出町柳駅9時5分着。またまた、京ラン開催です（ラン友ラン今年7回目、通算29回目）。

7月12日の京都ランと同じラン友メンバーが出町柳駅に集まりました。さてさて今日は何処に連れて行ってくれるのでしょうか。行先を知らないのも私にとっては楽しみ倍増なのです。皆で街中を闊走していること自体が晴れやかな感じがして、それに大好きな街の移り行く風景……まあ極論すれば京都なら何処でもいいのです。

嵐山まで一気に走って来ました。ここは、松尾大社です。何だか見覚えがあるなぁ、おぉ～そうだ思い出したぞぉ。日帰りバスツアーで来たことがある。その時は滅多に買わない「おみくじ」を引いたのです、結果は：：『恋愛運、御付合いの人と別れます』だった、嫌な思い出だ。正にその通りになったからね……今後は絶対に「おみくじ」を買わないと決めた。その場所にまた来たのだ。

珍しくも冴えない京都ランとなり、帰路……皆きつそうなのをＨｍさんが感じてくれたのか、四条通を東に走っていると、阪急京都線西院駅の構内にＨｍさんが入っていくではないですか。いやぁ～ラッキー。皆が同行し、終点の四条河原町駅まで乗車。３㎞程を乗客となり「楽」出来ました。河原町駅から再び３㎞程はランニングで北上、出町柳駅まで戻って来ました。走行距離19㎞の京都ランでした。

いつものラン友の皆さん、そして、たおやかな京都、今日も十分「京都ラン」楽しみました。本当にありがとう。

９月29日（火曜）、コロナ感染に怯え続けた日本経済に、政府が経済復興のカンフル剤として掲げた政策の一つ、「ＧｏＴｏトラベル」事業にあやかり、私は道後温泉のとあるホテルで6時前に目覚めました。明るくなってきた6時20分、ランスタイルでホテルの玄関をひっそりと出て、夜露を吸った道路に靴を蹴って走り出した。

道後温泉といえば「神の湯」……懐かしく眺めながら、坂を駆け上って「空の散歩道」……こんな所があったんだ、ちょこっと休憩、次は、坊ちゃん鉄道の「道後温泉駅」の前に来て、この伊予鉄線に沿って松山城に行こう、と決めました。

南に走ってすぐ大通りは、右に曲がり西に真っすぐ伸びている。路面電車軌道を配す大通りは道幅広く長く続いている。私は北側歩道を西に走っている。お城はどこだ……交差点には句碑。そうかぁ、正岡子規や夏目漱石等が活躍の地、司馬遼太郎氏の「坂の上の雲」をNHKスペシャルドラマで見た一場面が浮かんだ……松山城登城道での子規達の写真だ。

左手前方に城山の緑の塊を見ながら、登城口はこの「西一万」交差点を左折するんだろうなと思いしも、心境は真っすぐ……。

お蔭で、かなり広いお城域を左周りにぐる〜と半周する羽目になったが、結果的には南西角の堀之内を知ることが出来た。市民会館や県美術館が建つも私の関心は松山城だ。

目前を見上げると城矢倉らしき建物が水平線を強調し存在を漲らせている。おぉ〜素晴らしく綺麗だなぁ……天守はまだ見えないけれど「お城の格式」はしっかりと見て取れます。いよいよお城ラン、期待値も大いに高まってきました。左手隅に登城道が見えます。

ここからは、トレイルランだ。おおぉおぉ〜黒門跡、それにしても重厚な門や櫓《やぐら》、石垣、塀、急こう配の登城道を圧倒する樹々。何度も方向を変え上って行くのだ。そのたびに小出しに展開される松山城本丸天守を守る砦の要塞部を露わにして、驚き感激のヒエラルキーに包まれていく。

築城（1628年）当初より、兵ならば、難攻不落と恐れおののいたに違いない。

戸無門、筒井門、太鼓門を抜けると、いよいよ本丸広場だ。登り疲れた者をホッと一息させてくれる。ところどころ眺望も開け、松山の街を一望する。天守は9時開館かぁ、今は7時過ぎ、残念無念じゃ〜。

拙者、帰るといたそう……東雲口登城道を下る。おぉ～ロープウェー？リフトまであるではないですか。雄大な松山城を全身で味わっての帰路。往路は県道から二～三筋南の道を走っている。一般的な市街地ランだ。おお～小学生の通学路か、マスクを着用した子達とすれ違うこと多くなってきた。でも、誰1人として挨拶してくれない（コロナだからかなぁ……）。カーブ交差点を過ぎ、北向きとなる。今度は、中、高校生達と静かにすれ違った。

予定通り、7時30分ホテルに戻る。急いで朝風呂、誰もいない。気持ちいい温泉の後、朝食でおなかも満たされました。

「ＧｏＴｏトラベル」にて有意義にも贅沢な松山道後のモーニングランをエンジョイしたのであります。


２０２０年9月、２月から全世界を苦しめているコロナ禍にも負けず、ランナー達は順調に楽しく走り続けているのでしょうか。

私は、夏場の暑さ対策にと夜に走る「ならスポ（ランニングクラブ）」に入会し、２度の夏場を体験した。火曜と木曜の午後7時から鴻池陸上競技場のトラック20周８㎞をベースに、数種のペースランを順調にこなす。世界中を席巻しているコロナ感染でランイベントも中止・延期を余儀無くされている中、鴻池陸上競技場が閉鎖される場合でも競技場外周を練習場として「ならスポ」は開催してくれている。

有難いことだ。一番遅いCランクメンバーと楽しく汗をかいている。

二十五、2020年10月のランニング

1日（ナ）9・6㎞、6日（ナ）10㎞、13日（ナ）7・2㎞、15日（ナ）10㎞、18日は米沢・長井25㎞、20日（ナ）8㎞、22日（ナ）4㎞、24日は曽我川25㎞、29日（ナ）5・6㎞（今月計9回104・4㎞、10ヶ月計82回918・9㎞）、この内（ナ）＝ならスポ（7回54・4㎞、10ヶ月計45回391・1㎞）。

二十六、第34回山形長井マラソン中止でも長井市走る

18日（日曜）は、山形県米沢市内のとあるホテルで朝を迎えた。第34回山形長井マラソンに参加するためだったのです。

ところが、コロナ感染が収まらずマラソン大会は中止となったのですが、計らずも長井市主催ということもあってか、準備された参加賞のTシャツや大会冊子等が届き、参加費も返金されたのです。

山形県長井市！　なんと真摯な対応だろう……それに加えて、私が唯一訪れていない都道府県が山形県なのです。それで、マラソン大会中止でも何とか訪れたい観光したいとの思いが、予約済みの航空券と宿泊をキャンセルせず……喜び勇んで1人、山形まで乗り込んで来たとい

うわけです。

勿論、私1人でも、いただいた「2020 NAGAI MARATHON 34th」とのロゴの入った濃草緑のカッコイイTシャツを着て長井の街を颯爽と走ろうとの思いも持って……昨日17日（土曜）11時50分伊丹を飛び立ち13時20分山形空港に降り立ちました。

一地方の田舎と呼んでも良さそうな長井市で、マラソン１５００人、ハーフマラソン５００人、10㎞５００人の総勢２５００人参加の大会がコロナで中止とは情けないと思いつつ、山形って、長井ってどんなところだろうって興味深々で訪れました。

何も考えず、目の前に停まっているバスに乗れば良かったのに、何を思ってかベンチにリュックを置き、携帯の路線情報を検索しました。

空は何処までも青く、穏やかな陽光は、自然豊かな山形に降り注いでいる。なんだか歩きたくなりました。

山形空港ターミナルの真反対に奥羽本線神町駅があります。路線検索で30分後に米沢行きの電車が来る……乗れるかなぁ、と歩き出したのです。

さすがに山形。空港の滑走路を大きく右回りに迂回しだすと、たわわに実ったリンゴ畑がお出迎えだ。いやぁ～1個もぎって食べたいなぁ、との誘惑に駆られっぱなしの歩きとなった。ついに脚立に乗って何かされている農婦を見つけたが、リンゴの色が、美味しくなさそうに思えてパス……残念。

思ったよりぐる～っと回ってやっと「神駅」に到着。時刻表を見てびっくり。14時台には何も無い。何故勘違いしたのかなぁ……15時04分の山形行きまで結局1時間以上待つ羽目となりました。こんなんだったら、バスに乗れば良かったと反省するも、何も予定立てず来ているのも面白い。「神駅」という名もいいではないか。ベンチで本を読みながら電車を待った。

初めて乗る奥羽本線車両、結構な乗客が乗っている……密状態だ。座りたいなぁ……。うわぁ～天童駅だ……いやぁ～半世紀以上にわたり将棋好きな私の聖地がこんなところにあったとは、観光したいけれど、時間的には無理だなぁ。そのまま、終点山形駅15時32分着となった。

次の米沢行は16時31分だ。およそ1時間観光しようと、駅前をウロウロ……ここでハタと思い立ったのが「そうだ、帰りの空港バスの乗り場と時刻を確認しておこう」でした。電車では空港に行けないことが分かったからです、急いでバス乗り場に行き、じっくりと時刻表を見ると、何だかおかしい……胸騒ぎがする。帰りの日本航空便との連絡バスが運行中止となっているのだ……えぇ～どうしてぇ……。

一番下に「ご不明なところは下記にご連絡ください」とあった。その電話番号に問い合わせると、な、何と、「日航便が運航取り止めになったのでしょうね。詳しくは、航空会社にお問い合わせください」だって。

もう～一体どうなってんのよぉ……コロナの影響か？　儚さ感じるぞぉ……私の携帯の電池残量も儚くなっていたので、取りあえず、米沢に行ってホテルで充電してから日航に問い合わせることにしよう。

16時31分ＪＲ奥羽本線・米沢行に乗車。駅間は長く、車窓には田園風景が続くようになって西空が真っ赤に染まって来た。茜色の夕焼けとなって暮色に沈む静謐なひと時、電車のモーター音も振動もかき消されて、刻々と映り行くパノラマに我が心も洗われていくようだ。このような景色を見るのは多分初めてだろう。我が心に留めおきたいと黙想す。

17時17分、無事米沢駅に着いた。もう暗くなって街の明かりは凄く少ない。えぇ～米沢ってこんなに鄙びた街なのぉ……。

今夜宿泊のホテルは、駅前商店街とは反対のさらに鄙びた東側方向にあるようだ。本当に明かりの少ない通り、真っ正面にホテルらしき明かりが見て取れる。結構な高さ（9階建て）で少し安心。

チェックインを済ませ部屋で携帯を充電。直ぐに日航便を確かめると、やはり「帰りの便は欠航です。一便早いお昼の便に席を確保しています」って……問題なく帰れれば良い訳だから、夕方までの観光は出来なくなったが、愛犬も待ちわびているだろう。早く帰れて良かったかもと、窓側の席をお願いした。これで大安心。

ホテルのフロントで「周辺お食事どころ」の案内地図をもらって、さて、晩御飯どこで食べようかと閑散とした西側の三筋程をお店探しの散策となったものの、米沢牛の店が大半でどれも高級そう、1人では入りづらい店ばかりだ。

米沢牛のカレーハウスがあった。ためらわず入店。先客は数人、年季の入ったご夫妻が切り盛りされている。コロナ禍だから飲食業はどこも大変だ。老舗のようだ、しっかりと消毒もされている。米沢牛入りカレーを注文した。

カレーのルーに隠れてしっかりとしたお肉の塊を頬張ると、これがまた柔らかくてすごぉ〜く美味しい、この店に入って良かったぁ〜。

ホテルに戻り明日の予定を立てるも、凄く適当だ……明日は明日、足の向くまま気の向くまま、旅から旅への旅がらすなんて気取ってみる。

そうだチェックインの時、大浴場があるって言ってたなぁ〜お風呂に行こう。ビジネスホテルで浴場があるって良いぞぉ〜楽しみぃ〜。

成る程、10人ぐらいは入れそうな湯船に先客は1人。「何処から来たのぉ」って聞いたら、何と三重県からだって。

10月18日（日曜）、8時20分米沢駅のロッカーに荷物を預けた。

駅前から真っすぐ西に延びた県道232号線を走ろう。初めての米沢の街です。私自身の喜ぶ出会いを求めて、歴史を感じる街並みをゆっくりとした走りで中心部に向かう。うわわっぁ

～凄く旧式なタクシーが走っているぅ、びっくりだぁ……。

越後の雄、上杉謙信公は私の最も尊敬する武将……何はさておき「上杉家廟所」に向かった。駅から２㎞ぐらいか。杉木立の中に上杉歴代藩主の廟が荘厳に並んでいる。静かに我が頭を垂れた……『尊敬します謙信公殿、ご無沙汰をお許しください。50年も前になるでしょうか、NHK大河ドラマ「天と地と」で貴方様の生き様をつぶさに拝見いたしました。毘沙門天を奉ずる無敵の貴方様にぞっこん惚れ込みました。特にお味方の城が、敵に包囲され孤立無援となった時、いち早く駆けつけ敵の囲いの中を単騎悠然と突破する貴方様のお姿は、今も私の脳裏に鮮明に映し出されます。

私の胸は篤く涙が止まりませんでした。あなたを慕い50年経った今、不思議な導きで貴方様のご霊前に手を合わせております。貴方様の威光、歴代の上杉家に思いを馳せております。貴方様の生き様は、私の人生の大きな糧となっています。ありがとうございました謙信公殿』

初めての街を走りながら散策することで、街空間の連続した関係性を全身で受け止められ、感性への様々な刺激をも楽しむことが出来、旅の思い出としても時間とともに醸造され、思い出すたび心身を豊かにしてくれます。

「走ること」って本当に素晴らしいご褒美がいっぱいです。

次には、米沢環状線を南東に1・8㎞程走って「春日山林泉寺」に向かいました。

東隣に山形大学米沢キャンパスが……なぬぅ、この瀟洒な木造校舎は一体何なんだ……明治43年、東京・大阪・京都・名古屋・熊本・仙台に続いて、全国七番目の高等工業学校として開設だと……急こう配の屋根に開口部や壁面角に飾り板を取り付けた下見板張りの外壁、アクセントのとんがり屋根と車寄せをもった瀟洒な2階建てで正面全長は94mとある……いやぁ～長い。凄く均整のとれた品格さえ漂う木造建築だ。

米沢には勿体無い（失礼）代物のようにも思うが……当時、新進気鋭な若者達の夢に大きく貢献したであろうことは、国の重要文化財となった今も偲ばれ、その建築的価値を現在においてさえ誇っていると見て取れるのだ。本当に素晴らしい。


ここからは、環状線を横断し、そのまま北に向かう。800m程で米沢観光の中心部だ。色々と上杉家ゆかりの施設がある。

まずは米沢城址の「上杉神社」に参ろう。横手にある上杉神社の宝物殿「稽照殿《けいしょうでん》」も拝観。

一旦、外の公園に出た。右手南側にデカい会館がある。「伝国の杜・米沢上杉博物館」だ。館内と公園ベンチでゆったりと時を過ごす。

11時になって、西隣の上杉記念館（上杉伯爵邸）に入る。庭園と建物を拝見。おぉ～、郷土料理のレストラン。少し早いが午後からは長井市内を走りたいので、迷わず「献膳料理」を戴くことにした。素晴らしき庭を眺めながら古き良き座敷の（コロナ対応された）テーブル席で戴いた。

11時50分。昼食後、ゆっくり走ってとぉ〜……米沢駅12時16分発かぁ……少し急ごう。ロッカーから荷物を出し乗車券も買わないといけない。

ＪＲ米坂線今泉行に無事乗車。なぁ〜んかローカル線はノスタルジック感満載、中々いいものだ。出発進行……。

12時46分今泉駅着。ここでついに、山形鉄道フラワー長井線に乗り換える。目指す長井マラソンの舞台のイメージが現実化するのだ。ワクワク感いっぱい、入って来た一両電車に乗車するも何かしらの期待がしぼむなぁ……ＪＲよりさらに旧式な感じのする車両だ。だいたい都会ではＪＲより私鉄のほうが〝良い〟に決まっているのに……。

とにかく、「スタジアム長井」に一番近い駅に降車してロッカーに荷物をあずけ、走り出そうという魂胆なのですが……なぬぅ、一両車の停まる駅はすべて無人駅のようで、乗客は運転席後部から、運転乗務員に料金を払って降車するワンマンカーのようだ。駅舎もプラットホームにバス停のような待合がついているだけなのです。ロッカーなんてあろうはずがない。

止む無く、スタジアムに一番近い南長井駅をパス。今夜の宿泊地「はぎ苑」のある次駅「あやめ公園駅」で下車しました。

見事に何もない駅に私１人が降り立ったのです。一体この先どうなるんだろう。直ぐそこに山形県立長井工業高等学校が見える。駅北は線路をまたいでの公園です。兎も角、「はぎ苑」まで歩いて行こう。

おおぉ〜立派な神社（總宮神社）がある。長井ダムから最上川に流れている河川を渡らないと「はぎ苑」に行けないので、橋まで迂回、直線距離にして600ｍぐらいの所を倍ほど歩いて、「卯の花温泉・はぎ乃湯」に着きました。嬉しいことにホテルにスーパー銭湯が併設されているではないか（私はスーパー銭湯大好き人間なのです）。

ホテルのフロントに荷物をあずけ、13時25分、長井スタジアムに向けランニング開始です。旅行の主目的、長井マラソンを大いに体感するぞぉ〜と意気揚々走り出したのであります。なぁんか嬉しい。

それにしてもです。長井マラソン、昨年まで33回もフルマラソンを開催されてきた実績には敬意を表します。そして、奈良在住の私をも参加しようとさせてくださったことに感謝申し上げます。

中止でなければ1500名のランナーと共に長井の地を勇んで走っている私がいたはずです。

中止になったとはいえ、2020年長井マラソン開催予定日の今日10月18日（日曜）は快晴、気温16℃。

「山形県長井市の皆さぁ〜ん！　マラソン開催歴33年素晴らしいです。私1人ですが長井にやってまいりました。

事前に送ってくださった34th長井マラソンのTシャツを着用しています。皆さんのマラソンイベントへの思いを一身に背負い、今、こうして、長井マラソンを決行いたしまぁ〜す」。

さぁ、長井の空間と時間を満喫しよう。

何はさておき、長井マラソンのスタート地点を目指します。右往左往しながら長井を探検、目ぼしいものには出会わないまま、田畑のなかにひっそりと建っている長井市置賜生涯学習プラザに着いてしまった。広い外園部には人っ子1人いないではないか。ちょっと寂しなぁ〜「長井マラソン」は中止になったとは言え、開催予定日に開催予定地を1人でも走ろうとする「輩」はいないのか……。

見渡す限り、「誰もいないんだよね」……てなわけで「学習プラザ」でお手洗いをお借りした後、目の前の競技場らしき施設に向かいます。

おおぉ〜「長井陸上競技場」かぁ。ここがスタート地点だろう、と思いながら、低い囲いの中を覗き込む。新緑の400mトラックが、『どうですか素晴らしい競技場でしょう』って、マラソン開催地の意気込みを十分に示し私を迎えてくれていました。

外周の散策路を歩いているご婦人を目ざとくも発見。長井競技場と書かれた横断幕を背に、写真を撮ってくれるように依頼、『ハイ、チーズ』。これで中止された長井マラソン開催当日に走りに来たという『証拠写真』確保です。写真を撮ってくれた女性、お話もして下さってありがとう。

ここからが、本日中止の長井マラソンに変わるメインイベントの始まりです。事前に送られてきた「山形県長井市総合観光ガイドブック」のp21〜p29に掲載されている『長井まち歩き』A・宮地区とB・小出地区を走って巡ろうと思っています。

09．鈴木酒造、07．山一醤油店、やませ蔵、旧小池医院、04．桑島記念館、03．けん玉Spikeとここまでが B地区。

A地区との境に長井駅があり、3階建市庁舎が駅ビル感いっぱいに建設されていた。一休みと長井の町の情報得ようと「和スィーツ山ノ下KImI」に入店。残念、店主きみさんと思しきレディは、友らしき女性と内輪話に花を咲かせておられ、私の割って入る隙は一瞬たりとも無き状況……止む無く大人しく抹茶スィーツを戴く。

宮地区02．撞木橋《しゅもくばし》、03．小桜館、04．長沼孝三彫塑館・丸大扇屋と散策走に興ずしも、ここ長沼孝三彫塑館に入館が一番の喜びとなった。

氏の彫塑作品は、東北人なるを語っている。それら作品が醸し出す表情には、穏やかさと優しさ、内に秘めし強さ、平和を愛し、ただ朴訥と生きる、覚悟のようなものを感じた。

外に出ると、長沼氏の旧家「丸大扇屋」が開館されていて、彫塑館の事務の方が、見学を勧めてくださった。

蔵から母屋まで調度品もそのまま展示、古き良き時代の生活をも垣間見れた。おまけに、大和撫子のような事務の方、私の質問にもしとやかに答えてくださって、立ち話なのに時を忘れるほど、長くお話させてくださいました。本当に嬉しく楽しい時間でした。

私はランスタイルのままです。夕方5時近くになって寒くなってきました。残念だけれど豊かな一期一会にお別れし、08．總宮神社を今日の「長井まち走り」のラストとして立ち寄りました。

『長井マラソン実走を感謝します。皆さんの日々をいつも豊かに御守ください』本当にありがとう。

卯の花温泉・はぎ苑に戻り、温泉、食事のおもてなしに大満足。

翌19日（月曜）は、8時チェックアウト、山形市で慌ただしく午前中観光、空港バスで山形空港、15時伊丹着、16時50分に帰宅しました。あぁ～「走る」旅は、いいなぁ～とつくづく思いました。

二十七、2020年11月のランニング

3日は淀川（イ）35㎞、5日（ナ）10㎞、8日は京都二条城15㎞、10日（ナ）10㎞、12日（ナ）10㎞、15日は曽我川飛鳥川寺川25㎞、17日（ナ）9・8㎞、19日（ナ）10㎞、22日は京都（友）20㎞、24日（ナ）10㎞、26日（ナ）7・5㎞、28日は曽我川高取飛鳥34・7㎞（今月計12回で197㎞、11ヶ月計94回1115・9㎞）、この内（ナ）＝ならスポ（7回67・3㎞、11ヶ月計52回458・4㎞）。

２０２０年2月からのコロナ感染症、我が国も第1波・第2波と経験した。世界的には収まるどころか第3波となって脅威はさらに拡大し続けている。一体いつまで怖れ慄く日々が続くのだろうか。

3密を避け、マスク着用、手洗いとうがいは、日課となってしまった。

マラソンイベントも今年2月から、全て中止か延期を余儀なくされている。

二十八、第7回淀川エコマラソン

私自身の目標、「毎月1回ランイベント参加」も開催してくれないのでは致し方ありません。かろうじて、山中を少人数で走るトレイルランニングには7月、8月、9月に各1回参加することが出来ました。

そして今日、11月3日（火曜・祝日）文化の日、1月以来となるマラソンイベントが開催されました。第7回淀川エコマラソンに参加です（今年6度目、ランイベント参加通算43度目）。

この大会は、今年3月8日の開催予定がコロナで延期、今日開催となったものなのですが、先々週に参加案内メールが届いたとき、お恥ずかしい話、エントリーしたことさえ完全忘却……従って、フルマラソンの練習は十分出来ないままでの参加となったのでした。

8時前に家を出ました。久しぶりのマラソンイベントです。不安と嬉しさの複雑な思いのまま9時30分、淀川河川敷、西中島地区に着きました。

何しろ、「ならスポ」でコンスタントに走って来たとはいえ、たかだか10km、先月は2回25km走っていますが……昨年の奈良マラソン完走から11ヶ月ぶりのフルマラソンです。完走出来るでしょうか。

自信の有無は練習の程度ではっきりしています。正直、完走は厳しいだろうと思っています。今回は正にこの「自信のなさ」の通り散々な結果となりました。本当に「痛い目に合う」とは、こういうことなんですね。


快晴、気温15℃、早朝に降った雨の跡を僅かに残した淀川河川敷、500名程のランナー達、10時30分ウェブスタートしました。

見知ったコースだからでしょうか、淡々と42・195kmの道のりを消化していくのみ。足に違和感が出ないようにと願いながら……何故か完走より、行けるところまで行こうって感じです。ハーフ辺りまでは、全く大事無く順調……でもでも、足の感覚は、重くなってきているような……30km辺り、ペースも随分落ちてきた……このペースもいつまで維持出来るだろうか。

1kmずつ減らすことだけを考え、走っている。

片道5km、往復10kmだ。4回目、ラストの走りとなっている。もう、行って戻って来るだけだ……34km辺りだろうか、あれぇ……気分がおかしい……えぇ～太腿辺り、強烈な違和感……

走れない。

いやぁ参ったなぁ……普通に歩くことさえできない……身体をよじって足を引き摺り、おまけに気分も悪く……最悪〜。

この状況下で私を支えたのは、35km地点のエイドまであと1km程。そこまでは、何とかたどり着けるだろう……との思い。本当に気分が悪い。こんなの初めてだ。雑草か何かに遮られて、エイド地点はまだ見えない。あそこまで行けば見えるはず……頑張れぇ〜頑張れぇ〜と己を鼓舞しながら……エイドが見えるところまできた。あとひと踏ん張りだ、あぁ〜ひと安心……ホット一息、あと少し……スタッフ2人……凄く安心……。

「いやぁ〜もう限界……リタイアするわ、そこの椅子（小さな折り畳み式）で休んでいい……」

「もちろんよ」とおじさんスタッフ2人。

いやぁ〜参ったなぁ〜と、小さな椅子に座ったとたん……なんだなんだ、痛いぃ〜うぅ、メチャ痛い！と、椅子から転倒……地面でのた打ち回った。攣るというより、ふくらはぎの筋肉が痙攣しているようなので「こむら返り」。しかも、治まってきたかと思うと、反対側が強烈に攣りだす。これの繰り返し。

七転八倒とは正にこういうことなんだ。人生長く生きてきたが、こんなの初めて、スタッフさんに頼んで、靴を脱がしてもらった。

スタッフさん、つま先をぐぅと曲げてくれたが……「いてててェ～やめてぇ～触らないでぇ」。

走り行くランナーさんの中にも私の状態を見かねた方がおられ、スタッフに塩飴を渡してくれたようで、直ぐ口にする。何処の誰だか、ありがとう……私の視界はゼロ状態……ただ痛みを堪えているだけだったから……。

どれ程の時間がたっただろう……ジワーと身体全体から痛みが去って行くのが分かる平安が訪れた。もう大丈夫だ……あぁ～助かったぁ……。

スタッフさんに「リタイアするので迎えに来ていただけるかなぁ」と聞くと、「もうすぐ車が戻ってくると思うので待っててくれるか」と嬉しいお慰めの言葉……。

スッキリ爽やかになった身体、ランスタイルのまま10分程待っていると寒くなって来た。

「歩いて戻ります、途中で車に出会えば乗せてほしいから、車のスタッフさんに連絡しておいてください」と、全く普通の状態になった身体、スタート地点に向かって歩き出しました。

１km も歩いたかなぁ、無事、軽四輪車と出会えて、ゴール地点まで乗せてもらい無事帰還。

あぁ……ホント、えらい目にあったなぁ～。

それでも、今日の「淀川エコマラソン」で得た経験は凄いことです。『強烈なこむら返り』を思い返しながら、この68歳という歳でこんな経験が出来るなんて……殆どの人が出来ないだろう経験をさせてもらえたと……。

そこまで頑張ってくれた身体に嬉しくも誇らしさも感じるとともに、限界まで耐えさせた私の無知……万が一、限界を耐えきらずに大変な事態になってしまわないとも限らないとも思うと、危険極まりない状況だったのかも知れない……大げさに言うと、今までの人生で命の危機的状況に直面するという経験は何度もしているが……その都度、危機一髪を回避出来たのは何だろうか……結果オーライと、超「ポジティブ思考」を身につけること、のような気がするが如何なものでしょうか。

申し訳なさ……しっかりと限界を耐えてくれた身体に感謝しつつ、『前代未聞のこむら返り経験』に喜び、感謝している私……人間の身体は何て素晴らしいのだろうと……最高の余韻となり帰路をも豊かに心を満たしてくれていました。

二十九、68歳にて初めて「走り方」を教わる

11月5日（木曜）は「ならスポ」。19時過ぎ、鴻池陸上競技場の外周路、BチームのSさんに一昨日の淀川エコマラソンで起きた出来事を聞いてもらいました。と言うのも、Sさんは、ランニングに関しての本を相当数読んで、最善の走り方を極めようと研究されている方だからです。早速、私の走り方を伴走しながら見てくださって、「踵から着地しているので、下肢に負担がかかりすぎるから、もっと指のほうから着地してみて」

な、何ということでしょう、そのようにすると、身体が前に前に進もうとします。お腹に、

丹田辺りに力を感じます。手の指先も下に……えぇ～何これぇ……すると、Cチームのあるメンバーさんから「あれ～林さん走り方変えたぁ……」だって。

思わず私「分かりますか」、すると「うん、以前のように身体揺れてないよ」だって、びっくりです。Sさんの一言で『こんなにも走り方が変わるんだ』と走りながらも私自身、今までとは違っていると実感しています……Sさん、ありがとう。

ちなみに、翌日朝、ワンちゃんとの散歩、あれれぇ、歩き方まで変わったと実感……人生68年間で初めて歩き方まで意識するって、人それぞれなのだが、ひょっとすると誰もがより良い「こと」を知らないで「当たり前」を習慣としているだけなのかも知れない。

より良い習慣がより良い人生を育むのだろう……と思う。

客観的視点にたつと、自身の「当たり前」さえも、本当にはその人にとってもっとより良き「方向」があるんだろうなぁ。

1度きりの人生だ。素晴らしく素敵に心身豊かな自分自身となり、取り巻く環境の全てに感謝できれば……とも思う。68歳に相応しい生き方をしたいと思う。そのために、人格者の方と接したいと最近つとに思うのです。

人格者とは、日常のちょっとした「こと」の受け止め方に「より良き方向」を極めた人……人生旅路の奥義を知った人とも思う。

11月08日（日曜）は、10時20分家を出ました。12時05分近鉄京都駅着。駅地下でラーメンを食べ、地下鉄烏丸線「四条駅」下車、コインロッカーにリュックを納め、13時20分に幹線道を避け路地的な通りを北に向け走り出しました。

やっぱり京都はいいなぁ～、街並みの至る所に京都らしさが溢れています。町家、歴史ある店構えを左右に見ながら走っています……おぉ～報恩寺かぁ……何処を走っていても必ずお寺があるなぁ、しかもどのお寺も格式ある佇まいを見せてくれる。境内ウロウロするも建築的な学びは疾うの昔に卒業した私、今更学んでもと……卒業したという自覚は気楽に建築と対峙できるのだ、これもまたいい……好奇心を満たしてくれているだけで十分満足なのだ。でもでも、欲張りな私、携帯マップから行きたい見たい所があるかもしれないと暫し画面を検索していると……おおぉ～南に二条城があるぞぉ、決めると即、二条城に向け走り出すも左右の景観は楽しんでいる。北側路地からお堀の中央辺りに走り着く。東大手門に向かう……おぉ～ついに来たぞ、世界遺産「二条城」。

ランスタイルのまま入館料を支払い重厚なる大手門から唐破風門をくぐる。徳川幕府の威信を感じながら……国宝「二の丸御殿」正面に立ちすくむ。

かつて建築を学び始め、建築バカになっていた頃、歴史的遺産価値を生む壮大なる建築の誕生には、絶対的権力を手にした独裁者が必要だと学んだ。いつの世も権力者は、権力の象徴となるものを好み自身の威を誇示したい。

日本では、唯一安土桃山時代だけが絢爛豪華な威光異彩を放ったのだ。質素倹約の徳川幕府でも桃山文化の遺構と思わされるものに日光東照宮と二条城があると学んだような……。

400年のタイムスリップ、和の空間に圧巻の障壁画……狩野探幽……桜、松、梅、柳、鳥類、虎等々すべて、内に秘めたる生命力を最大に永遠に壁面に閉じ込めた。今日も凄い迫力で「我ここにあり」と圧倒的存在感だ。

慶喜公が大政奉還された場景が再現されている。遡ること150年程前、大政奉還の舞台……風雲急を告げし激動の幕末、内憂外患《ないゆうがいかん》の限界点に徳川慶喜が政権を朝廷に返上……緊迫する政情の舞台となった京都……そんな場所にランスタイルの私がいるなんて。あぁ、何て気楽な私なんだろう……。

八方塞がりの世に、この国の命運を掛け己の信念に猛進した人々の命の代償に明治新政府が誕生した。そして大正、昭和、平成、令和……私達は一番いい時代に生きているという実感が私にはある。

「走る」ことで先人が残してくれた「自由」を謳歌している私、歴史は現代の羅針盤であってほしいと思う。

素晴らしき二の丸御殿の内部もランスタイルよろしく、駆け足で味わい外に出た。二の丸から本丸庭園も駆け足通過、1750年落雷により焼失した天守閣跡の高台に来るも眺望はまぁまぁやねぇ……それよりここの石段きつすぎないか……一段一段が高すぎるのだ。

右回りの左手に和楽庵、香雲亭、清流園を見ながら、行き当たりばったりの京都ランだったが……今回も良かったなぁとしみじみ思い、ラン後の楽しみ、銭湯に向かう……。

京の台所「錦市場」の西端部すぐにある「錦湯」が目当ての銭湯だ。１９２７年創業、脱衣所に脱衣籠だろうか「柳行李」が並んでいる。歴史を感じる銭湯、レトロ満載、懐かしいタイル張りの浴槽で古き良き京都に親しむ。この贅沢な非日常も「走る」ことに起因する。ありがとう「錦湯」。しかし、この後、錦湯も惜しまれながら95年の歴史に幕……残念です。95年間ありがとう。

三十、ラン友ラン京都（梅小路公園）

11月22日（日曜）、9時出町柳駅集合。Ｈｍさん、Ｙｓさんと私の3人です（ラン友ラン今年8回目、通算30回目）。

今日は、鴨川沿いを南下、塩小路辺りを西に「梅小路公園（京都水族館、京都鉄道博物館）」垣間見てから千本通りを北に、今出川通りを東に、鴨川の遊歩道まで来てようやく「おにぎりタイム」、鴨川の流れを眺めつつ、お互いの日常を話題に暫し歓談。13時50分出町柳駅で解散となりました。

三十一、1人レギュラー曽我川最長ラン

２０２０年11月28日（土曜）13時20分、いつもの曽我川土手南下ランスタートです。

来月12日エントリーの「神戸トライアルマラソン」に向け最終調整のロングランです。今月3日の淀川エコマラソン35㎞エイドでの「こむら返り」リタイアの教訓を活かさねばなりません。人生68年で初めて知った「走り方」でどれ程の結果となるのでしょうか。大いなる期待を持って走っています。

三宅町から、広陵町、田原本町、橿原市、高取町、明日香村と1市4町1村にわたる34・7㎞を走り終えました。足の調子は……攣りそうなこともなく、パンパンとなって走れなくなることもなかったので、走り方は確かに良くなっているのでしょう。が、やはりというか35㎞は大変な距離です。全く余裕ない走りでした。

それにしてもです。今月走った距離が１９７㎞とは驚きです。良く走ったものです。今まで、ひと月で走った最高距離は１５０㎞ぐらいでしょう。１９７㎞も走ったという実感が全くないのも不思議ですが……。

三十二、２０２０年12月のランニング

1日は別府４㎞、5日は天理（ナ）18㎞、8日（ナ）7・2㎞、12日は神戸なぎさ公園（イ）

42・195km、17日（ナ）10・5km、20日は神戸農業公園（イ）（友）20km、22日（ナ）10km、27日は田原本13・7km、30日（ナ）（友）15km。【今月計9回で140・6km、12ヶ月計103回1256・5km）、この内（ナ）＝「ならスポ」は5回60・7km、12ヶ月計57回519・1km。】、2020年は月平均8・6回走行距離104・7km（この内、ならスポは4・75回43・26km）従って、≒4割は「ならスポ」で走った勘定です。

三十三、神戸トライアルマラソン

12月12日（土曜）6時半前に家を出た。大阪梅田駅で阪神電鉄阪神線の特急に乗車、御影駅で各停に乗り換えだ。乗客は少なくてゆったりと長椅子に腰かけたところ、ランシューズに計測チップを付けた乗客が目の前に座っている。いかにもマラソン大会参加者だ。降車駅春日野道駅も一緒、私と同じ大会に参加するのだろう。

降車してから会場の「なぎさ公園」までは、携帯検索で適当に向かった。周りに誰もいなくなったけれど、確か1度来たことがあるところのようで、見覚えのある風景が待っていた。今日は、「神戸トライアルマラソン」に参加です（今年7度目、ランイベント参加通算44度目）。

会場に着いて、3年程前に参加した「HAT神戸ドリームマラソン」と同じ所だと分かったけれど、エントリーした時から、こうして現地に来るまで2度目だとは、全く気付かなかった。

あの時は、ラン友Mさんと一緒で2人ともハーフマラソンを2時間1分台で完走したのだった。懐かしく思い出せるのも嬉しいものです……。

今年2月ごろから、コロナ感染が世界中に猛威を振るい、マラソンイベントも殆ど中止の憂き目にあってきた。そんな状況下でもフルマラソン大会を開催してくれたのだから、私達、マラソン愛好者にとってこれほど嬉しいことはない。

そこで感謝の気持ちを込めて、今回フルマラソン大会を開催してくださった『アールビーズスポーツ財団』の開催趣旨を抜粋し掲載しますと（以下、引用）、

◎神戸トライアルマラソン12月12日（SAT）参加ご案内

世界中に猛威をふるうコロナウイルスによって、多くのマラソン大会が開催中止となり、ランナーの皆さんの大会出場の機会が失われました。そこで、私たちアールビーズスポーツ財団は、皆様に「スタートライン」をご用意するために、感染拡大防止策を徹底した、新しいマラソン大会を全国に展開します。

正確な距離、5km毎のタイム計測、2・5km毎の給水など、マラソン大会運営の基本をしっかりと押さえた競技運営を行います。大会当日まで体調にご留意いただき、最高のコンディションでご出場ください。新型コロナウイルス感染症防止特別参加規約――以下省略。

喜びの343人が、コロナ対策を実行して、9時30分〜37分にわたり1分おき毎に50人がスタートしました。最高気温15・6度、快晴のHAT神戸メリケン波止場、一周2・5km×16周にラスト1周は2・195kmで42・195km。

走れる喜びと身体のシンドさを大いに味わいながら黙々と走り続けています。

私は、3年前走ったコースの感覚を感じながら、新走法がどのような結果を生むか、本当に楽しみです。何故か嬉しく笑顔で走り続けています。30kmを過ぎるとやはり足、ピンチ到来、何とか堪えている感じです。35kmから39kmが我慢のしどころでしょう。「ならスポ」Cメンバーの目標、サブ4・5は……うぅ〜今回も無理みたいです……2年前に静岡袋井クラウンメロンマラソンで出した自己ベスト4時間35分42秒を上回れるかどうかって感じです。

足の状態は、攣りそうな感じより、パンパンって感じでキロ8分台の走りになってきた。残り3kmを1km8分以内で走れれば、4時間35分は切れそうです……頑張れぇ〜自己ベスト更新だ、頑張れぇ〜と一応鼓舞しながら、遂に嬉しいゴール。

即刻スタッフに速報値確認、おおぉ〜4時間34分41秒だって、いやぁ〜嬉しい……やったぁ〜1分1秒自己ベスト更新です。

68歳でフルマラソン、自己ベスト更新しました。（表紙は本大会完走した時の写真です）

ご褒美の完走メダル貰って、次は温泉です。すぐそこに見えている「なぎさの湯」にリュックを背負い疲れた足を運びます。ちょっとぎこちない歩きですが嬉しき余韻に包まれ大好きな温泉に向かっています。

「なぎさの湯」に着きました。14時20分、私のいつものルーティン「お風呂が先で食事があと」の思い込みが大失態に……。

私が玄関に入って「どっこいしょ」と椅子に腰掛け、靴を脱いでいるところに、置いてあった靴を履き、帰ろうとする男性。その顔を見て……あれぇ、どこかで会ったような……。

すると、その男性から「朝、電車で一緒でしたね。走っている時もすれ違うたびに笑顔で走っておられるのを拝見し、私も見習わなくてはと思いました、本当に楽しく走っておられましたね」

「そうですか、私は全く気付かなかったけれど、嬉しいこと言ってくれるね。ところで何処から来たの？」

ということで、ラインを交換して戴いたけれど、フルマラソン3時間半で走られる方なのでラン友となっていただいても、一緒に走れるレベルではないので、ラン友にはなれそうにありません。


さぁ、嬉しい温泉入浴です。すべてのお風呂施設を楽しみます、走って相当な汗もかいているのにサウナにも入って、ちょっと疲れているなぁと感じつつ、脱衣ロッカーに戻ると、あれれぇ～何か気分がおかしい……パンツを履いた段階で、立ってんのもシンドイ……水分補給してしゃがみ込んだ。けれど、気持ち悪いって感じ……ええぃ〜横になろう……直ぐに落ち着いてきたけど……。

近くの人が大丈夫かと声掛けしてくれ、スタッフも駆けつけてくれた。何しろパンツ一丁で寝っ転がったんで、周りの人、心配してくれたんだね、嬉しいね。皆さん優しい……ありがとう。声掛けしてくれた人が「血糖値が急に下がったんだろうね」って、あぁぁバカなことしたなぁ。先にご飯だった。

治まって、さて、食事だと下に降りたら、レストランは15時までだった、えぇ〜お腹減り過ぎたよぉ……何かないのと売店見るもパン類も無し、しょうがないなぁ、駅まで頑張って行けば美味しいパンにでもありつけるだろうか……との目論みも大はずれ、駅にはお店は何もない。あぁぁ〜今日は、付いてないなぁ、またまた、しょうがないので大阪駅まで我慢。

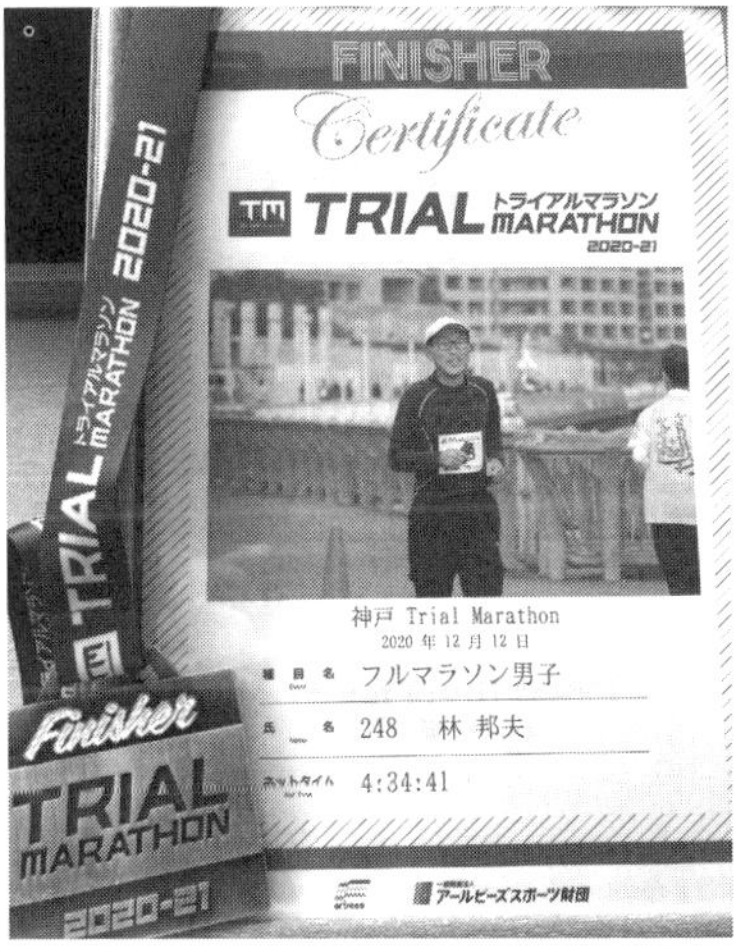

大阪駅構内でお寿司と蕎麦のセットを戴きました。やっと、生き返ったぁ〜って感じです。

勿論、帰宅してからはマッサージのご褒美が待っています。ほんわか気分となって、今回は、2年ぶりの自己ベスト更新という偉業をも称えたのであります（フルマラソン参加11回で7度目の完走）。

三十四、第7回壮大！広大！極限ラン！　神戸農業公園2020

12月20日（日曜）は、2020年の納めにと選んだ「第7回壮大！広大！極限ラン！神戸農業公園走り納め」にラン友と参加です（今年8度目、ランイベント参加通算45度目。ラン友ラン今年9回目、通算31回目）。

Msさんが私の家に来て、6時に愛車リーフで出発、7時50分に神戸農業公園に着きました。中々に立派な建物もあり、こんなところに広い神戸市の農業公園があろうとは……。

我が奈良県にこんなのあるのかなぁ……と携帯検索すると、何と「信貴山のどか村」……規模は小さいが奈良県にも県の農業公園があったぁ～との喜びも……何ともお恥ずかしい話だが、4回ぐらいはお邪魔しているのに「のどか村」ってどこかの営利団体のものとばかり思っていた私。

兎も角、受付を済ませて、9時10分のスタートを待つ。年内もあと10日ほど、何となく慌ただしく暮れも押し迫っているのに、我らランナーにはあまり関係ないようで、各自各様、ランスタイル（薄着）で、ぶるぶる震えています。冬場のスタートまでの待ち時間の寒さ対応は本当に難しいのです。身体が冷えるとトイレに行きたくなるのでトイレにはいつも長蛇の列。まぁ何とかしながら出走までの時間をつぶしています。じっとしていては寒いのです。

一周５kmのコース、エントリーは、５km、10km、20km、30km、40kmと５種目です。私達は、20kmにエントリーしています。順に走り出しました。

壮大！広大！極限ラン！は、一体どのようなコースでしょうか。楽しみぃ〜今からこの目で、この全身で味わいますぞ。

第７回
壮大！広大！極限RUN！
神戸農業公園走り納め！！
道は続く
2020年は大変な1年になりました
2021年は素敵な1年になりますように
そこに道があるかぎり
そこに人がいるかぎり
20km 男子
第103位／153人中
記録 2時間22分54秒
林 邦夫 様
№492
あなたは「第7回 壮大！広大！極限RUN！神戸農業公園走り納め！！」において、上記の記録で完走されましたことを証します。
2020年12月20日
TEAM0ZERO
チーム・ゼロ実行委員会

おおぉ〜確かに平坦部が少なく坂が多いようだ。それに見晴らしは素晴らしい……1周の後半に地獄坂が待っていた。長くて急な上りだ。はぁ〜ひぃ〜息遣いも荒々しくかけ上って行く強者。私は1周目から歩いて上る。

ラスト4周目エイドで三笠饅頭を戴いた。その分、ずっと一緒だったＭｓさんに遅れをとってしまったのだ。ラスト1周は、Ｍｓさんに早く追いつこうと一生懸命走ったけど、三笠饅頭でこれほどの差がでるとは……中々Ｍｓさんを捉えられなかったが、やっと追いつき、ラストの地獄坂では、私は走り続けることができ追い抜いたのだ。

Ｍｓさんを上がりきったところで待つ余裕。そしてラストスパート、２人そろってゴール。喜びの記念写真をスタッフさんに撮って貰って、完走証（２時間22分54秒）を受け取り、お土産にと用意してくださった白菜、大根等貰って帰路についた。

ただ、私の愛車リーフは、1回の充電での航続距離は100km程、帰りは安全を見て2回充電（1時間）したので、16時30分我が家に到着。お蔭で、Msさんとも「ならスポ」だけでは話せない個人的なお話も沢山出来、本当に有意義な時間を過ごすことが出来きました。Msさん一緒に参加してくれて本当にありがとう。

三十五、ラン友、ならスポ2020年納めラン

12月30日（水曜）いよいよ年の瀬、2020年もあと2日のみとなりました。

「ならスポ」メンバーが、鴻池陸上競技場に各自各様集い午前中いっぱい周回コースを走っています。

コロナに翻弄された1年であったが、我らランナー達の2020年走り納めとなりました（ラン友ラン今年10回目、通算32回目）。

本当に「走ること」の素晴らしさと充実した日々を送ることが出来た1年に感謝です。おまけに、最も一緒に居て快いWちゃんと走り方を伝授してくれたSさんと3人、私の大好きなインドカレー（ナンをシェアー）のランチまで共に過ごすことが出来、ナンとも素晴らしい2020年のラン納めとなりました。

「ならスポ」、ラン友、ランイベントを通じ、68歳の私のランニング人生に多くの方々の応援声援を戴いたことも本当に感謝です。

『ランニング』って、どうして、これほどまでに人生を豊かで充実したものにしてくれるのでしょうか。

皆さん、僅かな距離からでも、ゆっくりポコポコ調の足運びからでも「走る」ことを始めませんか。いつしか、徐々に視界が開け、走ることが日常となり、人生がこれほど豊かなんだと気付かされる日がきますよ。無理をせず、自分のキャパシティーを最優先に一歩一歩から駆け出してみましょうよ。

『継続は力なり』を実感できる頃は、ご自身の心身からも喜びが湧き上がっていることでしょう。

でも、「走ること」って「シンドイ」とも思います。そこで、そのシンドさをクリアする対策も必要だと思っています。私の場合は、「頑張った自分」にご褒美をあげることです。

何でも頑張る人には、ご褒美は付き物です（必須条件です）。ただ、他者からは中々もらえないですね。ところが、自分からだと確実にもらえます。だから、自分自身でご褒美をどんどん用意し、自分自身にあげるのです。この考え方、最高だと思いませんか。

そうして、60歳からずぅーと68歳の今日まで「走り」続けています。1～2年のブランクは有りましたが。

三十六、2020年（68歳）のランニング総括

1月10回132・6km（5回46・5km）　4日❶（友）京都哲学の道
　　　　　　　　　　　　　　　　12日①武庫川新春ロードレース21・1km
　　　　　　　　　　　　　　　　26日②淀川30k
2月9回79km（5回48km）　※9、12、13日イタリアを走る。
3月10回126・3km（6回59km）　1日❷（友）京都祇王寺嵐山
　　　　　　　　　　　　　　　　22日❸（友）生駒ボルダー
4月5回49・7km（3回29・7km）
5月6回56・2km（0回0km）　※「ならスポ」はコロナで休会
6月5回56・7km（1回9・7km）　21日❹（友）春日奥山
7月10回117・8km（7回57・8km）　12日❺（友）京都清水寺
　　　　　　　　　　　　　　　　25日③生駒トレイル30km
8月9回106・5km（5回42・3km）　10日④六甲トレイル28km
　　　　　　　　　　　　　　　　23日❻（友）生駒ボルダー
9月9回89・7km（6回43・7km）　6日⑤紀泉アルプストレイル

10月9回104・4km（7回54・4km）
13日❼（友）京都嵐山松尾寺
※18日山形県米沢・長井
11月12回197km（7回67・3km）
3日⑥淀川エコマラソン
22日❽（友）京都梅小路公園
12月9回140・6km（5回60・7km）
12日⑦神戸トライアルマラソン
20日⑧❾神戸農業公園走り納めラン
30日❿（友）鴻池陸上競技場納めラン

【2020年（68歳）ラン集計12ヶ月計103回1256・5km、月平均8・6回104・7km】〔この内（ナ）＝「ならスポ」12ヶ月計57回519・1km、月平均4・75回43・3km〕

昨年（2019年、67歳）のランニングと比較し振り返ってみます。

1、ランニングイベント参加……12回 ☞8回
①フルマラソン3回（篠山、福岡、奈良）☞2回（淀川、なぎさ公園）
②30kmマラソン・・・・・1回（大和川）☞1回（淀川）
③ハーフマラソン2回（九度山、河内長野）☞1回（武庫川）
④トレラン4回（東山、大台、生駒、六甲）☞4回（生駒、六甲、紀泉、神戸）

⑤ロゲイニング・・・・・・・1回（大阪九条）☞0回
⑥アクアスロン・・・・・・1回（潮芦屋）☞0回
2、ならスポ参加・・・・・32回（競技場）☞57回
3、ラン友とのランニング参加・・・・6回☞10回
　　奈良2回、京都4回　　京都5回、奈良4回、兵庫1回
4、1人ランニング・・・・・・・・28回☞30回
曽我川10回、スイムピアマシーンラン6回、　曽我川15回、伊3回、
虹の湯3回、あきのの湯2回、馬見公園2回　山形2回、（青山、佐味田、
（田原本、狭山スパワールド、橋本　朱雀、馬見、生駒、室生、矢田、
　きらく湯、王寺、京都）各1回　松山、佐渡、京都）各1回
5、総走行距離967・2km（80・6km）☞1256・5km（104・76）
6、スイミング・・・・・・・・5回☞4回

以上、今年2020年はコロナ感染防止対応に翻弄されたとはいえ、我がランニング状況は、総走行距離1256・5kmと過去最高を記録し、より活発に走ることができました。

三十七、「走る」ことの工夫と成果

2020年（68歳）のこの年は、月平均走行距離で初めて100km越えたのが最大の成果で

した。

参考までに走り始めた2012年（60歳）から各1年間の走行距離を再掲します。2012年100km、'13年・77km、'14年・0km、'15年・191km、初フルマラソン完走の'16年（64歳）は1180km、続いて順次'17年・777km、'18年・1007km、'19年・967・2km、そして今年2020年は1256・5kmと月平均で初めて100kmを超えました。

64歳での初フルマラソン挑戦から5年間、11度のフルマラソンに参加して完走7度、目標のサブ4・5には届かなくとも、11度目の神戸トライアルマラソンにて自己ベスト4時間34分41秒を達成しました。

ここで一つ、「走る」ことについて、私なりの工夫を紹介したいと思います。

1、楽しく嬉しく「走り続ける」モチベーション維持の工夫

月1回、ランニングイベント（ハーフマラソン以上）**に参加**

全国各地でそれはそれは沢山のマラソン大会が開催されています、身近な所でも毎月色々な大会があります。どうぞ、皆さんご自身に見合う大会を捜してみてください、すぐに見つかるでしょう。そしてランイベント大会参加には次のようなメリットがあります、

①マラソン大会は輝かしいハレの舞台……大会参加は楽しみの一つ、週1～3回の練習走りは、大会参加の準備と励みとなります。

②大会で完走すると「完走証」が貰える……完走証は私には勲章なのです。そのほかに参加賞や開催地観光等も楽しみ。

③大会を待つ日々がなんとも言えず嬉しい……まだかまだかと待つ日々、毎日が長く感じる。

④出来るだけ初めてのイベントに参加している……どんなところだろうと想像しているだけでも楽しい、未知への好奇心（ワクワク感）がいい。

⑤勿論、同じ大会の再参加も楽しい……前回の経験が活かせることや、完走証等で結果比較できる。

⑥新たなラン友の誕生に繋がる……開催地に向かう道中から、会場入りしてスタートまでにも1時間ほど、また走り出してからは同レベルのランナー達が周りに走っているので、ゴールまでに気になるランナーが必ず2～3人はいるはず。ゴール後の着替え時等、話せる機会は多い。

⑦ランイベント参加は良き思い出の宝庫となる……ために完走証は欠かせない（額に入れ飾っている）。

2、「走る仲間」が出来る

①2ヶ月に1度ラン友と走る……私の知らないプライベートなコースを走れ、仲間内の親睦となる（昨年始めたばかりのゴルフも18ホールにラン友が誘ってくださり、ゴルフのご教授

も）。

②ラン友と一緒に各種ランイベントに参加……退屈な時間がなく、長時間一緒に走ったという特別な仲間。

③リレーマラソンやロゲイニング等、1人では参加できないランイベントにも参加、グループ参加ならではの楽しみも知った。

3、「走るサークル」に入会（初心者でもＯＫ）

①定期的に走れる……「走る」継続には最高。

②新たなラン友が出来る……2の「走る仲間」にも繋がる。

③マラソン完走タイムの目標……目標達成の練習メニューが用意され、そのための練習がなされる。

※私の場合は「走るメニュー」が決められ、毎回同じ場所なので、好きなようには走れないというジレンマもあり、楽しくないかなぁって感じだが、記録面での効果には特筆すべきものがあり、記録狙いのランナーには欠かせないと思う。

4、基本は1人で走る。

1人で走り続けるためには、楽しく嬉しく気持ちよく「走れる」コースを見つけること（走

るモチベーション維持には欠かせない）

①気持ちよく走れる自分好みのランニングコースを確保。

私の場合は、曽我川土手を南に向かうコースが一番好きだ。

車少なく（安全）、見晴らし最高（山並み遠望できる）、直線的でないので（景観の変化）が楽しい。鯉や鴨等、草花等動植物の自然観察も楽しい。交差する幹線路が少ないのも良い（一定のルーティンで走れる）。距離感が分かるのでゴールまでのランニングイメージが出来る。また季節や天候によっても違った地勢あり飽きのこないコース。

②気分転換となる多彩なランニングコースを開拓。

夏場の暑いときでも気持ちよく走れる山間部コースや温泉好きな私は30ヶ所以上の銭湯＋周辺ランコースを開拓した。その中で特に気に入った温泉やコースは何度もリピートしている。

以上1～4に共通して、ラン後の温泉（銭湯）入浴や軽食を楽しむことも「走る」モチベーション維持には欠かせません。温泉入浴は、疲れた身も心もホッコリしますし、ラン後の軽食も頑張った身体には良きご褒美となっています。

更に、走行距離が15km超えた場合は、出来る限りですが1時間のマッサージ（揉み解し）を受けます。

このようにして64歳から68歳の5年間を楽しく嬉しく気持ちよく「走り」続けてきました。そして、その結果として、じんわりとですが私の心身は、本当に喜んでいるのではないかと思います。

いつか、自信をもって「走る」ことの素晴らしさをお伝えできればと思うもまだまだ途上……。

走り出した頃の思いは『マラソンは寿命を縮めなくて、健康に良く、マラソンを続けている人は、実年齢より若く見える』と60歳からの日帰りバスツアーで初めての一期一会となったHさんから感じ取ったことを、私自身で試せることでした。そして私自身が「走る」実験台の意識をもって走ってきました。

5、「ランニング効果・成果」

じんわりとではあるが「走る」ことから、そして「走り続ける」ことから**「ランニング効果・成果」**に驚いています。

(1) 意識効果

①10㎞程走れるようになると、10㎞の距離感が身近となる。

10㎞なんて走れば「すぐそこ」の感覚です（心に余裕）。

②走れているのは健康だから……心身に自信が出来る（命の働きに感謝、この状態を維持したいという気持ちが強くなっているので心身に良いことをしようとする意識が高まる）。
③自分を褒めている。
④年齢より身も心も若い……まだまだ頑張るぞとの力となる。
⑤何をしても疲れ気味とならない……大切なのは無理せずキャパシティー（自分の心身能力）を越えないこと。
⑥心身の健康と維持は日常も楽しく充実する……喜びと感謝。

⑵具体的効果・成果
①国内外旅行も疲れ知らず……現地早朝1人ランは最高の思い出となる。
②走っている喜びに五感もフル活動……俳句等を楽しめるかも。
③走る行為は、プロデュースから脚本・舞台構成・演目等、自作ドラマの実演であって人生がどれほど豊かだと実感できるでしょう、また、成果や反省も意義深くその走る舞台は、人生を映し出すことでしょう、応援声援をも戴く夢舞台だと思っています。
④体形の維持ができる……メタボ（腹囲男性85㎝・女性90㎝以上）の心配なし。ちなみに68歳の私は78㎝。
⑤64歳での初フルマラソン挑戦から5年間、11度のフルマラソンに参加して完走7度と完走出

来て当たり前となっている。
⑥目標のサブ4・5には届かなくとも、68歳11度目の神戸トライアルマラソンにて自己ベスト4時間34分41秒を達成、高齢域でもまだまだ挑戦できるのです。
⑦ラン友が出来る……ランナーはプラス思考者が多く楽しい仲間。
⑧国内外何処でも走れると思うと「走る舞台」は無限に広い。

以上、マラソンは、ご自身の人生を豊かで実り多き幸なる人生へと導いてくれそうです。皆さん、ゆっくりとボチボチ焦らず騒がず、マイペースでポコポコランランと駆けっこからでも始めませんか。

２０２０年は世界中がコロナ感染猛威に医療や経済に未曾有の厳しい経験を課し、10ヶ月を経た現在も全く収束する気配すら感じられない……いやそれ以上に感染拡大に全世界の医療関係者の叡智をもってしても「マスク、手洗い、うがいの推奨と3密を避けるための不必要な移動を無くそうと、在宅ワークや飲食店の酒類提供を一律休止、夜間休業など『緊急事態宣言』が出され、医療崩壊を食い止めようとして全世界が慄《おのの》いたのだ。かつてこんな事態があったのだろうか……。

新型コロナ感染症の猛威のなかで、マラソンは1人でも出来るスポーツとして最大の良さを発揮している……その結果として、２０２０年もマラソンランナーとして充実した日々を過ごしています。

さて、２０２１年はコロナ感染防止できるのでしょうか。そして、マラソンランナーの私、２０２１年は「マラソン」というキャンパスにどのような絵を描くのでしょうか……次なるステップに大いなる期待をもって60歳から始めた「走ること」の60歳台最終年となる２０２１年（69歳）に思いを描きながら２０２０年大晦日を過ごしています。２０２０年、令和２年よ、ありがとう。

２０２１年、令和3年よ。新たなマラソン人生も豊かに導き、60歳台ラストの69歳を有終の美をもって終えさせてください。

第十二章　マラソンランナー《ステップⅫ》
2021年（令和3年）69歳のマラソン

一、2021年プロローグ

２０２１年新年を迎えました。

ほぼ60歳（２０１２年）から走り出した私のマラソン人生も今年で９年目。本格的に走り出した２０１６年（福知山マラソン初完走）64歳からも５年間、なんとか順調に走り続けています。

64歳でのフルマラソン完走後は、何故だかフルマラソン完走こそがマラソンランナーの私にとっての大きな目標となり、高齢人生の焦点がマラソンになっているという感じになってきました。

参考までにフルマラソンの履歴を再掲載しますと、

①２０１６年11月福知山マラソン 5:23:34 で初完走（64歳）

②２０１７年12月奈良マラソン 30㎞地点でタイムアウト

③２０１８年３月第38回ＡＢＣ篠山マラソン36・３㎞タイムアウト

④同年5月柏崎潮風マラソン 4:40:43 2度目の完走（66歳）
⑤同年10月富山マラソン 5:58:00 3度目の完走（66歳）
⑥同年12月袋井クラウンメロンマラソン 4:35:42 4度目の完走（66歳）
⑦2019年3月第39回ABC篠山マラソン36・3㎞タイムアウト
⑧同年11月福岡マラソン 4:51:14 で5度目の完走（67歳）
⑨同年12月奈良マラソン 4:39:56 で6度目の完走（67歳）
⑩2020年11月淀川エコマラソン35㎞でリタイア
⑪同年12月神戸トライアルマラソン 4:34:41 で7度目の完走（68歳）

以上のように11度フルマラソンに挑戦して7度完走した。結果をみると、完走タイムは4時間30分台が3度あり、目標のサブ4・5（4時間30分以内に完走）にも届きそうです。

2021年（69歳）は、マラソン人生の大きな節目、60歳台ラストともなる大切な1年、「ボチボチと楽しく有意義に」をモットーに更なる感謝と喜びをもって、69歳のマラソン人生をも大切に豊かに一歩一歩前進したいと思います。

2021年の幕開けです。皆さん、令和3年をいかがお迎えでしょうか。今年のビッグイベントは何といっても『2020東京オリンピック』でしょう。と昨年の元旦と同じコメントを繰り返しましたがコロナ感染蔓延の影響で1年間延期した『2020東京オリンピック』、今年は間違いなく開催されるでしょうか。

２０２１（令和３）年の干支は、辛丑《かのとうし》です。「辛」とは、思い悩みながら、ゆっくりと衰退していくことや、痛みを伴う幕引きを意味し、「丑」は発芽直前の曲がった芽が種了の硬い殻を破ろうとしている状態で、命の息吹を表している。生命のエネルギーが充満している状況らしい。つまり、辛いことが多いだけ、大きな希望が芽生える年になるとのことです。

大切なことは、心の強さと日頃の行いだということのようです。

私の「ランニング人生」も、心を強くして、確かな手ごたえを得ることが出来るよう、今年も「楽しくボチボチと有意義に」をモットーとして、２０２１年（69歳）は堅実確実な「走り」を続けようと思っています。


1年の計、２０２１年の『目標』を元日に立てることは、ここ数年の決まり事となっています。

『人生の不思議を味わいつつ、少しずつ〝人生の妙〟〝命の豊かさ〟を体感してきているような、ランニングの魅力を思う存分味わい尽くせれば……と、年齢の積み重ねと体力気力のバランス、いつまで走れるだろうかという怖れ。人生の全てはある意味において「正直」であるように、私の身体も実に「正直」だと思う。心の想うところを叶えようと頑張ってくれる身体。そのために、私がすべきこと、出来ることは何だろうか？』とは、1昨年、昨年の感慨だけれど、今年も全く同じ気持ちです。

二、2021年（令和3年）69歳の人生目標

①今年こそ**マラソンサブ4・5達成**（「ならスポ」Cチームの目標でもある）。

その他は、昨年と全く同じでいいかと思うので、2020年の目標を再現すると、

②素晴らしき人達と出会いたい。

③終活へ、心身の成長（命の本質、本当の豊かさとは……あらゆる機会から学ぼう）。

④奈良、京都の歴史を味わうランニングをしたい。

⑤月1回はランニングイベント、ツアー旅行に参加したい。

（ラン友とも2ヶ月1度ぐらいは一緒に走りたい）。

⑥体操、読書、将棋、脳トレ等、身体と頭に良いと思われることはしたい。

⑦仕事は、短期に終えるもののみとしたい。

以上、今年も趣味を主に仕事は従として、「楽しくボチボチと有意義に」をモットーに60歳台ラストの69歳、60歳台を締めくくるに価値ある1年としたい……ボチボチと頑張るぞぉ〜。

一昨年、昨年と似たり寄ったりだけれど、より趣味のランニング中心の歩みとなって来ました。

何よりも毎週、火曜と木曜に鴻池陸上競技場を舞台にコンスタントに8～10㎞を走っている「ならスポ」というチームに入っていることが、マラソン人生に確かな手ごたえとなる成果があらわれるようなそんな気がしています。

昨年は、ラン友とも、目標以上の4ヶ月に3回のペースであちこちと一緒に走ることが出来ました。今年もランイベントには、1月に2回エントリーしています。3月にも、サブ4・5を目指すフルマラソンにエントリーしています。

60歳台ラストのマラソン人生、「走る私」自身に対する応援と、楽しく嬉しく「走り続ける」ためのモチベーション維持について、私自身の色々な工夫をあらためて確認しながら、きっと抜かりなく楽しく嬉しく「走り続ける」ことでしょう。

三、2021年1月のランニング

3日は山の辺の道（イ）（友）35㎞、5日（ナ）8・8㎞、11日は鴻池周辺18㎞、14日（ナ）8・7㎞、17日は京都大原（友）30㎞、21日（ナ）8・8㎞、27日は曽我川12㎞、28日（ナ）7・2㎞、31日は久宝寺（イ）（友）30㎞（今月計9回で158・5㎞、この内「ならスポ」4回33・5㎞）。

四、初詣、誰も知らなかった山の辺の道35㎞

3日（日曜）、新年初マラソンは、「初詣、誰も知らなかった山の辺の道35㎞」という大会名のトレイル・マラニックにラン友Wちゃんと参加（今年1度目、ランイベント参加通算46度目）（ラン友ラン今年1回目通算33回目）。

２０２１年を飾るに相応しい新年早々、初詣マラソンです。しかも、親しいラン友と一緒です。

興福寺境内に１００人弱集まり、9時スタートしました。寒いけれど日差しも有、正月三日、晴れ晴れしい奈良公園から春日大社、一の鳥居を抜け、新薬師寺を経て山の辺の道に入り、新春の喜びを秘め、古都、最古の幹線道を「今年の幸い」を祈りつつ走っています。

石上神宮境内の神聖さは格別です。長閑な田畑の中をひたすら南に、古のヤマト政権発祥の地、纏向、三輪山麓に向かっています。

おおぉ〜崇神天皇陵を見るところのエイドであったかいスープが振舞われていました。戴いた後、すぐの天皇陵を背景に写真を撮ってもらおうとWちゃんに依頼すると、

Wちゃん「あれぇ、携帯がない……」ということでエイドに置いて来たみたい、と戻ってみると、確かに座っていたところに携帯があった。よくぞ、写真撮ってってって頼んだものだ。

それから、景行天皇陵を経て、檜原神社に至る。此処から西進して、芝西交差点を左折、国

道169号を南下のとき「この歳になってくるとねぇ、人が嫌がるような言葉を排除したいと思っている」って言ったとたん、Wちゃんから「さっき人の嫌がること言ってたよ」って注意された。ダメだね……。

最近特に、人間関係で大切にしていることは相手にストレスを与えないことだと思っているって、言いたかったんだけどね。

上ノ庄交差点で左折、中和幹線を西進、この道は、車で良く通る道。走ることになるとは、夢にも思っていなかったけど、不思議だね。新年にこうしてWちゃんと一緒に走っている……嬉しいなぁ。スターバックスを左折して、大和三山の一つ、耳成山に入る。

なぬぅ～恰幅良く品のある猫ちゃんのお出迎え……身動きもせず我らの「こんにちは、なでなで」を受け入れてくれた。

もうすぐゴールでしょう。いつだったか、松坂大輔投手が日本シリーズで仁王立ちの如く投げていたのを（テレビで）見た思い出の場所「飛鳥の湯」が、今回のゴール地点。やっと到着です、いやぁ～35㎞走り終えました。

Wちゃんと交互に完走記念撮影におさまって、飛鳥の湯、入浴です。身も心もホッコリとした後、レストランでカキフライ定食を戴き、新年初完走をお祝いしました。この時、つくづくWちゃんは、『居心地のいいラン友』だと……本当に嬉しく、いつまでも一緒に走ってほしいと願う年明けマラソンとなりました。

五、ラン友ラン京都（大原の里、三千院）

17日（日曜）、京都出町柳駅9時集合。今年も京都市在住ラン友Hmさんにお任せの京都ランです。奈良から私とWちゃんが参戦しました（今年2回目、ラン友ラン参加通算34回目）。

1月の京都、寒いはずがそうでもない。温暖化で今年も暖冬でしょうか、ランナーにとっては、厳寒日はパスです。多少の寒さは、走るほどに身体も温まるので何とも思いません。曇天空、一路、大原を目指すとのこと。大原といえば三千院。以前、1度参拝しています。

交通量の少ない国道367号（若狭道）を北上、ほぼ緩やかな上り坂です。歩道がないところが多く、車に注意しながら3人縦一列で黙々と走っています。時たま、乗り合いバスにも遭遇するが、両方向とも乗客は数人、冬の大原は、観光シーズンではないのでしょう。「大原の里」……なんと響きのいい語感でしょうか。いよいよかの地に入って、静寂な空間に駆ける3人……。

最初の訪問は、寂光院。土産物店を覗きながら門前に着く。コロナ対応で拝観できずがっかり。やむなく、三千院に向かう。わずかに残る雪のオブジェに心も和む。三千院の参道、長く趣きがある上りが続く。やっと門前まで来たが以前に来たという記憶が蘇ってこない。

拝観料を払って、いよいよ境内に……ランスタイルであるが、寒さより神聖さ、弥陀に抱かれし我等、特別な伽藍配置に佇む庭園、ああ～懐かしの三千院。当時の私と今日の私は随分と変わりましたが、三千院は今も変わらずここにあり……人生の不思議を知る由もなく、命の素晴らしさにただ感謝し喜ぶ私……手を合わせ黙想するも薬師如来は何も語ってくれない。

三千院ありがとうと、これからも大原の地と人を守り育むことを祈り願いました。さて、来た道を駆け帰るのでしょうが、すでに18㎞走行とガーミン時計は知らせている。

参道の手作りドレッシング店で試飲して人気の2品購入。私は、普段ラン中は土産等は買わないのに（Wちゃんが買ったから、つい、私も……）。

何でもいいけど、お土産があるのもいいものです。さあ、戻ろう、帰りはずうっと下りです、助かるなぁ……頑張って京都市街まで戻ってきました。うぁ～ぁ走行距離30㎞、ラーメン通りにて、15時閉店ギリギリ、ラーメンを戴きました。

ゴールの出町柳駅、ラン後は銭湯なのに……2人とも帰るとのことで、Wちゃんと一緒の楽しい帰路となりました。

六、第5回久宝寺緑地ふれあいマラソン

1月31日（日曜）は、「第5回久宝寺緑地ふれあいマラソン」に参加です（今年2度目、ランイベント参加通算47度目。ラン友ランは今年3回目、通算35回目）。

8時25分、家を出ました。寒くもない曇り空、ラン日和です。9時25分JR久宝寺駅着。のんびりとコンビニで買ったおにぎりをほおばりながら、久宝寺緑地陸上競技場に向かっています。

現地でまたまた、一緒にエントリーしてくれたWちゃんと合流。

30㎞マラソンの私のベストタイムは、ちょうど1年前の淀川30ｋでの2時間55分29秒。Wちゃんはサブ3が目標らしい。

久宝寺には、近くに住んでいるIさんが応援に駆けつけてくれた。ありがたい。応援は力になること間違いなし。私のことを応援してくれる人を1人でも多く持ちたいと思う。

10時30分スタート、久宝寺緑地は大阪府立とのこと。どのような所だろうと興味深々、コースの視界に溢れる緑地帯は1月末の日曜に相応しく、散策する来場者達が思い思いに楽しく散策しておられるので、歩行者に気遣いながらの走行となる。

大阪の大動脈内環状線を跨ぐ橋のための斜路も含む、1周3㎞の周回コースは変化に富んだコース、10周30㎞、前半は私が先導したが、ラスト3周はカッコよく走るWちゃんの後姿をひたすら追いかけていました。最後でなんとか追いつきたいとの思いも虚しく敗退……ところが

です、完走証みてびっくり。

30kmを……な、なんと2時間47分22秒で完走です。あとひと月で69歳となる私、30kmマラソンの昨年出した自己ベストをさらに8分短縮。「ならスポ」Cチームのランニング速度は1kmあたり6分10～40秒で練習しているのだが、今回30kmを1kmあたり5分35秒で走り続けたことになる。驚くばかりです。

Wちゃんとの並走、Iさんの応援。1人では考えられない力を戴いた……Wちゃんも大幅に自己ベスト更新したらしい……女子ベスト3位の栄冠に輝き表彰されていました。お互いの健闘を称えあう記念すべき大会となりました。

七、2021年2月のランニング

2日（ナ）9・2km、4日（ナ）9km、7日は朱雀周辺7km、14日は生駒朱雀20km、16日（ナ）11km、25日（ナ）5・5km、28日は交野星田（友）23km（今月計7回で84・7km、2ヶ月計16回243・2km）。この内「ならスポ」4回34・7km、2ヶ月計8回68・2km）。

2月は12日間仕事だったからか、ラン走行距離が84・7㎞と物足りなさを感じる。

八、ラン友ラン大阪（交野山、星田園地）

28日は私の69歳の誕生日、幸いにも日曜ということでラン友のHmさんとWちゃんと私、交野市の私市駅前に集合。Wちゃんの先導で星田（吊り橋に感激）辺りまで楽しく走りました（今年4回目、ラン友ラン通算36回目）。

私の69歳の誕生日、本当に良き「思い出」記念ランとなりました。お2人さんありがとう。

九、2021年3月のランニング

2日（ナ）10・5㎞、4日（ナ）11㎞、7日は長居（イ）42・195㎞、9日（ナ）6㎞、16日（ナ）6・7㎞、23日（ナ）4㎞、28日は淀川（イ）12㎞（今月計7回92・4㎞、3ヶ月計23回335・6㎞。この内「ならスポ」5回38・2㎞、3ヶ月計13回106・4㎞）。

十、第43回大阪フルマラソン大会（サブ4・5達成す）

3月7日（日曜）は、第43回大阪フルマラソン大会に参加です（今年3度目、ランイベント参加通算48度目）。

コロナでマラソン大会が自粛されるなか、待ちに待ったフルマラソン大会が大阪ヤンマーフィールド長居第2陸上競技場で開催されます。私は、昨年12月のトライアルマラソンでの4時間34分41分という自己ベストを引っ提げて、「ならスポ」Cチーム目標でもあるリブ4・5を達成するぞと、意気込み100％の参戦です。

久しぶりに高揚する我が身、7時に家を出て、8時25分JR長居駅に降り立ちました。最高気温12℃の天気予報。8時半の長居はひんやりしています、寒いです。

競技場内で着替えて、スタート位置に移動しました。9時30分からウェブスタートです。ランスタイルでは寒く身体も冷えてくるなか、9時36分スタートしました。

長居公園の外周路を左回りに1度、競技場内トラックを1周するというランナーファーストなコースです。競技場に1度は入ってトラック1周するのは、ランナーの走るモチベーションに良き効果を与えてくれています。どの程度の効果があるかどうかは分かりませんが？　競技場のトラックを走るという行為は本物のアスリートになったような気分を感じました。一般市民ランナーのメンタルに微妙な彩りを与えています。1周約3・3km×13周です。この競技場を目標にまた、楽しみに頑張り走り続けています。競技場に入ると正面の大きな時計もマイペース維持に何らかの役割を担ってくれたはずです。

1ヶ所のエイドも4回の給水で、ほぼ歩くことなく走り続けています。寒さで2回トイレを利用したときは、さすがに歩いて停止しましたが、このロスタイムは5分ぐらいでしょうか。それにしても走り続けているのですが、攣りそうな気配も足がパンパンという予兆もありません……。

「ならスポ」メンバーで我等よりずっと速く走っている女性を競技場辺りで何度か見かけた。

たぶん、参加の男性ランナーの応援に来ているのだろうけれど、私をも応援してくれているように勝手に思いながら……走っていることも頑張りに繋がっているのかもしれません。

31㎞までは、1㎞5分台後半で走れ、いよいよ足も厳しくなってきた10周あたりから、1㎞6分台後半となってきたけれど走り続けています……このままゴールまで歩かないで走り続けられれば自己ベスト更新とサブ4・5達成は間違いなしです。

最終13周目、ゴールとなる競技場に入って来ました、走り続けている自分を誇らしく思い、目の前の男性ランナーを抜く、大時計を見ながら完走タイムを計算……おぉ、凄いタイムが出そうです。さすがに足は限界……もう少しだ、頑張れぇ～嬉しい喜びのゴールです……無事、完走できました。

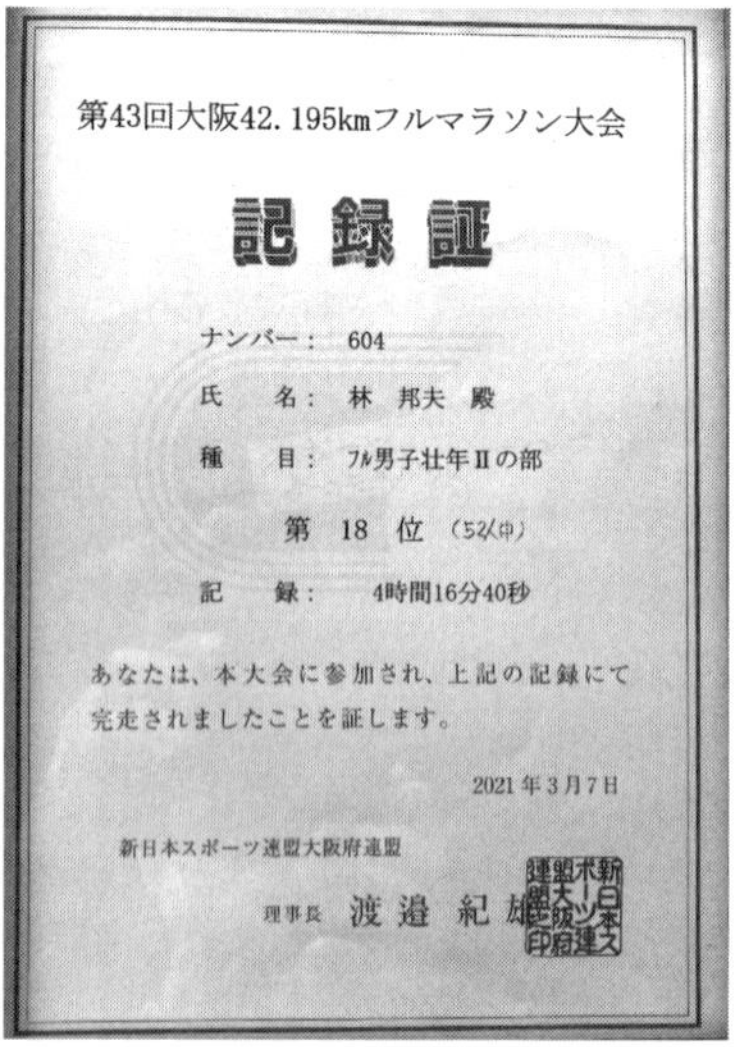
第43回大阪42.195kmフルマラソン大会

記録証

ナンバー：　604
氏　　名：　林　邦夫　殿
種　　目：　フル男子壮年Ⅱの部
第　18　位　（52人中）
記　　録：　4時間16分40秒

あなたは、本大会に参加され、上記の記録にて完走されましたことを証します。

2021年3月7日

新日本スポーツ連盟大阪府連盟
理事長　渡邉紀雄

結果、フルマラソン新記録、69歳ながら昨年の自己ベストを18分も短縮した4時間16分40秒という驚くべき完走タイム、ついにサブ4・5

を達成しました。いやぁ～本当に自分自身を褒めてあげたい。素晴らしい晴れ晴れとしたゴールを経験しました。

なんと幸せなマラソン人生なのでしょう。「楽しく嬉しくボチボチと無理せず」をモットーに60歳から走り続けてきた結果、「ならスポ」というランニングクラブに入会してペース走、走り方を教わり、ランシューズにも拘り出したこと等、マラソンランナーとしての大きな成果を69歳で手にしたのだ。

皆さん、60歳台ラストの高齢でも、ボチボチとでも走ることを続けてきた結果、マラソンランナーとしての人生に今まで見たことのない新しい風景を見ることができましたよ。継続は力なりですね。

そして、サブ４・５（フルマラソンを４時間30分未満で完走すること）を達成するランナーは42・１９５㎞を歩くことなく走り続けられるランナーだということも知ることができ、新たなる風景を見た記念すべき日となりました。

「ならスポ」の皆さん、そして応援してくれる皆さん、本当にありがとう……嬉しい喜びの帰路となりました。

十一、なにわ淀川マラソン

３月28日（日曜）は、なにわ淀川マラソンに参加です（今年４度目、ランイベント参加通算

49度目）。

何を考えたのか、ひと月に2回もフルマラソンにエントリーしていた。勝手知ったる西中島南方駅に降り立ったものの、昨晩から軽い眩暈があり、どこまで走れるかという感じ……走りだせばメンタル優位でなんとかなるだろうという、なんとも言えないポジティブが頼り……。

小雨決行10時30分スタート、淀川河川敷右岸を上流に向かって走り出しました。体調は眩暈気配をかかえたままという不安な走りです。とりあえず折り返して出発地点に戻ってリタイアでいいかと、ところが5㎞で折り返すとばかり思っていたのが、5㎞を過ぎても一向に折り返し地点が見えません。

どうしたものかと思いながらも7・5㎞の折り返し地点まで来ました……ということは、15㎞でリタイアだなぁと気楽に走っています。もうすでに歩いているランナーに声掛けする変な余裕……。

1㎞6分ペースで走れているが、雨対応のビニール袋を纏っているのが暑くてかなわんなぁと思いながら……。

12㎞地点のエイドで粉のサプリメントを飲んだ。途端に、目が回ったのだ。そうかぁ～飲もうとして、頭を後ろに傾けた瞬間に強烈な眩暈、あじぁ～やってしまった、気持ち悪い……ど、どうしよう……スタート地点までは後3㎞、気持ち悪いけれど、なんとか歩けそうだ。頑張ろう……どちらにせよ、出発地点までは戻らないといけない。私の体調変化は、抜いていく元気なランナー達には分からないだろう……60歳前から何度か経験した私は分かっている。三半規管の砂（耳石）が動いたんだ、それで平衡感覚に異常をきたしているのだと。

なんとか1kmほど歩いたあたりから、随分と楽になってきた。眩暈も落ち着いたようで普通に歩けそうだ……もとより走る気は全くないが、助かったぁ、やはり体調思わしくない状態でのマラソン参加は、初めから、参加しないという勇気が必要だ。何とかなるというランナーのポジティブ発想も要注意。クワバラクワバラでした。

十二、2021年4月のランニング

4日は馬見丘陵公園公園9・3km、7日は曽我川10km、11日は馬見丘陵公園12km、13日は曽我川10km、15日は曽我川10km、17日は京都東山（イ）32km（累積標高1650m）、29日は、あざさ苑ジム6km（今月7回89・3km、4ヶ月計30回424・9km、この内「ならスポ」、コロナ休会0回0km、4ヶ月計13回106・4km）。

十三、第20回京都一周トレイルラン（東山）

4月17日（土曜）は、京都東山トレイルランに参加です（今年5度目、ランイベント参加通算50度目）。

2012年（60歳）からマラソンを始め、初めて参加したランイベント「第6回宇陀シティマラソン」参加から数えて50回、今日の「第20回京都一周トレイルラン」参加が記念すべき50度目となりました。

5時40分、夜明けは雨かぁ……うむぅ～雨です。勿論、トレイルランは雨天決行ですから躊躇することなく始発の次となる近鉄田原本線の電車に乗り込みました。さぁ行くぞぉ気合十分いざ出陣です。

京都駅のコンビニでおにぎりを2個買う。JR京都駅②③番ホームでは、立ち食いうどん店あり、いやぁ～美味しそうだ……おいおいちょっとおかしくない？　だって、朝定食が340円、単品のきつねうどんが360円って？　うぅ～朝定食だよね……ところがお腹はうどん一杯でいいんだと。

それにしても「きつねうどん」が滅茶苦茶おいしい。あぁぁ～きっとここに来れば、また食べたくなるぞぉと感激しながら戴いた。

7時20分山科駅着。スタート地点の毘沙門堂（天台宗五箇室門跡）まで傘を差して上り行くこと15分、雨にもかかわらず集まりしランナー達、お堂の軒下等で雨宿りしながらも8時30分スタート（私は35分）しました。数珠つなぎで走って行くも、すぐに山道に入る。雨は容赦なく木々の狭間にも降り注いでくる。

前方を走る若者が、頭部辺りの枝木に、頭打ち転倒した。なんてこったぁ～雨で視界も悪く尚且つ雨具着用のランナーにはなおさら視界が悪いのだ……それに山道はすでに泥濘《ぬかるみ》状態なのだ。相当に気を付けて走らないと怪我するかも、転倒しないよう足の運びに集中……気を引き締めて走ろう。

ランナー達も前後に離れバラけてきている。ええぃ、トレイルランに傘を差して走ることは許されているのかどうか分からないが、他のランナーの走行に支障なきようにすれば問題ないだろうと、持参の折り畳み傘を開いた。いやぁ～上半身だけでも雨にかからないというのはすごくいい、これで、低体温症の心配もなし。ただただ、ひたすら前に進むのみ……だけなのだ。

それでも山の中、急な下りにも遭遇する。傘を差しているため片手が不自由では、斜面を下るのは特に要注意だ。な、なんと先行していたランナーが斜面ですべった。もう、細い山道の中央部は水たまりだ、狭い両サイドを踏み分けて走る。

考えれば、どうしてこんなに悪条件なのに走るのだ。雨合羽の女性ランナーの顔も髪から水が滴っている。中間辺りのエイドで止めよう、と何度も思いながら走っている。おぉおぉ、やっと中間エイドステーションまで来た。

なんだここ……ケーブル比叡駅だって、ありがたいなぁ～駅舎待合室に入った。自販機や長椅子も3脚あり、一般客らしいご婦人が1人座っておられるが、周囲も憚らず、余分に持ってきたシャツとウインドブレーカーに着替えたのだ。ああ～随分とスッキリした。リタイアのつもりが……あれぇ～行けそうだ、と思うと躊躇なく後半トレイルラインに身を任せ走り出していた……。

本降りの雨の中、もう～こうなったら泥んこ遊びだ、少年のように泥んこを楽しもうと決めたら、不思議だね……楽に足が進むぞぉ～物事のとらえ方次第でこれほど楽しい気分になれるのだ。それにしても、僅かしか見えないランナー達も、黙々と走り続けている。たまにいるスタッフに遭遇すると本当にありがたいなぁと思う。

なんだかいやに長い下りが続いているぞぉ～相当に気を付けないと滑りそうだ。前後にランナーは居ないがまだまだ、後ろにも居るはず、慌てず一歩一歩下り降りる、おぉ～2人連れの男性ランナーに抜かされた（後で知ったが、この強烈に長い下り斜面は「ボーイスカウト道」とのこと）。

下りきって山中を出たところで第3のエイド……ほっと一息。あと5㎞ほどか、2人連れのランナーに続いて集落を進む。道の窪みにたまった雨水で靴を洗った。おへぇ～またまた山道に入っていくぞぉ～、まだ一山越さないといけないみたいだ。傘を持つ手も、左右入れ替えているが、握っている指が固まってきている。足もきつい。先行するランナーの若い方が、ちょくちょくと私を覗《うかが》ってくれている。いつしか下りとなったところで頑張って彼らに追いついた。

もう一般道だ。静原小学校近くの歩道は、ウォーキング指定区域でそのまま3人で歩いていると、若者が「最後頑張りましょう」と私に声掛け、走りだした。私も遅れながらもついていく……嬉しいね。気遣ってくれて、ありがとう。胸を熱くしながらも2人には、どんどん離されていく。それでも、やったぁ～です。雨の中ついに、ゴール地点の静原神社に到達しました。

第20回
京都一周トレイルラン
2021東山
KYOTO TRAIL RUNNING
No.：　555
氏　名　：林 邦夫　様
種　目　：32km男性
記　録　：6時間42分31秒
貴方は第20回京都一周トレイルラン2021東山大会において上記の記録で走り抜いたことを証します。
2021年4月17日
日本トレイルランサーキット協議会

６時間42分31秒の勲章タイムを刻んだ完走証です。また一つ宝物が増えました。傘差しのランとはいえどもびしょ濡れです。狭いテント内での着替えはいつも嫌だなぁ……おおぅ～向こうにトイレらしきシッカリとした建物が見えています。あそこで着替えよう。身障者用の広いスペースのトイレをお借りして着替えました。

それにしてもです。スタート時から本降りの雨のなか、途中リタイアを何度も考えながら、中間地点で全くひるむ気持ちがなく、ゴールを目指せたのは一体なんだったのか……シャトルバスから叡山鉄道車内でつくづくと今日の雨天トレイル完走に「本当に来てよかったなぁ」と思えたのでした。

十四、2021年5月のランニング（温泉ランにハマる）

３日は姫石の湯10・５㎞、８日は、あきのの湯（13回目）11㎞、12日は曽我川15㎞、14日はたかすみ温泉13㎞、16日は、やはた温泉９・５㎞、21日はスイムピア３㎞、23日は星の湯９㎞、25日は、たかすみ温泉17・４㎞、30日は帝塚山大学から音の花温泉10㎞（今月計９回で98・４

km、５ヶ月計39回５２３・３km、この内「ならスポ」は、コロナ休会０回、今年13回１０６・４km）。さらに、スイムピアで１km３回泳ぐ。

４月にコロナの感染拡大で大阪に緊急事態宣言が発出され、その影響で５月も「ならスポ」は休会となってしまった。が、感染抑制対応の３密を避けるため、不必要な外出を控えてくださいと叫ばれている世にあって、今月も９回走り、その内の７回はラン後の温泉を楽しむ機会を得たのです。走った後の温泉は疲れた身体もほっこり爽やか、心身共に喜びの贅沢なひと時……私にとっては至福のひと時なのです。是非とも皆さんにもお試しいただきたいものです。

十五、２０２１年６月のランニング

１日は、あきのの湯（14回目）12km、３日は薬師の湯10・６km、５日は曽我川15・５km、８日は、あきのの湯（15回目）10km、10日は、やはた温泉８・３km、12日は十津川滝の湯10km、15日は、たかすみ温泉15km、17日は但馬駅前ラン、あざさ風呂10km、20日は、たかすみ温泉（友）17km、22日は、あきのの湯（16回目）10km、24日は生駒ボルダー山麓公園風呂10km、27日は奥飛騨トレイル流葉温泉（イ）28km（累積標高１０７１m）、今月12回１５６・４km、６ヶ月計５１回６７９・７km、この内「ならスポ」は、コロナ休会０回０km、今年13回１０６・４kmのまま。

6月は12回走った。内、ラン後の温泉入浴は9回だ。温泉でないお風呂利用も2回と実にお風呂好きな私である。走っていい汗をかき、ほんわか疲れた身体にとって入浴のほっこり感はやはり格別なのです。

十六、ラン友ラン奈良（たかすみ温泉）

6月20日（日曜）の「たかすみ温泉」ランには、京都のHmさん、大阪のYさんと3人で東吉野の杉木立の中を黙々と走った（ラン友ラン今年5回目、通37回目）。

今日は、遠くからラン友2人を招きました。途中に案内できそうなところは「投石の滝」と「神社3ヶ所」ぐらいかなぁ……特段の観光的資源は期待薄です。でも「走る」となると、川のせせらぎと樹々に抱かれた清涼な空気感が中々の気持ち良きコースなのです。それにラン後、「たかすみ温泉」の檜と槙風呂も、木のもつ優しさと懐かしい香りや肌触り等、味わい深いものがあります。遠くから来て一緒に走ってくれたお2人さん、いつもの京都ランと比べていかがでしたか。奈良県東吉野村の良さを少しでも感じてくれれば嬉しいのですが……。

24日の生駒ボルダーでは、吉野山系の杉、檜という針葉樹林と違い、広葉樹林の樹種も多く緑も豊かだ。紫陽花の咲き誇る「ぬかた園」では花の美しさ、花の香にも感動しました。紫陽花期の生駒ボルダーは最高のランコースです。

十七、第8回奥飛騨トレイルラン28㎞

6月27日（日曜）は奥飛騨トレイルランに参加です（今年6度目、ランイベント参加通算51度目）。

26日（土曜）9時50分、気温24℃。愛車リーフで飛騨高山に向け出発。流葉温泉Mプラザまで331㎞だ。西名阪国道から東名阪自動車道の大山田PAで昼食、東海北陸自動車道の長良川PAで珈琲タイム、郡上八幡で観光、道の駅パスカルで最後の休憩、久しぶりの1人長旅です。珍しく疲れを感じました。ほぼ300㎞で宿に到着。

夜は、飛騨牛すき焼き膳で前祝い、呑めない私には、観光と食事は地方ランイベントの欠かせない楽しみです。ご当地グルメは特に大会をも豊かにする「おもてなし」なのです。ランイベント前夜の睡眠は凄く大切だと思っている私にもかかわらず布団が厚く重く、エアコンはどうしたものか作動せず、よく眠れなかったのです。朝方に押入れにあったタオルケットに代えてようやく安泰……6時起床、6時45分出発。コンビニでおにぎり3個、菓子パン、大好きなフィッシュバーガー、スポーツゼリー飲料2個、スポーツ用ペットボトル2本と大量に購入。

街はずれから国道41号は、ずぅっと上りっぱなしだ。7時40分Mプラザ仮設駐車場に着。道中見かけた車は数台なのに、よくもまあ、これほどの車がいっぱい集まったものだ。何しろ公共交通の便が悪い、だから私もマイカーで来たのです。

逸《はや》る気持ちで受付けを済ませ、スタートの8時30分を待つ。ランスタイルでも心地いい気候だ。12㎞コースに196人、28㎞コースは272人参加だ。

スタートして直ぐにスキー場だと分かるリフトを見ながら上へ上へと上る、一旦スキー場を離れ（アルプス展望神秘の森コース）から、山の管理道路か簡易舗装した車道（切雲林道）を上り続ける。ずぅっと抜かれ続けている私、気分はイマイチだ。まぁ12㎞コースで帰ってもいいか、との思いもよぎる……ほとんど歩き状態で6・5㎞地点の第1エイドまで来た。さらに上って（雲の上・水源の森コース）から流葉山山頂（標高1423ｍ）に到達。

ここで写真の撮り合いっこした男性と一緒に走ることとなった。彦根市から参戦のｋさん。なんとまぁ、4月の京都一周トレイルラン（東山）にも参加してたんだと、思い出すなぁ～あの雨の中、良くもリタイアせずに完走したもんだとお互いの健闘に共感しながらも、嬉しい出会いとなった。

その時の参加賞〝東山トレイルと名の入った薄緑のTシャツ〟をお互いに着てんだもんね。

そこから屋敷ケ洞林道と広葉樹の豊かな数河ブナ林コースを走り、12㎞地点の第2エイドまで来た。酢昆布を戴き、タンナカ湿原へ、狭い山草の茂る小道に速いランナー達10数人とすれ違った。緩やかな下りが続く。蛇行する湿原の流れには、この日のために20センチ幅のアルミ足場が2枚重ねで10ヶ所ほどに架けられていた。スタート地点の説明で「このアルミ橋は1人ずつ渡ってください」って言ってたなぁ等を思い出しながら、踏みしめて走った……そして14・5㎞地点の第3エイドだ（唯一の関門場所、13時30分）、今は11時20分、余裕の通過だね。未着ランナーは20人ほどらしい。

ここからは、上りの洞数河林道ハイキングコースから再び往路と合流して、20㎞地点の第4エイド（第2と同じ場所）まで来た。12時10分だ。たまたまあった老朽ベンチに座り、おにぎりタイムと決め、おにぎりを頬張っている間、ずっとスタッフさんが話し相手をしてくれました。地元の様子を色々と教えていただきました、ありがとう。

あじゃ～ぽつりぽつりと雨滴、天気予報より1時間早く降り出しです（この時、また両足を虫に噛まれていた、気付いたのは帰りの車内）。

スタッフさん「ここから1㎞ほど上りだけど、あとはずっと下りだよ」って嬉しいこと言ってくれるねぇ。確かに凄い上りが最後に待ち受けていた。

あとは下るだけ、12㎞ランナーと別れたスキー場のところまで来た。ここからの下りが……う、うそでしょ、スキー場での一番ハードな急傾斜地を小雨とはいえ、足元はさらに滑りやすくなっているにもかかわらず……ひぇ～恐ろしい……ここを下るのぉ～。

kさんは、私が第4エイドでおにぎり食べている間に先に行ってしまったけれど……おぉ～一番下にいるようだ、斜面途中には3人4人下っているランナーが見える。

さあ最後の頑張りだ「行くぞぉ〜」と気合入れジャイアントに挑む……すぐ3人抜いたところで、下の4人のさらにその先、小さくもはっきりとkさんを確認した。一気にすべり降りるって感じでkさんにも追い着いたのだ。

ゲレンデを下り終えると、緩やかなマセド林道コースとなって、kさんと仲良く並走……おぉ〜やっと戻って来ました。嬉しいゴールはもうすぐだと自分を鼓舞するラストランですが、足は厳しく何とか走れている状態だ、あれれぇ〜斜面で抜かした4人組に抜かされています……。

第8回
奥飛騨トレイルラン
FINISHER RECORD
No.：　468
氏　名：林 邦夫　様
種　目：28km男性
順　位：202位
記　録：5時間10分33秒
貴方は第8回奥飛騨トレイルラン2021大会において上記の記録で走り抜いたことを証します。
2021年6月27日
奥飛騨トレイルラン実行委員会

これもOKです、やっとMプラザに戻って来ました。kさんと並んで嬉しいゴール、13時40分、kさんとがっしり握手、お互いの健闘を称えあいました。奥飛騨トレラン28㎞の長丁場もkさんのお蔭で安心して走りきることができました、目の前の「流葉温泉」にも一緒に行こうとお誘いしましたが、奥様が車でお待ちとのことでお別れです。

奥飛騨の皆さん、kさんありがとう。

私は、プラザに入り、3階の流葉温泉と2階レストランの温泉ランチセット（１１００円）で身も心も御腹もほっこりとした15時、一路奈良に向けリーフ発進です。帰路では２回道を間違えるといったアクシデントにも無事22時50分、沢山の思い出を持って帰宅しました。工程のすべてに感謝です。

十八、２０２１年７月のランニング

２日は、あざさ苑７㎞、６日（ナ）８・８㎞、11日は生駒ボルダー（友）14㎞、13日（ナ）９・５㎞、15日（ナ）９㎞、18日は生駒ボルダー10㎞、20日（ナ）９㎞、22日は夢の湯８・２㎞、24日は矢田丘陵11㎞、27日（ナ）８・３㎞、29日（ナ）８㎞、31日は、やはたの湯８㎞（今月計12回１１０・８㎞、７ヶ月計63回７９０・５㎞、この内「ならスポ」６回52・６㎞、今年19回１５９㎞）。

７月となってコロナ感染症の第４波も小康状態となり、４月から休会の「ならスポ」も再開されました。

日中の最高気温が30℃以上の夏場には、山間部の温泉ランと洒落込む私、「ならスポ」休会だった５月は、御杖村「姫石の湯」、宇陀市「あきのの湯」、東吉野村「たかすみ温泉（２度）」、「やはた温泉」、五條市「星の湯」、平群町「音の花温泉」と其々の周辺ランと温泉を楽しみ、６月には、「あきのの湯（３度）、上北山村「薬師の湯」、「たかすみ温泉（２度）」、「やはた温泉」、十津川村「滝の湯」と温泉ランにハマり、『走ること』とラン後の『温泉』を楽しみました。

コロナに怯える世の中にあって斯《か》くも人生を謳歌できるとは、『走ること』はなんて素敵なことでしょう。

コロナ感染症が蔓延して4月から6月まで「ならスポ」が休会したお蔭で、久しぶりに温泉ランを楽しむことが出来ました。

夜に鴻池陸上競技場のトラックを走る「ならスポ」の再開は、固定された場所と時間で週に2回、クラス毎に走力に見合う「走り」の再開です。確かに「マラソン」の実力向上になったが……私の60歳からの人生モットーである《ボチボチと楽しく有意義に》を思うと「ならスポ」は楽しくないなぁと感じる事もしばしば……フルマラソンランナーの私にとって、本当に良き「走る」モチベーションとは……楽しいのが欠かせないような、そんな気がしています。

十九、ラン友ラン奈良（生駒ボルダー）

11日（日曜）は、9時、近鉄生駒駅に京都のラン友Hmさんを迎え生駒ボルダーを走りました（ラン友ラン今年6回目、通算38回目）。

生駒山麓公園から紫陽花の額田園を抜け慈光寺までの往復ラン。復路、大阪平野から明石海峡大橋、淡路島の見える絶景ポイントのベンチで、カッコよくハイチーズと写真に収まりし友

のポーズを見て、

夏生駒　ラン友雄姿　国見かな

と在りし日の大和国支配者を連想しての一句を捻る……。

二十、ランニングチーム退会

7月29日（木曜）、「ならスポ」には昨年6月より火曜と木曜の夜、鴻池陸上競技場での定例走も2年少しお世話になったけれど、楽しくないと本日をもって退会することとしました。今までありがとうございました。

二十一、2021年8月のランニング

3日は曽我川10・3㎞、6日は生駒ボルダー10・2㎞、8日は六甲トレイル（イ）28㎞（累積標高1750m）、12日は、あざさ苑6・6㎞、15日は、あきのの湯（17回）10㎞、19日は岸和田3・2㎞、21日は曽我川9・2㎞、23日は飯高の湯9・8㎞、27日は、たかすみ温泉10㎞、29日は、お亀の湯8㎞、31日は奥香肌湖8㎞（今月計11回で113・3㎞、8ヶ月計74回903・8㎞）。

8月にコロナ感染症は第5波となる。コロナ恐るべし……日本全国のマラソンイベントも中

止状態が続く。それでも、少人数で走るトレイルなどは、開催してくれています。

二十二、第6回Mt・六甲トレイルラン&サマーピクニック2021

8月8日（日曜）は六甲トレイルに参加です（今年7度目、ランイベント参加通算52度目）、ラン友ラン（今年7回目、通算39回目）。

6時過ぎにリュックを背負い家を出ました。今回は、電車です。とある駅で下車して、とあるコンビニ前にいます。ラン友のWちゃんがマイカーで私を拾って一路、神戸市立森林植物園をめざします。ランイベントに初めてラン友の車の補助席に納まり、まるでVIPの気分です。

8時26分、森林植物園到着。まずは受付を済ませてと……何だか嬉しい。芝生の多目的広場に昨年、一昨年の8月に続き3度目です。見知った景色、会場で案内のマイク音、緑の芝、曇空、下界の暑さをひと時忘れ、六甲山系に思い思いのトレイル参加イメージを持って、ランナー達、うろうろソワソワ集まっています……。

昨年28km初参加、本大会のトレイルラン&サマーピクニックというタイトルに見事騙された私（詳しくは昨年の本大会禄参照ください）、それはそれは、私にとって辛い体験で思うように走れなかったという口惜しさ……何が「ピクニック」だという気持ち……今回は何が何でもリベンジしたいと思ってやってきました。

Wちゃんにもその点は簡単に説明しています。9時30分から順次10分毎のウェブスタートです。28㎞コースには女性32名、男性２０５名が元気よくスタートしました。

　前回の記憶……スタートしてからずっと下る。そして一転、とんでもない山道登山が続いて摩耶山頂に至るまでが正念場だと、Wちゃんに注意点を披露しながら長く続く下りを抑え気味で走っています。そして上りも適度に休みながら慌てず上っていくことに心掛けた。そして、摩耶山頂のエイドでは、ベンチでおにぎりを頬張る余裕……これぞまさしくピクニック。それも1人ではないからね。ピクニックには同伴者が必須だよね。Wちゃん一緒に参加してくれて本当にありがとう。

　前回のように摩耶山で「うわぁぁあ、まだ10㎞地点なのぉ、体力消耗したなぁ、まだ18㎞も走れるかなぁ……」との気持ちは全くなく、さあ行くぞっと、残り18㎞に挑みます。それにしても2人だと全然違うなぁ。1人で黙々と山の中を6時間も走り歩き続けているのは何なんでしょうね……面白くないでしょう。それでも1人で参加しているランナーが圧倒的に多いはずだ。みんなのモチベーションってどうなのかなぁ。去年は1人で本当にキツかったなぁ、足も気持ちもキツかったなぁ……。

　今回はWちゃんと一緒、それだけで楽しい。走っているのもメンタルがこんなに違うんだね。おぉ～いよいよ後半、せせらぎのある所まで来た。ここまでくれば、森林公園も近いはず……下りが続くので疲れた足も何だか嬉しそうに軽快に下っていく。あれれぇ～Wちゃんついてこないぞぉ……。

探しに戻ってすぐ、下って来たWちゃん、あじゃぁ～転んだのか。肘に擦り傷、血が滲んでいる。私が今コースで一番気持ちのいい場所まで来たと思わず加速したからかも、大丈夫かなぁ……エイドで傷の手当てをしてもらって、いよいよ、森林公園の東口まで来た。ついに最終エイド、ここから残り2・8kmの公園内はほぼ上りだ、もうすぐだ、頑張れ頑張れと最後の力を振り絞る、おぉ～ついに嬉しい嬉しいゴールが視界に……やったぁ～2人で並んでゴールしました。

Mt.ROKKO Trail Run Summer Picnic 2021
Mt. 六甲トレイルランサマーピクニック
FINISHER RECORD

No.：　478
氏　名：林　邦夫　様
種　目：28km男性
順　位：152位（暫定）
記　録：6時間59分40秒

第6回Mt. 六甲トレイルラン サマーピクニック2021大会において上記の記録でゴール出来たことを証します。
2021年8月8日
Mt. 六甲トレイルラン サマーピクニック実行委員会

完走時間は……ええ～うそでしょ、6時間59分40秒。昨年よりも55分も遅かったとは……こんなにも長く、実に7時間も山の中で走り歩いていても2人だと全然苦にならなくて、昨年の（不甲斐ない走り）リベンジを確実に果たしたと喜び納得です。むしろシンドイより楽しかったなぁ。但し、初参加のWちゃんは、どんな思いで走っていたのだろうか……。

　私の記憶ではランナー達がお互いの走りについて、あまり話さないか、聞かない。お互いに干渉しないという暗黙のルールでもあるのかなぁ……どうしてだろうか……。
さぁ、ラン後のご褒美タイムです。近場の「すずらんの湯」がコロナで休業しているので、十数km先の「銀河の湯」に行くこととなった。「銀河の湯」に着いて、あじゃぁ～コロナでレストランは休業とのこと……仕方なく帰るルートで食事しようということにして、温泉に疲れた身体をどっぷりと沈めてほっこりウキウキ……しかし、28kmトレイルラン後なので少し疲れた感じがしないでもなく（昨年の神戸トライアル後の温泉入浴でダウンしたことなんぞスッカリ忘れている私）Wちゃんと一緒という嬉しさに、「フィジカルはメンタルに従うなぁ」と納得です。往路での道沿いに良さそうなレストランを見つけ食事まで一緒に楽しみました。なんと素敵な1日でしょう。山の日に六甲トレランにて山を駆け巡り、温泉と食事まで付き合ってくれたWちゃん、本当にありがとう。

8月27日（金曜）は、いつものように昼ご飯を食べてから、愛車リーフで東吉野の「たかすみ温泉」に向かう。桜井市から宇陀市に入る国道166号に数km程続く急な坂道があり、この坂は、15年ほど前、三重県大紀町まで週に1度1tダンプで4ヶ月ほど通った道、行きの資材満載トラックは、チェンジギアをセコンドまで落とさないと上がりきれないほど急な坂道だった。それよりも帰りのトラックでこの坂を下る際には、1週間の仕事疲れか、クラッチとブレーキを踏む足の指の付け根辺りがいつも攣りだすのだ。私にとっては、もうすぐ我が家という長旅の最終章での足の不具合も今となっては、よく頑張っていたなあという良き思い出だ。

今は、走るためにこの坂を行き交う。目的が違っているが共通項がある。それは、温泉とマッサージだ。十分に仕事をしたあと、そして今は、ランニングの後……最高のご褒美ルーティンとして引き継がれているのです。

地球温暖化による気温の上昇で、夏場の最高気温は優に体温を超える温度となっている。熱中症対策は欠かせない。

温暖化による異常気象も世界各地で、豪雨災害や山火事などを引き起こし、地球規模で我々を取り巻く環境への影響が問題視されている……経済至上主義社会が続く限り、温暖化対策は講じられそうにもない……危機的状況になっているにも関わらず、まだ最終章じゃないだろうという安易な思い込みから問題の本質を逸らしている。脱炭素社会の実現に本当に取り組むのは容易いことではない……。

コロナによる観光関連事業の休業や医療現場の緊迫ばかり報道され、コロナによって人の営みが後退することによる、各種のエネルギー消費の落ち込み等、経済に及ぶマイナス影響が大いなる危機だと全世界が嘆いているような報道ばかりだ。

地球環境で考えると、人の営みの停留は、環境負荷を大いに減らしているのではないか。この矛盾は、良かれと思う経済社会活動がどれほど惑星地球本来のキャパシティーに過度の負担を強いる人類のエゴと化し地球最後の日もそれほど遠くないのではないかと思う私。……あれぇ、「走ること」から反れているぞぉ～。

ついでに私が「走る」好みの場所、東吉野で「ニホンオオカミ最後の棲息地」の看板を見るたびに悲しい思いになる。ニホンオオカミに限らず人間以外のあらゆる動物が絶滅危惧種となっていく社会って……人類も動物ではないか。このままでは、人類以外の全ての生き物が滅んでしまうのではないだろうかと思ってしまう。

コロナ感染症の蔓延、異常気象等は、我々人類にとっての確かな大いなる警鐘のはず。いま、私達に出来ること、しなければならないことは……我々が受け継いだこの地球をよりよく後世に引き継ぐことだ、と出来もしない、またそのための方法を知っていても実行しようとしない我々なのだ。結局なるようにしかならないと開き直っている私がいる。

二十三、2021年9月のランニング

3日は曽我川9・5㎞、5日は紀泉アルプス（イ）20㎞、9日は曽我川10㎞、11日は、あきのの湯（18回）9・7㎞、13日は近畿動物病院2㎞、14日は、あざさ苑7㎞、16日は曽我川北9・7㎞、19日は、たかすみ温泉16・4㎞、21日は生駒ボルダー12・8㎞、23日は姫石の湯15・6㎞、26日は曽我川10㎞、28日は、あきのの湯（19回）11㎞（今月計12回133・7㎞、9ヶ月計86回1037・5㎞）。

二十四、第5回紀泉アルプストレイルラン

9月5日（日曜）、7時25分に家を出て、近鉄田原本線で新王寺駅、王寺駅からJR大和路線で新今宮駅降車、懐かしい南海電車に乗り換え、9時22分みさき公園駅到着。昨年に引き続き、第5回紀泉アルプストレイルランに参加です（ランイベント今年8度目、ランイベント参加通算53度目）。

駅構内でお手洗いを済ませて、改札を出ると、昨年と同じはずなのに、駅前にランナーが1人も見えない。えぇ～間違っている？　不安……案内はがきに目を向ける。おぉ～もう少し上が集合場所だ。コンビニでおにぎりを買って足早に集合場所に向かう。おぉ～ランナー達発見。受付をすませ、今日のランナー達を散見。スタッフは顔なじみでアウェーでないが、うぅ～話せそうな人いないなぁ……。

10時、150人のランナーが順次スタート。私は、早い者勝ちとトップテン、走行時間を計測する腕輪を機械にかざしてスタッフに見送られた。

住宅地内は上りで直ぐに山中に誘導する手すり付きの人工路だ。昨年を思い出しながら、おぉお ぉ～こんな感じだったたとはしゃいでいる私だ。

今回は、コース地図を片手に位置を確認しながら走る。いつものことだがトレランは何処をどのように走っているのか全く分からない……今回は2度目の紀泉アルプス。おぉ～展望デッキだ。大阪湾から淡路島、紀伊水道と絶景が広がっている。おお～ここが飯盛山（384m）

か、昨年の記憶では、次は足元が見えない笹草の辺りのはず、おぉ札立山（３４９・２ｍ）。前回は走ることのみで、景色や地名を味わう余裕がなかった。２回目となるとやはり違う。

こんなところに誰がこの山道を造ったのだろうか。何の目的で何時《いつ》何様《どのよう》な人達が……と想像も膨らむ。確かに、先人の苦労のお蔭で私達がいま走れているのだ。ありがたいなぁとも思う。おぉ～急に展望がひらけ、紀ノ川、和歌山方面が一望。スマホの動画に収める。

またまた山の中、次の道標は大福山（４２７ｍ）だ。コース地図を確認すると、コースはＷ字を描き、その中央のとんがった地点にいる。うぉ～半分ちょい来たかな、12時も過ぎている。おにぎりを食べるに良い場所を探しながら先を急ぐ。ここまでは至って快調に来ている。おぉ、テーブルにベンチ、見晴らしもある。おにぎりタイムぅー。

数人のトレイラーに抜かされしも焦りなく、コーストレイル再開。すぐに雲山峰（４８９・９ｍ）、今コースでは最高峰だ。雲山でよいと思うけど、峰がついているんだね。あれれ……何か音が聞こえる。だんだんと賑やかに……。

スタッフだろうか、７名ほどの若手が狭いところでトレイラーを一応、応援してくれているようだ。まあ、良く分からないが……賑やかだ。

下りきったところで、男性がリタイアするっていうのが聞こえた。こんなところでリタイアって公道のバス道まで歩いても優に1時間かかりそう。

このあたりから緩やかな上りが続く、そばには2人のおばさんトレイラーが仲良く歩き走っ

ている。何処から来たのと聞くと、「岩出から」とのこと……。

コース地図上最後の四ノ谷山（363m）まで来た。ゴールは近い。ここからはずっと下りのはず。さあ、最後の力をだそう、まあまあの勢いで下って走れている。去年もこの下り印象深かったなぁ。さあ、もうすぐゴールだ、見覚えのある踏切、国道、わんぱく王国に着きました。

完走タイムは4時間18分2秒です。昨年より16分12秒速く走り終えました。2回目ともなると土地勘も随分と良くなった感じです。スタッフの皆さんありがとう。

二十五、ラン友ラン奈良（御杖村、姫石の湯）

9月23日（木曜、秋分の日）は、御杖村温泉「姫石の湯」にラン友Sさんと来ました。ラン友ラン（今年8回目、通算40回目）。

「姫石の湯」には駐車場の片隅に電気自動車用充電スタンドがあります。我が家からここ

「姫石の湯」まで52km、途中で充電しなくても十分往復できる場所だが、ここで充電できるという安心感もあり、「また姫石の湯に行きたい」と思わせる要因の一つとなっているのも事実です。こんなわけで今回はラン友を誘ってまたやって来ました。

「姫石の湯」周辺のランコースは、ほぼ走りきったつもりの私、今回はSさんの足の向くままに、色々なおしゃべりをしながらの同伴ランを楽しみました。

二十六、お気に入り温泉ラン「あきのの湯」

9月28日は「あきのの湯」周辺ランです。私の「走る」モチベーション維持の一つ、『ラン後の温泉』として、一番気に入っている温泉ランがここ「あきのの湯」だ。すでに19回も来たという実績が物語る「あきのの湯」と周辺ランコースの良さとは……、

①我が家から24km、車だと45分で来ることができる身近さ。

②心の森総合福祉公園内にあり、円形の散策遊歩道から2mほど下がった「ふれあい交流広場」のゆったり感がいい。

③5年半ほど前、初めて走ったコース。左回りで松山地区（重要伝統的建造物群保存地区）入ると戦国時代から栄えた城下町の風情にタイムスリップして異空間に誘なわれた感がいい。

④後半には長くキツイ上りがあり、頑張って上り切った後、下るとすぐ左手に広がる田畑の先、白いドーム屋根（福祉公園内の体育館）がランドマーク的に輝いている眺めが素晴らしい。

⑤次には小さな川の両サイドに遊歩道、左側を上がると「又兵衛桜」に対面、対岸にある公園トイレもいい。
⑥ゴールとなる公園内に戻るとほぼ10㎞弱、「ふれあい交流広場」の外周遊歩道を1～2周すると10㎞走となる。
⑦そして「あきのの湯」温泉を満喫。泉質はナトリウムや炭酸イオンを含むアルカリ性単純温泉、柔らかしっとり感がいい。
⑧何度も当初コースをリピートランしていたが、ある時、この道行けば何かあるかもと右折、すると宮奥ダムに至り、当地が飛鳥時代から「阿騎野」とよばれる大和朝廷の狩場だったことを知る。以降、周辺の未知なる道を走ること数回、今日も初めての道を走り、崇神天皇時代に創建されたという宇陀水分《うだのみくまり》神社に導かれた。凛とした流れの屋根形状の本殿が3棟、毅然とした格式の春日造だ、失礼だがこんなところにこれほどまでに素晴らしい国宝の社殿が佇んでいるとは。
⑨このようにして、現在までに「あきのの湯」周辺ランコースは、6コースとなった。それぞれに歴史が息づいているのも嬉しい。
以上のように「あきのの湯」には私を招くほどの魅力が多く、これからもちょくちょくお邪魔するだろう……。

二十七、2021年10月のランニング

1日は、あきのの湯（20回）12・8㎞、3日は此花・西淀川8㎞、5日は芭蕉の湯（友）10㎞、9日は京都北山トレイル（イ）（友）33㎞、15日は曽我川8・4㎞、17日は、さるびの温泉8・8㎞、19日は、お亀の湯5㎞、21日はSMラスパ11㎞、24日は富田林嶽山温泉3・5㎞、26日は曽我川13㎞、28日は湯の華廊4・5㎞、31日は武庫川（イ）（友）21・1㎞（今月計12回139・1㎞、10ヶ月計98回1176・6㎞）。

1日は、またまた「あきのの湯」に来ました。公園を出た所で車を止めた中年男性が道に落ちているイガの割れた「栗」拾いをしていた。おぉ～結構な大きさの栗だ、私も欲しくなったが、車まで止め拾っている先達に悪いなぁと走り去る……不思議だなぁ……3日前に来た時には栗には、全く気付いていなかった私が、今日は足元の栗に注意して走っている。結構大きな栗が落ちているのだ。何年も前からここは走ってきたはず、なのに今まで全く気付かずに走っていたのだ。不思議なことにショートパンツの両ポケットは栗で溢れそうになるくらいまで拾った、拾っている道先に鹿が横断……もびっくりしたなぁ……。

そして極めつけが、あきのの湯、和の風呂に久しぶりに入ったこと、スタッフに聞くと、奇数日が和風呂とのこと、えぇ～ということは、私がここあきのの湯に来る日は偶数日ばかりか……一体どうなっているのだろう、調べてみると確かに偶数日ばかり来ていたのだ。

20回の内、今日を含めて奇数日に来たのは3回、実に17回は偶数日に来ていたのだ。何とも面白い発見に私の不思議なバイオリズムの意味を考えるも全く分からないけれど、人は其々、それでいいんでしょう。和の風呂が気に入った私、今後、奇数日にどれほど来るか、これも楽しもうと思っています。

二十八、ラン友ラン三重（上野森林公園、芭蕉の湯）

相変わらず温泉ランを楽しんでいる私。10月5日、Sさんと上野森林公園ランと「芭蕉の湯」を楽しみました。ラン友ラン（今年9回目、通算41回目）。

二十九、第21回京都一周トレイルラン北山

10月9日（土曜）6時15分に家を出て、8時3分、嵯峨嵐山駅に到着。ラン友Wちゃんと合流し、「第21回京都一周トレイルフン北山」に参加です（今年9度目、ランイベント参加通算54度目）ラン友ラン（今年10回目、通算42回目）。

嵐山は京都の誇る観光地です、見知った街区を一つ西に行くと公園の西端部だろうか、女性39名、男性228名、9時のウェブスタートまで快晴最高気温30度を超えそうな京都に集まっています。スタートラインで写真を撮る余裕……さぁ出発だ、自然豊かな住宅地の狭間を走ってすぐ山道トレイルとなる……川の流れを見て本当に気持ちよく川の袂を走っています……清

滝、高尾らしきも全く何処をどう走っているのか見当もつかない、でも凄く心地よい風景が続いている……もうどれほど走って歩いて来ただろうか……Wちゃんと一緒だから楽しい気分だがあとどれぐらいあるのだろうか、相当急な下り、こんなの女性が1人で降りれるかなぁ……当然のようにWちゃんをしっかりフォローして降りきった。そして叡山電鉄貴船口駅に……ここがゴールだとすぐ帰れるのにねぇ、なんて思いながら先に進むと……おぉ～見覚えのあるぞぅ～ここ鞍馬の駅だ。えぇ～ここがゴールじゃないの、ここ終点だろ、もう足限界だぁ～とぼとぼ歩く先にスタッフ、「こちらです、ここから一山超えればゴールです、もう少しですよ、頑張ってください」だって……。

もう一山とは、うあぁぁ～また山上りだぁ……数歩上ると、あじゃぁ、ついに足が攣りだしました。

「Wちゃん先に行って」と休むとすぐ、行けそうだ、不思議だね、今回は攣り切らないで収まった。さぁ行こう……もう少しだ、頑張ろう……上り切ったぞぉ一安心、山から出た辺りからラストスパートと走り出すとWちゃんもついて走れている……お互いに走れていることが不思議なほど体力は限界なはずだ……気力を振り絞って走るラストラン、2人並んでゴールした。

おぉ～ここは、4月に土砂降りの中走った京都トレイル東山と同じゴール地点だ。東の山科毘沙門堂から北に左回りと、西の嵐山から北に右回りして同じここ「静原神社」で出会うのかと納得。

すぐに着替え帰る準備だが、何もしたくないほど疲れた。暫くはベンチ……でも着替えないと帰れない、何とか着替えている……。

驚きは完走タイム、なんとまぁ、７時間30分27秒……２人だと時間は早く進むんだね。こんなにも山ん中に一緒にいたとは……Wちゃん、シンドイことも楽しいに変えてくれ本当にありがとう。

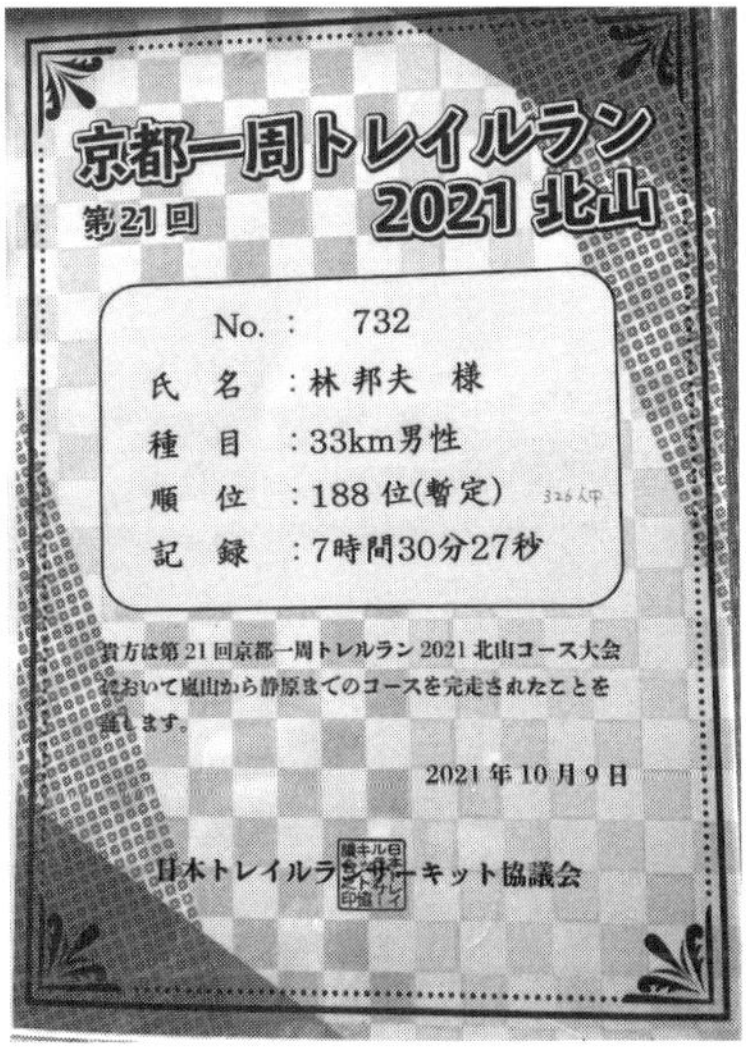
京都一周トレイルラン
第21回　2021 北山
No.：　732
氏　名　：林 邦夫　様
種　目　：33km男性
順　位　：188位(暫定)　326人中
記　録　：7時間30分27秒
貴方は第21回京都一周トレイルラン2021北山コース大会において嵐山から静原までのコースを完走されたことを証します。
2021年10月9日
日本トレイルランサーキット協議会

昨年２月から全世界に恐怖をもたらしたコロナの感染拡大も、８月の第５波より一気に減少傾向となるもまだ下げ止まりの懸念有、ワクチン接種を含め、マスク着用、手指衛生、ゼロ密や換気といった基本的な感染対策に引き続き国民の協力が必要といった状況のこの10月も、17日は伊賀上野の「さるびの温泉」、19日は曽爾村「お亀の湯」、24日は富田林「嶽山の湯」、28日は塚新「湯の華廊」と今月も５度の温泉ランを楽しみました。

三十、ユニセフカップにしのみや武庫川ハーフマラソン

31日は「ユニセフカップにしのみや武庫川ハーフマラソン」にラン友Wちゃんと参加です（今年10度目、ランイベント参加通算55度目）ラン友ラン（今年11回目、通算43回目）。

昨年1月の新春ロードレース以来2度目、武庫川に架せられた阪神電鉄武庫川駅に降り立ちました。9時前、気温20℃前後快晴です。Aグループを先頭に5列1ｍおきに並んで9時30分のスタートを待ちます。私はDグループ、各150人、A～Eまで30秒ずらすスタートです。ラストFグループのみ250人。

3月7日の長居公園「大阪フルマラソン」を自己ベストで完走、同28日の「淀川フルマラソン」15㎞リタイアから7ヶ月振り、久々のロード大会です。何だかワクワクしていますが、久しぶりなので思うように走れるかどうか……。

スタートしました。おぉ～キロ6分切りで走れています。先に走っているWちゃんに何とか追い着きたい気持ちですが、折り返してすれ違うWちゃんとの差は1㎞程、差がひろがっています。えぇ～後ろから「林さん」と女性の声、懐かしいなぁ、以前良く一緒に走っていたYmさんだ、親愛タッチするも私を抜いて先に、何とか付いていこうとしたが……あれれぇ～何だか足、重くなっているぞぉ～ペースダウンしちゃいました。

すると風景がいっぺんに変わったんです。今まで周りの風景は視界にはなく顔は正面のみ、キロ5分台で走っていると顔も振れないんだと驚きの発見です。12㎞辺りからは景色を楽しも

うと左右の移り行く様を楽しんでいます。

16㎞辺りでしょうか、女性ランナーがスゥッと私を抜き去るではありませんか……ちょっとぉ～待ってよとペース上げ後ろにつきました。おぉ～知らないけれどこのランナーについていこうと走っています。楽です（ならスポＣチームを思い出しながら……いつも誰かの後ろ、ついて走るというランスタイルが私にはあっているのでしょう）。

このままゴールまで一緒にと思っていたのに……ラスト２㎞辺りで女性のペースが落ちたので抜き、ゴール手前でいやぁ～Ｗちゃんがスマホ構え待ってくれていました。きっと10数分も待たせたでしょう……。

忙しいからと先に帰ったようで、私はのんびり、恒例の温泉「みずきの湯」に向かい今回は食事まで楽しみ帰路につきました。勿論、最終の時間帯でしたがマッサージのご褒美も戴きました。

三十一、「走り方」の変化に気付き、ランランメモを書き始める

ただ、今回のハーフマラソンで、実に驚きの発見がありました。それは、キロ5分台で走ると周りの風景を楽しむ余裕がないというより、顔を左右に向けることもしづらいことが分かったのだ。

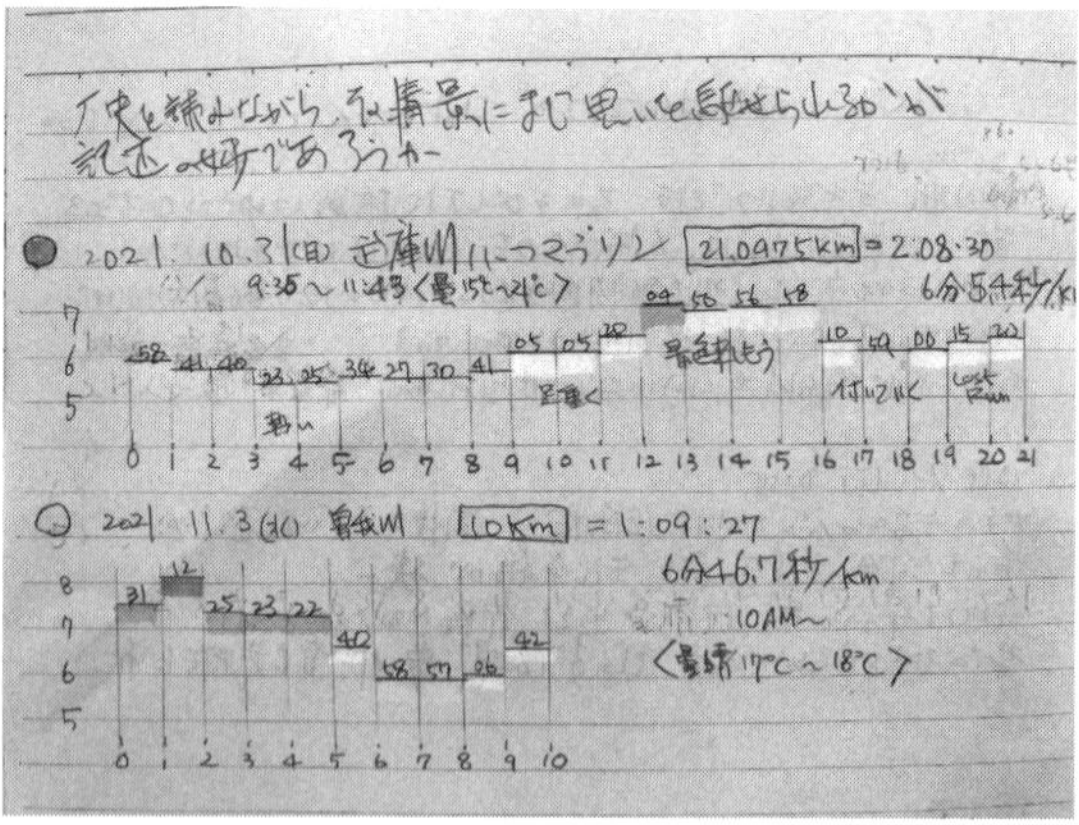

自己ベスト完走という欲が出てくると、確かに以前のように走ること自体が爽やかで、視界に広がる景色や肌に感じる空気感（涼やかな風等）を楽しみながら完走出来ればいいという走りから、目標タイムを掲げてキロ5分台での走りをするようになってからは、意識しなかったけれど、ただ走ることだけに特化した「走り」になっていたのだろう……それも「いい」のだが……。

本来の楽しい「走り」の上に築かれた積極的な「走り」……微妙だが全く「質」が違う「走り」となってしまったようだ。なにか自分の持っていた「楽しいキャラ」さえ薄らいでしまわないか……うぅ～、しようがないのかなぁ……とも思いながら次のステップに進まねばと、この日を境に「ランランメモを」書き始めたのだ。

三十二、2021年11月のランニング

3日は曽我川10㎞、6日は十津川6㎞、11日は、やぶっちゃ湯7㎞、14日は神護寺（友）29㎞、19日は曽我川10㎞、21日は淀川エコ（イ）21・1㎞、24日は、うららの湯12㎞、27日・29日は曽我川各10㎞（今月計9回115・1㎞、11ヶ月計107回1291・7㎞）。

6日の十津川は奈良県吉野郡の最も和歌山県寄り、わが家から103㎞、車でも2時間は優に超える地、初めて来た6月12日は、十津川温泉郷の手前にある温泉地温泉の道の駅「十津川郷」に充電のため停車、充電時間の30分でも近辺を走ろうとランスタイルで降車して直ぐ、「私このシャツ持ってます」と、奈良マラソン2020のTシャツを着ていた私と、思いもしなかった共通項を持った方が現れ、しばし雑談、ライン交換していただいた。

今回は、前回のさらに10㎞程先、十津川温泉郷を目指している。前回同様何の下調べもせずだが、十津川村中心の平谷地区の二津野ダム湖畔からトンネルを抜けるとゆったりとした広場駐車場があり停車、昴の郷「星の湯」があり周辺を走る。うぅ〜こんなに遠くまで来ているが、走る良きコースが分からない……今回も気持ちよく走れなかった。

三十三、ラン友ラン京都（神護寺）

14日（日曜）は、9時10分出町柳駅集合、ラン友Hmさん・Yさんと3人、Hmさんお任せ

の京都ラン友ラン（今年12回目、通算44回目）です。

いつものようにＨｍさん先導のお任せランなのですが、今日の日に限っては、出来るだけペースを遅く走行距離も短めにと願いながら、ついて走っています。何処に行くのかなぁ……というのも、昨日5時45分に出発して奈良県内№２の弥山（標高１８９５ｍ）に登頂してきたばかりなので、今日はゆっくりというのが本心なんです。

随分前から約束していることもあり、ドタキャンなど考えもしない私ですから、無理せず行けるところまで行こうと走っています。有難いことに、ランペースは話しながらということもあってか、いつもより相当遅いペースです。それにしても何処を目指しているのでしょう、ずうっと西に来ている感じです。

歩道が少なくなり市街地から外れだした国道１６２号、カーブの多い上りが……どこまで走るのでしょうか……おぉ～個性豊かな車と何台もすれ違っています。まるでクラシックカーのショーのようです……次々にすれ違う車に唖然、一瞬なのでゆっくり見れない、うぅ～残念。

「高雄」の地名が……おぉ～40年以上も前、男４人で紅葉を見ようと高雄バス停で降り、あまりの人の多さにトイレを借りただけでまたバスに乗って帰ったことを思い出した、その高尾に来ているのだ。

相当遠くまで来たが、１度に観光地の様相となった、車路から長い下りの遊歩道を下る、紅葉……綺麗だなぁ、素晴らしい彩りだ。下ったところに橋、川沿いにお店……全ての風情が京都らしさを醸している……益々「京都」に惚れ込む私、京都はいいなぁ。

おぉ～また上るのか、いやぁ疲れるなぁ、この階段……えぇ～山門があるぞぉ、こんなも不便な所に……くぐってさらに驚きです、でかい金堂、な、何と「神護寺」。初めてお見受けする気高い寺格に圧倒されている私……高野山真言宗、創建824年、高尾山神護寺の時間空間にしばしまどろむ（ベンチに座ってすぐ、うとうとしてしまった）。

復路は往路を戻るのみ、出町柳まで3㎞辺りから2人のランペースが上がるが、無理せずマイペースで走り、遅れながらも無事戻れました。昨日の登山と今日のラン……69歳の私、ホントに無理しないでねと、称賛すべきバカさ加減という微妙な心持ちのゴールでした。この後、いつものように銭湯「東山湯温泉」にほっこり親睦後、解散となりました。

三十四、淀川エコマラソン

11月21日の淀川エコマラソンは、来月の奈良マラソンの前哨戦としての参加です（今年11度目、ランイベント参加通算56度目）。

7時45分に家を出て9時18分、地下鉄御堂筋線「西中島南方駅」に到着、初めて参加した「福知山フルマラソン」の前哨戦として挑戦した「大阪30ｋ」から5年間で6度来たことになりました。

馴染みの舞台でも毎回新鮮です。今回のエコマラソン主催代表はドイツ人のユルゲン・

ウィッツシュトック氏、「環境を守って、体鍛えてエコマラソン」を標語にアットホームな大会です。65歳以上の参加費も「ベテラン割」と称し3500円と他にはない安さです。

10時30分、曇り空、気温13℃、湿度70％。どんより感のスタートです。気持ちはサブ2、来月の奈良マラソンの最終調整ランと思いながら、キロ5分台で走り切りたいのです。

1キロ毎に音で知らせてくれるガーミン時計、何とか1km5分台を維持しています。ハーフ（21・0975km）を2時間で走り切ろうとすると1kmを（120÷21・0975＝）5分41秒平均で走らなければなりません。うぅ～1km5分台で走れているけれど、5分40秒超えばかりだ、慌てず騒がずマイペース気分を優先しながらゴールしました。

Eco Marathon
体を鍛えて、環境を守ってエコマラソン
走夢
runners for a green future
第１２回淀川エコマラソン完走証
ハーフの部
貴方は第１２回淀川エコマラソンで見事に完走されたのでここに証明します。
＊自転車
＊太陽光発電
＊リサイクル
＊チャリティー
our 企業社会的責任(CSR)
氏名： 林 邦夫
タイム： 2:01:21
順位： 15/32
Sunday, November 21, 2021
ecomarathon.run 代表 Jürgen Wittstock

ゴール脇に置かれたテントに完走記念品を並べてスタッフがお一つどうぞだって……うむぅ～どれもイマイチだなぁ、参加費用が安いのも当然です。一つ貰って、コース路の土手川に置かれた荷物を引き取り、引き上げです。

私の後でゴールしたご婦人ランナーさんも手荷物置き場に来ました。おぉ、なんて感じの良い人……良妻賢母の雰囲気を醸していいます。そこでためらいながらも、2〜3お尋ねしました。

吹田市在住、忙しくて久々のランとのこと、来年2月の大阪マラソンに向け走り出したそうで、自己ベストは4時間15分。

「ありがとう大阪マラソンでまたお会いできればいいですね」とお別れしました。本当に人其々ですが、その人に備わった人格というのでしょうか、お見受けするだけで居心地よく、爽やかな印象がインプットされるのですから、素晴らしい人との一期一会はいつまでも心の片隅に残りそうです。

記録は2時間1分20秒でした。さてと、お気に入りの海鮮を食べに行きましょう。てくてくトボトボ路地の散策をしながら到着。今回も裏切られず快食。さぁてぇっと、「ひなたの湯」よりもっと近くに銭湯ないかと店員さんに聞くもなさそうなので、今回もてくてくトボトボ「ひなたの湯」に向かいました。途中に立派な菊の鉢植えのサプライズご対面に癒され、大都会にある地上9階のスカイ温泉で心身の癒し……いやぁもう最高、「来て良かった」でした。

三十五、2021年12月のランニング

1日は、ぽかぽか湯8・3km、3日は曽我川9km、5日は、やぶっちゃ湯（友）7・5km、8日は佐味田里山12km、10日は曽我川9km、12日は奈良マラソン（イ）42・195km、21日は曽我川10km、23日は姫石の湯10km、26日は曽我川8km、28日も曽我川10km、30日（マッサージ

店まで）６km（今月計11回１３２km、今年計１１８回１４２３・７km）。

２０２１年の月平均走行距離は１１８・６kmです。昨年２０２０年初めて月平均１００kmを超え、おお～いよいよ市民ランナー並みに走れてきたかなぁとの「走る」手応えを感じた昨年、今年も実に確実なる「走り」を展開、月平均走行距離も１２０km近くまで伸ばせました。

ラン友が言っていた「フルマラソンランナーは月に１５０kmは走らないと」にはまだまだ及ばないが、それでも69歳となった今年3月、長居公園での第43回大阪フルマラソン大会で見事サブ4・5を達成、4時間16分40秒という奇跡的な自己ベストタイムをたたき出せたのだ。この記録のお蔭で、実に満足なマラソン人生を「ボチボチ楽しく有意義に」過ごしている。

三十六、ラン友ラン三重（伊賀上野、やぶっちゃの湯）

5日はラン友Mさんを誘い、伊賀上野「やぶっちゃの湯」に来ました（ラン友ランは今年13回目、通算45回目）。

温泉ラン好きな私ですが、何故にまたラン友まで誘って奈良から三重県伊賀市まで来たかというと、奈良県宇陀市の「あきのの湯」入浴時に貰った「御湯印帳」が第一原因です。「御湯印帳」には、伊賀・松坂、奈良にある7ヶ所の温泉施設を巡り、「御朱印」ならぬ「御湯印」を集めれば記念品や入浴割引等の特典があるとのことで、早速にやって来たのでした。

先月の11日（木曜）に初めて期待ワクワク、「やぶっちゃの湯」の駐車場に11時到着。今週初めから小雨模様の天候が続き、今は雨は降っていないが一部に黒みを帯びた雲の他、大空は雨雲に覆われている。

兎も角スマホ検索、おぉ、施設周回出来そうだ、左回りに下りスタート、誰もいないがバーベキューエリアだ、先には1級河川が趣ある流れを呈し、上手を見ると白い大きな岩石から流れ落ち、滝壺ではないが50ｍ級の泳げそうな川面がゆったりと揺れている。

対岸はキャンプ地だろうか、リゾートな空間が広がっている。なんて豊かな魅力に満ちた所なんだと感激、右手に続くバーベキューエリアの先は……残念行き止まり、危険侵入防止の看板に引き返そうと思ったまさにその時、前から「ゴォー」何だ何だ何事だと……えぇ～銀河鉄道?……いきなり空想世界から一両車両が飛び込んできた……何、どうなってんの……右上樹木にスマホ向けるも音だけ残し去って行ったのだ。夢のような一瞬、強烈な余韻……。

後で何が起こったのか確かめようと思い、ラン再開、今度は上り、左手見上げる施設の足元は、岩盤だ、ひと際大きな岩の前に立ちバンザイ、って……?　来た車道の下を潜ると、視界には草原のような田畑が広がっている。田畑を右回りで周回、天井に手が届くノスタルジックなレンガのトンネルを抜けると、民家も散見、上りながら山の中に続く車道を走る……しばらく走ると、おぉ～島ヶ原駅方向のサイン……さっき一瞬見た電車に会えるかもしれないかもと期待の目的地が定まった。

スマホのマップで調べると関西本線とある、大阪から名古屋まで良くもまぁ線路を敷設したもんだと、開拓に尽力した熱き思いの人々や当時を偲びながら一気に山間から駆け下りている。確かな山間《やまあい》に開けた街並みのお出迎えを受け、踏切まで来た。

ここは複線、右手に駅舎が見える。駅前広場に着くもお店はなく人の気配もしない。時刻表を見ると各方向とも1時間に1本だ。次はぁっと、13時8分か、時計は12時52分なので16分待てば電車に会える……おぉ、やぶっちゃ行き無料送迎バスの張り紙発見、次は13時12分発かぁ～いやぁこれで帰ろうと、復路ラン放棄しちゃいました。

暫く街中を走り13時5分に戻ってくると……電車の音が近づいてきます。スマホ構え……いやぁカワイイ、反対側からも1両の同じようなのが来たぞぉ……ホームに2両が並んでいる。乗車2人、降車6人、そのうちのおばさん1人が広場に停まっている「やぶっちゃ」行きのマイクロバスに乗車、いやぁ凄い、電車と送迎バスに乗ってまで温泉に来られたんだと……私も乗り込んだ。

何と、本格的に雨が降り出した、うわぁぁ助かったなぁ……楽な心持ちで乗車、走って帰ってたらずぶ濡れになっていただろう。いやぁラッキーでした。

期待ワクワク温泉です。しかも「御湯印巡り」はここで満願です。次回から7施設すべて2割引で入浴できるとのこと（伊賀の温泉施設は70歳から2割引きとなっていました）。

入浴してうぁぁこれ何……感動の泉質、お肌すべすべ、まさに温泉の中の温泉という今までに味わったことのない最高の湯船に浸っています。実は、10月17日（日曜）にここ「やぶっちゃの湯」とは西名阪道の左右反対方向にある「さるびの温泉」に初入浴した際もここと同じような泉質に感動……。

私の奈良一番の温泉は、お亀の湯。それ以上の温泉がここ伊賀に2ヶ所も体験できたのです。それで本日はラン友を誘って2回目となる「やぶっちゃの湯」に来たという訳でした。じゃぁ何故「さるびの温泉」にしなかったかというと、ワクワク感を満たしてくれそうな心地よい走るコースが「やぶっちゃ」の方にあると感じていたからでした。

今回は、前回売り切れてしまった先着10組ほどに用意された「田舎小鉢12品盛り」を戴こうと、ラン温泉より先に昼食を戴きました。そしてMさんとゆっくりアフタヌーンティーを楽しんだ後、ランスタートです。

今回も、前回同様「島ヶ原駅」まで走って、復路は往路を戻らず、左回りで「やぶっちゃの湯」に戻ってきました。そして素晴らしき温泉です。2021年も暮れ行く師走の一時、本当に贅沢な温泉ランを堪能しました。Mさん、「やぶっちゃ」の皆さん、そして島ヶ原地区の全てに感謝です。ありがとうございました。

三十七、奈良マラソン

2021年12月12日（日曜）ついにマイマラソン大締め、奈良マラソン当日となりました

（今年12度目、ランイベント参加通算57度目）。

現在69歳の私。来年2月27日に開催される大阪マラソン大会（エントリー済）が、翌28日に誕生日を迎える私にとっては、60歳台最後のマラソン参加となります。69歳の最後の1日という私だけの特別な記念すべき大会なのです。そして、本書「60歳からのマラソンランナー」もここまで10年間の「走る」記録を書き綴ってきたわけですが、一つの大きな節目を迎えようとしています。来年の大阪マラソンを最後として1度筆を置こうと思っています。

5時起床、地元開催のフルマラソン、今年の大締め総括、高まる気持ちでしょうか、早く目覚めています。6時15分、満を持して家を出ます。毎年この時期は寒く、気温は5℃ぐらいでしょうか、天気は良さそうです。23分発に乗車、近鉄奈良駅に7時7分に着きました。

おおぅ〜、リュックを背負ったランナーで溢れています。ホーム感の私、勝手知ったる舞台にこれ程の共演者と並んで向かう、更なる気持ちの高なり、さぁ出陣だぁ〜黙々と歩む……。

発生から2年近く経つもコロナ感染症の対応として、大会を盛り上げるイベント関連の出し物等一切なく、ランナー8128名も密を避け待機ブロックに集合、寒空にブルブル、9時のスタートを待つ。

9時号砲、いよいよ全員そわそわ足ふみ状態……おぉ〜動き出したぞぉ……県道44号やすらぎの道、路上いっぱいのランナーが下る、左右歩道も応援する方々で溢れ、あをによし奈良の都は晴れやかな舞台となり、演舞するランナー達に熱き声援が渦まいている……。

何とかキロ5分台後半で走り続けたい、毎回20㎞辺りまでは大丈夫、30㎞からが問題……足が重くなり、攣りだすかも……との思いのまま25㎞天理折り返し地点まではほぼ順調に1㎞5分台後半のペースで走って来れた。これからは、上りが多くなる……。

上がりも歩くこと僅かで思ったより走れている、32、3㎞辺り高樋町の交差点、往路と別れるこの辺りからが踏ん張りどころだ。おぉ～聞きなれたWちゃんの声……いやぁこんなところにいたとは……応援に行くとは聞いてたけど何処にいるのか知らせてくれなかったので……。

写真を撮ってくれるも本当に余裕がなく嬉しく過ぎると、すぐ握手してもらおうとの閃き、数メートルリターン、するとWちゃんしっかりと握手してくれた。うわぁエネルギー瞬間充填……喜び跳ねそうな気持だ……足の重さも緩和、走れているって感じ、ありがとうWちゃん……。

キロ7分台ともなっているが、下りは5分台で少し回復、ところどころ6分台で最終エイド通過、ゴールも近くに意識、後はタイム。4時間20分過ぎるだろうかという感じ、最後の上り坂も走れている。ついに鴻池陸上競技場に入った……嬉しい景色だ、もう走らなくていいという安堵感、完走した喜び……ゴールゲートを潜る、やったぁ～握る拳に力を込め、達成感の振りおろし、やったぁ……。

ゆっくりとこの場で喜びを噛みしめていたいが、完走ランナーがどんどんと入って来る。皆に押され、バナナやペットボトルをもらって押し出されていくランナー達でした。

３月の長居フルでサブ４・５を達成してからは、４時間半までに完走したいという感じで走っていたから、４時間22分31秒の完走はアップダウンもある奈良マラソンの記録では大満足でした。

今回の奈良でフルマラソン大会参加は14度目、完走は９度となった。５度のＤＮＦ（Did Not Finish）の内訳は、ＡＢＣ篠山マラソン２度（共に36・３㎞関門でアウト）、淀川２度（35㎞と15㎞でリタイア）、奈良マラソン１度（30・５㎞関門でアウト）、篠山と淀川での完走実績はなく、奈良は一昨年（４：39：56）と今回、嬉しい２度目の完走となりました。

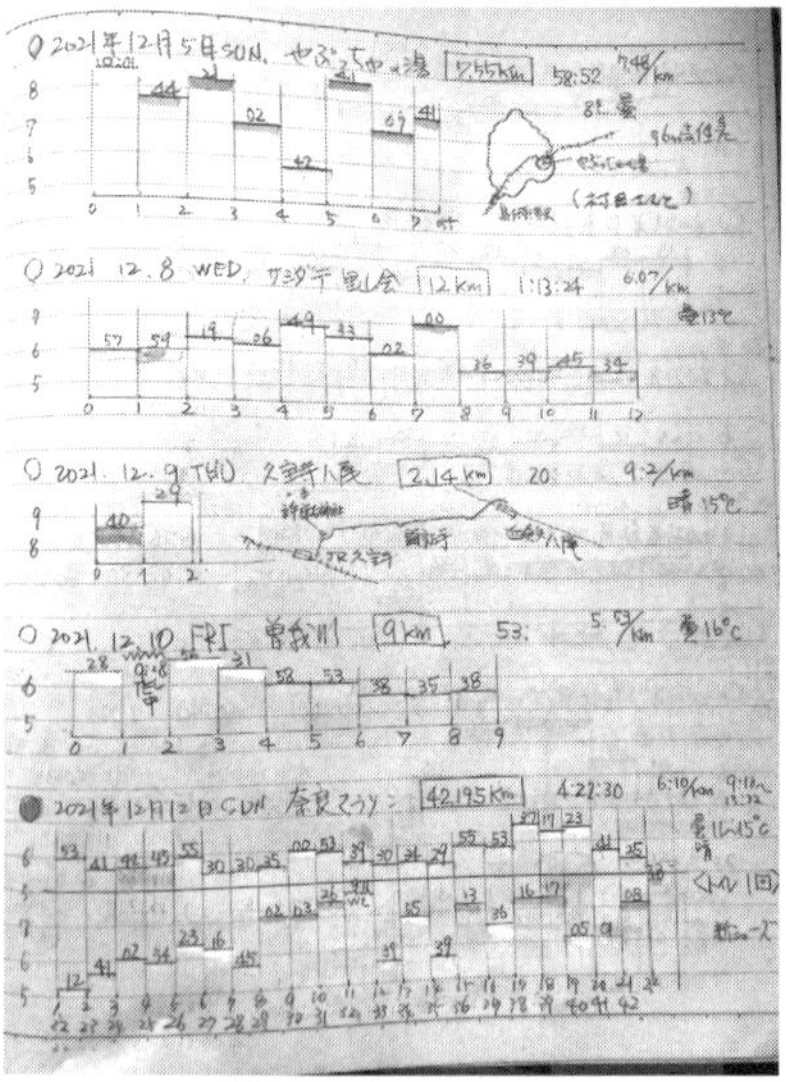

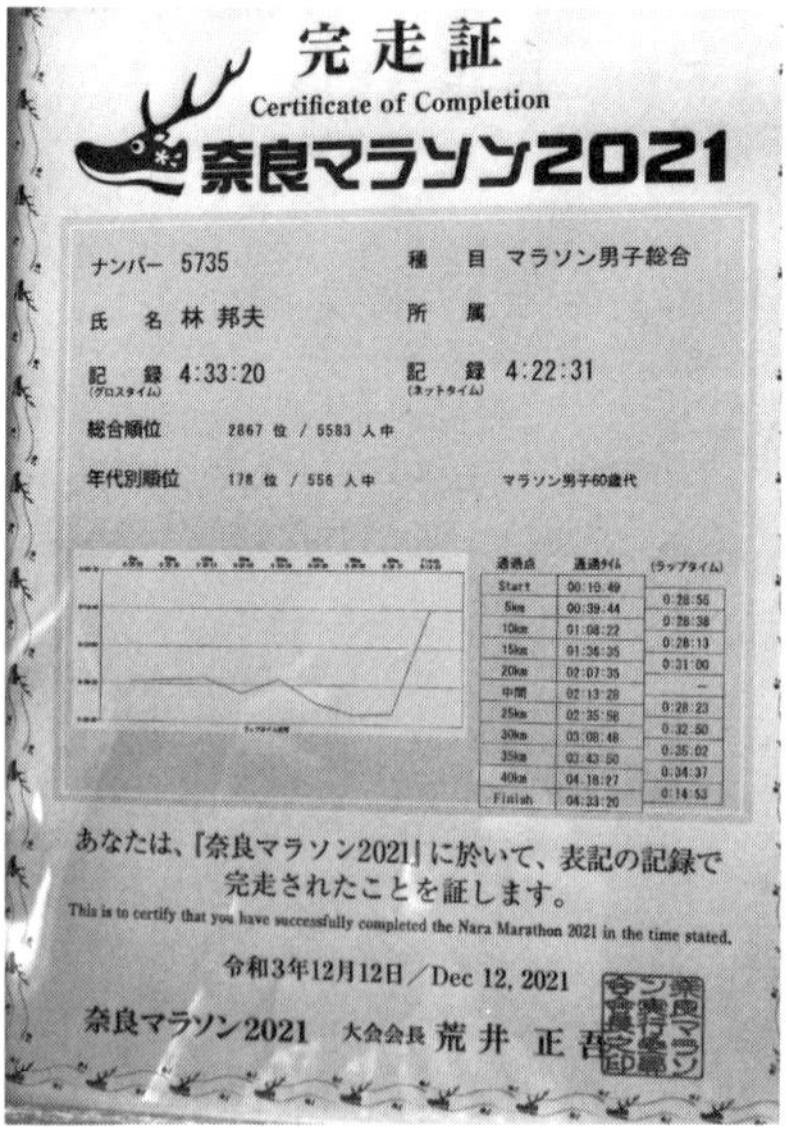
完走証
Certificate of Completion
奈良マラソン2021

ナンバー 5735　種目 マラソン男子総合
氏名 林 邦夫　所属
記録（グロスタイム） 4:33:20　記録（ネットタイム） 4:22:31
総合順位 2867 位 / 5583 人中
年代別順位 178 位 / 556 人中　マラソン男子60歳代

通過点	通過タイム	（ラップタイム）
Start	00:10:49	
5km	00:39:44	0:28:55
10km	01:08:22	0:28:38
15km	01:36:35	0:28:13
20km	02:07:35	0:31:00
中間	02:13:28	−
25km	02:35:58	0:28:23
30km	03:08:48	0:32:50
35km	03:43:50	0:35:02
40km	04:18:27	0:34:37
Finish	04:33:20	0:14:53

あなたは、『奈良マラソン2021』に於いて、表記の記録で完走されたことを証します。
This is to certify that you have successfully completed the Nara Marathon 2021 in the time stated.
令和3年12月12日／Dec 12, 2021
奈良マラソン2021　大会会長 荒井 正吾

三十八、２０２１年のランニング総括

以下、凡例（　）内は「ならスポ」、○はイベント、●はラン友となります。

1月9回158・5km（4回33・5km）
2月7回84・7km（4回34・7km）
3月7回92・4km（5回38・2）
4月7回89・3km（コロナ休会0km）
5月9回98・4km（コロナ休会0km）
6月12回156・4km（コロナ休会0km）
7月12回110・8km（6回52・6km）
8月11回113・3km
9月12回133・7km

3日①❶初詣山の辺の道
17日❷（友）京都大原の里
31日②❸久宝寺30ｋ
28日❹交野星田
7日③大阪フルマラソン
28日④なにわ淀川
17日⑤京都一周トレイル東山
※温泉ランにハマる
20日❺たかすみ温泉
27日⑥奥飛騨トレイル
11日❻生駒ボルダー
ランニングチーム（ならスポ）退会
8日⑦❼六甲トレイル
5日⑧紀泉アルプストレイル
23日❽御杖村、姫石の湯

10月12回139・1km　5日❾上野森林公園、芭蕉の湯
9日⑨❿京都一周トレイル北山
11月9回115・1km　31日⑩⓫ユニセフ武庫川ハーフ
14日⓬神護寺
12月11回132km　21日⑪淀川エコマラソン
5日⓭島ヶ原、やぶっちゃの湯
12日⑫奈良マラソン

【2021年（69歳）ラン集計12ヶ月計118回1423・7km、月平均9・8回118・6km】

【2020年（68歳）ラン集計12ヶ月計103回1256・5km、月平均8・6回104・7km】

〔内（ナ）＝「ならスポ」2019年6月から12月計（実7ヶ月）33回240・4km、2020年は57回519・1km、2021年1月から7月計（実4ヶ月）19回159km、総計23か月109回918・5km、月平均約40km〕。


一昨年（2019年67歳）、昨年（2020年68歳）のランニングと比較し振り返ってみます。

1、ランニングイベント参加・・・・・・12回 ☞8回 ☞12回

①フルマラソン

3回（篠山－福岡－奈良）☞2回（淀川－なぎさ）☞3回（長居－淀川－奈良）

②30㎞マラソン・・・1回（大和川）☞1回（淀川）☞1回（久宝寺）

③ハーフマラソン

2回（九度山、河内長野）☞1回（武庫川）☞2回（武庫川、淀川エコ）

④トレラン・・・・・4回（東山、大台、生駒、六甲）☞4回（生駒、六甲、紀泉、神戸）

☞5回（京都東山、奥飛騨、六甲、紀泉、京都北山）

⑤ロゲイニング・・・1回（大阪九条）☞0回 ☞0回

⑥アクアスロン・・・1回（潮芦屋）☞0回 ☞0回

2、ならスポ参加・・・32回（競技場）☞57回 ☞19回で退会

3、ラン友とのランニング参加・・6回（奈良2回京都4回）☞10回（京都5回奈良4回兵庫1回）☞13回（京都3回奈良4回大阪2回三重2回兵庫2回）

4、1人ランニング・・・・・・28回 ☞30回 ☞66回

【2019年】曽我川10回、スイムピアマシーンラン6回、虹の湯3回、あきのの湯、馬見公園2回、（田原本、狭山スパワールド、橋本きらく湯、王寺、京都）各1回・・・総計28回

【2020年】曽我川15回、伊3回、山形2回、（青山、佐味田、朱雀、馬見、生駒、室生、矢田、松山、佐渡、京都）各1回・・・総計30回

【2021年】曽我川19回、あきのの湯、たかすみ温泉各5回、やはた温泉、あざさ苑、生駒ボルダー各3回、馬見丘陵、御杖姫石の湯各2回、朱雀、生駒朱雀、スイムピア、星の湯、音の花温泉、薬師の湯、十津川滝の湯、夢の湯、飯高の湯、お亀の湯、奥香肌湖、東大阪、斑鳩、西九条、さるびの温泉、矢田丘陵、ラスパ、富田林獄山温泉、湯の華廊、やぶっちゃの湯、うららの湯、ぽかぽか温泉、里山会、たなごころ各1回・・・総計66回

5、総走行距離　967・2㎞（80・6㎞）☟1256・5㎞（104・76）
☟1423・7㎞（118・6㎞）

6、スイミング・・・・・・・・・・・・5回 ☟4回 ☟7回

以上、今年2021年もコロナ感染防止対応に翻弄されたとはいえ、我がランニング状況は、総走行距離1423・7㎞（月平均118・6㎞）と過去最高を記録、より活発に走ることができました。それでもラン友曰く「フルマラソンランナーは月平均150㎞の走行距離は走らないと」にはまだまだ及びそうにありませんが……。

三十九、60歳台、マラソンの歩み纏め（2012年～2021年）

1、年別走行距離

２０１２年（60歳）26回１００km
２０１３年（61歳）７回68km（初マラソンイベント10km完走）
２０１４年（62歳）０回０km
２０１５年（63歳）23回１８７・５km
２０１６年（64歳）94回１１９０km（99km／月）初フルマラソン完走
２０１７年（65歳）63回８０７・７km（67・３km／月）
２０１８年（66歳）72回１０４６・７km（87・２km／月）
２０１９年（67歳）83回９６７・２km（80・６km／月）
２０２０年（68歳）１０３回１２５６・５km（１０４・７km／月）
２０２１年（69歳）１１８回１４２３・７km（１１８・６km／月）
以上、60歳台の10年間に走った距離は７０４７・３kmでした。

２０１２年から２０１５年の４年間は、マラソン助走期間でした。それにしても４年間、60歳台前半に僅かでも走っていたのが良かったのでしょう。この貯えがあったからこそ、２０１６年の元旦に64歳最後のチャンスとばかりフルマラソン挑戦という大きな目標を掲げられたと思うのです。その結果、見事その年の11月23日福知山マラソン大会においてフルマラソン初参加初完走という栄誉を戴きました。

その年から、毎年の走行距離数は千キロ前後となり、フルマラソン完走が最大の関心事となって、実に60歳台中盤から名実とものマラソンランナーと言えるようなマラソン人生を楽しんでいます。

次に、私のマラソン人生にとっての一番の励みとなり立役者となったマラソンイベントのうち、参加した「マラソン大会」を紹介します。

2、マラソンイベント参加の内訳

（1）10㎞マラソン大会
①第6回宇陀シティマラソン（2013.3.10）1:02:42 完走
②伊勢本街道観光マラソンＩｎみつえ（2016.5.15）完走
（2）トレイルラン・マラニック等
①第3回明日香トレイル20㎞（2016.7.10）
②ダイトレ屯鶴峯～水越峠15・7㎞（2017.3.26）4:13:50 完走
③ダイトレ水越峠～紀見峠15・7㎞（2017.4.23）3:39:53 完走
④ダイトレ紀見峠～槇尾山11・7㎞（2017.5.21）3:43:48 完走
⑤第4回明日香トレイル20㎞（2017.7.9）3:28:41 完走
⑥第5回柳生街道マラニック21㎞（2017.8.20）3:20:23 完走
⑦第8回中山連山北摂大峰山（2017.11.19）2:51:23 完走

⑧赤目四十八滝清涼トレイル22㎞　（2018.7.22）完走
⑨東山マラニック20㎞　（2019.4.6）完走
⑩第6回大台ヶ原Ｉｎきたかみ28㎞　（2019.5.12）4:46:47 完走
⑪第10回生駒トレイルラン20㎞　（2019.7.27）3:43:54 完走
⑫第4回Ｍｔ六甲トレイル&サ10㎞　（2019.8.11）1:33:37 完走
⑬第12回生駒トレイルラン30㎞　（2020.7.25）4:50:27 完走
⑭第5回Ｍｔ六甲トレイル&サ28㎞　（2020.8.10）6:04:59 完走
⑮第3回紀泉アルプストレイル20㎞　（2020.9.6）4:34:14 完走
⑯第7回神戸農業公園走納め20㎞　（2020.12.20）2:22:54 完走
⑰初詣山の辺の道35㎞　（2021.1.3）5:10 完走
⑱第20回京都トレイル東山32㎞　（2021.4.17）6:42:31 完走
⑲第8回奥飛騨トレイルラン28㎞　（2021.6.27）5:10:33 完走
⑳第6回Ｍｔ六甲トレイル&サ28㎞　（2021.8.8）6:59:40 完走
㉑第5回紀泉アルプストレイル20㎞　（2021.9.5）4:18:02 完走
㉒第21回京都トレイル北山34㎞　（2021.10.9）7:30:27 完走

（3）30㎞マラソン大会

①大阪30ｋ　雨水たまり↙24㎞　（2016.10.1）完走

②大阪30ｋ秋大会　（2017.10.1）3:45:52 完走
③第２回リバーサイドマラソン30㎞　（2019.10.13）3:12:38 完走
④第５回淀川30ｋ　（2020.1.26）2:55:28 完走
⑤第５回久宝寺ふれあいマラソン30　（2021.1.31）2:47:22 完走

（４）フルマラソン大会（42・195㎞）

①第26回福知山マラソン　（2016.11.23）5:23:34 完走
②奈良マラソン　（2017.12.10）30㎞関門迄
③第38回篠山ＡＢＣマラソン　（2018.3.4）36・３㎞関門迄
④第18回柏崎潮風マラソン　（2018.5.20）4:40:43 完走
⑤第２回富山マラソン　（2018.10.28）5:58.00 完走
⑥第30回袋井クラウンメロンマラソン　（2018.12.9）4:35:42 完走
⑦第39回篠山ＡＢＣマラソン　（2019.3.3）36・３㎞関門迄
⑧福岡マラソン　（2019.11.10）4:51:14 完走
⑨第10回奈良マラソン　（2019.12.8）4:39:56 完走
⑩第７回淀川エコマラソン　（2020.11.3）35㎞リタイア
⑪神戸トライアルマラソン　（2020.12.12）4:34:41 完走
⑫第43回大阪フルマラソン　（2021.3.7）4:16:40 完走

⑬なにわ淀川マラソン（2021.3.28）15㎞リタイア
⑭奈良マラソン（2021.12.12）4:22:31 完走

（5）ハーフマラソン大会（21・0975㎞）

①第2回HAT神戸ドリームマラソン（2018.1.7）2:01:56 完走
②第8回淀川国際ハーフマラソン（2018.3.18）2:02:30 完走
③志摩ロードパーティハーフマラソン（2018.4.15）2:06:34 完走
④第29回伊賀上野シティマラソン（2018.11.25）2:01:36 完走
⑤第14回宝塚ハーフマラソン（2018.12.23）1:57:36 完走
⑥第11回九度山世界遺産マラソン（2019.1.20）2:13:39 完走
⑦第64回河内長野シティマラソン（2019.2.17）2:28:31 完走
⑧第46回武庫川新春ロードレース（2020.1.12）1:57:48 完走
⑨ユニセフカップ武庫川ハーフマラソン（2021.10.31）2:08:31 完走
⑩第12回淀川エコマラソン（2021.11.21）2:01:20 完走

（6）その他マラソン大会

①第6回九条ロゲイニングマラソン（2018.2.25）3:00:00 完走
②第1回吹田リレーマラソン（2018.4.8）1・5㎞×2周
③第10回潮蘆屋アクアスロン（2019.9.8）1:34:05 完走

④第7回九条ロゲイニングマラソン　（2019.9.29）3:00:00 完走

以上、２０１３年61歳で初めて参加した「宇陀シティマラソン10㎞大会」から２０２１年９年間で実に57度マラソンイベントに参加しました。

各大会ごとにそれはそれは、楽しくもシンドさも実に様々な景色をいっぱいこの胸の内を満たしています。走ることによって本当に人生は豊かだと日々体験しています。

走る機会を与えてくださる皆々様、本当にありがとうございます。参加賞、完走証は私の良き財産、何よりも強靭なる身体を育むようにと提供してくださる各所各種ランイベントの開催趣旨のお蔭で今まで淡々と「走って」これました。本当に感謝です。これからも、益々、誰でもが喜んで健康で意義ある人生を全うできるような各種各様創意工夫くださり、「走る」機会を創ってください。

よろしくお願い申し上げます。

このようにマラソンイベントは、全国の都道府県をはじめ市町村や各種団体がマラソンコース、日程、距離等々盛り沢山の走る大会を企画し開催されています。

それぞれの趣あるイベントに誰でも設定時間内に完走できる走力さえ持ち合わせれば、誰憚《はばか》ることなく、自らの意志だけで参加できるのです。走る舞台は無限といっていいほどあります。あとは、準備万端、チャレンジして其々の舞台を思いっきりあなた流に楽しみましょう。本当に心のうちに沢山の景色を豊かに蓄えていくでしょう。人生は素晴らしい機会の連続です。ものにするのもしないのも自由……徳島阿波踊りのお囃子に「踊る阿呆に見る阿呆、同じ阿呆なら踊らにゃ損々」というように、なんでも見るより実際にやる方が楽しいに決まっているように思います。

それと、⑹その他のマラソンのように1人で参加できないマラソン大会もあります。この場合は、ラン友が必要となりますが、1人ランも良し、仲間と一緒に走るのも良しです。私の場合は、京都好きが昂じて京都在住のラン友との京都ランは特に楽しい機会となっています。参考までにラン友ランもラン友が初めてできた2017年からの軌跡をも辿ってみますと、

3、ラン友ランの内訳

⑴ラン友ラン奈良

①第4回明日香トレイル（2017.7.9）3人
②第5回柳生街道マラニック（2017.8.20）2人
③ラン友ラン（馬見丘陵、虹の湯）（2017.10.29）3人
④ラン友ラン（今井庄、ぽかぽか湯）（2018.3.25）3人

⑤ラン友ラン（西大寺、奈良公園）（2019.1.27）3人
⑥第10回生駒トレイル（2019.7.27）2人
⑦ラン友ラン（矢田丘陵、音の花温泉）（2019.10.3）3人
⑧ラン友ラン（生駒ボルダー）（2020.3.22）5人
⑨ラン友ラン（春日奥山）（2020.6.21）4人
⑩ラン友ラン（生駒ボルダー）（2020.7.18）2人
⑪ラン友ラン（生駒ボルダー）（2020.8.23）2人
⑫ラン友ラン（鴻池陸上競技場）（2020.12.30）2人
⑬初詣山の辺の道（2021.1.3）2人
⑭ラン友ラン（東吉野村、たかすみ温泉）（2021.6.20）3人
⑮ラン友ラン（生駒ボルダー）（2021.7.11）2人
⑯ラン友ラン（御杖村、姫石の湯）（2021.9.23）2人

(2)ラン友ラン大阪

①ラン友ラン（大阪城、ランニングベース）（2017.11.5）4人
②九条ロゲイニング（2018.2.25）5人
③吹田リレーマラソン（2018.4.8）4人

④ラン友ラン（難波～大阪城、なにわ湯）（2018.5.6）4人
⑤第7回九条ロゲイニング（2019.9.29）4人
⑥第5回久宝寺ふれあいマラソン（2021.1.31）2人
⑦ラン友ラン（交野山、星田園地）（2021.2.28）3人

(3)ラン友ラン兵庫
①第8回中山連山北摂大峰山トレイル（2017.11.19）3人
②第2回HAT神戸ドリームマラソン（2018.1.7）2人
③第14回宝塚ハーフマラソン（2018.12.23）5人
④第6回Mt六甲トレイル（2021.8.8）2人
⑤ユニセフカップ武庫川ハーフマラソン（2021.10.31）2人

(4)ラン友ラン京都（出町柳駅起点終点）
①ラン友ラン（貴船鞍馬、くらま温泉）（2018.6.24）4人
②ラン友ラン（比叡山延暦寺）（2019.5.5）4人
③ラン友ラン（成就山御室八十八巡り）（2019.6.16）4人
④ラン友ラン（宇治駅～宇治名所）（2018.6.24）4人

⑤ラン友ラン（愛宕山、天山の湯）（2019.8.25）４人
⑥ラン友ラン（貴船鞍馬、くらま温泉）（2018.6.24）４人
⑦ラン友ラン（哲学の道、祇園）（2020.1.4）３人
⑧ラン友ラン（祇王寺、嵐山）（2020.3.1）４人
⑨ラン友ラン（清水寺）（2020.7.20）６人
⑩ラン友ラン（松尾寺）（2020.9.13）６人
⑪ラン友ラン（梅小路公園）（2020.11.22）３人
⑫ラン友ラン（大原の里）（2021.1.17）３人
⑬第21回京都一周トレイル北山（2021.10.9）２人
⑭ラン友ラン（神護寺）（2021.11.14）３人

(5)ラン友ラン三重

①赤目四十八滝清涼トレイル（2018.7.22）２人
②ラン友ラン（上野市森林公園）（2021.10.5）２人
③ラン友ラン（島ヶ原、やぶっちゃの湯）（2021.12.5）２人

以上のように２０１７年のラン友誕生からの５年間で、実に45回、ラン友と走る機会をいた

だきました。どれも特別な場所を選んで一緒に「走る」ことの幸いを得、どれもこれも楽しい風景として思い出されます。ラン友の皆さん一緒に走ってくれて本当にありがとう。

四十、60歳から69歳までマラソンランナーの総括（2021年）

以上60歳台のランナー実績を総括してみますと、各年の走行距離は2012年（60歳）10km、2013年（61歳）68km、2014年（62歳）0km、2015年（63歳）187・5km、2016年（64歳）1190km、2017年（65歳）807・7km、2018年（66歳）1046・7km、2019年（67歳）967・2km、2020年（68歳）1256・5km、2021年（69歳）1423・7kmと初フルマラソンチャレンジの64歳からマラソンランナーとなるも、やはりフルマラソンに挑戦するという大目標を掲げたのが、マラソン人生の大きな岐路だったように思います。

これも、60歳での日帰りバスツアーで隣席のHさんに出会ったのが始まり、Hさんは実年齢よりも相当お若く見えし訳がフルマラソンランナーだったことから「私もマラソンしたい」と……。

走り出して1年ほどで膝痛発症、暫くランニング封印、62歳で参加のバスツアーで隣席のWさんと出会い、63歳で富士山登頂の機会を得、その富士登頂に向かう新幹線での隣席Nさんの一言「膝が痛いって走るのやめたらあかんでしょう、マラソンランナーは皆どこか痛めているよ」によって、翌年２０１６年64歳でフルマラソンチャレンジ、完走を果たす。

以後は、フルマラソン完走が大きな目標、関心事となって、一応のマラソンランナーとなる。この「走る」ということを通して、人生が豊かになっていくのですから、何がきっかけになるのかもしれないですね。ホンの細やかな出来事にさえも、人生を大いに豊かに楽しく有意義にしてくれることがあるのです。

そして、フルマラソン完走記念年の２０１６年から、「走り」続けてきた結果、ハーフマラソン大会、30㎞マラソン大会、フルマラソン大会、トレイルラン大会等において、十分な成果を収めることが出来ました。ただ、60歳からの人生モットー「ボチボチ楽しく有意義に」は大切にしながら、最近の記録更新も気楽にそうなればいいなぁ……と楽しくを第一義に進みたいと思っています。

1、ハーフマラソンマラソン大会（66歳）

2018.12.23 宝塚マラソン大会（サブ２達成）自己ベスト 1:57:36

2、30㎞マラソン大会（67歳）（68歳）

① 2020.1.26（67sai）第５回淀川30ｋ（初サブ３達成）2:55:28
② 2021.1.31 久宝寺マラソン大会30㎞（自己ベスト）2:47:22

3、フルマラソン大会（69歳）

2021.3.7 大阪フルマラソン大会（サブ4・5達成）4:16:40

4、トレイルラン大会（69歳）

①2021.4.17 京都一周東山大会（32㎞山中全雨）6:42:31
②2021.10.9 京都一周北山大会（34㎞最長時間）7:30:27

以上のように、年齢から見ると「走る」記録はいかがでしょうか。十分な記録だと自負しています。

このほかにも、「走る」快適性として私の最も嬉しく喜ばしいルーティンが「温泉ラン」なのです。走った後での温泉は疲れた身体に最高の御褒美タイムなのです。そこで、今までに走りに行った「温泉」を纏めてみますと（暑くなりだした5月からは山間丘陵部の温泉ランに自然と導かれました）。

5、温泉ラン

走り始めた頃から「走る」モチベーション維持の一つ「温泉ラン」について記述済み10ヶ所

の他、今まで行った「温泉（銭湯含む）」も書き記すと、
①宇陀市心の森総合福祉公園内「あきのの湯」単純温泉
②名張市「名張の湯」含硫黄、ナトリウム・カルシウム塩化物温泉
③曽爾村「お亀の湯」ナトリウムⅠ炭酸水素塩温泉
④御杖村道の駅「姫石の湯」単純温泉
⑤御所市「かもきみの湯」ナトリウムⅠ炭酸水素塩温泉
⑥奈良市内「月ヶ瀬温泉」弱アルカリ性単純泉
⑦河合町総合福祉会館「豆山の郷」
⑧上牧町「虹の湯」ナトリウム塩化物温泉
⑨羽曳野市内「延羽の湯」単純温泉
⑩橿原市「ぽかぽか温泉」ナトリウム・カルシウム塩化物温泉

以上は初フルマラソンを目標に走り出した２０１６年（64歳）の夏前からの走るモチベーション維持の一つとして、車で1時間程にある温泉地に停め、周辺を10㎞程走る「温泉ラン」と称し、走りに行った温泉を紹介したものでした。そして、ラン後の温泉は走る我が身への最高のプレゼントとのコメントを添えていたのでした。

以上10ヶ所のほか、２０１６年（64歳）以降、69歳となる２０２１年までに、沢山の温泉ラ

ンを楽しむことが出来ました。ここに1度どれほどの温泉ランを楽しんでいるのか、6年間に巡った温泉（銭湯含む）を纏めてみました。

⓫橿原市内「あすかの湯」アルカリ性天然温泉
⓬五條市「星乃湯」含CO2・鉄・ナトリウム・炭酸水素・塩化物泉
⓭生駒市「音の花温泉」ナトリウム・炭酸水素塩泉
⓮東吉野村「たかすみ温泉」ナトリウム塩化物泉
⓯東吉野村「やはた温泉」単純温泉
⓰上北山村「薬師の湯」炭酸水素塩泉
⓱十津川村「滝の湯」単純硫黄泉
⓲五條市「夢の湯」含CO2・鉄・ナトリウム・炭酸水素・塩化物泉
⓳松坂市「飯高の湯」CO2・ナトリウム・塩化物・炭酸水素塩鉱泉
⓴伊賀市「芭蕉の湯」アルカリ性単純温泉
㉑伊賀市「さるびの温泉」ナトリウム・炭酸水素・塩化物泉
㉒尼崎市「湯の華廊」ナトリウム・塩化物泉
㉓尼崎市「みずきの湯」ナノ炭酸泉・人工温泉等
㉔十津川村昴の郷「星の湯」ナトリウム・炭酸水素塩・塩化物泉
㉕伊賀市「やぶっちゃの湯」ナトリウム・炭酸水素・塩化物泉

㉖淀川区「ひなたの湯」単純温泉
㉗奈良市「ゆららの湯」NA・カルシウム・塩化物・炭酸水素塩泉
㉘平野区「入船温泉」
㉙三宅町「あざさ風呂」
㉚生駒市「山麓公園風呂」
以上、30ヶ所となった。

実に沢山の温泉ランを楽しむことが出来ています。本当に10km以上、温泉地等の周辺を走った後の「入浴」は、身も心もほっこり、なんとも爽やかな心地よさを堪能しています。走れている足や全ての身体に感謝しながら、健康体を実感……心身の喜びを感じながらの入浴です。それに、帰宅までふわっとした程よい疲れの余韻も嬉しいご褒美です。

このように、「走る」ことで嬉しく喜ばしい「おまけ」もいっぱいなのですが、それにもましてただ「走っていること」が嬉しい楽しいという感じなのです。

楽しい温泉ランといえども、64歳での思い通り、ランナーとして一番重要なことは、気持ちよく走れるのかどうかなのかには変わりありません。それぞれに、足の向くまま気の向くままに走っているので、導かれる方向が良いのかどうかは分からないのですが、走ることで五感はフル回転、精一杯身体を働かせているのだろうと思います。肌に感じる空気感や移り行く風景、環境が、私の五感を刺激して、「どうだ、気持ちよく走れるか」と問いかけてくるのはまぎれもない事実、そこで自ずとリピートする温泉ランは、絞られてきました。

宇陀市「あきのの湯」、御杖村道の駅「姫石の湯」、東吉野村「たかすみ温泉」と「やはた温泉」、伊賀市「やぶっちゃの湯」、それに温泉ではないが、身近さ一番な三宅町「あざさ風呂」、更に夏場のランナー聖地、生駒市ボルダーの「山麓公園風呂」の7ヶ所が現在のところ最も気に入った「温泉ラン」となっています。

その他にもまだまだ知らないベストな「温泉ラン」があるでしょう。楽しみは尽きません。更なる味わい深いランコースと温泉等を探す「温泉ラン」旅は続きます。嬉しいことです。

皆さんも、自らの楽しみを沢山持てればいいですね。

温泉の提供、周辺の走る環境に関係される皆さん、本当にありがとうございます。これからも是非とも宜しくお願いいたします。

第十三章　マラソンランナー《ステップⅩⅢ》
2022年（令和4年）60歳台最後2ヶ月のマラソン

一、2022年元旦に思う60歳台最後の2ヶ月

誕生日が2月28日である私、2022年の幕開けは、2ヶ月を残すのみとなった60歳台ラストの感慨深い2ヶ月をいかに過ごせるか、過ごそうかと思いを巡らせています。

1月10日（月曜・成人の日祝日）に「新春走ろうかい」枚方マラソン大会、同30日（日曜）には淀川30ｋ大会にエントリーしています。そして、私個人にとって最高のメインイベントが2月27日（日曜）開催の「大阪マラソン」なのです。

大阪マラソンは、東京マラソンに次いで日本を代表するマラソンイベントであって参加ランナーも3万人超え、2011年から開催され毎年、参加希望者は10万人超え、抽選当選倍率も4～5倍、実に私の場合も4回目（4年目）で今回の初当選となったのであるが、毎年11月に開催されていたのが「琵琶湖毎日マラソン」と統合して2022年より2月末の日曜に開催されることとなった。

そのため、誕生日が2月28日の私にとっては、誕生日ランの様相を呈し、実に今回、69歳の

最後の1日の日（2月27日）に開催……。

こんなことって……ありえないでしょう。60歳から走り出して64歳にして初フルマラソン完走からこの大阪マラソンが15回目のフルマラソン大会参加となる私にとって、これほどドラマティックな大会はないのです。いやぁ2ヶ月前の今も考えるだけで武者震いしています。

二、2022年1月のランニング

1、4、6、16日は曽我川土手を8・3、9・3、8・3、8・3km走る。

10日は枚方ハーフ21・1km、19、24日は佐味田郵便局まで8・8、8・4km、26日は、あきの湯8km、30日は淀川30km（今月計9回110・5km）。ちなみに、14日1・1km、17日1km泳ぐ。

三、「新春走ろうかい」ひらかたハーフマラソン

10日（月曜、成人の日）6時25分、愛車リーフ発進、一路枚方の淀川河川敷をめざします。

淀川河川敷を走ること過去7度のうち、地下鉄御堂筋線「西中島南方駅」下車からが6度（大阪市内）、地下鉄谷町線「守口駅」下車が1度（守口市内）あるが、今回は初めて枚方市内の淀川河川敷での開催（ランイベント参加通算58度目）、どのような所だろうか……。

勝手知ったる枚方市、今回は車で参上です。一般道から淀川河川敷にスロープを下ると、こ

こが今日のマラソンメイン会場のようで数百メートル先に相当な広さの無料駐車場があり、無事到着しました。マラソン会場に最も近く駐車出来たことが嘘のようです。

というのも昨晩まで会場近くのパーキングをネット検索し、どれもこれもそれほど会場近くにないと分かっていたので、河川敷駐車場が満車にならないよう早く来たのです。早速ランスタイルに着替えメイン会場に……まだ受付等準備中です。少し冷えも感じますが心地よい日差しの穏やかな淀川河川敷に2022年の初マラソンイベント開始を余裕で待っています。

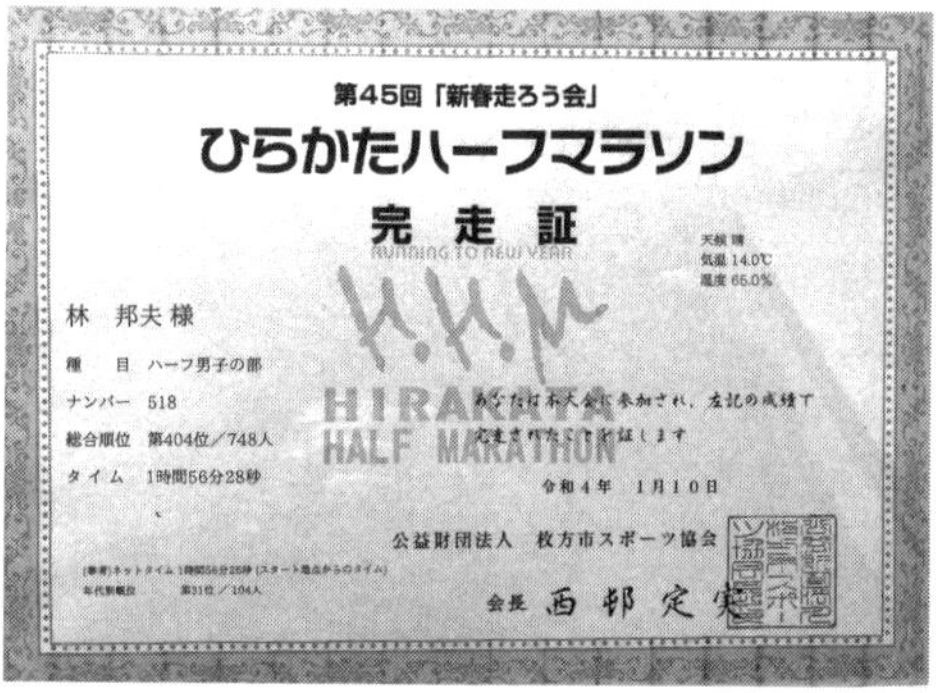
第45回「新春走ろう会」
ひらかたハーフマラソン
完走証
天候 晴
気温 14.0℃
湿度 65.0%
林 邦夫様
種 目 ハーフ男子の部
ナンバー 518
総合順位 第404位／748人
タイム 1時間56分28秒
あなたは本大会に参加され、左記の成績で完走されたことを証します
令和4年 1月10日
公益財団法人 枚方市スポーツ協会
会長 西部定実

9時00分から10分おきのウェブスタート、私は9時30分スタートしました。まず淀川左岸を南に淀川新橋を潜り鳥飼大橋を見てほぼ7kmで折り返し、北にスタート地点を超えほぼ10・5km走って牧野パークゴルフ北側で最終折り返し、残り3km強でゴールです。

私は、1kmを5分30秒切で14kmまで、これ以降は5分45秒切で20kmを過ぎ、残り1km……いつからか抜きつ抜かれつしている女性ランナーとラストスパート争いとなるもやはり負けました……。

それでも1時間55分50秒で完走、2022年の初ハーフマラソン、69歳で自己ベスト更新しました。大阪マラソンに向け幸先良いスタートがきれました。

ラン後は、協賛の東香里湯元「水春」での温泉とランチを楽しみ、２０２２年マラソンの幕開けは、感謝の余韻に包まれた帰路となりました。

四、淀川30ｋ&10ｋマラソン大会

1月30日（日曜）は、大阪マラソンの前哨戦と位置づけた「淀川30ｋ&10ｋ」に参加です（ランイベント参加今年2度目、通算59度目）。

それに今回はラン友Ｈｍさん、Ｙｓさんも参加です（ラン友ラン通算46回目）。

曇り空、外気温６℃、７時半前に家を出て、地下鉄谷町線「守口駅」に8時51分着、リュックを背負いトボトボ……ランナーらしき人達と淀川河川敷へと歩いています。２度目だが地下から上がった階段が前回とは違ったのか記憶にない道です。阪神高速12号守口線の高架下からすぐ土手の階段を上がり切ると、うぁあぁ～都会に悠然と流れる淀川です。広い大空を川面に映し南西に雄大かつ美しくも満々と流れ行く別世界の眺望を楽しみながら……。

受付を済ませ、ラン友と合流しました。さて、皆どのような「走り」を見せてくれるのでしょうか。私は１㎞を6分切りで走りたいと思っています。

もう～楽しく走れているのでしょうか、69歳ながら30㎞、フルマラソン大会での自己ベストタイムを更新している私、どうしても完走タイムが圧し掛かってくるのです。より速く走りた

いとの気持ちが、走ること自体が楽しかった時を覆いそうです。

これも69歳ラスト1日の大阪マラソンにおいて、本当に記念すべき自己ベストを更新すれば、私の人生、大いなる輝きとなるでしょう。このために、いまがあるようなそんな気持ちです。69歳ラストに大いなる機会が与えられ、確かに大いなる門戸は開かれつつあります。ラストチャンスは1度だけ……。

大阪マラソンで記念すべき自己ベストタイム達成の暁には、70歳台マラソンは本来の私に戻り、楽しさを前面にボチボチと有意義に走り行くのです。あぁ～なんという素晴らしい人生、輝く日々を胸に描いています。


第1陣、10時スタートしました。今大会もコロナ感染対策として、2分ずつ遅らすウェブスタートとなり私は10時4分スタートしました。1㎞5分45秒切りで走ろうと思い、まずまずのペースで走れています。問題は、20㎞を過ぎてからどれ程のペースダウンで走れるかです。21㎞までは予定通り走れるも……。

思っていた通りハーフ過ぎると1度にキロ6分台超えとなってきました。足が身体が願ったようには動けないという私の体力……。

実力通り25㎞過ぎると更にペースダウン……キロ7分台となってきました。やはり足にキテイルという感じ、キツクもどかしい走りが続きます。Ｈｍさんもキツそうです。Ｙｓさんは更

にキツそうな走りとなっています。

28㎞過ぎにはトイレタイムでキロ９分近く、ラスト１㎞を６分21秒で走り３時間０分20秒の完走……。

大阪マラソンまで１ヶ月を切った今日の走りもハーフを過ぎてからの走力不安は残りました。気力では対応しかねない身体能力の限界を思いつつ、大阪マラソンでの自己ベストタイム更新に赤信号の灯った後味のスッキリしない大会……となりました。

最高気温９℃、ラン友のゴールを待たず、着替えをして、持参のおにぎりを食べ帰路につきました。

五、2022年2月のランニング

4、6、10、17、20、22日は曽我川土手を10、10、11、8・3、6、10㎞走る。14日は今井庄まで19㎞、26日は枚方水春８㎞、28日は西淀川緑道９・８㎞（今月計９回92・１㎞、２ヶ月計18回２０２・６㎞）。

六、大阪マラソン、コロナで開催中止となる

待ちに待ちたる２０２２年2月27日開催の大阪マラソンですが、大会２週間前で、コロナ感染による大阪府内の病床使用率は１００％以上、重症病床使用率は50％以上の状況です。開催か中止かの決断をこれ以上先延ばしはできないでしょう。

私の場合は、69歳最後の１日という特別な2月27日、何が何でも開催して欲しい、コロナ感染もすべて「自己責任」でいいのでは……。

それに、６日に開催された別府大分毎日マラソンのテレビ放映をみて上位６名がMGC出場権獲得、私も随分の刺激を戴いたのか、大阪マラソンを意識するほどに身体が騒ぐというか平常心でないという緊張感……。

それに15日から大阪マラソン参加ランナーに課せられた体調管理記録への登録もスタートしていよいよ待ちに待った（当選までに４年間費やした）大阪マラソンがジャストアラウンドコーナー……こんなにも心が騒ぐのも69歳で体験しているわけだが……身体に良くないぞぉ～とも思う。

そんな感じで16日、大阪市長が大阪マラソン「中止」とテレビで言明、うあぁ～残念、だけどこのコロナ感染状況では開催出来ないでしょうとも思う、あぁぁ～最大最高の記念マラソンとなるべき大阪マラソンは消滅したぁ～ガックリだが、この浮遊する精神状態からは解放されたのだ。

七、69歳も残り10日

17日、20日、22日といつものように曽我川土手を走った。26日は午前中の仕事を終え、昼から近くのスーパー銭湯「水春」に停め初めて府立寝屋川公園を4隅いっぱい好奇心いっぱい走った。

60歳台を走ることによって、心身豊かに五体満足、わが胸には走った景色の財をいっぱい貯え、完走証という勲章を沢山手にした。そして、60歳台を終えるにあたって、ある親しいお客様から「林さんは60歳台を走ることで本当に上手く乗り越えたね、羨ましい」との一言を戴き、面映ゆくも鮮烈に心に残りました。

「日帰りバスツアー」で知ったHさんの若返りを拝見して、自分も走りたいと思い走り続けて10年、私自身も若返って見えるのでしょうか、マラソンによる個人的な実験台として10年間の私自身の心身への手応えは、本当に満足するものです。

この素晴らしい「走ること」を本当に多くの方々に伝えたい。どうぞ皆さん、其々にご自身に合った「走ること」を始めてください。

心から、お誘い申し上げます、ご一緒に走りましょう。

八、70歳（古希）誕生日によせて（エピローグ）

ベッドに横たわった70歳の目覚め、ありがとう。頭の毛から足のつま先までに意識を向けると、僅かな応答を感じる。私の何兆何億という細胞達から、五臓六腑にいたるまでのあらゆる私の器官達よ、ありがとう。いままで私を支えて70年、今こうして私の全ての器官と一緒に喜びの目覚め、何て素晴らしいことだろう。

感謝します。我が心と身体にありがとう。これからも益々全心身が、60歳台の我が人生のモットー『ボチボチと楽しく有意義に』を実践出来るよう、司令塔の私（人格）自身を高めてまいります。

そのためにも、私にとって有益で魅力ある環境（人・物・事象）に恵まれますように。

人生……人として何を学び何を考え何をしているかに尽きるように思います。生きるための糧、知識は豊かな生活には欠かせないものです。高齢となった今、智慧こそが心身の豊かさの礎ではないかと思うようになってきました。

般若心経の世界観でしょうか。

人類宇宙にとっての正解があるとすれば、包括する概念をイメージできるかどうかだ。偏った世界観が正解であろうとは危険極まりない。宇宙に存在する生命の不思議を喜び、感謝をもって共生していこう。

人生は、簡単なのだ。人生をどのように過ごすのか。あらゆる選択と受け止め方がすべてを決めているように思う。選択と受け止め方に必須なのが、『知識と智慧』なんだろうと思っている。だから、豊かな人生の糧は、自身が接する全てから有益なことを学び、人格までに昇華しているかどうかだと思っている。

私の人生は、成人となった頃に出会った『二律背反』と『アプリオリ［註］』というカント哲学と、断食道場での断食と道場長吉田修氏の講話、そして聖書に学ぶところ大であり、最近は「般若心経」の世界観が最終的な悟りと思うようになってきた。

特定に帰依することなく融合し、包括する世界観を「良し」とするのが、今の私なのだ。

人生をどう生きたでもなく、どう生きようでもなく、今まで生きてきたことこそが素晴らしいことではないか。今を辛くても嬉しくとも生きているという『奇跡』にこそ、感謝と自身を褒めてあげればいい。

全ての『人』は、奇跡な心身を戴いている。誰1人として、他者に劣ったり優れているというのは、間違いではないかと60歳台後半で思うようになってきた。

能力は、アプリオリなものとその人の生き方できまりそうだ。それも、どういう人・物に出会うかに依るところも大きい。持って生まれたという性格も大きく作用していることも事実だろう。「それでも……」と言いたい。

自分がどうありたいと思うのか、どうありたいと願うのか、何を見、何を考え、何をするのかは、その時々までの人生を決めているのだろう。そのようにして、人格は形成されるとすれば、人生とは測り切れない難しさに覆われているのだ。

何が人生の歩みを決めてしまうのだろうか。1度限りの人生。時々の最善はより豊かな品性と人格形成に欠かせないのだろう。

人生は、全ての人に平等なのだとつくづく思う。人は自分の思うように生きてきたし、生きているんだと思える節が多いにある。

人生は、こうありたいと思うまた願うことから方向性を持つ。ここで、自分でない他者に「こうでしょう、こうしてほしい」と願う自身の思いが優先するとき、全ての関係性にストレスが生まれる。ここに、人間社会のあらゆる問題の根源があるのだ。

他者をそのまま認め合う。他者も奇跡の心身を戴いた者。素晴らしき人なのだ。

ところが、人とは百人百様。物事全てに各人ごとの異なるやり方があるのも事実だ。人生を楽しんでいる人そうでない人もいる。

人生の歩みに絶対はないのだ。たまたま、能力の研鑽や自己をないがしろにしてしまった人でも、持っているものは同じ奇跡の心身。活かすも殺すもその人次第なのだ。たまたま、良き人良きものに出会えたか出会えなかったか、は、その人の人生に大きく作用するのだろう……。いずれにせよ、すべて自己責任に帰するように思える。

誰でもが、尊敬できる器であったことを知って欲しい。今を生きていること自体が奇跡なのだ。

誰もがこの「奇跡」を共有しているではないか。生きているという事実はなんと『素晴らしい』ことだろうか。と自分自身を、何としても褒めてあげよう。自身の存在を賛美しよう。生きているという事実。この命を護り育むことこそが、命を与えられたものの絶対的使命なのだ。他人が何を言おうと、自分自身こそが自分を護る最後の砦なのだ。これが、すべてだ。全ての生き物の本能。命を守り生き抜くことなのだ。

豊かに有意義に生きたいではないか。そこで知識知恵を学び、人生の「糧」を得るのだ。孔子の『論語』にある人生訓、

「吾十有五にして学に志す。二十にして立つ。四十にして惑はず。五十にして天命を知る。六十にして耳順《したが》ふ。七十して心の欲する所に従へども、矩《のり》を踰《こ》えず」とはさすがに言いえて妙である。

古希とは、70歳まで生きながらえる人は、本当にまれ（希）であったのだ。ところが現在は

100歳時代と言われている。100歳まで生きながらえる人が年々増えて、少子高齢化だ。良いのか良くないのか分からないけれど、人間の体は120歳まで生きられるといわれている。

高齢者……武士道的なイメージは、隠居生活。希望は晴耕雨読。兎も角、世の中のお荷物にならないようにありたい。社会に貢献出来る高齢者でありたいものだ。

あじゃ〜、長々と「走る」本題から外れました。戻します……。

59歳の後半、仕事から帰ったある日、作業服作業靴のままで駅まで走ろうと思い、走り出すも4〜500m走った辺りで、いやぁもうシンドイと歩いて引き返したことが、事の発端。確かに高齢に向かう私にとって、「老化は足からくる」ということが意識にあり、それで走り出したのだと思う。

それから、チマチマと家の周辺を走り、10㎞は走れるようになったのだ。そして61歳となった2013年3月「宇陀シティマラソン大会10㎞」に参加し完走、ゴールテープを切る嬉しさ達成感や自分自身を褒める喜びを知った。

それからは、膝の痛みや仕事の忙しさ等でブランク期間があるも、64歳となる元旦、年齢的にもフルマラソンはラストチャンスと5月に10㎞、7月に20㎞、9月に30㎞のマラソン大会にエントリー、11月の福知山マラソンにおいて5時間23分34秒完走という人生初の栄誉を得、完走証という勲章を戴いたのです。

65歳からは、フルマラソン完走が毎年の一番の目標となりました。フルマラソンの履歴を再掲しますと、

フルマラソン大会（42・195㎞）

①第26回福知山マラソン 64歳（2016.11.23）5:23:34 完走
②奈良マラソン 65歳（2017.12.10）30㎞関門迄
③第38回篠山ＡＢＣマラソン 66歳（2018.3.4）36・3㎞関門迄
④第18回柏崎潮風マラソン（2018.5.20）4:40:43 完走
⑤第2回富山マラソン（2018.10.28）5:58.00 完走
⑥第30回袋井クラウンメロンマラソン（2018.12.9）4:35:42 完走
⑦第39回篠山ＡＢＣマラソン 67歳（2019.3.3）36・3㎞関門迄
⑧福岡マラソン（2019.11.10）4:51:14 完走
⑨第10回奈良マラソン（2019.12.8）4:39:56 完走
⑩第7回淀川エコマラソン 68歳（2020.11.3）35㎞リタイア
⑪神戸トライアルマラソン（2020.12.12）4:34:41 完走
⑫第43回大阪フルマラソン 69歳（2021.3.7）4:16:40 完走
⑬なにわ淀川マラソン（2021.3.28）15㎞リタイア
⑭奈良マラソン（2021.12.12）4:22:31 完走

本当に感謝な60歳台でした。「走ること」って最高です。

60歳から走り出した私……「走ること」に関しては全くの素人、何処をどういう風に走ればいいのか、走るために何が必要か、走り方?は、どの程度走るのがいいのか等々……全くもって考えもしなかったことばかりだ、ということは、何も考えなくとも何もなくても、身体さえ動けば走れるということかも?　そして、走りたいと思うキッカケさえあれば、走れるのです。

そして走ってみると、なんだ!これって（走ること）は最も基本的な身体動作だと無意識でも反応するのでしょうね。子供の喜ぶ動作の一つに「飛び跳ねる」ことが良くあります。大人の場合でも感激喜ばしい時には、居ても立ってもおられない様に良く似合うのが「走り回りたい衝動」ではないでしょうか。

「走ること」は、人類のアプリオリな身体動作の一つであり、喜ばしい時の自然な振舞なのです。

数百メートルから少しずつ距離をのばせて、視界を広げ風景を楽しみながら駆けっこを続けているうちに、10㎞ぐらいは案外と早く走れるようになると思います（私の場合は1年程）。10㎞をコンスタントに走れるようになると、「10㎞はすぐそこ」という意識が芽生え、何とはなくも身体に自信が湧いてくるでしょう。そして「走ること」で五感が良く反応して、視界に広がる全風景を全身で受け止め、走っているシンドさの中にも心身の喜びをきっと感じることでしょう……。

人の心身は本当に奇跡です。奇跡の身体を戴いたものとして、心身が喜ぶことを習慣化できれば、健康で長生きも必然でしょう。

さて、「70歳からのマラソンランナー」は一体全体どうなるのでしょうか。「ボチボチと楽しく有意義に」をモットーに楽しく走っていることでしょう。皆さん、一緒に楽しく走りましょう。

追伸

この60歳台の私の「走り」を知っていただき、1人でも多くの方が「走る」ことのキッカケとなり、健康長寿な世界の一員となって元気印で満ち満ちる社会になれば幸甚です。

２０２３年11月　　スカイラウンジにて　　林　邦夫

［註］アプリオリ：中世スコラ学においては「原因・原理から始める演繹的な（推論・議論・認識方法）」という意味で用いられていたが、カント以降は「経験に先立つ先天的・生得的・先験的な（人間の認識条件・認識構造）」という意味で用いられるようになった。

林　邦夫（はやし・くにお）

1952年生まれ。大阪府貝塚市出身、60歳から走りだした一般市民ランナー。建築工房グリーンステージ代表、一級建築士、給水装置工事主任技術者、ガス可とう管接続工事、第二種電気工事士等の資格を有する多能工建築工事職人。

1970年大阪府建築部に奉職、1977年大阪工業大学Ⅱ部建築学科卒業、1990年府庁退職2年後、有限会社グリーンステージ創業、2012年有限会社廃止、個人経営に移行し現在に至るとともに、高齢に向かう人生の意義を求め走り始める。

2022年より全国健称マラソン会奈良支都会員、一般市民ランナーとして、2017年より月に1度、全国各地で開催される、10km、ハーフ、30km、フルマラソン、トレイルラン等のマラソンイベントに参加、マラソンを楽しんでいる。


60歳からのマラソンランナー　楽しく走ろうかい

2024年7月31日　第1刷発行

著　者　　林　邦夫

発行人　　大杉　剛
発行所　　株式会社 風詠社
〒553-0001 大阪市福島区海老江5-2-2 大拓ビル5-7階
TEL 06（6136）8657　https://fueisha.com/
発売元　　株式会社 星雲社（共同出版社・流通責任出版社）
〒112-0005 東京都文京区水道1-3-30
TEL 03（3868）3275
印刷・製本　シナノ印刷株式会社

ISBN978-4-434-34306-3 C0095
乱丁・落丁本は風詠社宛にお送りください。お取り替えいたします。